Franz-Josef Buskamp

Mentale Börsenkompetenz

Investieren mit Fingerspitzengefühl

Franz-Josef Buskamp

Mentale Börsenkompetenz

Investieren mit Fingerspitzengefühl

FinanzBuch Verlag

Bibliografische Information der Deutschen Bibliothek:
Die Deutsche Bibliothek verzeichnet diese Publikation in der Deutschen Nationalbibliografie; detaillierte bibliografische Daten sind im Internet über **http://dnb.ddb.de** abrufbar.

Gesamtbearbeitung: Stephanie Villiger
Lektorat: Dr. Renate Oettinger
Druck: Druckerei Joh. Walch, Augsburg

1. Auflage 2004

Landshuter Allee 61
80637 München
Tel. 089 651285-0
Fax 089 652096

Für Fragen und Anregungen:
buskamp@finanzbuchverlag.de

ISBN 3-89879-063-0

Inhaltsverzeichnis

4. Strategie und Methode 105

Vorwort

Die Finanzmärkte bieten jedem Akteur die Perspektive der Erzielung eines unbegrenzten finanziellen Reichtums. Die richtige Strategie oder Taktik, der Rest ist nichts weiter als die Abschöpfung immenser Kursgewinne. Man muss nur billig kaufen und teuer verkaufen, dann sollte die Vermögensmaximierung eigentlich kein Problem darstellen. Eigentlich. Wer sich auf das Börsenparkett begibt mit der Absicht, maximale Gewinne zu erzielen, wird mit einer ganzen Palette von Begleiterscheinungen konfrontiert, die das eigentliche Ziel, nämlich die optimale Vermögensmaximierung, vollständig unterwandern und den Prozess in den meisten Fällen umkehren. Wo gewonnen werden soll, wird oftmals nur verloren. Selbst ansehnliche Buchgewinne können sich binnen kürzester Zeit in Buchverluste verwandeln.

Was braucht man, um an der Börse überdurchschnittlich gut abzuschneiden, um auf Dauer zu den Gewinnern zu zählen? Eine fundierte Strategie und ein individuelles Handelskonzept gehören sicherlich dazu. Aber warum scheitern viele Anleger trotz ausgefeilter Analysen oder einer ausgeklügelten Handelsmethode? Die meisten Anleger stehen sich selbst im Weg. Zwischen den wenigen Anlegern, die überwiegend gewinnen, und der Mehrheit der Akteure, die meistens verliert, existieren gravierende Unterschiede in der jeweiligen Persönlichkeitsstruktur. Diejenigen, die zu den Gewinnern zählen, sind nicht nur gut über sich selbst informiert, sondern können ihre persönlichen Stärken und Schwächen sehr gut einschätzen. Die eigene Psyche hat einen maßgeblichen Einfluss auf die Erzielung von Börsengewinnen, wenn nicht sogar den bedeutendsten Anteil daran.

Mit diesem von mir neu überarbeiteten Buch stelle ich Ihnen keine neue Markttheorie, kein neues Prognosemodell oder Handelssystem vor, sondern stelle den Anleger selbst in den Mittelpunkt der Betrachtung. Der Anleger ist der wichtigste Faktor im Börsenhandel, zugleich aber auch der unsicherste. In der Praxis kann immer wieder beobachtet werden, dass Börsenstrategien allein deshalb scheitern, weil in Ihnen psychologische Fallstricke lauern, die jede zunächst aussichtsreiche Investition in eine unerschöpfliche Verlustquelle verwandeln können.

So können im Zuge mehrerer Investitionen Kettenreaktionen entstehen, die das eigentliche Ziel, nämlich erfolgreiche Börsenstrategien, zunehmend vernebeln und den Anleger schließlich nur noch aus einer Defensivposition heraus agieren lassen. Die zugrunde liegenden Verhaltensmuster, die entsprechende Entwicklungen begünstigen, sind vielfältig. Erst wenn der Anleger die psychologischen Fallstricke erkennt, kann er diese nicht nur beseitigen, sondern in positive Strukturen verwandeln. Diese Optimierung gelingt durch konsequente Anwendung effizienter Strategien, die den Anleger befähigen, aus dem Wechselspiel zwischen Markt- und Anlagepsychologie effektiven Nutzen zu ziehen. Die relevanten Kriterien, die hierbei zu beachten sind, werden in diesem Buch praxisorientiert dargestellt und erörtert.

Ganz unabhängig davon, ob Sie bereits seit Jahren als privater oder professioneller Anleger an den internationalen Finanzmärkten tätig sind oder gerade erst am Beginn des aktiven Börsenhandels stehen: Sie haben die Absicht, an den Finanzmärkten erfolgreich zu sein. Der Gradmesser für diesen Erfolg sind Sie selbst.

Franz-Josef Buskamp

Einleitung

Wer zum ersten Mal den Börsenhandel aktiv aufnimmt, geht meist davon aus, man benötige lediglich ein gewisses Startkapital, ein paar Tipps und letztlich auch eine Portion Mut, um von den immensen Möglichkeiten, die die Börse bietet, profitieren zu können. Nach seinen ersten Handelserfahrungen muss der Anleger jedoch in der Regel feststellen, dass bei weitem mehr erforderlich ist, um an den Märkten erfolgreich zu sein.

Das Börsengeschehen wirkt dann auf ihn zunehmend fremdartig und scheint nicht so zu funktionieren, wie dies ursprünglich erwartet wurde. Die Erwartungen zielen bei den meisten Marktteilnehmern auf fortwährend steigende Kurse. Man kauft und ist zuversichtlich, später zu höheren Kursen verkaufen zu können. Der Akteur mag noch verstehen, dass ein Aktienkurs von Angebot und Nachfrage abhängig ist, die Einflüsse, die dieses Angebots- und Nachfrageverhältnis bestimmen, entziehen sich jedoch seinem Verständnis. Er wird mit Marktreaktionen konfrontiert, die ihn permanent auf die Probe stellen, weil sich diese Reaktionen in seiner persönlichen Werteskala zwischen „logisch" und „unlogisch" abspielen und er sie anhand seiner erlernten Verhaltensmuster nicht nachvollziehen kann. Dies gilt insbesondere dann, wenn er ein Engagement zwar nach bestem Wissen aufbaut, der Markt aber mit Verlusten antwortet.

Angenommen, eine Aktie oder ein anderes Wertpapier befindet sich plötzlich unerwartet im Verlust, und dessen Ursache ist für den einzelnen Anleger nicht unbedingt sofort einsichtig. Im Moment des Eintretens eines Verlustes setzen *individuelle Reaktionsmuster* ein, auf die er entweder nicht vorbereitet oder über deren Abläufe er sich nicht im Klaren ist. In den meisten Fällen werden Verluste nicht akzeptiert und deshalb Positionen gehalten, ohne dass eine Anpassung an aktuelle Gegebenheiten erfolgt. Es wird ausschließlich darauf gehofft, dass die Position „irgendwann" wieder das Einstandsniveau erreicht. Wie dies bewerkstelligt werden soll bzw. ob dies aufgrund sich verändernder fundamentaler Voraussetzungen in absehbarer Zukunft überhaupt möglich ist, diese Auseinandersetzung findet in den meisten Fällen erst gar nicht statt. Zumal dann nicht, wenn sich der Anleger „im Recht" wähnt und das Verhalten des Marktes und mithin das der anderen Marktteilnehmer als „falsch" einstuft. Praktiziert er dieses Verhalten gleich zu Beginn seiner Börsenaktivitäten und verwandelt sich ein deutlicher Verlust wieder in einen Gewinn, wird er viele Jahre und/oder traumatische Verluste benötigen, bevor er bereit ist, auch nur einen kleinen Schritt von seinem Reaktionsmuster abzuweichen bzw. sein Verhalten in Frage zu stellen.

Die meisten Anleger sind sich nicht bewusst, dass sich die Gesetzmäßigkeiten und Verhaltensweisen der Finanzmärkte von den gesellschaftlichen Spielregeln sehr stark unterscheiden. Die Finanzmärkte sind weder sozial noch gerecht, ein Interessenausgleich findet nicht statt. Sind die Möglichkeiten des Einzelnen in der sozialen Gemeinschaft sowohl in positiver als auch negativer Hinsicht begrenzt, dafür aber teilweise beeinflussbar, so bestehen in den Finanzmärkten unbegrenzte Potenziale, die sich nicht konstant steuern lassen, weil sie von einer Flut unterschiedlicher Faktoren berührt werden. Da diese Potenziale in beide Richtungen funktionieren, ist der einzelne Anleger bzw. Trader gezwungen, mit einem Regelwerk zu arbeiten, das ihm nicht nur den Weg zu einem erfolgreichen Handel ebnet, sondern ebenso ein finanzielles Überleben in kritischen Marktphasen ermöglicht.

Unbegrenztes Potenzial bedeutet auch, dass jedem Akteur in den Finanzmärkten unlimitierte Möglichkeiten in Bezug auf seine finanziellen Ziele zur Verfügung stehen. Da es sich hier für die meisten Akteure um eine neue Situation handelt, entstehen prompt Probleme hinsichtlich Auswahl und Größe der Engagements. Diese Engagements werden oftmals ohne Limit aufgezogen. „Ohne Limit" bezieht sich in diesem Fall nicht auf eine Kurslimitierung, sondern auf die Limitierung der Positionsgröße. Die Anleger träumen von Gewinnen der Superlative, ignorieren aber, dass das unbegrenzte Limit auch für die Gegenrichtung gilt. Demzufolge wird oft auf eine Kontrolle des Verlustrisikos verzichtet und folglich ein viel zu großes Rad gedreht.

Wenn von unbegrenzten Potenzialen auf der Verlustseite die Rede ist, stellt dann das Vermögen des Anlegers nicht das eigentliche Limit dar? Nein, denn selbst im schlimmsten Fall einer Pleite ist das *negative Potenzial* nur vorübergehend außer Kraft gesetzt. Sobald sich der Akteur in finanzieller Hinsicht erholt hat, setzt das unbegrenzte *persönliche Potenzial* sowohl in negativer als auch in positiver Hinsicht wieder ein. In der Geschichte der Finanzmärkte gibt es immer wieder Akteure, die aus wenig Geld extreme Vermögen erwirtschaften, diese vollständig wieder verlieren, mit kleinen Beträgen erneut anfangen, das unbegrenzte Potenzial zu nutzen vermögen und abermals Gewinne der Superlative einfahren. Im ungünstigen Fall setzt sich die Verlustschleife nach traumatisierenden Verlusten aber fort, womit die alten Verluste und damit das negative Potenzial weiter ausgebaut werden.

Die meisten Anleger schöpfen ihr unbegrenztes Verlustpotenzial aus, begrenzen hingegen die prinzipiell limitlosen Gewinnmöglichkeiten. Mit der alten Börsianerregel „Gewinne laufen lassen, Verluste begrenzen" wird man in der gesamten Finanzliteratur fast schon gebetsmühlenartig konfrontiert. Sie ist logisch, von vielen Marktteilnehmern dennoch nicht umsetzbar. Die mangelnde Fähigkeit zur Nichtrealisierung ist damit zu begründen, dass Verluste innerlich nicht akzeptiert und daher verdrängt, kleine Gewinne hingegen als persönliche Bestätigung interpretiert werden. Da sich der private wie auch der professionelle Durchschnittsanleger scheut, um eine Bestätigung gebracht zu werden, schreitet er schnell zur Tat und realisiert Gewinne frühzeitig. Verlustentwicklungen schaut er hingegen meist tatenlos zu. Stehen diese Reaktionen mit der Börse in einer direkten Verbindung? Wo hat dieses Verhaltensmuster seine Wurzeln?

Wir sind im Laufe unseres Lebens *auf gesellschaftliche Verhaltensregeln* konditioniert worden. In der Kindheit wurde uns gelehrt, was für uns richtig, was falsch ist. Die Erziehung orientiert sich an ungeschriebenen gesellschaftlichen Verhaltensmustem. Wir wurden mit einem Verhaltens- und Wertesystem konfrontiert und haben dieses System verinnerlicht. Dies bedeutet letztlich, dass uns die Regeln und Gesetze der Gesellschaft kontrollieren. Erziehung verläuft aber unterschiedlich und orientiert sich in erster Linie am Wertesystem unserer Eltern bzw. unserer Bezugspersonen. Was haben sie uns vermittelt? Haben sie uns zur Eigenverantwortlichkeit erzogen? Die Fähigkeit, Verantwortung zu übernehmen, wird oft selbst in Bereichen aberzogen, in denen Kinder in der Lage sind, Entscheidungen einfacher Natur selbst zu treffen. (Dieses Selbst-entscheiden-Lassen bedeutet nicht, ein Kind allein zu lassen, sondern selbstständige Entscheidungsprozesse zu fördern.)

Mit der Erziehung und Schulung hinsichtlich des Funktionierens und der Eingliederung in das gesellschaftliche Wertesystem sind Belohnungen für den Fall vorgesehen, dass das Einfügen perfekt funktioniert. Dies wird bereits in Schul- und Ausbildungs- bzw. Studienzeiten erfahren und setzt sich im beruflichen Alltag fort. Die Belohnung besteht in erster Linie in psychischer Schmerzfreiheit, sodass der Einzelne darauf konditioniert ist, diese anzustreben.

Im Beruf treffen wir z. B. auf unternehmerische Hierarchien, in denen wir uns einzufügen bzw. unterzuordnen haben. Wieder wird uns Verantwortung entzogen, wird Verantwortungsbewusstsein auf eine diffuse Ebene verlagert. Berufliche Selbstständigkeit garantiert andererseits keine Selbstverwirklichung, wenn die Geschicke eines Unternehmens auf perfekte Zusammenarbeit mit Geschäftspartnern bzw. Kunden ausgerichtet sind und auf deren Belange Rücksicht genommen werden muss, womit die Anpassung wiederum nicht nur programmiert, sondern unumgänglich ist.

Auf den Finanzmärkten funktionieren alle diese Verhaltens- und Anpassungsmuster nicht. Wer nicht gelernt hat, Verantwortung zu übernehmen, wird hier früher oder später mit Problemen konfrontiert. Wer sich nicht in der Lage sieht, selbstständig Entscheidungen zu treffen, wird sich nach den ersten Verlusten unbewusst am Verhalten der Anlegermasse orientieren bzw. sich freiwillig manipulieren lassen.

Gustave LeBon umschrieb in seinem Standardwerk zur Massenpsychologie[1] die Hauptmerkmale des Einzelnen in der Masse wie folgt: *Schwinden der bewussten Persönlichkeit, Vorherrschaft des unbewussten Wesens, Leitung der Gedanken und Gefühle durch Beeinflussung und Übertragung in der gleichen Richtung, Neigung zur unverzüglichen Verwirklichung der eingeflößten Ideen. Der Einzelne ist nicht mehr er selbst, er ist ein Automat geworden, dessen Betrieb sein Wille nicht mehr in der Gewalt hat.*

Die Euphorie am Neuen Markt bzw. an der US-Nasdaq zwischen Herbst 1999 und März 2000 war ein exemplarisches Beispiel für eine solche Massenpsychose. Die extremen Aufwärtsbewegungen schalteten praktisch alle Sicherungsmechanismen aus, der Einzelne geriet in den Sog des Glaubens der Masse an einen immerwährenden Aufschwung. Insbesondere in den letzten Monaten der Euphorie ließen sich auch solche Anleger von der allgemeinen Begeisterung anstecken, die kurze Zeit davor ein Engagement im Aktienmarkt nie in Erwägung gezogen hatten. Durch eine konstante Berieselung durch die Medien und ihres persönlichen Umfelds entstand das Gefühl, hier eine große

Gelegenheit zu verpassen. Die Märkte zogen schlecht informierte Anlegergruppen geradezu magisch an. Diese kauften nur mit einem oberflächlichen Gewinnmotiv, ähnlich einer Lotterie, und in Folge einer geradezu fatalen Bestätigungskette. Wenn alle anderen kaufen und wenn alle anderen an weitere Kurssteigerungen glauben, dann kann das nicht falsch sein. Ich will teilhaben an dieser Entwicklung und mitgewinnen. Der März 2000 steht für eine Rekrutierung von Anlegern, die nicht einmal wussten, was sie da taten. Hauptsache, irgendeine Aktie aus den Sektoren Technologie, Medien oder Telekommunikation (TMT). Verdienten die Unternehmen Geld? Steckte hinter den Aktien Substanz? Das spielte alles keine Rolle, solange die Aktienkurse stiegen. In diese Falle sind viele Anleger förmlich gerannt. Dabei hätten sich viele Akteure bei der Einschaltung des so genannten „gesunden Menschenverstandes" davor schützen können. Warum wurde dieser natürliche Sicherungsmechanismus aber ausgeschaltet?

Der Anleger ist in vielen Lebensjahren auf das Anpassungsverhalten konditioniert worden. Da der Lebensalltag mittels Akzeptanz und Orientierung an gesellschaftlichen Regeln funktioniert und auch zwangsläufig funktionieren muss, wird genau dieses Verhaltensmuster auf börsenbezogene Investitionen übertragen. Doch an der Börse wird dieses massenorientierte Verhalten früher oder später mit Verlusten quittiert. Je eher, desto besser, denn sieht man sich in seinem eingeprägten Verhalten bestätigt, bedarf es mitunter langer Zeiträume, um persönliche Verhaltenskorrekturen einzuleiten und umzusetzen.

Damit soll aber nicht gesagt werden, dass frühe Verluste automatisch zu einer positiven Verhaltensänderung führen. Es gibt kaum einen Anleger, der nicht über Erfahrungen mit seinem Wunsch berichten kann, eine Aktie oder gar einen Markt zumindest unbewusst zu kontrollieren. Solche Kontrollversuche erfolgen über Positionen, mit denen man zu einem laufenden Trend eine Gegenposition bezieht und diese gegebenenfalls durch Vergrößerung der Verlustposition („Verbilligen") untermauert. In den meisten Fällen laufen diese Aktivitäten ins Leere, weil sie angesichts mangelnder Finanzkraft nicht gelingen. Dies wurde nach dem Höhepunkt der Euphorie im März 2000 eindrucksvoll unter Beweis gestellt. Bis zum Frühjahr 2000 waren die Anleger über einen langen Zeitraum darauf konditioniert worden, dass jede Marktkorrektur sich im Nachhinein als großartige Kaufgelegenheit herausstellte. Diese Möglichkeit bestand demzufolge auch im Frühjahr 2000. Die Trendwende wurde von der Mehrheit der Anleger nicht als Start einer nachhaltigen Baisse, sondern zunächst als Korrektur interpretiert. Die Bereitschaft zu permanenten Zukäufen und Depotverbilligungen sollte noch lange anhalten, dennoch wurde der Einzelne mit Verbilligungsvorhaben überstrapaziert, weil die Baisse einfach zu lange dauerte.

Andererseits findet aber auch keine wirkliche Kontrolle seitens des Marktes statt. Der Anleger wird an der Börse mit einer Instanz konfrontiert, die außerhalb bestimmter Handelszwänge völlige Entscheidungsfreiheit zulässt. *Wer auf den Finanzmärkten erfolgreich sein will, muss lernen, sich selbst zu kontrollieren, um im Rahmen der selbst auferlegten Kontrolle eigenverantwortlich zu handeln.* Jeder ist für seine Handelsergebnisse selbst verantwortlich. Wer dieses Prinzip unterläuft, indem er z. B. die Verantwortung auf dritte Personen abwälzt, begibt sich umgehend in eine konfuse Lage, aus der heraus er nicht mehr erfolgreich wird handeln können. Da die meisten Akteure möglichst keine Verantwortung tragen wollen, ist die Versuchung entsprechend groß, diese im Falle von persönlichen Fehlentscheidungen abzuschieben (z. B. auf Marktanalysten, Broker, Kundenberater). Diese Haltung wird in politischer Hinsicht auch noch gefördert, indem man etwa bei Börsenkrisen bemüht ist, einen Schuldigen für die Misere zu finden.[2] Während nach dem Crash vom Oktober 1987 der Programmhandel für die negative Entwicklung verantwortlich gemacht wurde, standen im Rahmen der Baisse 2000 bis 2003 die Analysten im Kreuzfeuer der Kritik.

Das Kontrollbedürfnis resultiert zudem aus der Unsicherheit, die künftige Richtung des Marktes nicht zu kennen. Wird ein bestimmter Aktienindex seine Rallye fortsetzen? Steht eine größere Korrekturphase bevor? Oder pendeln die Kurse monatelang um das aktuelle Niveau? Die meisten Anleger wünschen sich nichts sehnlicher, als einmal das *Wall Street Journal* von morgen in der Hand zu halten. Nehmen wir einmal an, dieser Traum würde sich für zehn Akteure erfüllen. Die morgige Kursentwicklung wäre nur diesen Anlegern vor der heutigen Börseneröffnung bekannt. Eine Einladung, binnen 24 Stunden ein Vermögen zu gewinnen. Mit hoher Wahrscheinlichkeit kann davon ausgegangen werden, dass von den zehn Glücklichen die Mehrheit noch Verluste produzieren würde. Allein deshalb, weil die meisten sich finanziell übernehmen und dann bei ihren Handelsaktivitäten von Verlustängsten überrumpelt würden.

Welcher Börsianer träumt nicht von einem System mit einer hundertprozentigen Trefferquote? Das Glaskugel-Denken führt Sie aber nicht weiter, allenfalls auf unproduktive Wege, auf denen Sie Zeit verschwenden und viel Lehrgeld zahlen. Niemand weiß mit hundertprozentiger Sicherheit, was der nächste Tag bringen wird. Sie können Ihren Alltag zwar beeinflussen, wissen aber nicht konkret, mit welchen Situationen Sie in den nächsten Stunden konfrontiert werden bzw. wie Sie darauf reagieren werden. In den meisten Fällen klingt ein Tag aus, ohne dass etwas Besonderes geschehen ist.

Vielleicht haben Sie eine Entscheidung getroffen, deren Tragweite Sie erst viel später erkennen. Sie essen etwas, von dem Sie zum Zeitpunkt der Nahrungsaufnahme noch nicht wissen, dass es Ihnen nicht bekommen wird. Sie kaufen ein Auto, von dem Sie zunächst überzeugt waren, stellen dann nach einiger Zeit aber fest, dass die Entscheidung doch nicht so glücklich war. Sie schließen eine Versicherung ab, bemerken aber zu einem späteren Zeitpunkt, dass die Versicherung nicht Ihren tatsächlichen oder inzwischen geänderten Bedürfnissen entspricht.

Die Börse hat den Vorteil, dass sie Ihnen vor dem Hintergrund eines Anlagekonzeptes ziemlich schnell vor Augen führt, ob Sie eine richtige oder eine falsche Strategie gewählt haben. Aus rein pragmatischer Sicht sollte angenommen werden, dass Sie im Falle einer offensichtlichen Verlustentwicklung der Fehlinvestition ein Ende bereiten können, indem Sie die Position kurzerhand wieder auflösen. Ob Sie tatsächlich dazu in der Lage sind, hängt von verschiedenen Faktoren ab.

Wie gehen Sie mit Fehlentscheidungen in anderen Lebensbereichen um? Haben Sie die Tendenz, Verantwortung zu übernehmen, oder neigen Sie eher dazu, diese nach Möglichkeit abzuwälzen? Wie verhalten Sie sich, wenn sich eine Angelegenheit ungünstig entwickelt? Greifen Sie im Rahmen Ihrer Möglichkeiten ein, sehen Sie den Tatsachen ins Auge? Oder verdrängen Sie fällige Korrekturen und Entscheidungen? Hoffen Sie darauf, dass sich eine negative Angelegenheit von selbst erledigt oder jemand anders die

Sache an Ihrer Stelle in Angriff nimmt? Das sind alles Fragen, die zunächst einmal nichts mit der Börse zu tun haben, sich aber auf Ihre Handelsaktivitäten als eingeschliffene Gewohnheiten unbewusst auswirken.

Das bedeutet andererseits aber nicht, das solche Verhaltensweisen für alle Zeiten beibehalten werden müssen. Sie können zwar keinen Finanzmarkt dieser Welt kontrollieren, Sie sind jedoch in der Lage, Ihre eigene innere Welt zu kontrollieren und positiv zu beeinflussen. In den folgenden praxisorientierten Kapiteln werden Ihnen Grundsätze und Methoden aufgezeigt, mit denen Sie Ihr Anlageverhalten optimieren können. In diesem Zusammenhang werden sämtliche maßgeblichen psychologischen Aspekte erörtert, die den individuellen Börsenhandel direkt oder indirekt beeinflussen. Zum besseren Verständnis erfolgt zunächst eine Marktbetrachtung unter Aspekten der Massenpsychologie, dann aber steht ausschließlich der Anleger im Mittelpunkt des Interesses.

Dieses Buch wurde von mir so konzipiert, dass die einzelnen Kapitel in sich abgeschlossen sind. Somit können Sie jederzeit gezielt auf Themenbereiche zugreifen, die für Sie aktuell von Interesse sind. Dies schließt gewisse Wiederholungen relevanter Sachverhalte mit ein, damit der Lesestoff ohne großen Aufwand sofort verarbeitet werden kann.

1. Der Markt

Massenpsychologische Einflüsse auf Marktbewegungen

Berühmte Ökonomen *wie Schumpeter* oder *Keynes* gingen schon in den 50er-Jahren davon aus, dass irrationale Motive die Entwicklung eines Aktienmarktes beeinflussen können. Keynes' Volatilitätsthese basierte auf der Annahme, dass viele Individuen in Unwissenheit Entscheidungen treffen und dass bereits dieser Faktor zu markanten Schwankungen der Bewertung (z. B. von Aktienkursen) führen könne. Diese Volatilität wiederum sei unabhängig von antizipierten, also künftigen Erträgen.

Die These von Keynes hat eine unveränderte Bedeutung und wird in erster Linie durch kurzfristige Entwicklungen an den Finanzmärkten unterstrichen. Die Meinungsbildung, ob nun aufgrund realer Nachrichten oder allein auf der Basis von Vermutungen, ist ein fester Bestandteil kurzfristiger Reaktionsketten. So wird z. B. aufgrund einer veröffentlichten Konjunkturstatistik eine kleine Verkaufswelle an den US-Anleihenmärkten initiiert, die zeitlich lediglich auf wenige Minuten beschränkt ist. Im Anschluss an diese Verkaufswelle diskutieren Marktteilnehmer über die tatsächliche Aussagekraft der Statistik. Es ist vorstellbar, dass daraufhin die Verluste aus der vorangegangenen Verkaufswelle im weiteren Handelsverlauf noch am selben Tag wieder eliminiert werden. Womöglich wird im Laufe des Tages eine weitere Statistik veröffentlicht, die die Akteure wiederum zu einer neuen Meinungsbildung veranlasst, die ihrerseits Grundlage einer Kauf- oder Verkaufswelle ist.

Das Ausmaß der Bewegungen lässt sich jedoch mit der vermeintlichen Irrationalität im Rahmen der Handelsaktivitäten der Marktteilnehmer nicht einmal annähernd einschätzen. Bei irrationalen Marktbewertungen können bereits geringfügige Anlässe markante Stimmungsumschwünge und damit große Kursstürze auslösen. Allerdings würde es zu weit führen, wollte man nun von der Theorie eines effizienten Marktes auf eine Theorie wechseln, die allein auf der Voraussetzung vernunftwidrigen Handelns der Anleger basiert. Auch wenn manche Analysten und Theoretiker dieses vernunftwidrige Handeln gerne in den Vordergrund stellen, kommt man nicht um die Feststellung umhin, dass die Börse keine Veranstaltung ist, in der Kursbildungen ausschließlich oder hauptsächlich reinen Gefühlsschwankungen der Akteure unterliegen bzw. es sich hier um eine Versammlung wild gewordener Spekulanten handelt, die letztlich nicht wissen, was sie tun.

Neben der liquiden und fundamentalen Entwicklung (Konjunktur, Zinsen, Währung, Inflation) bildet der massenpsychologische Einfluss auf das Börsengeschehen einen relevanten, aber eben nicht den einzigen Schlüsselpunkt bei jeder größeren Marktbewegung. Um eine ausgeprägte Aufwärtsbewegung zu ermöglichen, muss ein Markt mit überschüssiger Liquidität versorgt werden, die einen Nachfrageüberhang erzeugt. Ein Markt kann beispielsweise nach einer längeren Baisse aus rein psychologischer Sicht noch so sehr über potenzielle Auftriebskräfte verfügen – wenn seine Liquiditätsversorgung (z. B. aufgrund unverändert hoher Realzinsen) nicht gewährleistet ist, dann ist eine ausgeprägte Aufwärtsbewegung nicht möglich.

Außerdem ist zu berücksichtigen, dass an der Börse in erster Linie *Erwartungen* gehandelt werden. Mit der *Alltagslogik* sind Börsenentwicklungen nicht zu erklären. Im Sinne dieser „Logik" müsste sich eine Börse immer parallel zum aktuellen Wirtschaftsgeschehen entwickeln. Gelegentlich hat es den Anschein, als tendierten die Aktienkurse parallel zur konjunkturellen Entwicklung des jeweiligen Anlagelandes. Derartige Börsenphasen stellen für den prozyklisch orientierten Anleger eine große Illusion dar, denn, wie z. B. die Entwicklung an der Wall Street oder den deutschen Aktienmärkten allein im Zeitraum ab Herbst 1998 (nach der Asienkrise) gezeigt hat, kann eine offensichtliche Parallelentwicklung durchaus über längere Zeit anhalten, bis zu dem Punkt, an dem die Mehrheit der Marktteilnehmer davon ausgeht, dass die entsprechende Phase nie mehr enden wird (März 2000). Solche Illusionen sind dem Bereich der massenpsychologischen Phänomene zuzuordnen.

Massenpsychologische Phänomene

Die Masse, in diesem Fall die Masse der Anleger, ist sich beispielsweise hinsichtlich einer erwarteten konjunkturellen Entwicklung besonders einig, d. h. eine bestimmte Erwartungshaltung gewinnt bei der Mehrheit der Marktteilnehmer die Oberhand. Diese einseitig ausgerichtete Erwartungshaltung drückt sich dann in längeren Auf- oder Abwärtsphasen an einem Börsenplatz aus. Aus dem Blickwinkel der Massenpsychologie ist zu beobachten, dass diese Börsenphasen umso kürzer sind, je größer der Konsens unter den Marktteilnehmern ist. Ist dieser jedoch nur schwach ausgeprägt, wird sich dies auf die aktuelle Börsenphase tendenziell belebend auswirken. Als Beispiel sei hier die Hausse an der Wall Street seit Januar 1991 genannt, die über weite Strecken allein durch die immer wieder schnelle Bereitschaft zu einer pessimistischen Einstellung der meisten Börsenexperten stabilisiert wurde. Die professionellen Anleger waren jahrelang in US-Aktien unterinvestiert, offensichtlich deshalb, weil sie sich vor einer Wiederholung eines Börsencrashs wie im Oktober 1987 fürchteten.

Demgegenüber zeigte sich das private Publikum besonders kauffreudig und stellte hinsichtlich der Liquiditätszuflüsse einen Rekord nach dem anderen auf. Davon profitierte insbesondere die Fondsbranche. Innerhalb von sechs Jahren vervierfachte sich die Anzahl der Aktienfonds. Um diese Dimensionen bewerten zu können, muss man sich vergegenwärtigen, dass die Zuflüsse zu den Aktienfonds im Zeitraum 1991 bis 1997 rund 82% der gesamten Zuflüsse seit Auflage des ersten Aktienfonds im Jahre 1926 darstellten. Die Kauflaune der privaten Anleger stellte in diesem Ausmaß für sämtliche Wall-Street-Akteure eine neue Erfahrung dar. Solange die Marktanalysten überwiegend skeptisch blieben, wurde die Euphorie der Privatanleger eskomptiert, war also in den Kursen enthalten. So bestand über Jahre hinweg weder eine realistische Crash- noch Baisse-Gefahr.

Gegenseitige Ansteckung: die New-Economy-Blase

Einseitige Marktbewegungen sind ein Resultat der *gegenseitigen Ansteckung.* Wenn Kursrückgänge im Zuge einer Baisse abflauen, gibt es zunächst nur wenige optimistische Anleger. Im Zuge einer Markterholung kann eine optimistische Grundhaltung an Stärke gewinnen. Dies ist mit dem „Lawineneffekt" vergleichbar. Ein Aufwärtstrend kann sich kontinuierlich ausweiten und erfasst immer mehr Anleger, die Aktien kaufen und so die Kurse in die Höhe treiben. Dieser Prozess kann so weit gehen, dass pessimistisch gestimmte Anleger kaum noch auszumachen sind. Ein zunächst verhaltener Optimismus kann sich zu einer regelrechten Euphorie steigern.

Der massenpsychologische Zauber beginnt dort, wo die *Emotionen der Masse* sachliche Argumente immer stärker in den Hintergrund treten lassen, bis die realistischen Faktoren schließlich den Grad der Bedeutungslosigkeit erreichen. Genauso wie sich ein Mensch in ein bestimmtes Gefühl (Freude, Aggression) hineinsteigern kann, gelingt dies auch einer Menschenmasse. Ein Mensch, der sich „in etwas hineinsteigert", konzentriert seine emotionalen Energien auf ein bestimmtes Ziel, auf einen Punkt. In dieser Verfassung ist er für sachliche Argumente praktisch nicht mehr zugänglich. Damit begibt er sich auf einen unproduktiven Weg, da seine Fixierung zu einer Einengung des Blickwinkels führt und seine gesamten Energien beansprucht. Dies hat dann zur Folge, dass er zur Erreichung seines Ziels bzw. zur Lösung seines Problems im entscheidenden Moment des letzten Schritts entweder keine Energien mehr aufbringen kann oder aber eine rein emotionalisierte Entscheidung trifft bzw. Handlung begeht, die für ihn weitreichende Konsequenzen haben kann, die sich, ob erwünscht oder nicht, bei einer sachlichen Entscheidung in dieser Form nicht eingestellt hätten.

Nach einem ähnlichen Schema laufen auch massenpsychologische Exzesse an den internationalen Börsenplätzen ab. Die Anlegermasse konzentriert sich im Rahmen einer laufenden Hausse auf ein von Marktanalysten und Finanzmedien propagiertes Ziel. Dieses Ziel kann beispielsweise eine bestimmte Marke eines Aktienindex darstellen. In einer zunehmend aufgeheizten Marktstimmung ist eine Anlegermasse für sachliche Argumente nicht mehr zugänglich, da sie sich in das angestrebte Indexziel regelrecht verbissen hat.

Die maßgebliche Energie besteht aus der Kaufkraft, der liquiden Verfassung des Marktes und der extremen Erwartungshaltung der Marktteilnehmer. Anfang 2000 waren die liquiden Reserven deutlich dezimiert (Cash-Quote der Aktienfonds unter 5%), während die Phantasie der Marktteilnehmer einen geradezu inflationären Schub erhielt. Beginnend nach einer kurzfristigen Konsolidierungsphase im Sommer 1999 steigerte sich in den nachfolgenden Monaten die Erwartungshaltung der Marktteilnehmer immer mehr in eine Euphorie. Man befasste sich schließlich gar nicht mehr mit möglichen Indexzielen, sondern schaute nur noch auf tägliche Kursgewinne. Aktienverdoppelungen innerhalb weniger Wochen wurden zur Gewohnheit. Man musste nur in den richtigen Sektoren engagiert sein. Die Euphorie erfasste also nicht den gesamten Aktienmarkt, sondern hauptsächlich die Bereiche Technologie, Medien und Telekommunikation (TMT).

Während der breite Aktienmarkt beispielsweise an der Wall Street seit dem Juni 1998 bereits fiel, beeindruckten die TMT-Sektoren mit extremen Kursgewinnen. Immer mehr Kapital wurde aus anderen Marktbereichen abgezogen und in die TMT-Sektoren gelenkt, sodass sich schließlich die Mehrheit der Anleger auf nur noch auf wenige Branchen konzentrierte. Dies wiederum erzeugte den Eindruck, als würde der gesamte Aktienmarkt von dem kollektiven Kaufrausch profitieren. Man muss sich in der Rückschau immer wieder vergegenwärtigen, was da Ende der 90er-Jahre bis Anfang 2000 stattgefunden hat. An der Deutschen Börse wurde sogar diskutiert, künftig nur noch die Sektion Neuer Markt handeln zu wollen und alle anderen Marktbereiche an die Londoner Börse abzugeben. Was heute eher ein Kopfschütteln verursacht, erregte seinerzeit keinesfalls die Gemüter, sondern war eine logische Folge des Gewinnrausches. Der Neue Markt suggerierte ewiges Wachstum im Zeichen der New-Economy.

New-Economy stand nicht nur für Aufbruch, sondern für unbegrenzte Möglichkeiten. Es schien so, als hätten Hunderte von kleinen Unternehmen jahrelang im Dornröschenschlaf gelegen, die, daraus aufgeweckt, nun zum großen Aufschwung bereit waren. Die Welt hatte sich scheinbar über Nacht verändert. Plötzlich war alles machbar. Eine Party ohne Ende. Traditionelle Werte gerieten schnell in Vergessenheit. Das gipfelte schließlich in einer Expertendiskussion über den Sinn von herkömmlichen Bewertungsmaßstäben. So wurde beispielsweise der Sinn des Kurs-Gewinn-Verhältnisses (KGV), eines bewährten Fundamental-Indikators, komplett in Frage gestellt. Dies resultierte ganz einfach aus der Tatsache, dass die Warnungen nach KGV-Maßstäben unübersehbar waren. KGVs von 100 und höher (mit den aktuellen Kursen wurden in solchen Fällen die Gewinne der kommenden 100 Jahre bezahlt!) waren keine Seltenheit und demonstrierten die Überbewertung der Sektionen Neuer Markt und US-Nasdaq. Da dies offensichtlich störte, stellte man kurzerhand das KGV als Bewertungsmaßstab in Frage, da sich traditionelle Bewertungen angeblich nicht auf Unternehmen der New-Economy übertragen ließen.

Die Euphorie wurde zudem von einer immer stärker ausufernden Welle von Neuemissionen geschürt. Wöchentlich kamen neue Unternehmen an den Neuen Markt. Jede schnell zusammengeschusterte Garagenfirma aus dem TMT-Sektor mit fragwürdigem Unternehmenskonzept, so es denn überhaupt eines gab, sollte an den Anleger gebracht werden. Hauptsache pfiffiger Name, neomodernes Unternehmslogo, extreme (theoretische) Wachstumsaussichten und eine smarte Unternehmensführung, deren Fähigkeiten sich manchmal nur auf Marketing und Public Relations konzentrierte, mitunter auch in einer maßlosen Selbstdarstellung bestimmter Unternehmens-Chefs gipfelte. Bei einigen Vorstandsvorsitzenden drängte sich fast schon zwangsläufig die Frage auf, wo aufgrund der vielen Events, Interview- und Fototermine noch die Zeit für deren eigentliche Tätigkeit blieb.

Die massiven Kapitalströme in die TMT-Sektoren überfluteten die Unternehmen mit Geld, sodass parallel zur Markteuphorie eine immer gigantischere Übernahmewelle stattfand. Wohin mit dem vielen Geld? Wachstum war das Zauberwort, denn schließlich waren Wachstumsaktien gefragt, also vergrößerten sich kleine Unternehmen sprunghaft über Zukäufe anderer Unternehmen. Es wurde gekauft, zu viel gekauft, unüberlegt gekauft und auch zu teuer gekauft. Oftmals konnten übernommene Unternehmen nicht einmal sinnvoll in das eigene Unternehmen integriert werden, womit sich die Übernahmen häufig als teuere Experimente herausstellten. Für eines sorgten die Übernahmen aber, nämlich für noch höhere Aktienkurse. Es entstand ein immer gigantischerer Teufelskreis, bei dem am Ende des Prozesses jeglicher fundamentaler Bezug verloren schien. Der Nemax 50-Index stand im März 2000 mit seinem Allzeithoch von 9665,81 Punkte (Schlussstand) nur noch wenige hundert Punkte unter der magischen Marke von 10 000 Punkten.

Die Börse war inzwischen wiederholt Titelthema in den Printmedien. Selbst die Boulevardpresse hatte eigene Börsenrubriken und heizte dem Publikum kräftig ein. Überall waren die Aktien der New-Economy Gesprächsthema Nr. 1. Und die Zahl der selbst ernannten Börsenexperten stieg rasant. Es sind auf den ersten Blick scheinbare Banalitäten. Aber wenn sich Supermarkt-Kassiererinnen beim Scannen von Lebensmitteln ganz locker über die Neuemission von Infineon unterhalten, springen die Warnampeln gleich serienweise an. Was sich da teilweise in Internetforen auf diversen Börsen-Homepages abspielte, war nicht nur erschreckend, sondern zugleich alarmierend. Selten wurde in einer solchen Konzentration eine dermaßen übersteigerte und anmaßende Selbstgefälligkeit transparent wie dort. Wer einen Einblick haben wollte, welches Anlegerniveau u. a. hinter der TMT-Euphorie stand, die Internetforen lieferten dafür unzählige Beispiele. Die gegenseitige Ansteckung, das Aufheizen des Kaufrausches, dazu trugen auch die Foren ihren Teil bei.

Parallel zu den immer weiter steigenden Aktienkursen stieg auch die Bereitschaft der Privatanleger zu immer stärkeren Käufen. Anleger, die noch Anfang 1999 keine Aktie im Depot hatten und auch an Aktienkäufe gar nicht dachten, hatten kein Problem damit, ein Jahr später eine Hypothek auf ihr Haus aufzunehmen und das Geld in New-Economy-Aktien zu investieren. Teilweise wanderten komplette Alterssicherungen in den Neuen Markt. Jeglicher Schutz vor möglichen Verlustrisiken wurde ausgeblendet. Auffällig war auch die Konzentration hoher Kapitaleinsätze auf nur einzelne oder wenige Aktien bzw. auf nur einen Fonds, der wiederum nur in Werte des Neuen Marktes oder der US-Nasdaq investierte. Von einer Risikostreuung konnte da keine Rede sein. Aber Verlustrisiken, das war ohnehin ein Wort, das niemand hören wollte.

Im Frühjahr 2000 gab es nur wenige Marktbeobachter, die vor massiven Rückschlagsrisiken am Neuen Markt und an der US-Nasdaq warnten. Einzelne Analysten machten durchaus die Gegenrechnung auf und stellten die mitunter absurden Marktbewertungen von TMT-Aktien in Frage. Aber: Das wollte niemand hören. Vermögensverwalter und Fonds, die auf dem soliden, Value-orientierten Pfad blieben, wurden dafür mit Kapitalabflüssen bestraft. Für „Value" interessierte sich niemand, was zählte, war „Growth" (Wachstum).

Dies alles muss noch um den Hinweis auf das seinerzeit beliebte Momentum-Investing ergänzt werden. Man kaufte nicht aufgrund von fundamentalen Kriterien, sondern einzig und allein, weil eine Aktie mit einem gewissen Tempo stieg. Was im Kurs konstant stieg, wurde gekauft, und damit der Prozess noch weiter angeheizt. So wurde im Börsen-TV ein Fondsmanager befragt, warum er diese oder jene Aktie in seinem Fonds hält. Seine lapidare Antwort: „Weil die Aktien gestiegen sind". So etwas ging bis zum April 2000 glatt und ohne kritisches Nachhaken durch.

Um die nachfolgende Entwicklung zu begreifen, muss man sich in die Euphorie versetzen, die zwischen Herbst 1999 und Frühjahr 2000 stattfand. Seinerzeit kamen viele Faktoren zusammen, die sich perfekt ergänzten und in ihrer Mischung die gigantische Überbewertung der TMT-Sektoren ermöglichten. Das Blatt wendete sich nicht plötzlich, wie beim Börsencrash im Oktober 1987, die Trendwende vollzog sich schrittweise. Irgend etwas funktionierte im Verlauf des März 2000 nicht mehr. Der Motor geriet ins Stottern. Ehemalige Garanten der ewigen Kurssteigerungen zeigten Erschöpfungserscheinungen. Als der Nemax 50-Index seinen Gipfelpunkt erreichte, hatten bereits einige Index-Schwergewichte in den Wochen zuvor ihr Allzeithoch markiert. Dies allein war jedoch noch keine Warnung, denn ebenso gut hätten sie sich auch in einer Konsolidierung befinden können. Die Warnung war der Exzess, der sich zu verausgaben begann.

Es gibt eine Gesetzmäßigkeit, die den Höhepunkt ausgeprägter Aufschwungphasen an einem Aktienmarkt oder in einem Sektor kennzeichnet, nämlich die Behauptung, dass der Markt oder der Sektor in eine neue Phase getreten sei. „Diesmal ist die Situation anders." Keine andere Feststellung sollte mehr zur Vorsicht mahnen, denn es ist die Todesformel für jede Hausse. Da sich bestimmte Indexstände oder Kurse mit traditionellen Bewertungsmaßstäben nicht mehr rechtfertigen lassen, die Maßstäbe also für eine deutliche Korrektur sprechen, man diesen Umstand aber nicht wahrhaben will (psychologische Falle), werden die aktuelle Entwicklung und die Antizipation künftiger Kurssteigerungen kurzerhand zur Ausnahmesituation erklärt. Dies geschieht ausschließlich, um eine hohe Investitionsquote bzw. weitere Käufe zu rechtfertigen, sowie aus dem Ignorieren der Tatsache, dass Abwärtsbewegungen Bestandteile zyklischer Marktphasen sind. Die New-Economy stand für „Diesmal ist alles anders", denn sie war ja neu. Dabei handelte es sich in großen Teilen lediglich um eine Illusion.

Gnadenlose Desillusionierung

Die Kaufkraft wird in der Schlussphase einer Hausse überstrapaziert, da immer mehr Liquidität benötigt wird, um die Kurse höher zu treiben und zudem immer mehr Aktien auf den Markt gelangen. Die Erwartungshaltung der Marktteilnehmer ist extrem einseitig und kann daher durch einen winzigen Anlass erschüttert werden. Eine Euphorie kann so geradewegs in einen Crash münden oder aber es setzt eine schleichende Trendumkehr ein. Dies war sowohl beim Deutschen Aktien-Index (DAX) als auch am Neuen Markt und der US-Nasdaq ab April 2000 der Fall.

Von einem Crash werden die Anleger mehrheitlich überrascht, weil er sich in einem kurzfristigen Zeitraum abspielt. Wesentlich gemächlicher verlaufen Markt-Baissen nach „traditionellem Muster". Je nachdem, auf welchem Level der einzelne Anleger eingestiegen ist, schmelzen zunächst seine Buchgewinne zusammen. Diese wandeln sich sukzessive in Nettobuchverluste, die sich dynamisch aufzubauen beginnen, während die Mehrheit der Anleger noch gar nicht realisiert, dass der allgemeine Börsentrend längst gedreht hat. Die Reaktionen der von der Entwicklung überraschten Akteure sind unmittelbar an die Kursentwicklung gekoppelt. Vollzieht sich eine Abwärtsbewegung in gemächlicheren Schritten, d. h. folgen einem deutlichen Kursrückgang ausgeprägte Erholungsphasen, die die Hoffnung der Anleger nähren, so baut sich erst langsam ein Verkaufsdruck auf.

Die Anleger gewöhnen sich an Kursrückgänge, bis diese eine Schmerzgrenze erreichen, die für die Mehrheit der Durchhaltewilligen inakzeptabel ist. Baisse-Phasen enden daher häufig mit einem finalen „Ausverkauf" (Sellout). In diesem Moment geht die Mehrheit der Marktteilnehmer nicht mehr von steigenden Kursen aus, sondern will nur noch eines: raus aus den Aktien! Da in solchen Börsenphasen emotionalisiertes Handeln im Vordergrund steht (Angst vor weiteren Verlusten), treten rationale Argumente (z. B. Käufe von unterbewerteten Qualitätsaktien) in den Hintergrund.

Ab April 2000 sahen sich die Aktienmärkte mit einem Liquiditätsrückgang konfrontiert. Die Kaufreserven waren erschöpft, Kreditlinien teilweise bis an die Grenze ausgereizt. Neue Käufergruppen waren nicht mehr vorhanden, nachdem ansonsten gegenüber Aktienmärkten resistente Anleger sich von den imposanten Kursexplosionen hatten anstecken lassen. In der Schlussphase einer Hausse verteilt sich die Anzahl der im Umlauf befindlichen Aktien auf viele Anleger, darunter viele Akteure, die selbst mit Kleinstbeträgen in den Aktienmarkt gehen. Innerhalb einer Euphoriephase lässt sich zwar abschätzen, dass das Rückschlagsrisiko täglich steigt, nicht jedoch, wie lange dieser extreme Prozess aber tatsächlich dauert.

Fast immer wird die Kraft einer Euphorie unterschätzt, da sich diese Phase mit fundamentalen Bewertungsmaßstäben nicht mehr messen lässt. Neben der allgemein aufgeheizten Stimmung fallen Marktkorrekturen immer geringer aus, bis sie schließlich ganz ausbleiben. Charttechniker sprechen in diesem Fall von der Ausbildung einer „Fahnenstange". Diese Phase, in der Aktienkurse oder Indizes nicht mehr auf Vortages-Schlusskurs-Niveau eröffnen, sondern mit Kurslücken (‚Gaps') davonspringen, hält durchschnittlich nur wenige Handelstage an. Gleichzeitig hat sie aber auch einen psychologisch gravierenden Effekt auf die Marktteilnehmer, da die imposanten Aufwärtsschübe alle zu paralysieren scheinen. Gerade im Moment der Schlussphase einer extremen Übertreibung ist die Widerstandskraft der Marktteilnehmer am geringsten. Entweder wird noch weiter gekauft, oder die Verkaufsbereitschaft ist ausgerechnet dann nur noch minimal.

Die einsetzenden Kursrückgänge ab April 2000 wurden zunächst von der Mehrheit der Marktbeobachter als „markttechnische Korrektur" eingestuft. Das hätte durchaus auch so sein können, denn die Märkte waren aus markttechnischer Sicht massiv übergekauft. Doch die Korrektur ging dann weiter, als in der Schlussphase einer Hausse üblich. Die eigentliche Trendwende konnte man förmlich spüren, da sich im Verlauf des Frühjahrs 2000 etwas zu verändern begann.

Die ganze Begleitmusik der New-Economy, daran hatte sich zunächst nichts Wesentliches geändert. Es wurde weiter phantasiert, gefeiert und so getan, als drehe sich die Welt nur um den inzwischen allzu bekannten Hype. An der Börse verhielt sich dies ab April aber anders, denn hier wurden die Marktteilnehmer zunehmend nervöser. Man hatte sich an Aktienkursverdoppelungen binnen kürzester Zeit gewöhnt und wurde allmählich ungeduldig. Jeden Tag der starre Blick auf die Aktienkurse, aber der Schwung war raus. So eine Marktsituation lässt sich nur erfassen, wenn man berücksichtigt, dass die Mehrheit der Akteure voll investiert immer nervöser wird, weil der nächste Aufwärtsschub ausbleibt.

Im Verlauf des Frühjahrs 2000 machten dann plötzlich in US-Medien so genannte ‚Todeslisten' (Cash-Burn-Listen) die Runde. Diese Listen präsentierten bekannte Unternehmen der New-Economy und stellten deren tägliche Verluste aus dem laufenden Betrieb der vorhandenen Liquidität gegenüber. Daraus wiederum wurde errechnet, wann genau die Liquidität verbraucht und das Unternehmen theoretisch pleite war. Theoretisch. In der Praxis an den Aktienmärkten reagierten die Anleger jedoch schockiert. Nun wurden die Anleger binnen weniger Wochen von der fundamentalen Realität eingeholt. Die Todeslisten wurden auch für den Neuen Markt erstellt und in den deutschen Finanzmedien präsentiert. Deren Sinn ist selbst heute noch zweifelhaft, da in der Folgezeit ersichtlich wurde, dass die so genannte Cash-Burn-Rate allein nicht als Gradmesser für das Schicksal eines Unternehmens herangezogen werden konnte.

Aber die Cash-Burn-Listen trugen zu einer nachhaltigen Verunsicherung der Marktteilnehmer bei. So gerieten auch die Bewertungen einzelner Unternehmen immer mehr auf den Prüfstand, und die Fundamentalanalyse rückte wieder in den Vordergrund. Dies waren jedoch erst die Anfänge einer Ernüchterungsphase, die sich in der Folgezeit als gnadenlose Desillusionierung des gesamten New-Economy-Hypes herausstellen sollte. Dieser Prozess beschleunigte sich ab dem Herbst 2000 in einem immer größeren Ausmaß. Übernahmen zu Phantasiepreisen waren durch immense Kredite finanziert worden. Das hatte eine regelrechte Kettenreaktion zur Folge, weil sich viele Übernahmen plötzlich als Luftnummer herauskristallisierten. Bewertungen basierten teilweise auf bestimmten Beteiligungspaketen. Mit jedem weiteren Kursrutsch sank so der Wert von Beteiligungen. Auf diese Weise zog sich eine ganze Reihe von Aktien gegenseitig in die Tiefe.

Die so genannten Ad-hoc-Meldungen waren mitunter für Banalitäten oder bewusst publizierte Falschmeldungen missbraucht worden, um die Aktienkurse zu pushen. Im Rahmen der Euphorie des Neuen Marktes wurden diese Sachverhalte nie in Frage gestellt. Wer hatte vor dem Frühjahr 2000 schon Emissionsprospekte gelesen? Die Kurse stiegen nach der Emission ohnehin. Also sah sich kaum jemand die Zahlen genauer an. Und wer das tat, wurde ignoriert. Ab dem Herbst 2000 kamen die Prospekte aber wieder auf den Tisch. Da entpuppte sich so manches als Schönrechnerei und zuweilen auch als Phantasterei. Dies bezog sich nicht allein auf kleinere New-Economy-Klitschen, sondern auch auf Großkonzerne, hier insbesondere im Sektor Telekommunikation. Niemand kam bis zum Frühjahr 2000 auf die Idee, dass es sich hier irgendwann um einen ‚toten

Markt' handelt. Ist eine bestimmte Sättigung beispielsweise im Handy-Markt erreicht, so geht es nur noch um eine Umverteilung in einem bestehenden Markt (Prinzip des toten Marktes), jedoch nicht mehr um Wachstum. Dies war alles bereits 1999 absehbar, aber die Rechnung wurde erst viel später aufgemacht. Erinnert sei hier auch an die für die beteiligten Unternehmen sich später als verhängnisvoll erweisende Ersteigerung der UTMS-Lizenzen. Hier wurden Milliardensummen nur für Lizenzen ausgegeben, obwohl nicht einmal absehbar war, ob tatsächlich ein Markt für die Anwendungsmöglichkeiten vorhanden war. Kostengünstige Alternativen, wie beispielsweise die Wireless-LAN-Technologie, wurden nicht einmal ernsthaft in Erwägung gezogen. Heutzutage schüttelt man darüber den Kopf, aber seinerzeit stellte diesen Größenwahn kaum jemand in Frage, im Gegenteil, er wurde von der breiten Öffentlichkeit sogar mit Staunen verfolgt.

Oder nehmen wir das Beispiel Internet. Es war immer klar, ohne Gewinne wird sich der Internet-Boom eines schönen Tages als Seifenblase entpuppen. Hier sind gleich von Anfang an Fehler gemacht worden, nämlich die kostenlose Bereitstellung teilweise aufwändiger und kostenintensiver Inhalte. Woher sollte da das Geld kommen? Bis zum Frühjahr 2000 interessierte das die Mehrheit der Akteure ebenfalls nicht. Im Zuge der Ernüchterung durch die Cash-Burn-Listen sah die New-Economy-Welt jedoch anders aus. Aktien von Internet-Unternehmen, die keine reale Aussicht auf Gewinne hatten, stürzten in der Folgezeit ins Bodenlose.

In den Ernüchterungsprozess gerieten auch die Biotech-Aktien. Auch hier wurden an den Aktienmärkten bis zum Frühjahr 2000 Gewinnaussichten durch neue Medikamente sehr stark bewertet. Nur, genau daran haperte es bei den meisten Unternehmen. Die Forschungsabteilungen sahen sich mit immer stärkeren Restriktionen durch die US-Gesundheitsbehörde FDA konfrontiert. Viele Forschungsprogramme wurden auf diese Weise in die Länge gezogen und damit kostenintensiver als ursprünglich geplant. Andere Forschungsprogramme liefen ins Leere, und Unternehmen, die sich auf die Errichtung von Gen-Datenbanken spezialisiert und bis zum Frühjahr 2000 eine starke Favoritenstellung innehielten, gerieten ebenfalls massiv unter Druck.

Im Jahr 2001 gehörten Hiobsbotschaften aus den ehemaligen Favoriten-Sektoren zur Tagesordnung. Standen Quartalsberichte an, so sollte es in der Folgezeit an Gewinnwarnungen nur so hageln. Und mit jeder Gewinnwarnung gerieten die Aktien immer mehr unter Druck. „Man mag es nicht mehr hören". Als dieser Spruch sich wie ein roter Faden durch das Jahr 2001 zog, hätte man vermuten können, das es kaum noch schlimmer kommen könne. Dem war aber nicht so. Erholungsphasen waren immer nur kurzfristiger Natur. Zu den ohnehin schlechten Unternehmensnachrichten gesellten sich immer mehr konjunkturell düstere Ausblicke, die jede Hoffnung auf eine baldige Trendwende unterwanderten.

Verstärkt wurde die Krise durch die Terroranschläge am 11. September 2001 in den USA, die zu einer vorübergehenden Schließung der New Yorker Börse führten. Nach diesen Anschlägen weitete sich die Krise auf den Finanzsektor mit dem Schwerpunkt Versicherungen und auf die Luftfahrtgesellschaften aus. Zwar erholten sich die Aktienmärkte bis zum Frühjahr 2002, aber der Abwärtstrend konnte nicht gebrochen werden.

Insbesondere der Neue Markt geriet in einen immer stärkeren Abwärtssog. Befanden sich die Anleger in diesem Sektor im Frühjahr 2000 wie im Rausch, verfielen sie jetzt immer mehr in eine Depression. Etliche New-Economy-Aktien, die im Frühjahr 2000 noch zu dreistelligen Euro-Kursen notierten, stürzten auf einstellige Kursniveaus. Doch auch dies war noch nicht das Ende der Entwicklung, da nun die negative Übertreibung voll im Gange war und der Neue Markt immer mehr das Image einer Penny-Stock-Börse bekam. Dazu zählten auch Insolvenzen, verbunden mit Totalverlusten. Waren Ende 2001 noch 326 Unternehmen notiert (Marktkapitalisierung ca. 50 Mrd. Euro), so war diese Zahl bis zum September 2002 auf gut 260 gesunken (Marktkapitalisierung nur noch knapp 13,9 Mrd. Euro). Notierte der Nemax-50-Index bei seinem Allzeithoch im März 2000 bei 9.665 Punkten, so sollte das Baisse-Tief erst im März 2003 bei gut 300 Punkten erreicht werden. Dies entsprach einem vernichtenden Kursverlust von gut 97%!

Der DAX, der während der Hausse maßgeblich von dem damaligen Schwergewicht *Deutsche Telekom* auf das Allzeithoch von 8136 Punkten (7. März 2000) getrieben wurde, stand der negativen Entwicklung nicht nach und fiel bis zum März 2003 auf rund 2200 Punkte. Dies entsprach immerhin einem massiven Verlust von 72,96%! Die Deutsche Börse zog schließlich die Konsequenz aus dem Debakel und kündigte im Herbst 2002 die Schließung des Neuen Marktes an. Dabei gab es die Sektion erst seit dem 10. März 1997. Die Börse hatte zuvor versucht, mit strengeren Regeln für Quartalsberichte, der Meldepflicht für Wertpapiergeschäfte des Managements und mit Streichungsregeln für Penny Stocks das Wachstumssegment zu bereinigen und somit eine Stabilisierung herbeizuführen. Aber diese Bemühungen scheiterten. Das einstmals glanzvolle Image war komplett zerstört. Nur kurz zur Erinnerung: Wenige Jahre zuvor dachte man darüber nach, nur noch die Sektion Neuer Markt handeln zu wollen. Jetzt war man diesem Marktsegment aufgrund der negativen Nachrichtenflut überdrüssig geworden. Diese Entwicklung sucht in der Börsengeschichte wohl ihresgleichen.

Der den Gesamtmarkt betreffende Ausverkauf sollte im ersten Quartal 2003 stattfinden, als insbesondere institutionelle Anleger die Nerven verloren und ihre Bestände massiv auf den Markt warfen. Einige Versicherungen reduzierten ihre Aktienbestände sogar auf null Prozent. Angeheizt wurde die Entwicklung durch Hedge-Fonds, die deutsche Standardaktien munter leerverkauften und somit massiv zum Ausverkauf beitrugen.

Die einzelnen Abläufe von 1999 bis 2003 können hier nur fragmenthaft betrachtet werden, da die intensive Erörterung der Ereignisse im Zuge des New-Economy-Hype selbst ein komplettes Buch füllen würde. Maßgeblich sind aber die Konsequenzen daraus, die jeder Anleger für sich bei künftigen Dispositionen ziehen kann, nämlich die kompromisslose Umsetzung von Money Management-Strategien, wie sie später noch ausführlicher erläutert werden. Die Einhaltung nur weniger Regeln wie Risikobegrenzung und aktive Positionskontrolle beispielsweise durch Stopp-Loss-Techniken hätten den Anleger vor ausufernden Verlustpositionen schützen können. Die Mehrheit der von der Euphorie im Frühjahr 2000 betroffenen Anleger, insbesondere jene, die erst in der Spätphase der Hausse massiv in den Aktienmarkt eingestiegen sind, dürfte aus den Erfahrungen nichts gelernt haben. „Aktien? Nie wieder!" Diese Anleger haben nicht investiert, sondern einfach nur mal planlos gezockt. Und schlimmer noch: Sie fühlen sich auch heute noch als Opfer irgendwelcher übler Machenschaften. Für die großen Verluste sind nicht sie, sondern natürlich andere verantwortlich.

Es war daher keine Überraschung, dass einige Zeit nach der Trendwende die Suche nach Verursachern und Schuldigen für das Desaster einsetzte. Daran beteiligten sich scheinheilig ausgerechnet auch jene Finanz- und Wirtschaftsmedien, die selbst maßgeblich zur Euphorie beigetragen hatten. Es ist natürlich bequem, die Schuld für ein allgemeines Desaster bei anderen zu suchen. Die gesamte Schuld wurde kollektiv auf die Analysten abgeladen. Sicherlich sind auch dort Fehler gemacht worden. Aber alle Beteiligten haben Fehler gemacht. Bis zum März 2000 hatte sich ja auch niemand über die absurden Kurssteigerungen beschwert. Für einige (ehemalige) Vorstandsvorsitzende von New-Economy-Unternehmen in den USA und Europa gab es aufgrund von Bilanzmanipulationen ein rechtliches Nachspiel. Die aus dem New-Economy-Hype resultierenden massiven Kursverluste, die das Ausmaß einer Jahrhundert-Baisse erreichten, sollten in der Folgezeit jedoch für eine ganze Anlegergeneration prägend sein.

Zu differenzieren ist jedoch zwischen der Entwicklung der New-Economy-Unternehmen und der Aktienmarktentwicklung. Die neuen Unternehmen wurden einem marktwirtschaftlichen Härtetest unterzogen. Wer nicht wirklich mit einem tragfähigen Unternehmenskonzept aufwarten konnte, war auch nicht überlebensfähig. Die Zahl der Pleiten hätte aber wesentlich höher ausfallen können. Etliche Unternehmen haben die Krise als Chance verstanden und auch genutzt. Die Verunsicherung aufgrund der massiven Rückschläge haben aber auch in den Unternehmen ihre Spuren hinterlassen. Nicht alles, was die New-Economy hervorgebracht hat, war reiner Budenzauber. Eines der wesentlichen positiven Merkmale, nämlich der Bruch mit überkommenen und inzwischen fragwürdigen Traditionen und der Bereitschaft zum Risiko, geriet in der Ernüchterungsphase voll unter die Räder. Die Orientierung und Anpassung an die Old Economy ist verständlich und mag für deren Vertreter eine Genugtuung darstellen, zumal diese Rückbesinnung, die im Wesentlichen auf Unsicherheit basiert, auch noch unkritisch von vielen Medien reflektiert wird. Die Anpassung wirkt hilflos und auch undynamisch. Was die TMT-Sektoren benötigen, sind Lenker mit Charisma, aber keine Showfiguren, die mit ihren eigenen Visionen nicht Schritt halten können.

Scheinblüte oder neue Aktien-Hausse an den Aktienmärkten?

An den Aktienmärkten hingegen sind die Nachwirkungen der Jahrhundert-Baisse bis heute (Frühjahr 2004) nicht wirklich verdaut. Im März 2003 waren der deutsche Aktienmarkt, die US-Nasdaq und der japanische Aktienmarkt klar überverkauft. Insbesondere die hohen Leerverkäufe bildeten eine massive Kaufreserve, da diese ja in der Folgezeit irgendwann wieder eingedeckt werden mussten. In der Schlussphase der Baisse verloren nicht die privaten Anleger, sondern viele institutionelle Anleger die Nerven. Institutionelle Anleger, die ihre Aktienbestände teilweise sogar komplett verkauft hatten, wurden somit die potenziellen Käufer von morgen. Denn keiner dieser Anleger würde sich bei einer Markterholung vollständig von Aktien distanzieren können.

Die Markterholung seit April 2003 war jedoch nicht nur markttechnisch bedingt (langfristig überverkaufte Aktienmärkte), sondern resultierte zudem aus der massiven Liquiditätsflut seitens der Notenbanken in den USA und Japan. Hohe Geldmengensteigerungsraten waren bereits ab dem Herbst 2001 nicht nur in den USA, sondern im Verlauf des Jahres 2002 auch in Japan zu beobachten. Die Ausrichtung der US-Geldpolitik änderte sich nach den Terroranschlägen nachhaltig. So setzte ab dem Oktober 2001 der US-Notenbank-Präsident Alan Greenspan alles daran, eine Wiederholung des deflationären Desasters, wie es seit 1990 in Japan zu beobachten war, zu verhindern.

Im Zeitraum Januar 1981 bis Oktober 2001 stand die Anti-Inflationspolitik bei der US-Notenbank an erster Stelle. Diesem Beispiel folgten alle westlichen und die meisten fernöstlichen Notenbanken. Diese Phase wird als Ära der Geldwertstabilität in die Finanzgeschichte eingehen. Ab Oktober 2001 folgte dann aufgrund deflationärer Gefahren und einer schleppenden Konjunkturentwicklung der Trendwechsel hinsichtlich der Akzeptanz von moderat höheren Inflationsraten und einer ausufernden Staatsverschuldung.

Das internationale Finanzsystem wurde bereits ab dem Oktober 1987 ausgehend von der US-Notenbank mehrfach massiv mit Liquidität überflutet, um größere Krisen zu verhindern oder bestehende Krisensituationen abzumildern. Dies hatte sich unmittelbar nach dem Beginn der Amtszeit von Alan Greenspan bereits im Crash 1987 als probates Mittel bewährt. Die Maßnahmen wurden in der Folgezeit ständig ausgeweitet, so auch 1998 im Zuge der Asienkrise und des Zusammenbruchs des LTCM-Hedge-Fonds, der ohne Gegenlenkungsmaßnahmen eine internationale Finanzkrise hätte auslösen können.

Hauptprofiteure dieser Liquiditätsflutung waren in jedem Fall die Aktienmärkte. Nachdem im Verlauf des Jahres 2002 die Maßnahmen immer aggressiver wurden und Japan den Geldmengenzuwachs sogar bis auf eine Jahreswachstumsrate von 40% ausufern ließ, musste dies fast schon zwangsläufig positive Konsequenzen für die Aktienmärkte haben. Doch eine nachhaltige Erholung sollte bis zum April 2003 auf sich warten lassen. Dieser Prozess ist nicht ungefährlich. Denn zeigten beispielsweise im Oktober 1987 die Maßnahmen innerhalb weniger Wochen oder in 1998 nach wenigen Monaten Wirkung, wird es zunehmend schwieriger, mit den bewährten Methoden das System auf Kurs zu bringen. Es sind immer größere Liquiditätsschübe erforderlich, die ihrerseits immer später Wirkung zeigen. Dies ist ein klarer Hinweis darauf, dass die Wirkung dieser Maßnahmen eines schönen Tages entweder ganz ausbleiben oder, was aktuell wahrscheinlicher ist, zunächst Konsequenzen auf der Inflationsseite nach sich ziehen wird.

Vor diesem Hintergrund muss also die Erholung an den Aktienmärkten ab dem April 2003 betrachtet werden. Die Jahrhundert-Hausse, die im August 1982 begann, wechselte ab April 2000 in eine Jahrhundert-Baisse, die ihrerseits bis zum März 2003 anhielt. Berücksichtigt man den breiten Aktienmarkt, so dauerte die Baisse sogar von Juni 1998 bis zum März 2003. Die seit dem April 2003 laufende Aufwärtsbewegung ist durchaus beeindruckend und konnte bis dato durch gezielte Käufe auch gewinnbringend genutzt werden. Der Unterschied zur Jahrhundert-Hausse ist jedoch, dass es sich bei diesem Marktaufschwung weder um eine Wiederaufnahme der Jahrhundert-Hausse noch um eine tatsächlich neue Hausse handelt, sondern lediglich um eine ausgeprägte Erholungsphase.

Die seit April 2003 laufende Erholungsphase wird insbesondere durch die Marktführerschaft der alten Favoriten aus der vorangegangenen Jahrhundert-Hausse getragen. Allein im Erholungsschub 2003 waren die relativ stärksten Aktien ausgerechnet jene von angeschlagenen Unternehmen. Aktien, die in der Baisse bis zum März 2003 am stärksten gefallen waren, erholten sich anschließend überdurchschnittlich. Eine Hausse konzentriert sich jedoch in ihrer Anfangsphase auf Qualität. So fällt beispielsweise ein Sektor in der Schlussphase einer Baisse kaum noch und zeigt sich relativ stabil. Startet dann eine neue Hausse, übernimmt ein solcher Sektor dann zunächst die Marktführerschaft. Diese typische Entwicklung war jedoch seit dem April 2003 nicht zu erkennen. Da die zuvor relativ schwächsten Aktien überdurchschnittlich stiegen, erinnert dies eher an eine Markterholung, in der negative Übertreibungen korrigiert werden.

Eine neue Hausse bietet zudem die langfristige Perspektive neuer Allzeithöchststände der führenden Indizes. Am deutschen Aktienmarkt war dies jedoch Anfang 2004 trotz der imposanten Kurserholung des DAX von seinem Baisse-Tief bei rund 2200 Punkten bis über die Marke von 4000 Punkten nicht zu erwarten. Vielmehr zeichnet sich hier ein Szenario ab, bei dem nach Erreichen der Erholungsspitze der DAX wieder eine Trendwende vollziehen wird, bei der ein Test des Baisse-Tiefs von 2200 Punkten nicht ausgeschlossen werden kann. Der Markt befindet sich mit hoher Wahrscheinlichkeit in einer breit angelegten Fluktuationszone, die sich über Jahre hinziehen kann.

Eine neue Hausse endet zudem immer mit einer Euphoriephase. Auch diese Entwicklung zeichnet sich weder für den deutschen noch für den US-Aktienmarkt ab. Das Publikum ist zwar investitionsbereit, aber die breite Masse, die für einen Übertreibungsschub benötigt würde, wird sich aufgrund der Erfahrungen aus dem Zeitraum 2000 bis 2003 nicht so schnell wieder in einen Kaufrausch hineinsteigern. Dazu sind die negativen Erfahrungen einfach noch zu lebendig in Erinnerung. Viele Aktiendepots sind zudem noch mit den ‚Rohrkrepierern' der letzten Hausse bestückt. Es wird womöglich eine komplette Anlegergeneration lang dauern, bevor sich hierzulande wieder ein regelrechter Euphorieschub am Aktienmarkt entwickeln wird.

Anders verhält sich dies hingegen am japanischen Aktienmarkt. Dort hat der Markt seit Ende 1989 bis Anfang 2003 einen klassischen Baisse-Markt durchlaufen, der mit dem typischen Ausverkauf in der Baisse-Schlussphase endete. Hier hat eine massive und schmerzhafte Bereinigung der vorangegangenen Aufwärtsbewegung, die ebenfalls als Jahrhundert-Hausse in die Finanzgeschichte einging, stattgefunden. Dort zeigt die Trendwende alle typischen Merkmale des Starts der ersten Haussephase.

Mit Blick auf die Favorisierung eines einzelnen Sektors könnte die Nanotechnologie in 2004 für Wirbel sorgen, da die Anleger auf der Suche nach einem neuen Megatrend sind. Nanotech-Aktien lenken seit 2003 das Interesse auf sich. Was ist darunter eigentlich zu verstehen? Nanotechnologie beinhaltet den gezielten Aufbau von Molekülen und Atomen. So sollen Material und Werkstoffe mit völlig neuen Eigenschaften entstehen, die tausendmal kleiner sind als die Produkte der Mikrosystemtechnik. Diese Technologie soll die Produktion selbst winzigster Maschinen ermöglichen, und zwar in einer Dimension zwischen 0,1 bis 100 Nanometer (1 Nanometer = 1 Millardstel Meter). Möglicher Einsatz der Nanotechnologie sind beispielsweise Halbleiter oder Roboter. Nanotech-Aktien konnten im Frühjahr 2000 von der allgemeinen Euphorie an den Aktienmärkten nicht mehr profitieren. Dafür war der Sektor noch zu jung und unbekannt. Mit Blick auf die Charts entsprechender Nanotech-Aktien Ende Februar 2004 und der zunehmenden Aufmerksamkeit einzelner Investorengruppen könnte sich hier noch parallel zur laufenden Erholung der Gesamtmärkte ein deutlicher Übertreibungsschub einstellen. Der Nanotech-Sektor holt in diesem Fall das nach, was ihm Anfang 2000 verwehrt blieb. Das Szenario dürfte mit der Internet- oder Biotech-Euphorie vergleichbar sein und auch wohl nur deshalb gelingen, weil es international nur wenige Nanotech-Aktien gibt und für diese Form einer Sektoren-Favorisierung keine überdurchschnittliche Liquidität erforderlich ist. So haben in 2003 einige Unternehmen ihren Namen vor der Börsenemission auf die neue Technologie abgestimmt. Die Rechnung ging denn auch auf. Aktien von Unternehmen, deren Namen „Nano“ enthalten verzeichneten bis dato bereits deutliche Kurssteigerungen. Doch Vorsicht vor diesem Blendwerk, denn die dahinter stehenden Unternehmen verzeichnen kaum Umsätze und sind von Gewinnen weit entfernt. Wehe dem, der hier ohne Anwendung von Money Management-Regeln einfach nur mitspielt. Das altbekannte Muster einer Spekulationsblase wird sich auch hier mit hoher Wahrscheinlichkeit wiederholen. Die Gefahr einer kurzfristigen Sektoren-Scheinblüte ist nicht gerade als gering einzuschätzen. Internationale Konzerne wie Intel oder IBM sind im Nanotech-Sektor ebenfalls aktiv, wobei völlig offen ist, ob und wann diese Bemühungen das Gesamtergebnis positiv beeinflussen werden.

Die neue Gold-Hausse: ein Erklärungsmuster

Wie ausdauernd ein Baisse-Markt sein kann, dafür lieferte der Goldmarkt im Zeitraum Januar 1980 bis zum März 2001 ein exzellentes Beispiel. Mehr als 20 Jahre mussten die Fans des gelben Edelmetalls auf eine Wiederentdeckung ihres Marktsegments warten. Der Baisse-Verlauf war geradezu idealtypisch. Heutzutage erinnert sich kaum noch jemand an den Goldrausch der 70er-Jahre, die im Januar 1980 ihren Höhepunkt fand und gleichzeitig auch endete. Um die heutige Gold-Hausse zu verstehen, ist eine kurze Rückblende bis Anfang der 70er-Jahre erforderlich. Seinerzeit wurde der so genannte Goldstandard, die Anbindung der wichtigsten internationalen Währungen an das Edelmetall mittels fest definierter Größen, vollständig aufgegeben. Der Goldpreis war bis dato exakt festgelegt, nach Aufgabe des Goldpreises gerieten die Preise jedoch umgehend in eine sich immer mehr beschleunigende Aufwärtsbewegung.

Daraus sollte sich eine regelrechte Hausse der Superlative entwickeln. Die 70er-Jahre waren durch den steigenden Goldpreis und die extremen Energiepreissteigerungen geprägt. Dies ging mit einer sich ständig beschleunigenden Inflation einher, die ihrerseits aus der lockeren Geldpolitik in Folge der Energiekrisen aus der ersten Hälfte der 70er-Jahre resultierte. Zu den großen Gewinnern zählten bis Anfang der 80er-Jahre sowohl Edelmetall- als auch Öl-Aktien. Ihren Gipfel erreichten die Mega-Haussen an den Rohstoffmärkten erst, als der damalige US-Notenbankpräsident Paul Volcker der Inflation mit aggressiven Zinserhöhungen den Kampf ansagte.

Die Anleger am Goldmarkt waren somit bereits im Herbst 1979 gewarnt, nahmen aber die Warnungen im Zuge der Euphoriephase, die noch bis in den Januar 1980 hinein anhielt, nicht ernst. Im Zeitraum November 1979 bis Januar 1980, also innerhalb von drei Monaten, explodierte der Goldpreis von gut 400 US$ auf 850 US$ und sollte damit bis dato ein Allzeithoch markieren.

Am Goldmarkt nahm unterdessen die Baisse ihren Lauf. Hier war mit Blick auf mehrere Jahre ganz klar die Luft raus. Von Februar 1980 fiel die Feinunze Gold bis zum Juni 1982 auf 300 US$ zurück. Von wenigen Rallys einmal abgesehen, die in der Folgezeit spätestens im Bereich um 500/520 US$/Unze scheiterten, blieb der Goldmarkt bis zum März 2001 auf Talfahrt und fiel in Richtung 248 US$/Unze. Diese Entwicklung wurde zudem von einem ausgeprägten Stimmungstief begleitet. Erstmals kursierten Prognosen mit einem Kursziel von unter 200 US$/Unze, vereinzelte Marktbeobachter attestierten dem Goldpreis sogar ein Abwärtspotenzial bis unter 50 US$/Unze. Dies war exakt das gegenteilige Stimmungsbild vom Januar 1980. Statt der seinerzeit von etlichen Gold-Analysten ins Auge gefassten 5000 US$/Unze sollte der Preis nunmehr sogar unter 1% der ursprünglichen Extremerwartung sinken. Dass es sich hier wiederum um ein Extrem, nur in die entgegengesetzte Richtung, handelte, war offensichtlich.

Die Gold-Baisse wurde zudem durch die Goldproduzenten künstlich in die Länge gezogen. Da diese schon Ende der 80er-Jahre nicht mehr von einer Wiederaufnahme der Gold-Hausse ausgingen, kam eine neue Marktstrategie, die zunächst von dem Produzenten *Barrick Gold* forciert wurde, immer mehr in Mode, nämlich das so genannte Hedging bzw. Vorwärtsverkäufe künftiger Produktionen. Noch nicht gefördertes Gold wurde per Termin verkauft. Da über die Terminpreise höhere Einnahmen als zu den jeweils aktuellen Cashpreisen zu erzielen waren, ging in der Folgezeit die Rechnung auf. Waren beispielsweise am Cashmarkt 320 US$ pro Unze Gold zu erzielen, sah dies bei weit entfernt liegenden Terminen ganz anders aus, wo beispielsweise deutlich über 400 US$/Unze kassiert werden konnten.

Schließlich nahm die gesamte Branche bis auf wenige Ausnahmen am Hedging teil. Es gab zudem immer ausgefeiltere Strategien. Einerseits wurden künftige Förderungen per Termin verkauft, andererseits spekulierte man schließlich massiv auf kurzfristig fallende Goldpreise. Die gesamte Goldindustrie war auf Baisse eingestellt. Einzelne Goldproduzenten (insbesondere aus Australien) verkauften nicht nur komplette Jahresproduktionen, sondern schließlich die gesamte zu erwartende Förderung der nächsten zehn Jahre.

Unterstützt wurde diese Vorgehensweise von etlichen westlichen Notenbanken, die entweder ihre Goldbestände schrittweise komplett reduzierten oder aber an Investmentbanken zu extrem niedrigen Zinssätzen verliehen. Die Investmentbanken wiederum verkauften das ausgeliehene Gold in der Absicht, sich später zu noch niedrigeren Preisen einzudecken. Die Gelder aus diesen Leerverkäufen reinvestierten sie in US-Staatsanleihen und erhielten mit diesem Zinsdifferenzgeschäft (niedrige Leihkosten vs. höhere Anleihezinsen) eine zusätzliche Rendite. Einen weiteren Gewinnhebel bescherte ihnen der in den 90er-Jahre über weite Strecken feste US-Dollar.

So gesehen hatte sich praktisch alles gegen den Goldmarkt verschworen. Dies provozierte im Verlauf der 90er-Jahre sogar Verschwörungstheorien, denen zufolge die

Gold-Baisse nichts weiter als ein abgekartetes Spiel zwischen Noten- und Investmentbanken und einiger in diesen Prozess involvierten Produzenten (u.a. Barrick Gold) sei.[3] Aus der Verschwörungstheorie ging in den USA sogar eine entsprechende Klage hervor. Es war im Vorfeld aber bereits offensichtlich, dass mit dieser Klage keine wirkliche Transparenz zu erzwingen war.

Die Mehrheit der Investoren hatte sich endgültig vom Goldsektor und hier insbesondere von den Gold-Aktien verabschiedet. Viele kleinere Produzenten waren nach Ende der Hausse 1980 von den Kurszetteln verschwunden. Im Sektor der Explorationsminen, also solcher Unternehmen, die entweder noch gar kein Gold gefunden hatten oder dies noch nicht fördern konnten, waren mehrere Pleitewellen zu beobachten. Zudem setzte in der Goldindustrie ab Ende der 80er-Jahre ein nachhaltiger Fusionsprozess ein. Notierten Anfang der 90er-Jahre noch mehr als 50 Goldunternehmen an der Börse Johannesburg, so waren Ende der 90er-Jahre davon nicht einmal mehr zehn übrig. Dieser Fusionsprozess war international zu beobachten, wobei er in Südafrika besonders nachhaltig war und die gesamte Branche veränderte. Die Investoren interessierte dies inzwischen kaum noch. Der Goldmarkt war einfach aus dem Blickwinkel des Interesses verschwunden.

Bei den wenig verbliebenen Hartgesottenen stand im Verlauf der 90er-Jahre nur noch eine Frage im Vordergrund: Wann geht die extrem lange Baisse ihrem Ende entgegen? Jede noch so kleine Rallye weckte Hoffnungen. Doch stieg die Feinunze Gold dann mal um 20 oder 30 US$, traten wieder Goldproduzenten mit Vorwärtsverkäufen auf den Plan. So konnte das nichts werden. Die Branche war vollends damit beschäftigt, sich selbst den Boden für einen längerfristigen Aufschwung zu entziehen. Dass sich die Branche mit ihren Vorwärtsverkäufen selbst den größten Schaden zufügte, darauf kamen die Akteure jahrelang überhaupt nicht. Das Hedging galt zunächst als ideale Lösung, da es eine zusätzliche Einnahmequelle darstellte, entwickelte sich aber immer mehr zum Fluch.

Ein erstes Signal zur Trendwende kam dann im September 1999 mit dem so genannten Washingtoner Abkommen. Im Rahmen dieses Abkommens verpflichteten sich 17 Staaten, ihre Goldverkäufe in den nächsten fünf Jahren auf maximal 400 Tonnen pro Jahr zu begrenzen. Damit wollte man den Goldpreisverfall stoppen. Fügt sich dies in die Verschwörungstheorie ein? Wohl kaum. Die Verschwörungstheorie selbst kann als marktpsychologische Komponente betrachtet werden, ein Erklärungsmuster für die lang anhaltende Baisse und schließlich ein Produkt der Baisse selbst. Es soll gar nicht bestritten werden, dass einige Investmentbanken mit den Notenbanken zusammengearbeitet haben, denn schließlich profitierten beide Seiten davon. Völlig offen ist jedoch, in welchem Volumen Goldbestände überhaupt verliehen wurden. Nicht zu Unrecht mutmaßen einige Marktanalysten, dass diese verliehenen und seitens der Investmentbanken verkauften Bestände, die ja Leerverkäufe sind, gar nicht mehr marktgerecht eingedeckt werden können. Dies gilt insbesondere dann, wenn das Leerverkaufsvolumen so hoch ist, dass Eindeckungskäufe drastische Steigerungen des Goldpreises förmlich provozieren müssen. Diese Komponente, die dann aber ganz im Sinne der Haussiers zum Zuge käme, dürfte den Goldmarkt auf längere Sicht regelrecht nach unten hin absichern.

Unmittelbar nach der Ankündigung des Washingtoner Abkommens im September 1999 schoss der Goldpreis binnen weniger Handelstage von unter 260 US$ in Richtung 335 US$. Dieser rasante Preisanstieg wirbelte die Hedge-Bücher einiger Goldproduzenten durcheinander. So stand Ashanti Gold prompt mit Riesenverlusten unter Wasser. Nur ein Stillhalteabkommen der in die Hedge-Geschäfte von Ashanti involvierten Investmentbanken verhinderte den Konkurs. Es gab somit gleich zwei Signale: Einerseits das Washingtoner Abkommen, womit nicht mehr mit massiven Goldabgaben seitens der Notenbanken zu rechnen war. Andererseits die Ashanti-Beinahe-Pleite, die für alle im Hedging involvierten Goldproduzenten eine Warnung war.

Doch das Umdenken bei den Goldproduzenten setzte nicht schlagartig, sondern eher sukzessive ein. Der rasante Goldpreisanstieg im September 1999 wurde denn auch wieder prompt zu massiven Vorwärtsverkäufen seitens Barrick Gold und etlicher australischer Produzenten genutzt, womit die Fortsetzung der Aufwärtsbewegung zunächst wieder vereitelt werden sollte. Was sollte jetzt noch kommen? In der Folgezeit war zu beobachten, dass die Hausse-Ziele von den wenigen verbliebenen Goldoptimisten immer geringer ausfielen, die Front der Marktpessimisten immer größer wurde. Dies ging auch mit einer makabren Stimmung einher, da jeder Rallyeversuch in der Folgezeit nicht mehr ernst genommen wurde. „Wir erleben gerade den 231. Start der Gold-Hausse", so ein kanadischer Gold-Analyst im Sommer 2000.

Tatsächlich sollte das Preistief von 1999 bei 252 US$ im Frühjahr 2001 nochmals getestet und leicht unterschritten werden. Als die Preise dann ab April 2001 zu steigen begannen, waren mehr als 95% der Analysten nicht darauf vorbereitet, dass der Goldmarkt seine Baisse beendet und nun eine sekundäre Hausse eingeleitet hatte. Sekundäre Hausse bedeutet eine klassische Hausse in drei Aufwärtsphasen über einen längerfristigen Zeitraum. Es gab auch hier etliche Signale zur Erkennung des Trendwechsels. Die Marktstimmung selbst war im Verlauf des Jahres 2000 bis Anfang 2001 nicht nur pessimistisch, sondern von einer tiefen Resignation geprägt. Was sollte dem Goldmarkt noch auf die Sprünge helfen? Das Washingtoner Abkommen schien ins Leere zu laufen. Dabei wurde der längerfristige Effekt dieses Abkommens ganz einfach übersehen.

Die Ashanti-Schieflage, die sich selbst nach dem neuerlichen Preisverfall nicht wesentlich besserte, wurde aber von einigen Goldproduzenten ernst genommen. So begann ab dem Herbst 1999 der südafrikanische Goldkonzern Anglogold seine Vorwärtsverkäufe drastisch zurückzufahren. Binnen eines Jahres brachte Anglogold sich in eine Position, dass künftige Preisaufschwünge keine Existenzbedrohung bedeuten würden. Damit war für jeden Akteur ersichtlich: Die Zeiten, in denen Terminverkäufe und damit das Hedging als gefahrlose Einnahmequelle betrachtet wurden, waren endgültig vorbei. Auf der nordamerikanisch-kanadischen Seite trat Newmont Mining als Verfechter des De-Hedgings auf den Plan. Die beiden großen südafrikanischen Goldkonzerne Gold Fields und Harmony Gold fuhren ihr Hedging ebenfalls nahezu komplett zurück und wiesen in aller Deutlichkeit darauf hin, dass man von künftigen Goldpreissteigerungen wieder profitieren wolle. Denn: Was verkauft war, auch auf Termin, war preislich festgenagelt und konnte nicht mehr an möglichen Preisaufschwüngen des Goldes partizipieren. Im Herbst 2000 zog dann auch Placer Dome mit der Ankündigung nach, die Hedgings deutlich zu senken. Somit hatten ein Jahr nach dem Washingtoner Abkommen fünf der sechs führenden internationalen Goldkonzerne ihre Hedging-Politik geändert. Zunächst wurden die Vorwärtsverkäufe eingestellt, womit kein weiterer Angebotsdruck mehr auf den Markt kam. Im nächsten Schritt wurden die Vorwärtsverkäufe dann durch Rückkäufe am Kassamarkt reduziert.

Damit schufen die Goldproduzenten ab dem Herbst 1999 eine zusätzliche Nachfrage, die im späteren Verlauf nur preistreibend sein konnte. Parallel dazu zeigte der US-Dollar immer stärkere Anzeichen für eine Top-Bildung sowohl gegenüber dem Euro als auch auf Basis des US-Dollar-Index. Ein fallender US-Dollar würde einen Anstieg des Goldpreises nach sich ziehen. Doch noch im Frühjahr 2001 ging nur eine Minderheit von Marktbeobachtern von einer möglichen Trendwende des US-Dollars aus. Dabei handelte es sich mit Blick auf den Goldmarkt im Zeitraum September 1999 bis zum April 2001 um ein typisches Marktverhalten: Man schreibt bestehende Trends einfach fort, weil es sich um einen Gewöhnungsprozess handelt. So fallen dann maßgebliche fundamentale Änderungen nicht auf bzw. werden von den Marktteilnehmern ignoriert. Genauso, wie man die klaren Zeichen im Rahmen der Topbildung im Zeitraum Ende 1979 bis Anfang 1980 (Anti-Inflationsmaßnahmen) missachtete, praktizierte man dies auf der Gegenseite im Rahmen der Bodenbildung von Herbst 1999 bis Frühjahr 2001.

Die Gold-Aktien reflektierten die Gold-Baisse ihrerseits mit massiven Kursrückgängen. So fiel der Gold Bugs Index (HUI), der nur Aktien von Goldproduzenten mit keinen oder nur geringen Vorwärtsverkäufen enthält, am 15. November 2000 auf das Preistief von 35,31 Punkten. Investoren, die die Trendwende im Goldsektor erkannten, hatten sogar noch bis Ende 2001 Gelegenheit, in Ruhe Gold-Aktien vergleichsweise günstig zu akkumulieren. Ende 2001 enthielten die Depots international orientierter Investoren lediglich 0,5% bis maximal 1,0% Gold-Aktien. Physisches Gold war in den Depots in einem noch wesentlich geringeren Umfang vertreten. Ende 2001 reichte die Hälfte der Marktkapitalisierung des US-Konzerns General Electric locker aus, um alle börsennotierten Goldproduzenten zu kaufen. Auch dies war ein klarer Hinweis auf die Unterbewertung dieser Branche.

Aber wie das so ist am Ende einer Baisse bzw. im Frühstadium einer Hausse, die Mehrheit der Anleger war für dieses Marktsegment nicht aufgeschlossen. Ich kann mich an unzählige Begebenheiten während dieser Zeit erinnern, in der ich immer wieder auf die bevorstehenden Chancen im Gold-Aktien-Sektor hinwies, dabei aber durchweg auf taube Ohren stieß.[4] Es wurde nicht einmal über einen möglichen Trendwechsel diskutiert. Gold? Kein Thema! Auch institutionelle Anleger blockten die Möglichkeit selbst kleinster Engagements im Goldsektor ab und nahmen die entsprechenden Hinweise lediglich zur Kenntnis. Man muss sich vergegenwärtigen: Seinerzeit war die Baisse in den TMT-Sektoren bereits voll im Gange. Bei den Anlegern stand aber die Hoffnung auf eine Wiederaufnahme der TMT-Hausse im Vordergrund und nicht die Suche nach Anlage-Alternativen. Später, als sich die Verluste in diesen Sektoren immer mehr ausweiteten und teilweise drastische Formen annahmen, wurde ich häufiger nach Alternativ-Investments gefragt. Eine Schwerpunkt-Alternative war klar: Gold-Aktien! Zwar wurde die Front gegen Gold und Gold-Aktien schwächer, hielt sich aber noch bis Ende

2002 hartnäckig. Hier lag ganz klar ein großes künftiges Kaufpotenzial auch aus marktpsychologischer Sicht im Markt. Gut informierte Anlegerkreise hatten insbesondere ab 1997 massiv Gold-Aktien eingesammelt und einfach in ihren Depots gebunkert. An frühzeitigen Verkäufen war in diesen Anlegerkreisen nicht zu denken, woraus sich wiederum ein massives Aufwärtspotenzial ergab.

Je weiter und ausgeprägter eine Baisse fortschreitet, desto kleiner wird die Anzahl der Aktionäre und desto größer wird der Aktienbesitz derer, die noch im Aktienmarkt involviert sind. Grundsätzlich handelt es sich hier um eine Investorengruppe mit Weitsicht. Sie sammelt einfach ein, lässt liegen und kann sich das Anlageverhalten „Billig kaufen, teuer verkaufen" aufgrund persönlicher und wirtschaftlicher Voraussetzungen leisten. Diese Investorengruppe ist durchweg gut informiert und weiß aus Erfahrung, dass Aktien, die fundamental unterbewertet sind, zu einem späteren Zeitpunkt wieder neutral oder aber sogar überbewertet werden.

Aber dieser Punkt geht noch weiter. Diese Investorengruppe verfügt darüber hinaus über die Fähigkeit, sich einer Massenstimmung vollständig entziehen zu können. Genau an diesem Punkt scheitert eine ganze Reihe von Investoren, weil sie im Rahmen der Schlussphase einer Baisse zwar durchaus die Unterbewertung von bestimmten Aktien erkennen, die Angst vor weiteren Verlusten ein Investment dann aber verhindert.

Da nicht jede Baisse sogleich wieder in eine Hausse-Phase wechselt, kann das Stadium der Unterbewertung dazu genutzt werden, Aktien preiswert einzusammeln, um diese im Zuge spürbarer Kurserholungen im Rahmen von kurzfristigen Überhitzungsmerkmalen des Gesamtmarktes wieder abzugeben. Dies war bei den Gold-Aktien z. B. 1987, 1993 und 1996 der Fall. Das Gesamtbild ließ nicht auf eine ausgeprägte Hausse weder beim Gold noch bei den Gold-Aktien schließen, weil es einfach mit zu vielen Unsicherheiten behaftet war. Im Zeitraum 1999/2000 war dies aufgrund den weiter oben aufgezeigten Argumenten jedoch anders. Hier kamen gleich mehrere Faktoren zusammen, die nicht nur eine weitere ausgeprägte Erholung, sondern den Start einer sekundären Hausse vermuten ließen.

Der Gold Bugs Index (HUI) legte im Rahmen der ersten Hausse-Phase von November 2000 bis Dezember 2003 mit seinem Anstieg von 35 auf 258 Punkte um immerhin 637% zu. Das ist für einen Aktiensektor ein immenser Anstieg. Gold legte im gleichen Zeitraum von 248 US$ auf 430 US$ zu, was einem Anstieg von 73% entspricht. Auf Eurobasis war der Zugewinn aber deutlich geringer, da Gold in US-Dollar gehandelt wird und der zeitgleich deutliche Anstieg des Euro die Gewinne schmälerte. Berücksichtigt man, dass im Februar 2004 weder US-Regierung noch die US-Notenbank kein wirkliches Interesse an einem wieder festeren US-Dollar bekundeten, so kann davon ausgegangen werden, dass der währungsinitiierte Goldpreisanstieg noch voll im Gange ist. Oder anders ausgedrückt: Die US-Dollar-Baisse hat ihre Schlussphase erst noch vor sich. Da aufgrund der massiven Liquiditätsüberschwemmungen des internationalen Finanzsystems seitens der japanischen und der US-Notenbank inflationäre Schübe für den weiteren Verlauf ab 2004 bis 2005 nicht ausgeschlossen werden können, sprechen auch diesbezüglich die Anzeichen ganz klar für eine längerfristige Fortsetzung der Gold-Hausse.

Abgerundet wird diese Perspektive durch ein zunehmendes Interesse an Gold der in dem Edelmetall unterinvestierten asiatischen Notenbanken. Außerdem hat China den Goldmarkt seit 2002 schrittweise für die heimischen Investoren geöffnet, womit eine völlig neue Käuferschicht entsteht. Da die westlichen Notenbanken ihr Washingtoner Abkommen ab September 2004 für voraussichtlich weitere fünf Jahre mit einer etwas höheren Verkaufsquote (500 Tonnen Gold) erneuern wollen, besteht von dieser Seite keine Gefahr überdurchschnittlicher Goldverkäufe. Während die westlichen Notenbanken die Zeichen der Zeit offensichtlich nicht erkannt haben (England trennte sich von bedeutenden Goldbeständen ausgerechnet auf dem Höhepunkt der Gold-Baisse), nimmt bei den asiatischen Notenbanken das Interesse am Gold immer mehr zu. Hier ist ein Umschwungprozess im Gange, der sich in den nächsten Jahren noch beschleunigen dürfte.

Geht man nunmehr davon aus, dass sich der Goldmarkt in einer neuen Hausse befindet, so drängt sich für viele Anleger die Frage auf, wie groß das Kurspotenzial letztlich ist. Natürlich kursieren hier bei den internationalen Marktbeobachtern die abenteuerlichsten Kursziele, die mitunter an die Exzesse der frühen 80er-Jahre erinnern. Allerdings werte ich diese Kursziele, die vereinzelt bis zu 10 000 US$ pro Feinunze reichen, nicht als Kontra-Indikator, da ein gutes Dutzend altbekannter, internationaler Goldanalysten ohnehin über eine blühende Phantasie zu verfügen scheint und mit Extrem-Zielen immer wieder präsent ist. Kursziele im Rahmen einer Hausse schaden ohnehin mehr, als dass sie tatsächlich nutzen. So können Kursziele zu niedrig angesetzt (was zu frühzeitigen Verkäufen animiert) wie auch zu hoch gewählt werden (was wiederum die Wahrnehmung späterer Ausstiegssignale verzerrt). Am Rande sei allerdings erwähnt, dass die breite Anlegermasse auf Kurszielen besteht, da sich die meisten Anleger ohne konkretes Kursziel unsicher fühlen. Wobei es keine Rolle zu spielen scheint, dass Kursziele keinerlei Garantie enthalten. Sie können erreicht, überschritten oder eben nicht erreicht werden.

Tatsache ist jedenfalls, dass im Rahmen einer neuen langfristigen Hausse das bisherige Allzeithoch nicht nur getestet, sondern deutlich überboten werden wird. Auf den Goldmarkt übertragen bedeutet dies, dass der Goldpreis im Rahmen der aktuellen Hausse spürbar über das Allzeithoch von 850 US$/Unze steigen sollte. Da bereits in unmittelbarer Nachbarschaft die psychologisch relevante Marke von 1000 US$/Unze liegt, gehe ich davon aus, dass auch diese Hürde in Angriff genommen werden dürfte. Aber: Was danach kommt, wo das neue Allzeithoch letztlich markiert wird, bleibt aus heutiger Sicht offen und wird sich erst nach Abschluss der Hausse exakt definieren lassen. Hochrechnungen, historische Vergleichskurse und markttechnische Kalkulationen helfen hier also nicht weiter. Es ist schon sehr bedeutend, die vorgenannte Perspektive überhaupt zu haben.

Was dies auf die Gold-Aktien übertragen bedeutet, sollte nunmehr leicht nachvollziehbar sein. Diese werden die Gold-Hausse mit überdurchschnittlichen Kursanstiegen begleiten. Der Gold Bugs Index (HUI) hat die erste Haussephase im Zeitraum Dezember 2003 bis Januar 2004 abgeschlossen. Nun stehen Haussephase 2 und 3 noch bevor. Für Investments ist es somit noch nicht zu spät. Zu beachten gilt allerdings, dass Gold und Gold-Aktien zeitweilig parallel laufen können, dies aber nicht immer tun, was wiederum zu vielfältigen Irritationen bei den Anlegern führt. Als Beispiel sei der Zeitraum Dezember 2002 bis Februar 2003 genannt, als der Goldpreis explodierte, die Gold-Aktien diese Kursexplosion aber eher enttäuschend begleiteten. Goldorientierte Depots sollten daher nicht nur Gold-Aktien, sondern ebenso das Edelmetall selbst beinhalten (z.B. über währungsgesicherte Goldzertifikate). Zeitweise sind Gold-Aktien relativ stärker als Gold, dann wiederum verhält es sich umgekehrt. Zudem sind Gold-Aktien nichts anderes als Aktien und müssen auch vor diesem Hintergrund betrachtet werden. 1987 waren ausgerechnet die Gold-Aktien die größten Verlierer im Oktober-Crash und erholten sich lange nicht davon. Wer also aktuell in Gold-Aktien investiert, muss die Entwicklung der Wall Street analog im Auge behalten, damit von dieser Seite keine negativen Überraschungen entstehen. Es ist auch völlig unverständlich, dass etliche Gold-Analysten den eher prozyklischen Zusammenhang zwischen allgemeiner Aktienmarktentwicklung und den Gold-Aktien nicht erkennen. Es gibt konträre Entwicklungen beispielsweise zwischen der Wall Street und dem Goldmarkt (wobei, wie im Jahr 2003, Ausnahmen die Regel bestätigen), aber nicht zwingend zwischen der Wall Street und dem Gold-Aktien-Sektor.

Die nächste Frage, wie lange nun die Gold-Hausse dauern wird, ist ebenfalls nicht klar zu beantworten, da Markt-Timing nahezu unmöglich ist. Es lassen sich kurzfristig immer gewisse Trendwendemarken, Top- und Bodenbildungsprozesse mit dem Wahrscheinlichkeitsprinzip bestimmen, aber langfristige Vorhersagen sind hier nicht möglich. Am Goldmarkt geben beispielsweise Zyklenmuster grobe Richtmarken. So startete der Acht-Jahres-Zyklus, gemessen von Tief zu Tief, am Goldmarkt im Zeitraum 1999 bis 2001. Das nächste zyklische Acht-Jahres-Tief ist also im Zeitraum 2007 bis 2009 zu erwarten. Das ist m. E. keine große Hilfe, da der Zeitraum eines möglichen Tiefs, in diesem Fall erstreckt sich dieser über zwei Jahre, einfach zu lang ist. Ob dann aber die Haussephase 2 oder 3 abgeschlossen ist, kann aus heutiger Sicht ebenfalls nicht seriös prognostiziert werden. Ebenso wenig, auf welchem Kursniveau der Goldmarkt sein Tief markieren wird. Die erste Hausse-Phase in den 70er-Jahren endete Ende 1974 bei einem Preis um 200 US$/Unze. In der nachfolgenden Korrektur halbierte sich der Goldpreis! Erst im Herbst 1976, also nahezu zwei Jahre später, starte die Haussephase 2. Ich warne jedoch davor, die Ereignisse der 70er-Jahre nunmehr auf die aktuelle Marktphase zu übertragen, denn die Historie wiederholt sich nie hundertprozentig. Hier lässt sich aktuell ein Einstiegspunkt nur unter Berücksichtigung von Markt- und Sentiment-Indikatoren (Stimmungstief abwarten) ermitteln.

Auch aus sentimenttechnischer Sicht dürfte die Gold-Hausse noch über ein großes Aufwärtspotenzial verfügen. Ende Dezember 2003 stieg die Anzahl der Goldoptimisten auf Quoten oberhalb von 80%, ein kurz- bis mittelfristiges Verkaufssignal, da dieser Indikator immer konträr zu werten ist (Optimistenquoten von 80% und höher sind negativ, entsprechende Quoten von 20% und niedriger positiv, dazwischen haben diese Quoten eine neutrale Aussagekraft). Prompt fiel Gold bereits in der ersten Januarwoche 2004 zurück. Das läuft zu perfekt und geht nicht mit einer großen Topbildung im Rahmen einer sekundären Hausse einher. Ganz so einfach werden die sentimenttechnischen Verkaufssignale im Zuge der Topbildung in der Schlussphase der Gold-Hausse (Abschluss der Phase 3) nämlich nicht zu interpretieren sein. Im Zuge der Euphorie steigen die Kurse trotz hoher Optimistenquoten zunächst weiter, der Indikator scheint außer Kraft gesetzt zu sein. Sich dann vor der eigentlichen Trendwende zu schützen, lässt sich in solch einer Phase nur unter Anwendung bestimmter Stopp-Techniken (siehe Anhang B) ermöglichen.

Der Goldmarkt bietet jedem Anleger somit eine überdurchschnittliche Gewinnperspektive. Es geht nunmehr darum, sich rechtzeitig in diesem Marktsektor zu engagieren. Ich habe jedoch keinen Zweifel daran, dass die Mehrheit der Anleger erst im Zuge des Spätstadiums der Gold-Hausse in diesen Sektor einsteigen wird und sich altbekannte Fehler reihenweise wiederholen werden, denn an den grundsätzlichen marktpsychologischen Gesetzen wird sich nie etwas ändern können. Ansonsten wären keine groß angelegten Marktauf- oder -abschwünge mehr zu beobachten.

Projektion

Die Börsenaktivitäten spiegeln sich aber nicht nur in den massenpsychologischen Phänomenen wider. Der individuelle Investor kann im Handeln der Anlegermasse seine eigenen Handelsambitionen erkennen. Die Hoffnungen, Wünsche, Ängste und Sorgen der Anlegermasse könne auch seine eigenen Hoffnungen, Wünsche, Ängste und Sorgen sein. Jeder Anleger bildet einen winzigen Teil der Anlegermasse und trägt so zur Entstehung der massenpsychologischen Phänomene aktiv bei. Dies wird vor allem immer dann der Fall sein, wenn er sich der herrschenden Meinung anschließt, weil er darin eine *Bestätigung seiner Erwartungen* findet. Die Börsenstimmung ist in diesem Fall nichts weiter als eine *Projektion* der Gefühle, die der Anleger beim Gedanken an seine Investments hat. Erkennt er dies nicht rechtzeitig, so wird ihm die Börse wie ein Zerrbild erscheinen. Die aktuelle Marktstimmung ist ihm vertraut, da sie eine Projektion seiner eigenen Gefühle darstellt. Er kann sich dieser Stimmung aber genau aus diesem Grunde nicht entziehen.

In diese Falle liefen bis zum Frühjahr 2000 viele Anleger. Mit Intelligenz hatte das gar nichts zu tun, denn jeder Akteur rechnete sich täglich reicher, ohne sich auch nur eine Sekunde lang mit den möglichen Risiken auseinander zu setzen. Aufflackernde Bedenken wurden sogleich wieder zerstreut. Solange alle anderen auch kaufen, kann das eigene Handeln ja nicht falsch sein. Die Gewinnmöglichkeiten waren zudem überdimensional. Und mit den steigenden und später explodierenden Aktienkursen hatte plötzlich jeder Laie das Gefühl, ein ausgefuchster Börsenexperte zu sein. Was für eine Illusion! Aber die Masse wollte an die Aussetzung der Schwerkraft glauben. Da hatte sich eine Aktie bereits verzehnfacht, und irgendein dubioser Börsenberater verkündet im Börsen-TV ein weiteres Gewinnpotenzial von 1000%, ohne dafür auch nur einen nachvollziehbaren Anhaltspunkt zu liefern. 1000% Gewinn hört sich eben gut an. Was macht die hypnotisierte Masse? Sie hat eine schlaflose Nacht vor sich, mit allerlei Phantasien angesichts der bevorstehenden Riesengewinne und der Ungeduld, die entsprechenden Kaufaufträge am nächsten Morgen zu erteilen. Mit der daraufhin einsetzenden Kursexplosion sah sich der Einzelne wiederum bestätigt. Na bitte, es läuft ja alles. Da haben sich viele Akteure eine Zeit lang gut gefühlt, und es war ihnen nicht möglich, sich wirklich von der Börse innerlich zu distanzieren, da diese die eigenen Erwartungen täglich bestätigte.

Magische Anziehungskräfte

Die permanent steigenden Aktienindizes, die man in praktisch allen Medien von morgens bis abends präsentiert bekommt, schienen fast schon hypnotische Wirkungen zu haben, sodass hier die typische Kettenreaktion im Zuge einer Massenhysterie entfacht werden konnte. Jeder rechnete sich reich und reicher. Die New-Economy-Hausse war Gesprächsthema Nummer eins auf jeder Party. Nachbarn und Kollegen wurde vorgerechnet, wie schnell man mit Aktien oder Fondsanteilen ein Vermögen machen kann. In solchen Phasen werden schließlich auch Personen von den Finanzmärkten magisch angezogen, die vorher nicht im Traum daran gedacht hätten, jemals an der Aktienbörse zu investieren, sei es nun direkt oder indirekt. Da unter den Anlegem eine regelrechte Kaufhysterie herrschte, fühlte sich jeder vom anderen bestätigt. Dementsprechend stieg die Quote von Aktien und Fonds sowohl in den privaten als auch institutionellen Depots bis zum Frühjahr 2000 rapide an.

Einem unerfahrenen Anleger ist es nur schwer möglich, sich von derartigen Entwicklungen zu distanzieren. Weshalb sollte man sich angesichts der allgemeinen Zuversicht sorgen? Wäre man pessimistisch, so müsste man zwangsläufig die Konsequenzen ziehen und verkaufen. Und wenn der Markt dann weiter steigt? Oder aber man redet sich ein, man werde noch rechtzeitig aussteigen können. Natürlich zusammen mit allen anderen.

In dieser Konstellation liegt auch die Erklärung, warum ausgerechnet in den exzessiven Börsenphasen die Gefühle nicht die Börse, sondern die Anlegermasse und damit den Anleger beherrschen. Da die Börse diese Emotionen ungeschminkt reflektiert, prallen sie auf die Masse zurück, die nicht erkennt, dass sie nur eine Selbstdarstellung zelebriert. Die meisten Anleger begreifen als Teil dieser Masse nicht, dass sie an den Entwicklungen selbst aktiv teilnehmen.

Masse, Distanz und Autonomie

Werden einem Anleger diese Zusammenhänge klar, so bietet sich ihm in dieser Erkenntnis die Chance, sich von der Anlegermasse zu distanzieren. Er gehört zwar weiterhin zur Masse, entzieht sich ihrer Stimmung aber in einer aktiven distanzierten Haltung. Die Herstellung der Distanz zu den Ereignissen an den Börsenplätzen ist eine dauerhafte *Übung*. Sie ist nicht eine Angelegenheit, die als einmaliges Ereignis dauerhaft Bestand hat, sondern verlangt eine beständige Erneuerung. Ein selbst entscheidender Mensch wird diese Distanz in seiner Rolle als Börsianer mühelos aufrecht erhalten und immer wieder erneuern können. Er verfügt sozusagen von Natur aus über eine gesunde Distanz zu der vorherrschenden Meinung, in welcher Angelegenheit auch immer. Ein selbst entscheidender Mensch ist auf Distanz konditioniert und lenkt sich vornehmlich selbst.[5]

Diese Selbstentscheider repräsentieren allerdings gerade einmal 3% der Bevölkerung der westlichen Industrieländer. Was dies, auf die Struktur der Marktteilnehmer einer Börse übertragen, impliziert, ist eindeutig:

Eine extrem große Mehrheit der Anleger handelt freiwillig fremdbestimmt. Distanz zur Masse ist für sie gleichbedeutend mit Schutzlosigkeit. Sie gehen zwar davon aus, dass sie eine eigene Meinung vertreten, aber bereits die Verfolgung einer selbst entwickelten Strategie ist ihnen zu unsicher, weil es oftmals bereits an den Vorstellungen mangelt, wie eine solche Strategie aussehen könnte. Gehandelt wird überwiegend gefühlsorientiert, weil fachliche und sachliche Grundlagen fehlen. Aus Geld noch mehr Geld zu machen, das ist möglich und muss nicht einmal kompliziert sein. Aber es reicht nicht aus, mal eben verfügbares Kapital wahllos in Aktien, Fonds oder sonstige Finanzinstrumente zu investieren, bloß weil gerade die Kurse steigen oder in den letzten Jahren gestiegen sind. Steigen die Kurse dann nicht mehr, kommt es zu Problemen, und eine neue – weniger attraktive – Welt der Börsenerfahrungen öffnet sich.

Aber betrifft dies alles nur die privaten Anleger? Das Verhalten der Anleger im New-Economy-Hype dient lediglich als gutes Beispiel für eine massenpsychologische Bewegung. Es soll in diesem Zusammenhang nicht übersehen werden, dass selbst Anleger, die in Fonds investieren, ihr Geld in die Hände von Börsenprofis geben, die sich ihrerseits größtenteils den marktpsychologischen Einflüssen nicht entziehen können. Dies gilt insbesondere dann, wenn im Zuge eines Fondsbooms junge Fondsmanager ohne aktive bzw. ausreichende Börsenerfahrung engagiert werden. So verfügte im Jahr 2000 eine Minderheit, nicht nur unter den Aktienanlegern und Fondsinvestoren, sondern auch unter den Fondsmanagern, über aktive Erfahrungen mit einem Baissemarkt.

Das Etikett „Börsenprofi" besagt nichts über die Fähigkeiten des einzelnen Akteurs, geschweige denn über dessen Erfolg an den Finanzmärkten. Grandiosen Erfolgen, auch Langzeiterfolgen professioneller Marktteilnehmer, stehen spektakuläre Pleiten gegenüber. Erinnert sei in diesem Zusammenhang an den Zusammenbruch des englischen Bankhauses *Barings* Anfang 1995. Ein in Singapur stationierter Händler der Bank hatte sich mit Terminkontrakten auf den japanischen Aktienindex restlos übernommen. Eine Bank mit einer über 300-jährigen Tradition wurde durch den spekulativen Größenwahn eines einzelnen Händlers innerhalb weniger Monate ausgelöscht. Hier versagten nicht nur Kontrollmechanismen innerhalb der Bank, sondern der Händler verlor im Zuge der Terminspekulation auch die Kontrolle über sich selbst.

Selbst Nobelpreisträger sind vor Irrtümern und großen Verlusten nicht sicher, wie die Beinahe-Pleite des US-Hedge-Fonds *LTCM im* Spätsommer 1998 bewiesen hat. Würden die institutionellen Anleger nicht mehrheitlich über vielfältige Kontrollsysteme verfügen, wären spektakuläre Pleiten aber wohl wesentlich häufiger zu beobachten. Die Risikokontrolle ist wichtiger Bestandteil eines erfolgreichen Börsenhandels. Beobachtet man jedoch das Anlageverhalten der Privatanleger, so lässt sich feststellen, dass diese mehrheitlich ohne ein solches Kontrollsystem an den Finanzmärkten aktiv sind und deshalb private Pleiten, wenn auch unspektakulär, so doch katastrophal für den Betroffenen, wesentlich häufiger zur Tagesordnung gehören. Statt beispielsweise offene Positionen professionell zu managen, wird durch Anpassung an die vorherrschende Meinung eine künstliche Sicherheit errichtet, um sich so vor (finanziellen) Verlusten zu schützen.

Diese Haltung ist dann von Mutlosigkeit in entscheidenden Marktphasen (z. B. Käufe von unterbewerteten Qualitätsaktien gegenüber Verkäufen von überbewerteten Titeln) und diffuser Desorientierung geprägt („Soll ich kaufen oder noch warten oder ...?“). Mit diesem Vorgehen schaffen sich die meisten Investoren eine perfekt funktionierende Verlustquelle.

Der Preis, den die Anlegermasse für ihr falsches Sicherheitsstreben zahlen muss, ist auf Dauer hoch. Doch selbst wenn Verluste entstehen, ist die Bereitschaft zum Selbstbetrug groß. Die Verluste werden verdrängt und relativiert, um keine Verantwortung übernehmen zu müssen. Auf dieser Basis kann ein Anleger aber keine Distanz zu den Finanzmärkten und der allgemeinen Marktstimmung herstellen. Vor diesem Hintergrund ist ihm auch die Umsetzung eines eigenen Handelskonzeptes nicht möglich. Er muss sich aus der hoffnungsgeladenen Scheinsicherheit befreien, auch wenn dies bedeutet, Unsicherheit zu akzeptieren. Worin besteht der unsichere Faktor beim Börsenhandel? Dieser Faktor heißt *Zukunft*, die zukünftige Börsenentwicklung, die niemand exakt prognostizieren kann. Die Verfolgung eigener Strategien ist unsicher, da diese keine hundertprozentige Erfolgsgarantie bieten. Die Bildung einer persönlichen Meinung zu den Ereignissen an den Finanzmärkten, die ihre Wurzeln nicht in den Ansichten einer Gruppe bzw. einer Masse hat, ist ebenfalls unsicher. Aber ist die Ansicht der Masse sicherer?

Wer die Meinung einer Masse kritiklos übernimmt, erhält Scheinsicherheit, die, wenn überhaupt, nur kurzfristig ein Sicherheitsgefühl erzeugt. Mit dieser Haltung verbleibt der Anleger in einem nebulosen Umfeld, in dem längerfristige Erfolge keineswegs die Regel sind. Folgt er hingegen eigenen Strategien, die nicht auf Bestätigung ausgerichtet sind, und ist er sich der Unsicherheit im Börsenhandel nicht nur bewusst, sondern nimmt diese Unsicherheit auch an, so kann er autonom handeln und tritt damit automatisch in einen positiven Lern- und Erfahrungsprozess ein.

2. Die Marktteilnehmer

Anlegertypisierung

Im Folgenden sollen die Unterschiede zwischen den einzelnen Anlegertypen dargestellt werden, da sich daraus wesentliche Aufschlüsse auf Verhaltensweisen an den Finanzmärkten ergeben. Dies betrifft sowohl professionelle als auch semiprofessionelle und private Akteure. Die Übergänge zwischen den einzelnen Eigenschaften sind selbstverständlich fließend. So ist die Typisierung für den einzelnen Anleger nicht auf alle Zeiten festgeschrieben, sondern kann von Zeit zu Zeit variieren. Ein *Smart-Money-Investor* kann sich aufgrund von Änderungen seiner Investmenttaktik und ungünstigen Einflüssen ohne weiteres zu einem *Spieler* entwickeln, aber eine *Spielernatur* niemals zu einem *Smart-Money-Investor.* Aus einem *langfristig orientierten Anleger* kann ein *Stratege* werden, wenn ihm seine Markterfahrungen die aktive Teilnahme sowohl an Hausse- als auch an Baisse-Phasen ermöglichen. Umgekehrt wiederum kann ein *Stratege* zum *langfristig orientierten Investor* avancieren, wenn er beispielsweise nicht mehr bereit ist, sich permanent mit dem Börsengeschehen auseinander zu setzen, und auf eine defensive Anlagepolitik umschwenkt, indem er bestehende Positionen weitestgehend laufen lässt (siehe Abb. 1, Seite 48). Die international gebräuchliche Standardbezeichnung „Trader" wird nicht gesondert typisiert, da sowohl Taktiker und Strategen als auch Smart-Money-Investoren Trader sein können. Trader im Sinne dieses Buches sind all diejenigen Börsenakteure, die die Bereitschaft mitbringen und in der Lage sind, sowohl Hausse- als auch Baisse-Engagements aufzuziehen, also auf beiden Seiten des Marktes operieren können. Diese Anlegertypisierung soll Ihnen als Selbsterkennungshilfe dienen. Dadurch können Sie sich selbst nicht nur besser einschätzen, sondern auch festlegen, welcher Anlegergruppe Sie angehören möchten. Dies kann Sie bei Ihrer Zieldefinition unterstützen, die bereits ein Mosaikstein für den späteren Börsenerfolg darstellt. Sie können somit einen *Ist- und Sollstand* ermitteln. Deshalb wird an dieser Stelle auf einen Frage- und Antwortkatalog verzichtet, weil Sie unter Umständen eine Kategorisierung erfahren, die Ihnen nicht gerecht würde.[6] Diese Aufgabe sollen vielmehr die folgenden Darstellungen übernehmen. Sie müssen sich auch nicht unmittelbar einer Anlegergruppe zuordnen. Lassen Sie die Darstellungen erst einmal auf sich wirken und versuchen Sie sich dann mit dem für Sie zutreffenden Anlegertypus auseinander zu setzen. Welche Eigenschaften treffen auf Sie zu? Widerstände dürften Sie dann verspüren, wenn Sie sich in ein der Typisierung wiedererkennen sollten, die nicht gerade über positive Eigenschaf-

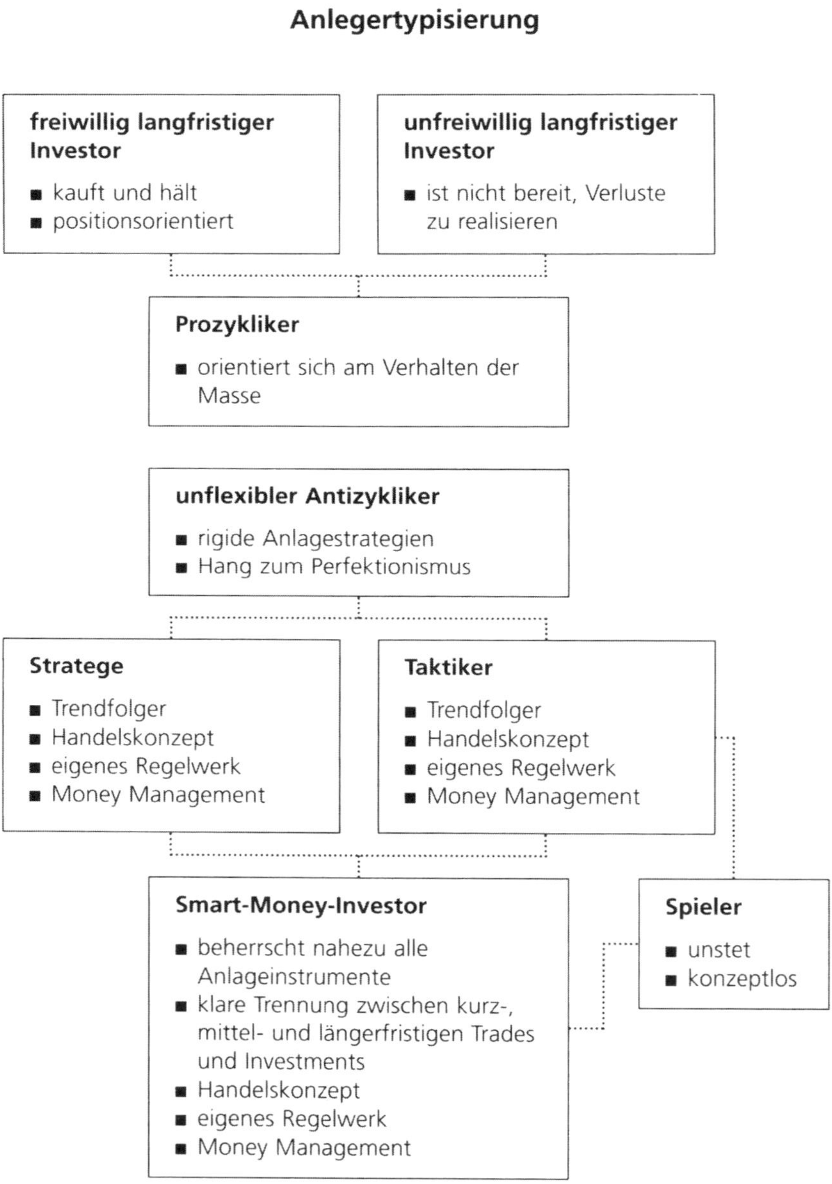
Anlegertypisierung
freiwillig langfristiger Investor
kauft und hält
positionsorientiert
unfreiwillig langfristiger Investor
ist nicht bereit, Verluste zu realisieren
Prozykliker
orientiert sich am Verhalten der Masse
unflexibler Antizykliker
rigide Anlagestrategien
Hang zum Perfektionismus
Stratege
Trendfolger
Handelskonzept
eigenes Regelwerk
Money Management
Taktiker
Trendfolger
Handelskonzept
eigenes Regelwerk
Money Management
Smart-Money-Investor
beherrscht nahezu alle Anlageinstrumente
klare Trennung zwischen kurz-, mittel- und längerfristigen Trades und Investments
Handelskonzept
eigenes Regelwerk
Money Management
Spieler
unstet
konzeptlos

Abbildung 1

ten verfügt. Wer gibt schon gerne zu, dass er bis dato an den Finanzmärkten nur herumgespielt hat? Aber eben dazu soll die kurze Bestandsaufnahme dienen. Im nächsten Schritt legen Sie fest, welchem Anlegertypus Sie gerne entsprechen würden. Verfügen Sie über die persönlichen und materiellen Voraussetzungen, um dieses Ziel anzustreben? Die meisten Anleger würden sich selbstverständlich gerne mit der Rolle des Smart-Money-Investors identifizieren. Der gehört jedoch zu einer Minderheit, einer Art Investoren- und Trader-Elite. Man muss sich aber auch nicht unbedingt zu dieser Spitzengruppe zählen können, um an den internationalen Finanzmärkten längerfristig überdurchschnittlich erfolgreich zu sein.

Der langfristige Investor

Marktteilnehmer	Fondsmanager, Vermögensverwalter, Pensionskassenmanager, private Anleger
Zeithorizont:	langfristig
Risikoneigung:	gering

Im privaten Bereich kauft dieser Anleger Aktien von vornherein auf lange Sicht. Börsenzyklen, nämlich den Wechsel zwischen Hausse- und Baisse-Phasen, lässt er aus unterschiedlichen Motiven unberücksichtigt. Er kauft und lässt die Wertpapiere in seinem Depot langfristig liegen. Er informiert sich über die Börsenereignisse zudem nur sehr sporadisch. Wenn es sich um professionelle Anleger handelt, tritt das Tagesgeschehen an den Finanzmärkten in den Hintergrund. Das Augenmerk ist in erster Linie auf die Dividendenrendite gerichtet. Kursverluste stellen für diese Anlegergruppe erst einmal nur Buchverluste dar. Bewegen sich die Unternehmensdaten im Rahmen der gesteckten Ziele, kann sich eine Aktie durchaus auch wieder erholen. Anleger dieser Kategorie bleiben deshalb oft ihr Leben lang in denselben Aktien engagiert. In Verlustperioden erfolgen gelegentlich Verbilligungskäufe, wobei es in diesem Zusammenhang keine Rolle spielt, ob sich die Börse gerade in der Hausse oder in der Baisse befindet. Hauptziel dieser Investorengruppe ist der langfristige Vermögensaufbau, Aktien oder Investmentfondsanteile werden zudem gezielt zur Altersvorsorge gekauft. Vor diesem Hintergrund wird auch eine eher defensive Anlagepolitik bevorzugt, um das Risiko zu minimieren. Am Aktienmarkt erfolgen daher vornehmlich Käufe von Standardaktien mit regelmäßiger Dividendenausschüttung. Damit erfährt ein Anleger dieser Gruppe im Rahmen einer Baisse zwar durchschnittliche Verluste, jedoch nur selten drastische Vermögensschwankungen. Die Aktienanlage orientiert sich zudem ausschließlich an der liquiden Verfassung dieser Investoren und stellt neben anderen Investments, z. B. in Anleihen oder auf dem Immobiliensektor, meist nur einen untergewichteten Teil des Gesamtvermögens dar.

Professionelle Marktteilnehmer, die diesem Sektor zuzuordnen sind, unterscheiden sich in ihrem Anlageverhalten nur in wenigen Details von den privaten Langfristanlegern. Hinter ihren Aktionen steht ein wesentlich höherer Research- und Analyseaufwand, wenngleich diese Tätigkeiten eher der Ausfilterung von Anlagekandidaten dienen. Oft fällt diese Aufgabe den Investmentbanken zu, die entsprechende Empfehlungen für die professionellen Langfristanleger ausarbeiten. Man investiert langfristig in Qualitätsaktien, wobei im Gegensatz zum Strategen Börsenzyklen unberücksichtigt bleiben. So kommt es durchaus vor, dass in der Nähe von langfristigen Hochs am Aktienmarkt zu relativen Höchstkursen massiv investiert wird. Bei einem Fonds ist das keine Besonderheit, da in Hausse-Phasen die Mittelzuflüsse hoch sind und der Fondsmanager unabhängig von der Marktbewertung kaufen muss. Bei Versicherungsgesellschaften oder Investitionen von Unternehmensseite können auch andere Ziele dahinterstecken, z. B. die passive Mitgestaltung an der Unternehmensentwicklung via Vorstands- oder Aufsichtsratsposten oder gar eine beabsichtigte Unternehmensübernahme.

Der unfreiwillig langfristige Investor

Marktteilnehmer:	in erster Linie private Anleger
Zeithorizont:	kurzfristig
Risikoneigung:	hoch

Dieser Anleger stammt aus der prozyklischen Anlegergruppe, die im Rahmen des Frühstadiums einer Baisse nicht verkauft, sondern ihre Bestände hält. Diese Investoren werden auf eine Aktien-Hausse erst in ihrer Spätphase aufmerksam, wenn sich die Kurse bereits auf einem sehr hohen Niveau befinden. Der Positionseinstieg erfolgt meist ohne Kenntnisse der wesentlichen Grundlagen, d. h. gekauft wird nach dem Zufallsprinzip auf der Basis von Tipps gleich welcher Herkunft. Mitunter funktioniert diese Vorgehensweise auch ganz gut: Je nachdem, wie lange eine Hausse-Phase andauert, wird das zügige und spontane Kaufverhalten mit Buchgewinnen honoriert. Doch dieser Anleger findet keinen Ausstieg, kennt meist auch keine Stopp-Techniken, d. h. er hat vor dem Einstieg nicht einmal die maximale Verlustbereitschaft definiert. Dieses Verhalten resultiert aus der fehlgeleiteten Annahme, dass Verluste erst gar nicht entstehen werden. Die Börse ist bis dato gestiegen und wird also weiter steigen. Treffen solche Anleger in Hausse-Spätphasen historischen Ausmaßes auf den Aktienmarkt, was nicht selten der Fall ist, dann erleben sie ein Zerrbild, von dem ihr Anlageverhalten jahrelang, mitunter jahrzehntelang bestimmt werden kann.

In Baisse-Phasen wird dieser Anleger dann naturgemäß mit Buchverlusten in unterschiedlichem Umfang konfrontiert. Ursprünglich wollte er mit Blick auf schnelle Kursgewinne nur kurzfristig an der vorangegangenen Hausse partizipieren. Sein Konflikt besteht nun darin, dass es für ihn undenkbar ist, die entstandenen Buchverluste in Realverluste umzuwandeln. So hält er seine Bestände mitunter über viele Jahre. Er beruhigt sich damit, dass es sich schließlich um ein Investment handle. Aus einer zunächst beabsichtigten *kurzfristigen Anlage* wird so ein *langfristiges Investment,* das mit dem ursprünglichen Ziel der kurzfristigen Gewinnerzielung nichts mehr zu tun hat. Die Mehrheit der Akteure an den Aktienmärkten ist zwar diesem Anlegertypus zuzuordnen, der grundlegende Konflikt lässt sich jedoch leicht lösen. Mit einem Anlagekonzept kann der Akteur sein Fehlverhalten aufschlüsseln, um es künftig weitestgehend kontrollieren und ausschalten zu können. Er muss zudem die Tatsache akzeptieren lernen, dass zur Handelspraxis auch Verluste zählen. Erkennt er, dass er zwar die Gewinne nicht beeinflussen, aber den Grad der Verluste annähernd bestimmen kann (maximale Verlustbereitschaft), wird er sich Zug um Zug von der Position des unfreiwillig langfristigen Investors verabschieden können.

Der Prozykliker

Marktteilnehmer:	Fondsmanager, Vermögensverwalter und Pensionskassenmanager, die nicht schwerpunktmäßig am Aktienmarkt investieren, private Anleger
Zeithorizont:	mittelfristig
Risikoneigung:	mittel bis hoch

Dieser Anleger wird vornehmlich in den Spätstadien einer Hausse sowie in der letzten Baisse-Phase aktiv. Der Prozykliker darf daher nicht mit Anlegern verwechselt werden, die trendfolgend orientiert sind. Viele Prozykliker interpretieren die Börsenregel „The trend is your friend“ („Der Trend ist dein Freund“) falsch und halten sich für „Trendfolger“, sind aber allenfalls „Spättrendfolger“, Wenn die Aktien unaufhaltsam steigen und selbst Provinzzeitungen über die enormen Gewinnaussichten an den Aktienmärkten berichten, fühlt er sich magisch von der Börse angezogen. Er hat einen Hang dazu, sich in Aktien zu engagieren, die bereits auf einem sehr hohen Kursniveau notieren. Die vorangegangene Gewinnentwicklung einer Aktie suggeriert dem Prozykliker Sicherheit. Da er über Börsenzusammenhänge sehr schlecht informiert ist, wird er zum Opfer einer massenpsychologischen Entwicklung und erliegt ihr widerstandslos. Eine allgemeine Wertung stellt für ihn eine Verhaltensorientierung dar, nach dem Motto: „ *Wenn alle einer Meinung sind, dann muss diese Meinung auch richtig sein.*“

Der Prozykliker lässt sich leicht manipulieren und zu Handlungsweisen im Sinne des Gruppenhandelns animieren. Im Falle einer Hausse kauft er zu relativen Höchstkursen. Mit Zwischenentwicklungen innerhalb eines Börsenzyklus kann er nichts anfangen. In den Zwischenphasen (Korrektur- und Konsolidierungsphasen) spalten sich die Marktteilnehmer in viele Gruppen mit unterschiedlichen Meinungen und Einschätzungen. In diesem scheinbaren Durcheinander verliert der Prozykliker die Übersicht. Wechselt eine Aktienbörse in die letzte Baissephase und sind die Marktteilnehmer allgemein extrem pessimistisch, erhält der Prozykliker eine für ihn klare Orientierung. Er kann sich der allgemeinen pessimistischen Stimmung angesichts seiner persönlichen Verluste problemlos anschließen. Entweder verkauft er nun seine Aktienbestände oder er wechselt in das Lager der unfreiwillig langfristigen Investoren. Letzteres trifft aber nur für wenige Anleger dieses Typs zu, weil eine Aktienanlage auf unbestimmte Zeit für den Prozykliker zur Qual werden kann. Seine Verkaufsbereitschaft ist daher in der

Schlussphase einer Baisse sehr groß. Aus seinen Fehlern will er gelernt haben und kehrt der Börse schließlich frustriert und „für immer" den Rücken, um sich zu einem späteren Zeitpunkt in einer späten Hausse-Phase bei einer zuversichtlichen oder euphorischen Marktstimmung erneut auf der Kaufseite zu engagieren.

Die Risikobereitschaft des Prozyklikers ist unterschiedlich ausgeprägt. Je nach Mentalität ist er praktisch an allen unterschiedlichen Finanzmärkten anzutreffen. Er handelt sowohl mit Aktien als auch mit Finanzinstrumenten, die größere Verlustrisiken beinhalten, z. B. Optionen oder Optionsscheinen. Je größer die Risiken, desto schneller durchläuft er die verschiedenen Investmentphasen. Ist er beispielsweise in den Terminmärkten aktiv, so müsste ihm das prozyklische Anlageverhalten im Grunde genommen entgegenkommen und ihn erfolgreich sein lassen, da an den Terminmärkten antizyklische Anlagemuster extrem riskant sind. Die kompromisslose Trendorientierung kommt ihm allerdings nur bei oberflächlicher Betrachtung entgegen. Das Problem besteht darin, dass er sich von Trends erst dann angezogen fühlt, wenn sie sich bereits in einem Spätstadium befinden. Die frühe Startphase eines Trends kann vielleicht noch ausgelassen werden, aber wer auf den kompletten Mittelteil verzichtet und erst dann den Markteinstieg vornimmt, wenn die Kurse bereits explosionsartig steigen, ist einfach zu spät dran. Die dann folgenden Gegenbewegungen, die an den Terminmärkten nur selten lange auf sich warten lassen, treiben offene Positionen zügig in die Verlustzone. Über den Ausstieg entscheidet dann die dahinschmelzende Positionsdeckung. Im Options- oder Optionsscheinhandel wird oft so lange zugewartet, bis die Position auf Null fällt, sprich: Totalverluste entstanden sind, und die Papiere wertlos aus dem Depot gestrichen werden.

Die Konfliktlösung des Prozyklikers besteht in einer grundlegenden Änderung seiner Einstellung zum Investmentgeschehen. In einer Bestandsaufnahme sollte er zu klären versuchen, was er vom Börsenhandel erwartet, weshalb er aus Gewinnabsichten einerseits und Sicherheitsaspekten andererseits massenpsychologischen Prozessen erliegt und ob er überhaupt bereit ist, den entsprechenden Aufwand zur regelmäßigen, effizienten Teilnahme am Börsenhandel zu leisten. Es ist durchaus denkbar, dass sich im Zuge dieser Bestandsaufnahme herausstellt, dass er von selbst gemanagten Börsendispositionen besser Abstand nehmen sollte, weil ihm eine innere Umstellung aus unterschiedlichen Gründen nicht möglich ist. Man muss sich vergegenwärtigen, dass der Prozykliker ein Saisoninvestor ist und sich im Falle von Verlusten nur zwangsläufig über seine Minuspositionen mit den Finanzmärkten auseinander setzt, d. h. das Geschehen eben über diese Positionen, nicht aber über sein Anlageverhalten reflektiert. Deshalb mangelt es ihm fast immer an der Bereitschaft, das eigene Verhalten zu überdenken und auf der Basis eines längerfristigen Entwurfes zu korrigieren.

Der unflexible Antizykliker

Marktteilnehmer:	schwerpunktmäßig private Anleger, in geringerem Umfang auch professionelle Marktteilnehmer
Zeithorizont:	kurz- bis mittelfristig
Risikoneigung:	hoch

Dieser Anleger hat in der Vergangenheit über einseitige Dispositionen, die daraus entstandenen Verluste und somit aus seinen Börsenerfahrungen gelernt und ist sich darüber im Klaren, dass es zeitweise notwendig ist, sich gegen die herrschende Meinung zu stellen, um erfolgreicher abzuschneiden. Er stammt nicht grundsätzlich aus dem Lager der Prozykliker, da er nicht nur saisonal investiert, also in Börsenphasen, die besondere Aufmerksamkeit erregen. Seine Anlagephilosophie hat aber ein Manko. Er will es zu gut, zu perfekt machen. Mit der Orientierung am Massenverhalten hat er unterschiedlich negative Erfahrungen gemacht und daraus den Schluss abgeleitet, dass es für seine Positionen jeweils besser gewesen wäre, er hätte eine gegenteilige Haltung eingenommen. Er sucht deshalb förmlich den allgemeinen Konsens, umso rasch wie möglich eine Gegenposition zu beziehen. Verfügt er über keine langjährige Börsenerfahrung, verfällt er schnell in Urteile über Aktien und Märkte wie „zu hoch" oder „zu tief". So verkauft er in einer Hausse meistens zu früh. Das ist an sich nicht negativ zu werten; da er aber die Kurse als „zu hoch" empfindet, neigt er dazu, seine Skepsis mit dem Kauf von Verkaufsoptionen *(puts)* bzw. mit Put-Optionsscheinen oder Leerverkäufen zu unterstreichen.

Zum Fallstrick wird ihm dann die euphorische Stimmung der Marktteilnehmer. In entsprechenden Marktphasen kann er nicht verstehen, warum die Kurse höher und höher steigen. Meist hält er dann weiter dagegen, gerät aber über die sich ausweitenden Verluste zusehends unter Druck. Entweder muss er seine Leerverkäufe mit Verlust eindecken, oder aber seine Verkaufsoptionen verfallen wertlos. Dieser Anleger befindet sich dann später häufig in der Rolle des Zuschauers, wenn die großen Kursstürze einsetzen. Zu diesem Zeitpunkt muss er sich finanziell nicht einmal verausgabt haben. Vorangegangene Serienverluste haben ihn jedoch derart eingeschüchtert, dass er in den entscheidenden Marktphasen nicht mehr handlungsfähig ist. Während einer Euphorie verbietet seine resistente Haltung zwar den späten Einstieg auf der Käuferseite, von der Euphorie lässt er sich aber dennoch dahingehend infizieren, dass er selbst nicht mehr von einem drohenden Kursabschwung ausgeht, sondern mit der Masse die Ansicht vertritt, dass die Kurse unendlich weiter steigen werden. So partizipiert er auch nicht mehr von der Baisse. Da er sich gezwungenermaßen, aus persönlichen oder materiellen Gründen, in einer passiven Haltung befindet, ist die Rolle des Zuschauers für ihn oft schmerzlicher als die vorangegangenen Verluste. Stehen ihm noch ausreichende finanzielle Mittel zur Verfügung, so ist er aufgrund seiner rigiden Haltung handelsblockiert. Er will die Trendwende möglichst im Moment ihres Eintretens erwischen. Ist ein Markt bereits um ein paar Prozent gefallen, die Baisse annähernd sicher im Gange, so hält er einen Einstieg in Baisse-orientierte Positionen bereits für zu spät, da diese in seinem Sinne ja bereits wieder prozyklisch ausgerichtet sind. Und damit wird auch das Dilemma sichtbar: der gnadenlose Perfektionismus, die Auffassung, grundsätzlich antizyklisch, gegen die Masse, operieren zu müssen.

Wie lässt sich dieses Anlagemuster positiv umwandeln? Der typische Antizykliker ist in der Regel aktiv am Börsengeschehen beteiligt und auch bereit, überdurchschnittlich viel Zeit für seine Anlagerecherchen aufzuwenden. Meistens handelt es sich um private Vollblutbörsianer, die, einmal vom Börsengeschehen fasziniert, sich ihr Leben lang mit den Finanzmärkten verbunden fühlen. Ändert dieser Anleger seine Einstellung nicht, entwickelt er sich zwangsläufig zu einem Saisoninvestor, der inaktive Börsenphasen zur reinen Cashbildung benötigt, um dann mit der starren antizyklischen Haltung wieder zuschlagen zu können. Was dem unflexiblen Antizykliker in diesem Zusammenhang nicht bewusst ist: Er benötigt einen ausgeprägten Trend, damit seine Investitionen erfolgreich abschneiden können. Wenn er auf dem Höhepunkt einer Hausse auf Kursstürze setzt, handelt er antizyklisch. Setzt die Baisse dann aber ein, ist ein prozyklisches Verhalten erforderlich, wenn große Gewinne eingefahren werden sollen. Aber gerade das gelingt ihm nicht: Selbst wenn er richtig positioniert ist, steht er sich selbst im Wege und löst seine Engagements zu früh wieder auf, um wieder antizyklisch zu operieren. So kann es passieren, dass er in einer Baisse auf Markterholungen setzt und die Ermittlung möglicher Erholungsansätze an erster Stelle steht und nicht der Haupttrend des Marktes, der in diesem Falle abwärtsgerichtet ist. Es handelt sich somit um einen andauernden Konflikt.

Wer sich in diesem Verhaltensmuster wiedererkennt, sollte sich also umgehend mit seinem Anlageverhalten kritisch auseinander setzen. Wer sich so sehr für das Börsengeschehen interessiert, wird sicherlich auch bereit sein, Zeit in die ihn persönlich betreffenden Dispositionen zu investieren, um zu einer positiven Modifizierung des Anlageverhaltens zu gelangen. Dies gilt auch vor dem Hintergrund, dass der unflexible Antizykliker meist bereit ist, sehr hohe Verlustrisiken auf sich zu nehmen, und daher nahezu immer Änderungen hinsichtlich des Money Managements mit dem Schwerpunkt *Risikokontrolle* erforderlich sind. Gelingt ihm das Aufbrechen seiner starren und in seinem Unterbewusstsein verankerten Haltung, so kann er Schritt für Schritt in das Lager der Taktiker oder Strategen wechseln.

Der Spieler

Marktteilnehmer:	Jeder Akteur kann von Spielphasen infiziert werden, eine Häufung ist jedoch unter privaten Anlegern festzustellen.
Zeithorizont:	kurzfristig
Risikoneigung:	extrem hoch

Die Merkmale des Spielers gleichen rein oberflächlich betrachtet denen des *Taktikers.* So ist der Spieler immer kurzfristig in den Märkten engagiert und über die Börsenereignisse gut informiert. Das sind aber auch schon die einzigen Parallelen zum Taktiker. Der Spieler träumt wie alle Börsianer vom großen Geld und will dieses Ziel möglichst schnell realisieren. Doch ihm fehlen die grundlegenden Eigenschaften, um dieses Ziel zu erreichen bzw., wenn das Ziel erreicht ist, das Vermögen zu halten.

Befindet sich ein Anleger im Spielstadium, drückt sich dies in einer extrem ungeduldigen Haltung aus, die mit einer extremen Risikobereitschaft einhergeht. Alle inneren Sicherheitssysteme sind ausgeschaltet. Er hat keine Geduld und schlägt sich nervös und gehetzt von einem Markt zum nächsten. Seine Spekulationen sind von Konzeptlosigkeit geprägt und vom Money Management sehr weit entfernt. Affektorientiertes Handeln steht im Vordergrund. Die Taktik des Spielers, soweit man hier überhaupt von einer Taktik sprechen kann, ist durchweg emotionsgeladen.

Selbst wenn er ein Konzept erstellt, er hat nicht die Kraft, es durchzuhalten. Einerseits hat er große Angst vor Verlusten, andererseits ist seine Gewinngier übermächtig. Da er an den Finanzmärkten zu große Räder dreht, befindet er sich während eines offenen Engagements in einer Phase extrem hoher emotionaler Belastung. Gelegentlich landet er einen großen Treffer und macht innerhalb weniger Tage mit einer Position einen Riesengewinn. Prompt inflationiert sein Selbstbewusstsein. In solchen Momenten fühlt er sich überlegen und glaubt, die Börse im Griff zu haben. Gewinne zu erwirtschaften erscheint ihm wie ein Kinderspiel. Fieberhaft sucht er nach der nächsten Spekulationsmöglichkeit, ist in dieser Phase für jeden Tipp empfänglich und verliert seine zuvor erzielten Gewinne prompt wieder.

Je nach Grad seiner Verluste ist seine Reue groß. Vor dem Hintergrund traumatischer Verluste schwört er, für immer die Finger von der Spekulation zu lassen. Ein Spieler zeigt aber auch Suchtverhalten. Ist er bankrott, dreht sich sein ganzes Denken um Kapitalbeschaffung und um die Suche nach einem hundertprozentigen System. Da sich seine Risikobereitschaft an einem Extrempunkt befindet, ist er auch bereit, unter massivem Krediteinsatz zu spekulieren. Mit dem geliehenen Geld geht er ebenso verantwortungslos um wie mit seinem eigenen Vermögen. Mit irgendeinem System, das die ganz großen Gewinne verspricht, will er nun den großen Coup landen. Er erliegt einer ähnlichen *Kontrollillusion* wie etwa Spieler in Automatenhallen oder beim Roulette, die mit „todsicheren" Systemen dem Faktor Zufall nachhelfen wollen. Treten Bedenken auf, werden sie sogleich verdrängt. Jede neue Spekulationsgelegenheit wird einseitig positiv interpretiert, als (wiederholt) letzte Chance empfunden. Am Ende steht dann nicht selten der finanzielle Ruin.

In diesem Zusammenhang stellt sich die Frage, ob ein Börsenspieler jemals aus dem negativen Fahrwasser herauskommen kann. Er verfügt zwar meist über eine große Börsenerfahrung, da er sich mitunter über einen sehr langen Zeitraum in den Finanzmärkten tummelt und sich intensiv mit ihnen auseinander setzt; er kann diese Erfahrung aber nicht in bare Münze umwandeln, da er ruhelos und seine Vorgehensweise konzeptlos ist. Der Sachverhalt ist jeweils im Einzelfall zu beurteilen. Handelt es sich bei dem Anleger grundsätzlich um eine Spielernatur, d. h. zeigte er bereits einen ausgeprägten Spieltrieb vor Aufnahme des Börsenhandels auch auf anderen Gebieten, z. B. im Spielcasino, auf Pferderennbahnen oder in Spielhallen? Ist die Börse in diesem Zusammenhang nur ein Schauplatz unter vielen anderen, um das Suchtverhalten zu befriedigen? In solchen Fällen ist eine positive Umkehr praktisch unmöglich.

Es muss allerdings eingeräumt werden, dass sich der typische Börsenspieler vom reinen Glücksspieler in einigen Punkten unterscheidet. Das hängt allein schon damit zusammen, dass sich die *Glücksspielsystematik* nicht auf die Börse übertragen lässt.[7] Ein Geldspielautomat startet nach dem Einsatz sein Spiel und präsentiert ein paar Sekunden später das Ergebnis. Am Roulettetisch gibt es ebenfalls prompt ein Resultat. Das Gleiche gilt z. B. auch für Lotterien und Pferderennen. In all diesen Fällen gibt es immer einen konkreten Spielanfang und ein Spielende. Auf die Börse lässt sich dieses Prinzip nicht anwenden. Überträgt man die Spiel-Systematik auf den Handel, so haben wir zwar jeden Tag eine Handelseröffnung und einen Handelsschluss, dies lässt sich aber nicht mit einem Spielanfang und -ende gleichsetzen, und erst recht nicht, wenn es darum geht, ein Resultat zu erzielen. Zwischen Handelsbeginn und -schluss gibt es, je nach Markt, angesichts Hunderter oder Tausender Kursbewegungen entsprechend viele Zwischenresultate. Die Wette, die sich nur auf das Ergebnis zwischen Handelseröffnung und Handelsschluss beziehen würde, dürfte einen wirklichen Spieler aufgrund der langen Zeitdauer nicht befriedigen. Außerdem liegt bei einem Spiel aus dem Blickwinkel der Chancen- und Zufallsverteilung immer die gleiche oder zumindest eine ähnliche Ausgangslage zugrunde. Das Spiel beginnt beim Nullpunkt und endet mit einem konkreten Resultat. Die Chancenverteilung ist beispielsweise beim Roulette immer gleich. Es ist gleichgültig, welche Zahlen- oder Farbenfolge sich in den bisherigen Spielen ergeben hat. Selbst wenn in den letzten zehn Spielen die Kugel zehnmal auf ein rotes Feld gefallen ist, erhöht dies nicht die Wahrscheinlichkeit für ein schwarzes Feld im elften Spiel. Die Chance für ein rotes oder schwarzes Feld beträgt im elften Spiel wieder jeweils 50% (von der Null einmal abgesehen). Im Sinne der Spieltheorie stellen die Finanzmärkte eine unendliche *Ereigniskette* dar. Man kann jederzeit ein- und aussteigen. Beim Roulette gilt dies nur zwischen den abgeschlossenen Spielen.

Ferner sind auch Umstände zu berücksichtigen, die eine Spielernatur in ihrer Sucht unterstützen und einen direkten Zugang zum Unterbewusstsein haben. Dies betrifft das direkte Umfeld, wie z. B. die Geräuschkulisse, die von Spielautomaten erzeugt wird, die knisternde Atmosphäre in einem Roulettesaal oder die Spannung auf einer Pferderennbahn. Auf die Börse lässt sich dies nur beim direkten Parketthandel übertragen, womit sich der Kreis der Betroffenen sehr stark eingrenzen lässt. Ein Kursmonitor hingegen hat zwar nicht die „Anziehungskraft" eines Spielautomaten, lässt sich aber im Tageshandel mit gewissen Abstrichen dazu umfunktionieren, wenn der Betroffene dem Reiz der permanenten Kursschwankungen erliegt und von ihnen regelrecht „hypnotisiert" wird.

Es wurde bereits eingangs erwähnt, dass sich jeder Anlegertyp unter bestimmten Voraussetzungen in eine Spielernatur verwandeln kann. Bezieht sich dies auf bestimmte Anlagephasen und nicht auf grundlegende Charaktereigenschaften des Spekulanten, lässt sich dieses Manko auch wieder in den Griff bekommen. Oftmals verfällt ein solide arbeitender Anleger angesichts (unerwartet) hoher Gewinne oder regelrechter Gewinnserien dem Spieltrieb. Extreme Gewinne können sein Anlagekonzept und Regelwerk vollständig auf den Kopf stellen. In extremen Gewinnphasen vergisst der Anleger allzu leicht seinen gesamten Analyse- und Researchaufwand oder blendet einfach die Tatsache aus, dass die Gewinne auf dem Boden langjähriger Erfahrungen entstanden sind. Plötzlich erscheint alles mühelos, die Initialzündung eines Gewinn- und damit Spielrausches ist erfolgt, der Anleger steuert geradewegs in eine völlig emotionale Phase, sei es, dass er die Gewinne nun regelrecht erzwingen will (Analyse tritt in den Hintergrund), sei es, dass er sämtliche Sicherungssysteme des Money Managements ausschaltet (unvertretbar hohe Risikoneigung). So kann ein in langen Jahren aufgebautes Vermögen binnen kürzester Zeit ausradiert werden. Der Betroffene weiß anschließend nicht einmal, was genau geschehen ist, da er in einem rauschartigen Zustand handelte und deshalb weder sein Anlageverhalten kontrollieren konnte noch die Risiken im Griff hatte. Die Verluste fegen wie ein Sturm über ihn hinweg. Durch einen solchen finanziellen Schock, der ihn über längere Zeit von den Finanzmärkten fernhalten wird, kann er längerfristig oder aber auch endgültig von seinem Spieltrieb geheilt werden. Die meist durch finanzielle Gründe bedingte Zwangspause von den Finanzmärkten muss jedoch konstruktiv genutzt, das Erlebnis als Erfahrungswert verarbeitet werden, um Wiederholungsmuster bereits vor einer Wiederaufnahme des Handels auszuschalten.

Der Taktiker

Marktteilnehmer:	Händler, Makler, Fondsmanager, Vermögensverwalter, Trader auf eigene Rechnung, private Anleger
Zeithorizont;	kurzfristig
Risikoneigung:	gering

Dieser Akteur ist in den Finanzmärkten grundsätzlich nur kurzfristig engagiert und überwiegend im professionellen Lager anzutreffen. Er ist über Börsendinge sehr gut informiert und dabei auf das kurzfristige Marktgeschehen fixiert sowie auf Faktoren, die die Finanzmärkte kurzfristig beeinflussen. Große Marktbewegungen haben für ihn nur eine untergeordnete Bedeutung. Er spekuliert vornehmlich nach charttechnischen Grundsätzen und arbeitet mit kurzfristig orientierten Marktindikatoren und Handelssystemen. Er ist sowohl auf Auf- als auch auf Abwärtsbewegungen spezialisiert und bemüht, aus sämtlichen Kursbewegungen eines Marktes oder mehrerer Märkte Nutzen zu ziehen.

Dieser Anleger bedient sich neben Anleihen oder Aktien, die in großen Volumina gehandelt werden, vornehmlich derjenigen Anlageinstrumente, die sich für kurzfristige Spekulationen eignen: Optionsscheine, Optionen und Terminkontrakte. Der Taktiker besitzt nur selten ein Gespür für große Marktbewegungen, da seine Visionen und Anlageziele auf den Zeitraum eines Handelstages bzw. maximal zwei Wochen beschränkt sind. Aufgrund des engen zeitlichen Horizonts kann er sich der allgemeinen Marktstimmung kaum entziehen und bemerkt auf diese Weise nicht, wenn eine Spekulationsphase heißläuft bzw. völlig abkühlt und eine Trendwende in der Luft liegt. Hier handelt es sich aber lediglich um ein untergeordnetes Problem, wenn beispielsweise seine Taktik an den Terminmärkten ausschließlich trendfolgend ausgerichtet ist. Beim Einsatz ausgereifter Handelstechniken bemerkt er Unstimmigkeiten im Rahmen seiner Dispositionen sehr zügig und kann daher entsprechend flexibel reagieren. Sein Augenmerk bei der Auswahl der ihn unterstützenden Handelstechniken muss vielmehr darauf ausgerichtet sein, dass er nicht jedem kleinen Tages-Swing hinterherläuft, sondern versucht, kurzfristig ausgeprägte Marktbewegungen im Sinne der Trendfolge zu nutzen. Es handelt sich hier um eine sehr anspruchsvolle Vorgehensweise, die nur auf der Grundlage ausgeklügelter Handelstechniken profitabel ist, denn dass die Trendfolge in den Terminmärkten einen der Schlüsselpunkte zum Erfolg darstellt, ist unter den Akteuren ein offenes Geheimnis. Praktizieren demzufolge zu viele Marktteilnehmer einander ähnelnde trendfolgende Strategien, ergibt sich daraus zwangsläufig eine Glättung der Kursbewegungen, sodass profitable Trades immer schwieriger werden. Diese Methode verlangt also auch eine entsprechende Flexibilität hinsichtlich der Marktauswahl.

Die Professionalität des Taktikers garantiert jedoch aus sich selbst heraus noch keinen Börsenerfolg. Sehr viele Taktiker aus den unterschiedlichen Finanzbranchen handeln oft auf eigene Rechnung, fahren zwei- bzw. mehrgleisig, sind beispielsweise als Händler für ein Brokerhaus oder eine Bank tätig, als Vermögensverwalter oder Aktienfondsmanager aktiv. Die kurzfristigen Geschäfte betreffen entweder nur einen Teil der professionellen Anlagen oder bilden nicht die Haupteinnahmequelle. Andere Akteure hingegen versuchen sich in der taktischen Spekulation auf hundertprozentig professioneller Basis, wobei das Trading gleichzeitig auch die einzige Einkommensquelle darstellt. Hierbei handelt es sich um eine der größten materiellen Herausforderungen überhaupt, denn der professionelle Taktiker benötigt regelmäßige Gewinntransaktionen zur Bestreitung seines Lebensunterhaltes. Dies gilt vor allem dann, wenn er zunächst nur durchschnittlich kapitalisiert ist, also einen größeren Vermögensteil nicht zur sicheren Einkommenserzielung binden kann (Anlage in Zinsinstrumenten, Zinseinnahmen zum Lebensunterhalt). Sein Lebensstandard ist also direkt von seinen Erfolgen an den Finanzmärkten abhängig. Seine Vorteile bestehen darin, dass er selbst in einem hohen Maße unabhängig ist. Er kann sich hundertprozentig auf seine Handelsaktivitäten konzentrieren und ist nur sich selbst gegenüber verantwortlich, soweit Dritte (z. B. Familienangehörige) nicht indirekt beteiligt sind. Sein ganzes Handeln kann er auf die Verfeinerung seiner Handelstechniken ausrichten.

Seine Professionalität drückt sich auch in der konsequenten Anwendung bestimmter Techniken aus dem Bereich des Money Managements aus, denn grobe Schnitzer kann er sich einfach nicht leisten. Er minimiert Verlustrisiken so weit wie nur irgend möglich. In diesem Zusammenhang herrscht nämlich auch ein großes Missverständnis: Den professionellen Akteuren wird gerne unterstellt, sie handelten mit großen Vermögen, nähmen hohe Risiken auf sich und zögen dank ihrer Risikofreude Supergewinne auf sich. In der Alltagspraxis verhält sich dies ganz anders. Ein professioneller Taktiker verfügt über eine überdurchschnittlich hohe Handelsfrequenz, die sich allein aus der Kurzfristigkeit seiner Anlagen ergibt. Dies bedeutet aber nicht, dass er ununterbrochen handelt. Die Gewinn- und Verlustrechnung einzelner Trades ist oft unspektakulär und optisch uninteressant – drei-, manchmal vierstellige Euro-Beträge auf der Plus- und Minusseite. Entscheidend ist dabei nicht das Resultat der einzelnen Trades, sondern, je nach Handelsansatz, die Gesamtabrechnung eines Tages, einer Woche, eines Monats. Unter kompromissloser Anwendung der Risikokontrolle im Rahmen des Money Managements setzt der professionelle Trader nur einen Bruchteil seines Vermögens für ein offenes Geschäft ein. Mit dieser Kontrolle verhindert er, dass er mit einzelnen Trades unter Druck gerät, was wiederum sein Money Management auf den Kopf stellen würde. Trader, die diese Grundsätze nicht beherrschen, sind in diesem Lager daher nur kurzfristig anzutreffen, weil sie sehr schnell wegen Erfolglosigkeit wieder ausscheiden.

Für den privaten Anleger ist es praktisch nicht möglich, in diesem Bereich erfolgreich mitzumischen, wenn sich der Handel ausschließlich auf das Tagesgeschäft beziehen soll. Geht er zusätzlich einem anderen Beruf außerhalb der Investmentbranche nach, versteht es sich praktisch von selbst, dass ihm für Tagesgeschäfte die Voraussetzungen fehlen. Von jedem privaten Akteur sollte ebenso berücksichtigt werden, dass er Tausende professionelle Gegenspieler hat, die auf eine kursbewegende Nachricht bereits reagiert haben, wenn ihn die entsprechende Meldung gerade erreicht. Daran ändert auch die rasante Übermittlung von Nachrichten im Informationszeitalter nichts. Die Profis auf dem Handelsparkett sind allein deshalb schneller, weil sie den Markt vor Ort überblicken und umgehend einschätzen können und dabei unter anderem feststellen, wer wie auf eine neue Nachricht reagiert. Dieser Vorsprung kann selbst durch den Einsatz von Hochleistungscomputern und der Verwendung von Realtime-Kursen nicht wettgemacht werden. Zudem sind die meisten von Direktbanken angebotenen Handelsplattformen beispielsweise über das Internet viel zu umständlich und langsam.

Stellen kurzfristige Geschäfte für Börsenprofis nur eine Randkomponente dar, sollte ermittelt werden, ob sich diese Trades überhaupt lohnen bzw. anderen Zwecken dienen. Es gibt durchaus Profis, z. B. Fondsmanager, die allein deshalb im untergewichteten Umfang Tagesgeschäfte tätigen, weil sie sich vor diesem Hintergrund permanent mit den Märkten auseinander setzen müssen. Sie bleiben somit durchweg handelsaktiv. Werden die Hauptgeschäfte damit unterstützt, dann ist gegen ein solches Vorgehen nichts einzuwenden. Private Anleger hingegen können von vornherein auf Tagesgeschäfte verzichten, weil sie die entsprechenden Erfahrungswerte nicht zwingend benötigen. Das schließt taktische Spekulationen dennoch nicht aus, wenn diese z. B. auf der Grundlage von Handelssystemen auf Schlusskursbasis durchgeführt werden und Kurzfristigkeit nicht in Minuten, sondern in Tagen oder Wochen gemessen wird.

Der Stratege

Marktteilnehmer:	Fondsmanager, Vermögensverwalter, Trader auf eigene Rechnung, private Anleger
Zeithorizont:	mittel- bis längerfristig
Risikoneigung:	gering

Der Stratege stellt das Pendant zum Taktiker dar, wobei zu berücksichtigen ist, dass sich strategische und taktische Spekulationen zeitweise vermischen können. Dies resultiert unter anderem aus Investitionen, die zunächst kurzfristig ausgerichtet waren, dann aber im Zuge eines ausgeprägten Trends länger als zunächst beabsichtigt gehalten werden. Der Stratege verfügt über eine ausreichende bis überdurchschnittlich große Börsenerfahrung.

Seine Spekulationen sind im Gegensatz zu denen des Taktikers von vornherein mittel- bis längerfristig angelegt. Sie sind auf große Marktbewegungen abgestellt. In einer Hausse gehört der Stratege zu denjenigen, die möglicherweise etwas zu früh verkaufen, aber nicht sofort eine Gegenposition beziehen. Leerverkäufe bzw. Optionsinstrumente, mit denen auf fallende Kurse spekuliert werden kann, interessieren ihn erst, wenn die Tendenzkehre offensichtlich ist. Er versucht erst gar nicht, die Höchst- bzw. Tiefstkurse zu erwischen. In einer Baisse beginnt er deshalb auch tendenziell etwas zu früh mit dem Positionsaufbau, wenn er sich nicht trendfolgend engagiert, sondern das auf fundamentale Daten gestützte *Value Investing* praktiziert. In der Frühphase einer Hausse baut er seine Bestände weiter aus. Da er mit Techniken aus dem Bereich des Money Managements arbeitet, ist er in einzelnen Aktien, Branchen oder sonstigen Finanzinstrumenten niemals überinvestiert. Sämtliche Positionen werden aktiv gemanagt. Dies gilt auch vor dem Hintergrund ungünstiger Entwicklungen. Der Stratege sieht einer Minusentwicklung nicht tatenlos zu. Mit einem möglichen Verlustpotenzial hat er sich bereits vor dem Aufbau eines Engagements auseinander gesetzt. Wird seine Verlusttoleranzgrenze überschritten, folgt die umgehende Glattstellung von Positionen. Der Stratege ist umso erfolgreicher, je ausgeprägter seine Anlagedisziplin ist.

Kurzfristige Spekulationen – und seien sie noch so verlockend – stehen bei ihm vollkommen im Hintergrund, da er meist in der Vergangenheit negative Erfahrungen mit ihnen gemacht hat und akzeptiert, dass er auf diesem Gebiet nicht genügend firm ist. Die entsprechenden Finanzinstrumentc setzt er daher nur in Ausnahmefällen ein, und auch da nur mit einer mittelfristigen Orientierung unter Berücksichtigung der maximalen Risikominimierung.

Das Tagesgeschehen an den Börsenplätzen lässt er weitestgehend außer Acht. Wenn beispielsweise Kursrückgänge drohen, analysiert er den Markt dahingehend, ob sich die Entwicklung noch in seine mittel- bis längerfristige Vision einfügt. Hält er sich konsequent an die Techniken des Money Managements, wird auch er unter langfristiger Betrachtung zu den Börsengewinnern zählen. Ein Schwachpunkt ist seine zeitweilig zu große Distanz zu den Finanzmärkten, weil ihm so gelegentlich beiläufige Investmentchancen entgehen können. Diese Distanz verhindert aber andererseits, dass ihm die marktpsychologischen Fallstricke zum Verhängnis werden. Aus dem Erfolg heraus entsteht bei ihm auch sehr häufig das Gefühl der Langeweile. Solange die Finanzmärkte für den gereiften Strategen keine Kompensationsfläche für falsch verstandene Aufregungen im Alltag darstellen, handelt es sich dabei nicht um ein Problem, sondern nur um eine Begleiterscheinung, Anleger, die sich täglich zwischen den einzelnen Kursbewegungen hin- und hergerissen fühlen, können die Gelassenheit des Strategen noch nicht einmal ansatzweise erahnen. Dabei handelt es sich nicht um eine aufgesetzte Grundhaltung, sondern um ein Resultat langjähriger Erfahrung. Erfahrung, die gleich in mehrfacher Hinsicht positiv umgewandelt wird. Den Stand eines gereiften Strategen anzustreben ist daher auch ein ideales Ziel für den privaten Akteur, da er im kurzfristigen und somit taktischen Handel den professionellen Marktteilnehmern unterlegen ist.

Der Smart-Money-Investor

Marktteilnehmer:	Trader auf eigene Rechnung, Fondsmanager, Vermögensverwalter
Zeithorizont:	kurz-, mittel- und längerfristig
Risikoneigung:	gering

Diese selten anzutreffende Spezies unter den Akteuren ist eine Mischung aus Taktiker und Stratege, da er sowohl die kurzfristig als auch die langfristig orientierte Spekulation beherrscht. Außerdem verfügt er über eine sehr große Börsenerfahrung. Gelassen und zuversichtlich führt er seine Spekulationen durch. Er beherrscht das *Money Management* nahezu perfekt, kennt seine Grenzen, besitzt dennoch eine nur geringe Risikobereitschaft, was auf den ersten Blick überraschen mag. Er versucht, Verluste so gering wie möglich zu halten. Da der Top-Trader in erster Linie an den Terminmärkten beheimatet ist, steht bei ihm die Risikominimierung noch vor Techniken zur Erzielung von Gewinnen. Größere Buchverluste fallen bei ihm äußerst selten an, da seine Bereitschaft zum entschlossenen Handeln sehr groß ist und er Verluste nicht als negatives Resultat, sondern als negative Vermögensbindung einstuft. Für seine Investments nutzt er sämtliche verfügbaren Marktinstrumente, wobei die kurzfristigen Investments aufgrund ihrer höheren Handelsfrequenz gegenüber den mittel- bis längerfristigen Anlagen überwiegen.

Als Smart-Money-Investor wird man nicht geboren, gleichwohl müssen Talente für den Börsenhandel vorhanden sein. Wer nicht eine Spur Talent besitzt, wird es bereits schwer haben, ein guter Taktiker oder Stratege zu werden. Die vorhandenen Talente müssen kanalisiert werden, um die eigentlichen Möglichkeiten, das gesamte Wirkungsspektrum eines Anlegers zu fördern. Nicht wenige der international bekannten Superstars in der Börsenszene hatten das Glück, in frühen Jahren „zufällig" einen Mentor zu finden, der ihnen auf die Sprünge half, indem er das vorhandene Potenzial erkannte und entsprechend förderte. Damit soll aber die Weichenstellung zum Top-Trader nicht als reine Glückssache dargestellt werden. Keiner der Stars hat es allein dadurch geschafft, dass ihm zum rechten Zeitpunkt ein erfahrener Profi zur Seite stand. Grundsätzlich steht die harte Arbeit an sich selbst im Vordergrund. Dabei ist der Anleger selbst gefordert und nicht die Kunst eines Mentors. Dieser kann einen Anleger allenfalls zielgerichtet fordern und Erfahrungswerte konzentriert vermitteln.

Wie es um die Talenteförderung bestellt ist, probte der Chicagoer Traderstar *Richard Dennis* in den 80er-Jahren, als er sein so genanntes *Turtle Trading Project* startete.[8] Per Zeitungsannoncen im *Wall Street Journal* wurden Leute mit Interesse am Börsenhandel und einem speziellen Trainingsexperiment gesucht. Dennis' Ziel: Talente aufzuspüren und zu fördern. Er wollte wissen, ob dies nach systematischen Grundsätzen möglich ist und ob dabei womöglich Talente entdeckt und gefördert werden können, die nach dem Training an den Märkten genauso gut oder gar noch besser traden würden als der Meister selbst. Da Dennis zu Beginn des Turtle-Projekts bereits berühmt war, trafen Bewerbungen in vierstelliger Größenordnung ein. Aus dieser Bewerberflut wurde dann eine Vorauswahl getroffen. Anhand von selbst entwickelten Tests wurde weiter ausgesiebt, sodass schließlich 13 Bewerber akzeptiert wurden. Die Bewerber mussten vor Beginn des Programms diverse Bedingungen schriftlich akzeptieren, unter anderem wurden sie zu absoluter Verschwiegenheit über das System verpflichtet.

Die Turtles wurden von Dennis und seinem Geschäftspartner *Eckhardt* zwei Wochen lang in den von ihnen entwickelten Handelssystemen unterwiesen. Danach konnten sie bereits mit dem aktiven Trading beginnen. Die Ergebnisse dieser Gruppe waren im ersten aktiven Tradingjahr so gut, dass Dennis im Jahr darauf beschloss, eine zweite Turtle-Gruppe zu gründen, die diesmal nach dem gleichen Ausleseverfahren zehn Mitglieder umfasste. Etliche der Turtles konnten sich in den Jahren danach in der Spitzengruppe der registrierten Trader (Commodity Trading Advisor, CTA) behaupten. Warum wurde das Projekt nach der Schildkröte benannt? Nun, von 100 jungen Schildkröten überleben vielleicht zwei Exemplare. Dennis hat dies so übertragen: Wenn ich unter 100 Kandidaten ein, zwei gute Trader finde, ist meine Annahme bestätigt, dass man Personen, die über die individuellen Voraussetzungen verfügen, zu Tradern der Spitzenklasse ausbilden kann. Andererseits bedarf es keiner gezielten Talentsuche, um neue Top-Trader hervorzubringen. Sind die Talente und Voraussetzungen vorhanden, werden sich die Betroffenen von den Finanzmärkten angezogen fühlen. Ob und wie sie ihr Talent umzusetzen vermögen, ist dann eine andere Frage.

Nahezu alle Top-Trader kennen die Schattenseiten der Spekulation. Oftmals produzierten sie am Anfang traumatische Verluste. Einige dieser Trader räumen ein, dass sie zu Beginn ihres Börsenhandels praktisch alles falsch gemacht haben. Doch das soll nicht als Grundvoraussetzung missverstanden werden. Diese Akteure sind von einer starken Willenskraft und Beharrlichkeit, aber auch der Fähigkeit zur Einsicht geprägt. Nach traumatischen Verlusten erfolgte mehrheitlich eine konsequente Analyse und daraufhin eine Änderung des Handelsstils, um ähnliche Fehler für die Zukunft weitestgehend auszuschließen. Der Börsenhandel kann für diese Akteure zu einer Passion, einer Aufgabe werden, die den Alltag vollkommen beherrscht. Zählen sie irgendwann zur Minderheit der Top-Trader, so ist dies nicht mehr als das Ergebnis einer Ereigniskette. Sie sind sich auch dessen bewusst, dass diese Kette kein Ende hat. Sie arbeiten kontinuierlich an sich selbst, versuchen Schwachpunkte entweder zu eliminieren oder aber als bestehende Tatsache zu akzeptieren und in ihrer Handelstechnik zu berücksichtigen. Ihre Handelsmethoden verstehen sie als fortlaufenden Prozess, der zeitweiligen Änderungen unterworfen ist. Sie haben nicht *die* eine Supermethode, sondern ein Grundkonzept und ein Regelwerk verinnerlicht, das ihnen bei einer disziplinierten Umsetzung Erfolge fast schon garantiert.

Sind das alles Übermenschen? Sicherlich nicht. Auch sie sind nicht frei von Schwachpunkten. Allerdings optimieren sie ihre vorhandenen Möglichkeiten. Dieser Optimierungsprozess setzt sich kontinuierlich fort. Vernachlässigt ein Top-Trader diese Arbeit, wird sich dies früher oder später auf seine Handelsergebnisse auswirken. Selbst vor finanziellen Abstürzen ist ein Top-Trader nicht sicher. Solche Fälle sind bereits vorgekommen und werden auch in der Zukunft zu beobachten sein. Negative Resultate stellen sich insbesondere dann ein, wenn ein Akteur jahrelang auf der Gewinnseite gestanden hat, Gewinne deshalb als selbstverständlich betrachtet und infolgedessen die Arbeit an sich selbst, an der inneren Einstellung zum Trading aufgibt.

Keiner der Top-Trader hat die Garantie, dass er diesen Status für immer beibehalten wird. Und die Verlockungen sind durchaus groß. Es ist schon eine besondere Leistung, wenn man an den Finanzmärkten praktisch aus dem Nichts ein gigantisches Vermögen aufbaut. Hier lauert aber immer die Gefahr der Inflationierung des Selbstbewusstseins. Dabei reicht es schon aus, sich in eine Idee vollständig zu verrennen, um eine negative Kettenreaktion auszulösen. Von dieser Gefahr sind die Top-Trader permanent bedroht. Sie müssen sich nicht nur immer wieder aufs Neue beweisen, sondern auch den ständigen Verlockungen, den typischen Investmentfallen widerstehen können.

3. Die Grundlagen

Die gewinnorientierten Eigenschaften

Hinter Börsengewinnen der Superlative vermutet das Anlagepublikum Systeme mit extrem hohen Trefferquoten oder ausgeklügelte Investmentmethoden. Eine überdurchschnittliche Erfolgskonstanz lässt sich sicherlich nicht ohne Handelsstrategie erzielen. Eine erfolgreiche Handelsmethode ist aber ohne den gleichzeitigen Einsatz eines kompromisslosen Money Managements zum Scheitern verurteilt. Dessen Umsetzung basiert wiederum auf den persönlichen Fähigkeiten des Traders. So weisen erfolgreiche Akteure an den internationalen Finanzmärkten immer wieder darauf hin, dass ihr Erfolg zu 80% psychologisch und nur zu 20% von der richtigen Anlagetaktik bzw. -strategie bestimmt sei. Aber ausgerechnet den psychologischen Faktor lässt die Mehrheit der Marktteilnehmer in Unkenntnis der Zusammenhänge unberücksichtigt.

Wird in Börsenanalysen von *marktpsychologischen Faktoren* gesprochen, werden diese meist als eine vage, undefinierbare Stimmung einer Masse angesehen, die sich mit ein paar gängigen Sentimentindikatoren darstellen lässt. Die Zusammenhänge werden oft nur grob erfasst. Außerdem handelt es sich dabei um eine Angelegenheit, die eine anonyme Anlegermasse betrifft. Den meisten Individualanlegern ist in diesem Zusammenhang nicht bewusst, dass sie selbst ein Teil dieser anonymen Anlegermasse sind. Wenn von *Börsen- bzw. Marktpsychologie* die Rede ist, muss sich der individuelle Anleger noch nicht angesprochen fühlen. Dabei trägt er aber mit seinem persönlichen (psychologischen) Verhalten zur Marktpsychologie bei. Einer marktpsychologischen Stimmung können sich aber nur solche Anleger entziehen, denen die entsprechenden Mechanismen bekannt sind und die wissen, zu welchen Reaktionen und Verhaltensweisen sie bei bestimmten Marktentwicklungen tendieren. Beziehen sie sich in das marktpsychologische Wechselspiel ein, können sie eine erfolgreiche *Gratwanderung* vollziehen, die zu einer der größten Herausforderungen im Börsenhandel zählt.

Die Stars der Börsenszene, die bis auf wenige Ausnahmen mit einem relativ kleinen Startkapital begonnen haben, werden in Interviews ständig gefragt, mit welchen *Handelssystemen* sie so erfolgreich geworden sind. Fragen dieser Art beweisen, wie viel Unverständnis es in diesem Bereich gibt. Hinter jedem Erfolg wird eine perfekt funktionierende Geldmaschine vermutet, Systeme mit überwältigenden Trefferquoten. Übersehen wird der Mensch, der hinter diesen Erfolgen steckt. Ein Name als Markenzeichen für Millionengewinne. Die Methoden sind in der Regel unspektakulär und lösen Reaktionen aus wie z. B. „Ja, wenn das so einfach ist, hätte ich es doch auch schaffen können". Seit 1997 wird *Warren Buffett,* der Vorsitzende der US-Beteiligungs-AG *Berkshire Hathaway,* hinter *Microsoft*-Gründer *Bill Gates* in der *Forbes*-Liste als zweitreichster Mann der USA geführt. Sein finanzieller Erfolg gründet sich ausschließlich auf erfolgreiche Strategien an den Finanzmärkten mit der Wall Street als Schwerpunkt.

Buffetts Methode ist alles andere als spektakulär. Er kauft im großen Stil Aktien von unterbewerteten Versicherungsunternehmen und bekannten Gesellschaften wie beispielsweise *Coca-Cola* oder *McDonald's.* So stieg die A-Aktie von Berkshire Hathaway seit 1965 um mehr als das 2200fache. Seit Jahren ist die A-Aktie nicht nur die optisch teuerste Aktie an der Wall Street, sondern auch eine der erfolgreichsten Investmentstorys. Jeden Tag verbringt Buffett mit der stundenlangen Analyse von Unternehmensberichten und Bilanzen. Er findet diese Tätigkeit wenig aufregend. Nur, wenn diese Konzepte oberflächlich betrachtet so einfach sind, muss mehr als Fleißarbeit in der Recherche dahinterstecken, um sie in Gewinne umzusetzen. Bei Buffett stehen neben der Jagd auf unterbewertete Qualität eine immense Ausdauer (er wartet so lange, bis etwas in seinen Augen wirklich preiswert ist, auch wenn darüber Jahre vergehen) und die erforderliche Weitsicht an vorderster Stelle. Kombiniert werden diese Merkmale noch mit persönlichen Fähigkeiten wie Selbstbewusstsein und Selbstvertrauen, um bestimmte Strategien konsequent durchziehen zu können und sich von Massenbewegungen nicht irritieren oder beeinflussen zu lassen. Diesbezüglich macht Buffett auch vor dem eigenen Unternehmen nicht Halt. Ohne Umschweife erklärte er beispielsweise im Herbst 1996, dass er die Aktie von Berkshire Hathaway zu den damaligen Kursen nicht kaufen würde, da sie schlicht überbewertet sei. Dieser Kommentar löste keinen Kurssturz aus, im Gegenteil, die Aktie stieg im Rahmen des allgemeinen Marktoptimismus weiter, und man war bereit, die Überbewertung der Aktie als „Buffett-Bonus" einzustufen.

Was jedoch bei den Superstars unter den professionellen Anlegern immer wieder auffällt: Sobald sie aufgrund jahrelanger erfolgreicher Arbeit mit einer überdurchschnittlichen Performance internationale Berühmtheit erlangen, ist deren Erfolgszenit bereits überschritten. Die Aufwärtsdynamik der „Buffett-Aktie" ließ beispielsweise seit 1998 spürbar nach, als der breite Aktienmarkt in den USA in einen Abwärtstrend mündete, der nur deshalb nicht auffiel, weil er von der TMT-Euphorie überdeckt wurde. Buffett war jedoch in den TMT-Sektoren nicht engagiert, weil er sich nach eigenem Bekunden mit Technologie-Aktien nicht auskenne. So lief die TMT-Hausse vollständig an der Berkshire Hathaway-Aktie vorbei. Das Problem dieser Beteiligungsgesellschaft stellen die Positionsgrößen dar, mit denen sich kaum flexibel operieren lässt.

Je berühmter beispielsweise ein Fonds wird, desto größer ist auch der Mittelzufluss. Dies macht geschickte Strategien in den internationalen Finanzmärkten dann aber oftmals unmöglich. Man muss sich immer wieder vergegenwärtigen, dass die Stars der internationalen Finanzszene ja nicht von heute auf morgen Berühmtheit erlangten, sondern sich diese fast immer über viele Jahre mit einer überdurchschnittlichen Performance erarbeiten mussten. Sie haben alle mit minimalen Finanzmitteln als unbekannte Investoren angefangen, mit entsprechend kleinen Positionsgrößen. Stellt sich dann über einen langen Zeitraum eine hohe Erfolgskonstanz mit einer weit über dem Durchschnitt liegenden Performance ein, wird ab einem gewissen Zeitpunkt eine breitere Anlegerschicht auf den Fonds aufmerksam. Die Mittelzuflüsse beginnen zu explodieren, und der Fondsmanager hat das Problem, nunmehr riesige Positionsgrößen sinnvoll in den Aktien- oder Terminmärkten zu investieren. Plötzlich ist er mit einem Handicap konfrontiert, nämlich der Bewahrung der Erfolgskonstanz mit einem immer größeren Verwaltungsvolumen. Und das, so zeigt die Praxis, ist nahezu unmöglich. Fast immer sinkt die Performance auf dem Zenit der Berühmtheit eines Fondsmanagers in den Bereich von reinen Durchschnittswerten. Als Beispiel dafür sei *George Soros* genannt, um den es nach seinem Coup gegen das britische Pfund im Jahr 1992 eher ruhig geworden ist.

Andere Akteure haben andere Erfolgsstrategien, wie z. B. *L. Thomas (Tom) Baldwin,* der seit 1982 am *Chicagoer Board of Trade* nichts anderes als *Treasury Bonds* (langfristige US-Staatsanleihen) handelt. Er startete den Parketthandel mit gerade 25 000 US-Dollar und hatte bereits vor Ablauf seines ersten Handelsjahres eine Million US-Dollar Gewinn erwirtschaftet. Baldwin ist von morgens bis nachmittags mit seinen Assistenten auf dem Handelsparkett anzutreffen, wo er T-Bonds in Hunderter- oder gar Tausenderblöcken handelt und so während der aktiven Handelszeit täglich US-Anleihen in dreistelliger Millionenhöhe umsetzt. Selbst Umsätze in Milliardenvolumina sind bei ihm keine Seltenheit. Auch Baldwin verfügt über keine nebulosen Systeme, sondern orientiert sich ausschließlich an kurzfristigen Tagesschwankungen, wobei er relevante Hoch- und Tiefpunkte der vorangegangenen Tage mit Voluminaspitzen berücksichtigt. Ein Trend-Trader also, dessen Problem ausschließlich in der Positionierung der immensen Handelsblöcke besteht. Da er in großen Volumina handelt, muss er bei jedem Markt-Swing innerhalb eines Tages die Handelbarkeit seiner offenen Positionen berücksichtigen. Dass dies nicht immer gelingt, liegt klar auf der Hand. Demzufolge lesen sich auch seine Tagesbilanzen abenteuerlich. Mal schließt er an einem Handelstag mit zehn Millionen Dollar Gewinn ab, mal mit fünf Millionen Dollar Verlust. Entscheidend ist für ihn, dass er unter dem Strich mehr Gewinne als Verluste erwirtschaftet. Wer verfügt schon über die persönlichen Fähigkeiten, Resultate dieser Größenordnung überhaupt auszuhalten? Baldwin ist auch hinsichtlich seiner Vermögensvolatilität gefordert, da er nur einen Teil seines Kapitals solchen erheblichen Schwankungen aussetzen kann. Wenn er ein paar Millionen Dollar Verlust innerhalb weniger Stunden zu verzeichnen hat, muss er dies problemlos wegstecken können, was nicht bedeutet, dass er während des Tradings nicht unter einer sichtbaren Anspannung steht. Es bedarf keiner großen Phantasie, um sich vorzustellen, dass schon aus rein psychischen Gründen nicht einmal eine Hand voll Trader in den USA zu einer solchen Handelsstrategie fähig wären.

Die persönlichen Fähigkeiten müssen also die Grundlage für einen erfolgreichen Handel an den Finanzmärkten bilden.

Persönliche Erfolgskriterien

Geht man davon aus, dass mental-psychische Faktoren in hohem Maß zum Börsenerfolg beitragen, stellt sich automatisch die Frage, welche persönlichen Voraussetzungen ein Anleger mitbringen muss, um auf die Gewinnerstraße zu kommen. Die meisten ziehen das jedoch gar nicht in Betracht und konzentrieren sich in erster Linie auf die Faktoren *Kapital* und *Risikobereitschaft.* Wer so vorgeht, richtet sein Hauptaugenmerk auf rein äußere Elemente.

Der wichtigste Faktor besteht nicht in der Größe Ihrer liquiden Mittel und ebenso wenig in Ihrer Risikobereitschaft. Viel wichtiger und ausschlaggebender für einen erfolgreichen Börsenhandel sind die persönlichen Voraussetzungen, die Sie mitbringen. Um beim aktiven Börsenhandel nicht von Emotionen überspült zu werden, um eigene Strategien erfolgreich und effizient umsetzen zu können, sollten Sie über bestimmte Qualitäten verfügen bzw. über die Fähigkeit, sich entsprechende Verhaltensweisen anzueignen.

Selbstvertrauen

Ein unsicherer Mensch unterliegt zu sehr den Einflüssen seiner Außenwelt, d. h. er ist in vielen Dingen, die seine persönliche Lebenssituation betreffen, leicht zu beeinflussen. Demgegenüber kann sich ein selbstsicherer Mensch besser behaupten und seine Person nach außen hin vertreten. Der sichere Mensch weiß, was er will, steht dafür ein und zieht seine Aktivitäten selbstbewusst durch. Allerdings lassen sich Selbstsicherheit und Selbstvertrauen nicht einfach verallgemeinern. Es gibt nur wenige Personen, die in jedem Lebensbereich stets unsicher sind bzw. sich auf jedem Terrain selbstsicher bewegen. Die Einschätzung misst sich an der Gesamtheit der Bereiche, in der schließlich eine selbstbewusste oder unsichere Haltung überwiegt. Im vorliegenden Fall ist es wichtig, ob und inwieweit ein potenzieller Anleger mit einem gehörigen Maß an persönlicher Sicherheit in den Finanzmärkten handeln kann. In der Praxis verhält es sich so, dass in finanzieller Hinsicht tendenziell unsichere Personen erst gar nicht mit dem Wertpapierhandel beginnen. Bei ihnen überwiegen die skeptische Haltung und die Angst, man könnte Geld verlieren. Die persönliche Haltung (Unsicherheit) verhindert in diesem Fall jegliche Experimentierbereitschaft. Die Orientierung ist auf die finanziellen Mittel gerichtet, die man bereits hat und sicher glaubt. Börsenspekulationen haben für sicherheitsorientierte Personen stets einen negativen Beigeschmack. Auffallend ist jedoch, dass bei großen Börsen-Haussen von den Finanzmärkten ein geradezu magischer Reiz ausgeht. Die euphorische Stimmung mit ständig steigenden Aktienkursen motiviert schließlich auch tendenziell auf Sicherheit bedachte Personen, sich einmal in Aktien zu engagieren. Von der Börse strömt in einer solchen Phase eine verführerische Sicherheit in Form ständig steigender Kurse aus. Das auf Sicherheit bedachte Publikum sucht Sicherheit in äußeren Dingen und findet sie in einer entsprechend positiven Börsenphase auch. Dass es sich bei dieser Sicherheit um eine Illusion handelt, erfahrt es erst, wenn der allgemeine Trend umkippt und die Aktienkurse zu fallen beginnen.

Die Mehrheit der Personen, die zu den Aktienbörsen finden, weist ein bestimmtes Maß an Selbstsicherheit auf. Insbesondere bei Anfängern fällt jedoch auf, dass die Selbstsicherheit häufig mit der Risikobereitschaft nicht im Einklang steht. Neulinge glauben durchweg risikobereiter zu sein, als sie es tatsächlich sind. Insbesondere in ausgeprägten Hausse-Zyklen wird dieses Verhältnis verzerrt. Die Selbstsicherheit spielt dann kaum eine Rolle, während die Risikobereitschaft tendenziell sehr hoch eingeschätzt wird. Die permanent anziehenden Aktienkurse steigern die Risikobereitschaft, wobei sich die einzelnen Akteure über das Risikopotenzial ihrer Investments meist nicht im Klaren sind. Die persönliche Voraussetzung der Selbstsicherheit stellt daher zunächst überhaupt kein großes Problem dar. Die Frage nach der richtigen eigenen Einschätzung dieses Faktors dürfte von den meisten Neulingen eher bejaht werden, weil sie Selbstsicherheit mit Risikobereitschaft verwechseln.

Selbstvertrauen sollte sich auf eine gründliche Einarbeitung in die Materie, analytische Fähigkeiten und die sich daraus ergebende Anlagemethode stützen. Nur so kann sich ein Vertrauen entwickeln, das sich auf die persönlichen Geschicke bezieht. Anleger hingegen, die nur auf der Grundlage von Tipps agieren, keine Vorstellung darüber besitzen, wie sie auf Dauer ihre Handelsaktivitäten aufziehen wollen, und dann eine optimistische Haltung mit Selbstvertrauen verwechseln, dürfen sich nicht wundern, wenn sie Probleme bekommen.

Das Gefühl der Selbstsicherheit wird im Börsenhandel früher oder später einer harten Probe unterzogen. Dieser Prüfung entkommt auf Dauer kein Anleger. Sobald die ersten Verluste zu verzeichnen sind, löst sich zunächst die Risikobereitschaft in Luft auf. Risiko an der Börse, das bedeutet, sich Verlustrisiken bewusst zu sein. Entstehen dann tatsächlich Verluste und entpuppt sich die vorgebliche Risikobereitschaft als Fiktion, wird das Selbstvertrauen des Anlegers unmittelbar angegriffen. Ob es nachhaltig negativ tangiert wird, ist also auch eine Frage der Einstellung gegenüber Verlusten. Wer Verluste begrenzen kann und sie als bloße *Ergebnisse* wertet, erleidet durch sie auch keinen persönlichen Schaden.

In der Realität verhält es sich aber eher gegenteilig. In mehr als 90% aller Fälle werden Börsenverluste persönlich genommen und nicht als reines Handelsresultat verstanden. Je mehr Verluste auf Dauer entstehen bzw. je umfangreicher die Verlustpositionen werden, desto stärker werden das Selbstvertrauen und damit auch die innere Sicherheit eines Anlegers reduziert. Verluste können dem Einzelnen seelische Qualen bereiten, die z. B. in ständigem Zweifel oder konstanten Ängsten zum Ausdruck kommen, die ihrerseits wiederum Stressreaktionen auslösen.

Die meisten Akteure wollen sich unbewusst vor diesem negativen Prozess schützen. Die am häufigsten praktizierte Selbstschutzmethode besteht darin, einerseits die Verantwortung abzuschieben, andererseits Verluste erst gar nicht zu realisieren. Buchverluste – und seien sie noch so groß – können sich ja eines schönen Tages durchaus wieder in Buchgewinne verwandeln. Man will sich die Fehlspekulation nicht eingestehen. Distanziert sich ein Anleger zusätzlich von der Verantwortung, so entzieht er einem möglichen positiven Erfahrungsprozess den Boden. Er sieht sich für die Verluste nicht zuständig, womit der Erfahrungswert gleich null ist, weil aus Verlusten nichts gelernt wird.

Übernimmt man hingegen die Verantwortung für die eigenen Dispositionen und nimmt gleichzeitig die Verluste persönlich, so sind die künftigen Investitionen vorbelastet. Einem Anleger geht es zwar in erster Linie darum, Gewinne zu erzielen, um die vorangegangenen Verluste auszugleichen, gleichzeitig will er aber unbewusst sein angeschlagenes Selbstvertrauen wieder aufrichten und braucht schon deshalb den Erfolg. Zwei Bedürfnisse setzen ihn zugleich unter Druck. Damit ist bereits der Grundstein für weitere Verluste gelegt. Da der Anleger unter Druck steht, will er möglichst schnell ein lukratives Investment finden. Die gesamte Anlageentscheidung wird nun durch dieses Zerrbild beeinflusst. Der Anleger glaubt, auf welcher Grundlage auch immer, ein Superinvestment gefunden zu haben, und hofft auf Gewinne. Lassen wir den nun folgenden Prozess zunächst einmal unberücksichtigt und betrachten wir das Resultat, das sich umgehend einstellt: neue Verluste! Das Selbstbewusstsein des Anlegers bewegt sich Schritt für Schritt dem Nullpunkt zu. Die folgenden Investments stehen nunmehr vollends unter einem ungünstigen Stern. Diese Kette kann sich über Jahre hinweg erstrecken, solange es die finanzielle Situation des Betroffenen zulässt.

Diese Entwicklung wirkt sich naturgemäß nicht nur auf den Börsenhandel aus, sondern wird sich ebenso negativ in anderen Lebensbereichen niederschlagen. Dies gilt insbesondere dann, wenn sich ein Anleger mit bestimmten Positionen völlig übernommen hat, sodass er bei einer überwiegend negativen Entwicklung seiner Börsenengagements auch einen regelrechten Einbruch seiner materiellen Lebensqualität erfährt. So weit darf es gar nicht erst kommen. Dies gilt auch mit Blick auf den Einsatz von Wertpapierkrediten, die nur in äußersten Ausnahmefällen eingesetzt werden sollten. Damit sind keine bestimmten Börsensituationen gemeint, denn so betrachtet wird der geneigte Börsianer immer eine Ausnahmesituation finden, um den Krediteinsatz rechtfertigen zu können. Mit Ausnahmefällen sind kurzfristige Überbrückungssituationen gemeint, etwa wenn Festgelder erst in zwei Monaten frei werden, der Wertpapierkredit somit nur kurzfristig zur Überbrückung eingesetzt wird und zügig abgelöst werden kann. Wer hingegen für eine bestimmte Investition keine liquiden Mittel zur Verfügung hat, sollte auf die Gelegenheit verzichten. Mit Wertpapierkrediten begibt man sich freiwillig aufs Glatteis, weil man zu viele Kompromisse eingehen muss und im Falle einer negativen Positionsentwicklung nicht mehr in vollem Umfang selbstständig entscheiden und handeln kann. Man handelt sich mit einem Wertpapierkredit nicht nur eine doppelt so hohe Belastung ein, auch der innere Druck wird um ein Vielfaches stärker. Im Falle einer Verlustentwicklung nimmt auch das Selbstvertrauen weitaus größeren Schaden als bei einem Eigenkapitaleinsatz.

Wenn Sie in Ihrem Wertpapierdepot Verlustpositionen sammeln und Buchverluste grundsätzlich nicht realisieren wollen, sich mit bestimmten Börsenengagements übernehmen oder gar Kreditmittel einsetzen, riskieren Sie gleichzeitig auch einen Verlust Ihrer Selbstsicherheit. Überwiegen auf Dauer die Verlustpositionen, so reicht dies aus. um Ihr Selbstvertrauen Schritt für Schritt herabzusetzen und im Gegenzug Ihre Unsicherheit im aktiven Börsenhandel zu erhöhen. Dieser Prozess muss sich nicht einmal existenzgefährdend auswirken. Allein die Tatsache, dass Gewinne bzw. Buchgewinne gegenüber Verlusten seltener ausfallen bzw. Gewinne die Verlustbilanz nicht einmal ausgleichen, wird auf Dauer Ihr Selbstvertrauen untergraben.

Sollten Sie bemerken, dass Sie sich bei der Umsetzung Ihrer Handelsmethoden zunehmend unsicher fühlen, versuchen Sie herauszufinden, woran das liegen könnte. Sehen Sie von neuen Engagements so lange ab, bis Sie sich über diesen Punkt und über Ihre persönliche Situation im Klaren sind. Wenn Sie es bisher nicht getan haben, sollten Sie sich umgehend mit den vergangenen Verlusten auseinander setzen. Analysieren Sie, unter welchen persönlichen und marktbedingten Umständen diese Verluste entstehen konnten. Wo genau lagen die Schwachpunkte bei Ihren Spekulationen? Betrachten Sie ebenso die bisherigen Gewinnpositionen. Wo lagen deren Stärken? Mit dieser Analyse sollten Sie erkennen können, welche Faktoren Sie künftig bei Ihren Investitionen stärker berücksichtigen sollten. Begehen Sie auf keinen Fall den Fehler, sich die Verluste auch noch persönlich vorzuwerfen. Es handelt sich um reine Ergebnisse, aus denen Sie lernen können. Wenn Sie davon absehen, Verluste persönlich zu nehmen, können Sie diese nicht nur aus einer distanzierteren Perspektive betrachten, sondern auch wesentlich schneller realisieren, sodass belastende Dauerverlustpositionen erst gar nicht entstehen. Sie sind mit einer distanzierten Haltung aufgeschlossener und unbefangener in Ihren Handelsaktivitäten und zögern nicht, eine sich negativ entwickelnde Position aufzugeben bzw. sich konsequent an die von Ihnen zugestandene maximale Verlustgrenze zu halten.

Der Kern Ihres Selbstvertrauens befindet sich in Ihrem eigenverantwortlichen Vorgehen. Außenstehende können Ihnen im günstigen Fall nur stärkend zur Seite stehen, ihnen aber kein Selbstvertrauen vermitteln. Verlagern Sie deshalb auch Ihre Verantwortung nicht auf Dritte, sondern stehen Sie für Ihre Investitionen ein. Sind Sie hinsichtlich Ihrer Vermögenssituation auf dritte Personen, z. B. Investmentberater oder Vermögensverwalter, angewiesen, so gehen Sie äußerst sorgfältig und kritisch vor.[9] Betrachten Sie Berater, Broker, Börsendienste und Finanzmedien nicht als Entscheidungs-, sondern als Orientierungshilfen. Sie selbst sind es, der Ihren Börsenerfolg verwirklichen muss. Das können andere für Sie nicht erledigen. Diesbezüglich sollten Sie sich fragen, warum Sie von Verlusten so verunsichert werden. Finden Sie es heraus. Nur so können Sie wieder mehr Selbstvertrauen gewinnen, zumal Sie sich dann auch eine verantwortliche Position zugestehen.

Wie verhält es sich aber, wenn die Selbstsicherheit inflationiert? Auch das gehört zu den Erscheinungsbildern des Börsenalltags. Ein Anleger hat eine zündende Idee, investiert und verbucht schließlich enorme Gewinne. Wenn er in einer derartigen Situation nicht aufpasst, kann seine Selbstsicherheit zu inflationieren beginnen. In einem solchen Prozess gewinnt der betroffene Anleger binnen kürzester Zeit den Eindruck, die Börse im Griff zu haben. Die Spekulation erscheint ihm wie ein Kinderspiel. Die Mühen der Erarbeitung ausgefeilter Strategien sind in solchen Momenten vergessen. Man spekuliert, gewinnt, kassiert. Ein „*Superman-Feeling*" steigt einem zu Kopf, man hält sich für einen besonders gerissenen Spekulanten und geht mit dieser Einstellung an seinen nächsten Handel heran. Wie allerdings die Praxis zeigt, lässt dann die Ernüchterung meist nicht lange auf sich warten. In der Regel verhält es sich so, dass der „*Superman*" auf dem Höhepunkt seines rauschartigen Zustandes bereits voll im Verlust ist. Da die Position leichtfertig und in einer völlig emotionalisierten Verfassung aufgebaut wurde, benötigt er in dieser Situation einige Zeit, bevor er die negative Entwicklung überhaupt begreift. Stemmt er sich ihr entgegen, was wiederum einem gefühlslastigen Handel entsprechen würde, dann stehen weitere Verluste vor der Tür. Auf diese Weise wurden schon die atemberaubendsten Gewinne binnen kürzester Zeit wieder verspielt. Am Ende dieses Prozesses steht der Akteur nicht nur irritiert da, sondern wird auch mit den entsprechenden negativen Verlustfolgen konfrontiert.

Sollten Sie ansehnliche Gewinne erzielen, freuen Sie sich über dieses positive Ergebnis. Belohnen Sie sich für diesen Erfolg oder bereiten Sie einem Ihnen nahe stehenden Menschen eine Freude. Genießen Sie die Gefühle, die damit in Verbindung stehen. Sollten Sie eine rauschartige Freude oder Überlegenheitsgefühle verspüren, werden Sie kaum etwas dagegen unternehmen können, denn schließlich sind Sie keine emotionslose Maschine. Nur sollten Sie in dieser Verfassung auf keinen Fall neue Handelspositionen aufbauen. Bilden Sie sich erst gar nicht ein, die „Börse im Griff zu haben". Ansonsten wird Ihnen sehr schnell das Gegenteil bewiesen, denn in solchen Phasen hat die Börse eher Sie im Griff. Genießen Sie Ihre Freude und warten Sie ab. Erfahrungsgemäß hält der euphorische Zustand maximal ein paar Tage an und löst sich dann zwar von selbst wieder auf, hinterlässt aber in Ihrem Selbstvertrauen eine positive Spur, nämlich die Bestätigung der eigenen Fähigkeiten und die Ermutigung, auf dieser Basis den Börsenhandel fortzusetzen.

Beharrlichkeit

Ein ausdauernder Mensch kann sich mehr auf sein Glück verlassen als jemand, der durch Zufall zu großem finanziellen Reichtum gelangt. Seine Geschicke beruhen eben nicht auf einem rein zufälligen Ereignis, sondern gründen sich stets auf ein tragfähiges, robustes Fundament. Ein Mensch, der stets zu Ende führt, was er in Angriff nimmt, handelt erfolgsorientiert. Er verfügt über die erforderliche Beharrlichkeit, die er sich auch durch unvermeidbare Rückschläge nicht nehmen lässt. Tagtäglich lässt sich beobachten, dass Menschen neue Projekte beginnen, sie aber nicht konsequent zu Ende führen. Das liegt daran, dass sie sich zu voreilig auf eine Sache einlassen, ohne sie auf ihre möglichen Aus- und Nebenwirkungen und Chancen hin überprüft zu haben. Wie lässt sich das Projekt mit der bestehenden Lebenssituation vereinbaren? Welche Kompromisse sind möglicherweise erforderlich? Sind die möglichen Folgen und eventuelle Begleiterscheinungen des Projekts überhaupt erwünscht? Inwieweit können diese Faktoren die aktuelle Lebenssituation beeinflussen oder ändern?

Das sind Fragen, die sich viele Menschen vor Aufnahme eines Projektes erst gar nicht stellen. In den meisten Fällen erfolgt eine Konzentration auf das Endresultat. Der Weg dorthin, die gesamte Tragweite des Projektes, wird weitestgehend außer Acht gelassen. Daher überrascht es nicht, dass sie bereits bei den ersten Schwierigkeiten aufgeben bzw. ein Projekt teilnahmslos vor sich hintreiben lassen, bis es sich von selbst erledigt. Auf dieser Basis können sich einfach keine positiven Resultate einstellen. Diese Seifenblasen sind nicht nur auf privater, sondern durchaus auch auf unternehmerischer Ebene zu beobachten. Wer sich auf ein Vorhaben einlässt und die möglichen Konsequenzen berücksichtigt, der muss sich auch vollen Herzens darauf konzentrieren, darf sich durch nicht zu eskomptierende Randerscheinungen nicht entmutigen lassen und muss ebenso die Verantwortung für das Resultat übernehmen.

Viele Anleger starten ihre Börsenaktivitäten, ohne sich bewusst zu sein, worauf sie sich einlassen. Sie haben keine konkreten Vorstellungen und nur selten ein klares Ziel vor Augen. Sie können daher auch keinen Blick in ihre persönliche Zukunft im Sinne einer Lebensplanung werfen. Worin bestehen die Handelsmotive? Welche Faktoren begründen die beabsichtigte Investition? Was soll mit dem Börsenhandel genau erreicht werden? In Unkenntnis dieser Sachverhalte wird einfach herumspekuliert. Natürlich in der nebulosen Hoffnung auf Gewinne, auf Reichtum. Sobald die ersten (Buch-)Verluste auftreten, sind die Probleme da. Sie sind meist der Anfang einer schmerzlichen Odyssee. Mangelnde Planung und fehlende Vorstellungen können auf Dauer nur zu Verlusten führen. *Planung* steht in diesem Zusammenhang für Money Management und *Vorstellung* für Anlage- bzw. Handelsstrategien. Beide werden nur dann Früchte tragen, wenn sie sich mit der Komponente *Beharrlichkeit* verbinden. Sie führt zu einer zweckgerichteten mentalen Einstellung, die längerfristiges Planen und strategische Investitionen unterstützt. Schließlich führt sie zu den angestrebten Erfolgen, da die Gewohnheit, ein begonnenes Projekt auch bis zum Ende durchzuziehen, automatisch dafür sorgt, dass Anlagestrategien diszipliniert umgesetzt werden.

Ein Anleger in dieser Position lernt, sich auf das *Wesentliche* zu konzentrieren. Er filtert beispielsweise 100 verschiedene Markt- und Aktienanalysen binnen kürzester Zeit, weil er die wirklich interessanten Elemente sehr schnell erkennt. Übrig bleiben, falls überhaupt, nur wenige Recherchen, mit denen er sich umgehend auseinander setzt. Hält er sich beharrlich an seine Strategie, dann wird er im Laufe der Jahre immer weniger Zeit dafür benötigen. Dabei steht die Zeitverkürzung mit Ausnahme des taktischen Handelns nicht unbedingt im Vordergrund. Als strategisch orientierter Anleger lässt er wirklich gute Ideen erst einmal in sich „gären". Er hat es mit dem Positionsaufbau alles andere als eilig. Bewerkstelligen lässt sich dies nur durch die Tugend der Beharrlichkeit.

Der beharrliche Anleger ist sich stets darüber im Klaren, was er praktiziert, denn sein Handeln ist zielgerichtet. Von einem wahllosen Herumspekulieren kann bei ihm nicht die Rede sein. Er ist auch stets darum bemüht, seine Handelsmethoden zu verbessern. Er lernt aus Fehlern. Statt sich über Verluste zu beklagen, macht er sich umgehend daran, die Gründe für eine Schieflage zu erforschen. Aber er lernt ebenso aus Gewinnpositionen. Nur so wird ihm eine qualitative und quantitative Systematik seiner Börsentransaktionen ersichtlich.

Wie können Sie aber beharrlicher werden, wenn Sie über diese Eigenschaft noch nicht verfügen? Beantworten Sie sich zunächst die folgenden Fragen:

- Sind Sie sich über Ihre Motive, bestimmte Dinge zu tun, stets im Klaren oder lassen Sie sich lieber treiben?
- Haben Sie Lebensziele? Falls ja, konzentrieren Sie sich ausdauernd auf deren Realisierung oder wechseln Ihre Ziele ständig?
- Lassen Sie sich von auftretenden Hindernissen schnell entmutigen oder suchen Sie nach Alternativen, möglichen Komponenten, um ihr Ziel dennoch verwirklichen zu können?
- Betrachten Sie Ziele bzw. Projekte auch als Möglichkeit zu persönlichem Wachstum?

An Ihren Antworten können Sie erkennen, inwieweit Sie beharrlich sind bzw. wo sich Ihre diesbezüglichen Schwachstellen befinden. Zu den einzelnen Fragen folgende Anmerkungen:

Die Kenntnis der eigenen *Motive* gibt Ihnen Aufschluss darüber, was Sie tatsächlich anspornt. Sie erhalten einen Überblick über das, was Sie wirklich wollen bzw. welche persönlichen Bedürfnisse befriedigt werden sollen. Auf den Börsenhandel übertragen bedeutet dies, dass Sie Ihre Handelsmotive genau kennen sollten. Warum spekulieren Sie? Versuchen Sie, sich diesbezüglich eine möglichst vorurteilslose Transparenz zu schaffen. Wollen Sie Ihre materielle Lebensqualität verbessern? Mehr Geld? Sich auf einem neuen Aktionsfeld bewähren? *Die Kenntnis der eigenen Bedürfnisse motiviert Sie zum Erfolg.* Wenn Sie Ihre Motivationen kennen, können Sie daraus auch Ihre *Ziele* ableiten. Worin bestehen Ihre Handelsziele? Die Ziele selbst können vielfältig sein und sich in unterschiedlichen Zeiträumen festlegen lassen. Setzen Sie sich kleine und überschaubare Ziele, die Sie in relativ kurzer Zeit realisieren können. Diese kleinen Ziele werden Sie Schritt für Schritt zu den großen Lebenszielen hinfuhren. Alle Ihre Lebensziele sollten aber miteinander harmonieren, damit nicht ein Ziel ein anderes blockiert und daraus Konfusion und in der Folge ein nagendes Gefühl der Unzufriedenheit entsteht.

Auftretende Verluste können bei Ihnen Befürchtungen wecken, dass Ihr Handelsziel in weite Ferne rückt. Natürlich sollte ein Handelsziel grundsätzlich realistische Komponenten beinhalten. Sie sollten sich nicht mit übertriebenen Zielen selbst überfordern. Aber wie gehen Sie mit Verlusten um? Bemühen Sie sich um eine konstruktive Auseinandersetzung. Richten Sie Ihr Augenmerk auf den Lernprozess, indem Sie Ihre eigene Handelsstrategie verbessern wollen. Lassen Sie sich nicht sogleich entmutigen, wenn es an der Börse nicht so läuft, wie Sie es sich vorgestellt haben. Geben Sie sich einfach mehr Zeit für die Realisierung Ihrer Ziele und verfallen Sie nicht der Illusion, alles, was Ihnen so vorschwebt, sofort bekommen zu können. Wenn Sie offen genug sind, werden Sie aus dem aktiven Börsenhandel auch Nutzen für Ihre persönliche Entwicklung ziehen. Wenn Sie lernen, an der Börse zielgerichtet und eigenverantwortlich vorzugehen, wird dies nicht ohne positive Auswirkung auf Ihre anderen Lebensbereiche bleiben. Ihre Beharrlichkeit wird Sie auch auf börsenfremden Gebieten erfolgreicher machen.

Begeisterungsfähigkeit

Wer vom Börsenhandel nicht wirklich begeistert ist, ihn nur als Mittel zum Zweck sieht, der verfügt von vornherein nicht über eine wesentliche Basis, auf der große Erfolge erst möglich sind. Faszination darf nicht mit Interesse verwechselt werden. Ein bestimmtes Maß an Interesse wird jeder potenzielle Anleger mitbringen, denn sonst würde er sich andere Betätigungsfelder suchen. Gemeint ist vielmehr, dass Sie sich als Anleger dem Börsenhandel vollen Herzens widmen sollten. Es muss Ihnen einfach Spaß machen, strategische oder taktische Überlegungen anzustellen, zu analysieren, das Verhalten der Anlegermasse zu beobachten, eine Handelsmethode zu konzipieren und gegebenenfalls zu verfeinern. Ohne Begeisterung würden Sie all diese Tätigkeiten recht bald als mühselig und lästig empfinden. Es sind nicht nur Verlustentwicklungen, die Ihre Begeisterung unterlaufen können. Dies wäre nur dann der Fall, wenn Sie den Spaß an der Sache von Gewinnen und Verlusten abhängig machen und somit emotional handeln. Ersparen Sie sich diese Haltung, ansonsten wird Ihre Stimmungslage nicht nur bei jedem Gewinn oder Verlust wie ein kleines Boot bei hohem Seegang schwanken, sondern zudem künftige Verlustentwicklungen begünstigen.

Wenn Sie feststellen, dass Ihnen der mit den Börsenengagements verbundene Arbeitsaufwand strapaziös erscheint, dann fehlt Ihnen auf Dauer die Motivation zum Erfolg. Das ganze „Drumherum" ist in diesem Fall negativ besetzt. Dies wird sich auch in Ihren Handelsaktivitäten ausdrücken. Bemerken Sie beispielsweise eine gewisse innere Sperre gegenüber Analysetätigkeiten oder Informationsverarbeitung, sollten Sie eine Pause einlegen, um erst einmal Abstand zu gewinnen.

Begeisterung für den Börsenhandel lässt sich nicht erzwingen. Wer sich jedoch nicht auf Ergebnisse fixiert, kann die Begeisterungsfähigkeit fördern. Mit Begeisterung für die Sache wird Ihnen vieles leichter von der Hand gehen. Unumgängliche Arbeiten lassen sich so viel müheloser erledigen. In einem Zustand der Faszination müssen Sie sich zu nichts zwingen. Entsprechend werden Ihre Energien nicht ausgelaugt, sondern gestärkt. Begeisterung hat mit einem emotionalisierten Handel nichts zu tun, solange Sie sie nicht mit Handelsergebnissen verknüpfen. Sie kann eine unerschöpfliche *Impulsquelle* sein, da Sie in dieser positiven Verfassung den Marktbewegungen gegenüber offener sind. Die wirklich wichtigen Dinge dürften Ihnen dann nur selten entgehen, da Sie die für Ihre Dispositionen wesentlichen Informationen in einem größeren Umfang verarbeiten können, ohne sich überfordert zu fühlen.

Harmonische Einstellung

Wer sich selbst gegenüber positiv eingestellt ist, dem geht ebenfalls vieles leichter von der Hand. In Bezug auf den Börsenhandel muss das nicht unbedingt bedeuten, dass ein Anleger mit einer positiven Lebenshaltung automatisch ein Haussier sein muss. Er kann genauso gut Baisse-Engagements tätigen, also z. B. für die Börse negativ gestimmt sein. Es geht hier vielmehr um all das, was sich ein Anleger zutraut. Die meisten Menschen in den westlichen Ländern leben in einer einzigen Begrenzung. Sie trauen sich dieses oder jenes nicht zu oder setzen für sich falsche Prioritäten. Sie begeben sich freiwillig in eine Selbstbeschränkung, weil sie nicht wirklich an sich und ihre Möglichkeiten glauben. Stattdessen hegen sie Ressentiments und konzentrieren sich auf den Mangel, den sie erleben. Da alles, worauf wir uns fixieren, mit der Zeit immer größer wird, blähen sich die Mangelzustände zu lebensbestimmenden Faktoren auf. So können sie zusehends den Alltag dominieren und vernebeln damit auch noch die verbliebenen positiven Potenziale. Ein Mensch mit einer negativen Lebenseinstellung zieht unbewusst belastende Komponenten in sein Leben hinein. Dies beruht allein auf der Tatsache, dass der die Tendenz hat, bestimmte Sachverhalte negativ aufzubauschen oder überall gegen ihn gerichtete Konstellationen vermutet.

Auf den Börsenhandel bezogen bedeutet dies, dass ein entsprechend disponierter Anleger weit unter dem Rahmen seiner persönlichen Möglichkeiten spekuliert. Er befürchtet ständig einen Crash, hat Angst, mit diesem oder jenem Investment Geld zu verlieren, ist dadurch empfänglich für düstere Zukunftsprognosen, vornehmlich für jene, die den Untergang des Finanzsystems in den schwärzesten Farben ausmalen, und vermutet überall Manipulation. Er erfährt in diesen Dingen weitestgehend Bestätigung durch seine eigenen Handelsaktivitäten. Da jede Handelsaktivität auf einer Angstgrundlage gesetzt wird, werden Verlustsituationen begünstigt.

Aber es ist nicht einmal erforderlich, im Pessimismus zu baden, um das Fundament der Zufriedenheit und Fülle zum Bröckeln zu bringen. Schon wenige Beschränkungen reichen aus, um ein negatives Resultat herbeizuführen. Einstellungen, wie „Wahrscheinlich geht das auch wieder schief" haben die Wirkung einer suggestiven Formel. Wer befürchtet, dass ein Investment Verluste bringen wird, der darf sich nicht wundern, wenn sich tatsächlich ein schlechtes Ergebnis einstellt. Misserfolge werden in erster Linie nicht durch die Entwicklungen der Finanzmärkte herbeigeführt, sondern existieren bereits als ein gedankliches Produkt des Anlegers. Lebensverneinende und unzufriedene Anleger sind davon überzeugt, dass sie erst dann positiv leben können, wenn sie einen bestimmten materiellen Status erreicht haben – eine durch und durch materialisierte Vorstellung von Glück. Ein positiv denkender Anleger käme gar nicht auf die Idee, seine Zufriedenheit in die Zukunft zu vertagen. Da er sich mit dem, was er bereits hat, ein angenehmes Leben gestaltet, ist die Chance sehr groß, dass er noch mehr Positives anziehen wird.

Ist da jetzt Magie oder esoterischer Zauber im Spiel? Nein, denn diese inneren Abläufe sind relativ leicht zu verstehen. Ein Anleger, der sich vor Verlusten fürchtet, zieht diese nicht wie von Zauberhand an, sondern praktiziert Vermeidungs- und Absicherungsverhalten. Er investiert z. B. in eine Aktie, die bereits einen enormen Kursanstieg hinter sich hat, weil ihm dieser Anstieg Sicherheit und die Wahrscheinlichkeit suggeriert, dass keine Verluste entstehen werden. Oder er kauft eine stark im Kurs verfallene Aktie, weil er davon ausgeht, dass diese nicht weiter fallen wird. Eine Scheinsicherheit, die jeder realistischen Grundlage entbehrt. Durch Verlustängste bereitet man sich mit Scheinsicherheiten genau den Boden, auf dem Verluste wachsen können. Dadurch wird der Anschein erweckt, ein Anleger ziehe Verluste „magisch" an.

Beobachten Sie einmal Ihre gedanklichen Abläufe. Sind sie eher positiv oder negativ durchsetzt? Sind Sie überwiegend zufrieden, oder kreisen Ihre Gedanken ständig um Dinge, die Ihnen fehlen? Versuchen Sie auch hier, sich möglichst ehrliche Antworten zu geben. Sind Sie tendenziell negativ orientiert, so sollten Sie dies nicht einfach hinnehmen. Wenn Sie zu einem eher negativen Denken bzw. einer pessimistischen Lebenseinstellung gelangt sind, können Sie sich Schritt für Schritt wieder den positiven Seiten des Lebens zuwenden, um einen Ausgleich herbeizuführen.

Dynamik

Den Börsenerfolg müssen Sie wirklich *wollen.* In der Praxis ist immer wieder zu beobachten, dass die Akteure motivations- und ziellos herumspekulieren. Sie konzentrieren sich auf eine Anlage bzw. wenige Investments und verlieren das große Ziel aus den Augen. Oft werden einzelne Spekulationen isoliert, also ohne Berücksichtigung des Gesamtvermögens, durchgeführt. Es ist nicht nur entscheidend, inwiefern sich ein Investment auf den einzelnen Anlagebetrag auswirkt, sondern auch, wie es sich bei einer positiven oder negativen Entwicklung auf die gesamte Vermögenssituation des Anlegers niederschlagen könnte. Nicht die Einzelergebnisse sollten im Vordergrund stehen, sondern immer die mittelbis längerfristige Vermögensbilanz.

Darauf sollten Sie Ihre Ziele abstimmen und Ihre Willenskraft ausrichten. Die Willenskraft selbst wird erst durch die Kenntnis der eigenen Motivationen und Ziele aktiviert und geht mit der Beharrlichkeit bzw. Ausdauer einher. Betrachten Sie Ihren Willen als Motor, der Sie ständig antreibt, Ihre Ziele zu erreichen. Verwechseln Sie Ihre Dynamik jedoch nicht mit Aggression. An der Börse lässt sich nichts erzwingen. Es geht vielmehr um Ihre persönliche Einstellung zum Börsenerfolg. Machen Sie sich Ihre diesbezüglichen Wünsche bewusst und konzentrieren Sie sich auf sie. Vertrauen Sie nun darauf, dass sich der angestrebte Erfolg zum rechten Zeitpunkt einstellen wird. Wenn Sie den Börsenerfolg von ganzem Herzen wollen, werden sämtliche Kräfte in Ihnen aktiviert werden, die Sie zu diesem Ziel hinführen. Harmoniert Ihr Wille mit den anderen aufgezeigten Voraussetzungen, brauchen Sie nicht überrascht zu sein, wenn Sie eines Tages feststellen werden, dass Sie tatsächlich an den Börsenplätzen überdurchschnittlich erfolgreich sind.

Anlagepraxis und Motivation

Ist Ihnen überhaupt bewusst, warum Sie an den Finanzmärkten handeln bzw. dies beabsichtigen? In der Praxis fällt immer wieder auf, dass viele Anleger sich nicht darüber im Klaren sind, warum sie eigentlich Wertpapiere kaufen, die Kursschwankungen ausgesetzt sind. Meist lautet die oberflächliche Begründung, dass man schließlich Gewinne machen wolle. Aber wozu sollen diese Gewinne dienen? Um das eigene Vermögen zu vermehren? Um sich auf einem neuen Aktionsfeld zu beweisen? Oder um den Lebensstil in materieller Hinsicht zu verbessern?

Das alles können *Motive* für Investments an den Börsenplätzen darstellen. Häufig kennen Anleger jedoch ihre eigentlichen Motive nicht. Die Gewinnrealisierung allein ist ein zu oberflächliches Ziel, denn Wünsche in dieser Richtung sind immer mit Absichten verbunden. Mittels Definition der eigentlichen Antriebsfedern können letztlich auch die mit dem Börsenhandel verbundenen Ziele besser definiert werden. Dies wiederum ermöglicht eine *Kanalisierung* der Handelstätigkeiten. Wer beispielsweise bereit ist, hohe Verlustrisiken einzugehen, praktiziert dies nur selten wegen des damit programmierten Nervenkitzels. Oft steckt dahinter der Wunsch, den eigenen Lebensstandard erheblich und möglichst schnell zu erhöhen. Gesteht sich ein Anleger derartige Absichten ein, wird er sich somit über seine eigentlichen Handelsmotive klar, ermöglicht ihm dies eine bewusste Auseinandersetzung mit seinen Wünschen.

Mögliche Motivationen

Unterscheiden wir zunächst die wichtigsten *Motivationsmöglichkeiten* (vgl. Abb. 2, Seite 79):

- Die Hoffnung, durch viel Geld eine bessere soziale Stellung zu erreichen bzw. einen luxuriöseren Lebensstil führen zu können. In diesem Fall handelt es sich um eine *konsumorientierie Motivation,* die nicht nur private Anleger, sondern praktisch alle professionell tätigen Börsen-Youngsters betrifft. Wurde noch bis weit in die 80er-Jahre hinein eine Ärzteschwemme produziert, weil der Beruf des Arztes automatisch ein hohes Einkommen garantierte und allein dieser Aspekt ein bedeutendes Motiv für die Berufswahl darstellte, hat im Verlauf der 90er-Jahre eine Verlagerung auf Berufe in der Finanzwelt stattgefunden. Daran hat die Baisse von 2000 bis 2003 nur wenig geändert.
- Das Bedürfnis, einen Markt möglichst exakt zu analysieren, ihn besser einschätzen zu können als viele Experten. Dies stellt eine Herausforderung dar, die in erster Linie der *Förderung der Selbstbehauptung* dienen soll.
- Die Aussicht, dem Alltagstrott entfliehen zu können. Das gilt insbesondere für Anleger, die ein finanziell bzw. beruflich abgesichertes Leben führen und unter der täglichen Monotonie leiden. Der Börsenhandel soll dann *mehr Abwechslung* herbeiführen und den Überschuss an Langeweile auflösen.
- Die Absicht, auch auf einem anderen Gebiet erfolgreich zu sein. In beruflicher Hinsicht wurde praktisch alles erreicht, es fehlt der Ansporn zu neuen Höchstleistungen. An den Finanzmärkten erfolgt der entsprechende Impuls meist zufällig. Nach den ersten Handelsaktivitäten steigert sich die Faszination, bis sie (häufig unbewusst) als *Herausforderung* verstanden wird.
- Der Wunsch, freie Entscheidungen treffen zu können. Dies betrifft insbesondere die beruflich Nichtselbstständigen. Der Reiz liegt in der *eigenverantwortlichen Handelsaktivität.* Hier wird Selbstständigkeit nicht nur suggeriert, sie ist bei konsequenter Umsetzung mit diesem Status absolut vergleichbar und geht in Einzelfällen sogar darüber hinaus. Dieses Motiv hat aber auch für professionelle Marktteilnehmer Bedeutung, die als angestellte Vermögensverwalter bzw. Händler bei einem Geldinstitut oder als Fondsmanager in einem Markt erfolgreich operieren. Entweder wollen sie sich dem belastenden Erfolgsdruck entziehen oder generell von ihren Erfolgen nur noch auf eigene Rechnung profitieren.

Relevanz persönlicher Bedürfnisse

Welche Relevanz besitzt aber die Kenntnis der eigenen Motive für den Börsenhandel? *Jedes der genannten Bedürfnisse motiviert zum Erfolg.* Wenn Sie diese Motive klar vor Augen haben, sind Sie sich auch Ihrer persönlichen Ziele bewusst. Sie können sich sogar selbst paralysieren, wenn Sie befürchten, dass Ihre Bedürfnisse nicht erfüllt werden. Deshalb sollten Sie sich Ihr Handelsmotiv eingestehen und dazu auch ohne Einschränkung stehen. Bedenken Sie, dass Angst vor dem Misserfolg nicht nur Ihre *Selbstkontrol-*

Abbildung 2

le und *Disziplin,* sondern auch Ihre Markt- und Unternehmensanalysen unterlaufen und so regelrecht außer Kraft setzen kann.

Viele Anleger gelangen mehr durch Zufall an die Aktienmärkte. Gerade in Phasen außerordentlicher Kursaufschwünge werden viele neue Anleger in einen Aktienmarkt gezogen. Man kauft, um dabei zu sein. Meistens zu spät, weil der Großteil der Aufwärtsbewegung bereits gelaufen ist. Stellen sich dann einige Zeit später die ersten Verluste ein, wendet sich die Mehrheit dieser Akteure von den Märkten ab. Das ursprüngliche Ziel, mal eben auf die Schnelle ein paar größere Gewinne einzustreichen, wurde verfehlt, das Interesse verblasst wieder schlagartig.

Ein geringer Prozentsatz der neuen Anleger lässt sich aber trotz dieser negativen Erfahrungen vom Aktienhandel nicht abschrecken. Diese Anleger wollen es trotz anfänglicher Verluste künftig besser machen. Dies kann bereits eine sehr große Motivation darstellen, selbst wenn es zunächst nur unterschwellig um die Aufarbeitung der erfahrenen Verluste geht.

Motivänderung

Unsicherheiten können ebenso in den Vordergrund treten, wenn Ihre Bedürfnisse wechseln. Tritt dieser Fall ein, so rekonstruieren Sie, welche Motive Sie zu einem früheren Zeitpunkt einmal hatten und wie Sie damals an den Finanzmärkten gehandelt haben. Stellen Sie Ihre damalige Situation gedanklich der aktuellen gegenüber.

Mit einem unbewussten Motivwechsel machte Thomas W. (45) folgende Erfahrung: „Ich wünschte, ich könnte an den Aktienmärkten wieder so investieren wie früher. Jahrelang hat mir der Handel mit Aktien Spaß gemacht, auch alle damit verbundenen Arbeiten. Ich war ziemlich gelassen bei der Sache und konnte die Nervosität anderer Anleger nicht nachvollziehen. Ein überstürztes Handeln kannte ich nicht. Im Verlauf der letzten Jahre hat sich dies geändert. Die Börse hat in meiner Freizeit einen immer größeren Raum eingenommen, aber das wollte ich auch so. Allerdings habe ich mich zu einem regelrechten Nervenbündel entwickelt. Zunächst habe ich die börsenbezogenen Aktivitäten zurückgeschraubt und versucht, mich mit anderen Beschäftigungen abzulenken. Aber das funktioniert alles nicht, weil sich an meiner Nervosität nichts geändert hat. Jetzt weiß ich nicht mehr weiter."

Rückfragen bezüglich der Entwicklung der Handelsaktivitäten ergaben Folgendes: W. hatte jahrelang nicht in Aktien, sondern ausschließlich in Anleihen investiert. Im Zuge eines kontinuierlichen Vermögensaufbaues setzte er sich dann mit dieser Möglichkeit auseinander und startete sehr vorsichtig seinen Aktienhandel. Das Handelsmotiv (Dynamisierung des Vermögens) stand dabei an erster Stelle. Persönliche Motive spielten bei der Entscheidung für Aktien so gut wie keine Rolle. Da sich die Aktienengagements hervorragend entwickelten, stieg parallel dazu auch W.s Interesse. Bis zu diesem Zeitpunkt handelte er aufgrund der Empfehlungen seines Bankberaters. Nun wollte er es aber selbst wissen und sich in seinen Handelsentscheidungen von seinem Berater unabhängig machen.

Damit nahm die persönliche Motivation einen bedeutenden Raum ein. Und das Experiment gelang. Auch auf Basis eigener Analysen und Entscheidungen verzeichnete W. per saldo ansehnliche Gewinne. Diese Gewinne stellten die Erträge aus seinem umfangreichen Anleihenbestand weit in den Schatten. Schrittweise dezimierte er seinen Anleihenbestand und baute parallel dazu die Aktienengagements entsprechend aus. Auch damit hatte er zunächst keine Probleme, da die Gewinne überwogen und ihm nicht nur den dynamischen Vermögensaufbau ermöglichten, sondern auch Extras in materieller Hinsicht. Diesbezüglich trat ein Gewöhnungseffekt ein, und damit hatte auch seine Motivation vollständig gewechselt. Nicht mehr die Fähigkeit, eigene Analysen zu erstellen, stand im Vordergrund, sondern der inzwischen gestiegene Lebensstandard.

Diese Verbesserung wollte W. unbewusst noch weiter ausbauen, indem er schließlich sein gesamtes Vermögen in Aktien investierte. Buchverluste oder realisierte Minuspositionen bei seinen Aktieninvestments wirkten sich nunmehr umso spürbarer auf seine finanzielle Struktur aus. Da er seinen gestiegenen Lebensstandard von der Entwicklung am Aktienmarkt abhängig machte, nahmen die Emotionen überhand. Er hatte Angst, Geld zu verlieren, weil er unbewusst einen Rückschritt hinsichtlich seines Lebensstandards befürchtete. Der gesamte Motivwechsel war W. nicht bewusst gewesen.

Er war erfolgsverwöhnt und ging davon aus, dass sich diese Entwicklung in der Zukunft und auch vor dem Hintergrund eines größeren Kapitaleinsatzes fortsetzen würde.

Da sich die Entwicklung im Falle W. über Jahre erstreckte, war eine Auflösung der ihn belastenden Blockade nur schrittweise möglich. In der ersten Zeit stellte W. seine Handelsaktivitäten zunächst vollständig ein. Er akzeptierte schließlich seine geänderte Motivation und konnte sich demzufolge mit seinen gesteigerten Ansprüchen (sowohl hinsichtlich seiner Handelsergebnisse als auch in materieller Hinsicht) auseinander setzen. Nach einer diesbezüglichen Klärung konnte er seine Anforderungen hinsichtlich seines Lebensstandards neu definieren („Was ist mir wirklich wichtig?"). Vor diesem Hintergrund war er nun auch nicht mehr bereit, sein Vermögen so hohen Verlustrisiken auszusetzen, indem er alles in Aktien investierte. Diese Situation bekam W. sukzessive mit Money Management-Techniken in den Griff. Seine Emotionen dominierten seine Handelsaktivitäten nicht mehr, sondern reduzierten sich auf ein akzeptables Normalmaß.

Spurwechsel

Um mögliche Motive zu erkennen, blicken Sie doch einmal auf die vergangenen Jahre zurück, um festzustellen was Sie überhaupt zum Handel mit börsennotierten Wertpapieren bewogen hat und welche persönlichen Motive dabei im Spiel waren. Hat sich diesbezüglich in der Vergangenheit irgend etwas geändert? Versuchen Sie, Ihre ursprünglichen Ansprüche, die Sie mit börsenbezogenen Aktivitäten verbunden haben, möglichst klar darzulegen. Finden Sie heraus, ob zwischen Ihren Bedürfnissen von vor zwei, fünf oder zehn Jahren ein wesentlicher Unterschied zur aktuellen Situation besteht. Falls ja, versuchen Sie, diese Punkte zu definieren.

Wichtig ist, dass sie einen möglichen „Spurwechsel" rechtzeitig bemerken und sich diesbezüglich auch nichts vormachen, da nur so die Balance zwischen Bedürfnissen und aktivem Anlageverhalten wiederhergestellt werden kann. Welche persönlichen Wünsche sind mit ihren Handelsaktivitäten tatsächlich gekoppelt? Wollen Sie Reichtum? Dann gestehen Sie sich dies bitte ein und relativieren Sie nichts. Sie wollen beispielsweise über den Handel mit Aktien zu finanzieller Unabhängigkeit gelangen. Erst in dem Moment, in dem Sie sich dieses Bedürfnis eingestehen, wird die nötige Energie in Ihnen freigesetzt, die Sie zur Erfüllung Ihres Wunsches benötigen. Das persönliche Motiv verschafft Ihnen die Möglichkeit einer klaren Zielsetzung.

Es kann selbstverständlich auch der Fall eintreten, dass sich jahrelang in Ihrem Alltag alles um den Börsenhandel gedreht hat und im Laufe der Zeit die Lust am Handel nachlässt, da sich Ihre Interessen in andere Richtungen entwickeln. In den meisten Fällen handelt es sich dabei nur um eine vorübergehende Erscheinung, die man auch als „Handelsmüdigkeit" bezeichnen kann. Die betroffenen Anleger haben sich jahrelang an den Finanzmärkten überengagiert, fühlen sich ausgebrannt und kommen meistens im Rahmen einer persönlichen Zwischenbilanz zu der Erkenntnis, dass sie frühere Interessengebiete stark vernachlässigt haben. Mit der Reaktivierung alter Hobbys baut sich dann zwangsläufig wieder eine Distanz zu den Ereignissen an den

Finanzmärkten auf, die positiv zu werten ist. Aus der Distanz heraus beginnen die Betroffenen meist wieder sporadisch mit Markteinschätzungen. Der Schritt zum wieder aktiveren Engagement ist dann nur noch ein kleiner.

Egal ob Sie nun endgültig das Interesse verloren haben oder Ihr Interesse nur über einen bestimmten Zeitraum nachlässt, in jedem Fall würde Ihnen zur Erzielung von Börsengewinnen die Motivation fehlen. Die Börsenaktivitäten würden nur noch den Stellenwert einer alltäglichen Gewohnheit einnehmen. Um Ihr Interesse wiederzubeleben, könnten Sie sich in einer solchen Phase auch auf höhere Verlustrisiken einlassen. Stattdessen wäre es allerdings besser, sich bis auf weiteres vom Handel zurückziehen. Würden Sie Ihre Handelsaktivitäten einfach nebenher laufen lassen, dann würde Ihnen bei Ihren Strategien automatisch der Feinschliff fehlen. Vielleicht ginge dies eine Zeitlang gut, aber die Wahrscheinlichkeit von Verlusten wäre größer.

Motiv und Autonomie

Beruht Ihre Handelsaktivität grundsätzlich auf eigenverantwortlichen Entscheidungen, ist es ebenso möglich, dass es Ihnen im Laufe der Zeit gleichgültig wird, was andere Personen (Kundenberater, Bekannte) über Ihre Börsenaktivitäten denken. Sie gelangen zu der Einstellung, nur sich selbst Rechenschaft schuldig zu sein. Sie ärgern sich möglicherweise immer wieder über Kommentare zu Ihren Dispositionen, weil Sie sich dadurch unter Erfolgsdruck gesetzt fühlen. Dies tritt immer dann ein, wenn der Berater eine konträre Meinung zu Ihren Dispositionen einnimmt. Sie sollen dann beweisen, dass Sie richtig liegen und der Berater die Lage falsch eingeschätzt hat.

Dazu ein Anleger: „Jahrelang haben mich die Bemerkungen meiner diversen Berater zu meinen Anlageentscheidungen negativ beeinflusst. Im Grunde genommen wollte ich keine Kommentare, aber die waren ja unvermeidlich. Wurde dann mal nichts gesagt, hat mich das auch verunsichert. Ich hatte immer das Gefühl, dass meine Entscheidungen abgesegnet werden mussten. Irgendwann hab ich mich darüber hinweggesetzt, wenngleich der negative Beigeschmack blieb. Es mag ja sein, dass viele Anleger auf Beratung angewiesen sind, mir war das aber lästig. Inzwischen bin ich bei einer Direktbank. Da redet mir niemand in meine Vorhaben rein, weil genau dieser Punkt bei den meisten Direktbanken ausgeschlossen ist. Da nervt auch keiner mit Überraschungsanrufen, weil jemand gerade eine tolle Idee oder einen heißen Tipp hat. Ich gebe meine Aufträge durch, und fertig. Seitdem kann ich meine Aufträge wesentlich unbefangener und entspannter durchführen."

Wenn Sie Ihre Handelsaktivitäten autonom durchziehen wollen, müssen Sie sich nicht auf unergiebige Diskussionen mit Beratern einlassen. Hüten Sie sich vor allem davor zu meinen, irgendwelchen Profis etwas beweisen zu müssen. Der Erfolgsdruck würde Ihre gesamte Anlagestrategie nicht nur unterlaufen, sondern letztlich auch bestimmen. Verluste wären keine Ergebnisse mehr, sie würden von Ihnen vielmehr als Niederlagen empfunden – eine sehr energieraubende Angelegenheit. Sollten Sie sich bisher auf solche überflüssigen Spielereien eingelassen haben, dann fragen Sie sich einmal, wem Sie eigentlich etwas beweisen müssen. Es genügt völlig, wenn Sie kompe-

Wichtige Nachricht:

**Wenn Sie beunruhigt sind über
das ständige Auf und Ab
an der Börse und wie es Ihre
Investment-Anlagen beeinflusst,
lesen Sie jetzt unbedingt die
Rückseite dieser Postkarte ...**

tent auftreten und den Berater respektieren. Machen Sie deutlich, was Sie erwarten und was Sie nicht wünschen. Unter dieser Voraussetzung kann ein Kundenberater Sie zusätzlich unterstützen, indem er Ihnen Informationen verschafft, an die Sie sonst nicht herankommen. Wenn ein Kundenberater Ihre Absichten kennt, kann er Sie zielgerichtet unterstützen. Haben Sie das Gefühl, dass diese Unterstützung nicht gegeben wird, dann suchen Sie sich einen Kundenberater, der Ihre Vorstellungen erfüllt. Eine Geschäftsbeziehung soll positiv orientiert sein. Dabei darf es sich nicht um ein Zufallsprodukt, also eine Glückssache handeln. Seien Sie fachkundig, aber stellen Sie Ihre Kompetenz nicht zur Schau. Dies würde zu Entwicklungen führen, die letztlich immer gegen Ihre Ambitionen gerichtet sind. Wenn Sie sich aus der Rechtfertigungshaltung herauslösen, kann das wie ein Befreiungsschlag wirken,

Ein weiterer Schritt zum Börsenerfolg besteht also darin, dass Sie ehrlich zu sich selbst sind und sich Ihre Bedürfnisse eingestehen. Nur dadurch werden die erforderlichen Kräfte freigesetzt, die Ihren Erfolgswillen beflügeln und Sie konzentriert zu Ihren Zielen hinführen werden.

Finanzielle Energie

Für den einzelnen Anleger bildet das vorhandene, ungebundene Vermögen eine Energiequelle, deren Kraft von Zu- und Abflüssen bestimmt wird, wobei diese wiederum maßgeblich von der Gewinn- und Verlustbilanz beeinflusst werden. So wird beispielsweise mit einem Wertpapierkauf Energie gebunden. Das Geld steht nicht mehr zur freien Verfügung. Gelangt die entsprechende Wertpapierposition in den Gewinn, wird die Energiequelle indirekt gestärkt, denn ein Verkauf würde zusätzliche Energie freisetzen. Bei einer Verlustentwicklung hingegen würde die Energiequelle indirekt belastet. Eine Realisierung der Verluste würde den Energiemangel dokumentieren, aber die Restliquidität zur Energiegewinnung freisetzen.

Hinsichtlich der Definition der finanziellen Energie stellt sich zwangsläufig die Frage, über wie viel Liquidität ein Anleger an den Finanzmärkten verfügen sollte. Diese Frage wird insbesondere von potenziellen Marktteilnehmern immer wieder gestellt. Sie lässt sich aber nicht pauschal beantworten, da jeder individuell über unterschiedliche persönliche Voraussetzungen verfügt. In diesem Bereich existiert auch keine Faustregel, die ein bestimmtes Kapital definiert. Im Allgemeinen wird dieses Kapital viel zu hoch angesetzt und stellt daher für potenzielle Marktteilnehmer eine zu große Hürde dar. Hier hat insbesondere in Deutschland, wo die Aktienanlage im internationalen Vergleich immer noch einen geringen Stellenwert hat, allmählich ein Umdenken eingesetzt.

Die Aktie wird zunehmend als Instrument zum Vermögensaufbau auch mit Blick auf die Altersvorsorge entdeckt. Selbstverständlich hat die Baisse von 2000 bis 2003 eine Reihe von Anlegern wieder verschreckt. Hinsichtlich der Vermögensbildung kommen die Anleger angesichts der immer niedrigeren sozialen Altersabsicherung um die Aktienanlage auf Dauer nicht herum. Die auf internationaler Basis aber vergleichsweise geringe Beteiligung der privaten Anleger am Aktienmarkt ist nicht zuletzt auf ein jahrzehntelanges, übertriebenes Sicherheitsdenken zurückzuführen. Zudem wurde der Börsenhandel viel zu lange als Alternative für eine Finanzelite propagiert. Die Aktienanlage wurde einseitig als zu riskant dargestellt. Dementsprechend wundert es nicht, dass das Festgeld nach wie vor zu den beliebtesten Anlageinstrumenten deutscher Investoren gehört. Nicht umsonst ist die deutsche Börse so auslandsabhängig und daher auch entsprechenden Einflüssen der internationalen Finanzmärkte ausgesetzt. Die Zeichen der Zeit deuten aber darauf hin, dass die künftigen Generationen die sicherheitsbezogenen Aspekte relativieren und sich selbst von größeren Aktienengagements nicht abschrecken lassen werden.

Startkapital

Ein potenzieller Marktteilnehmer kann seine ersten Börsenerfahrungen mit vierstelligen Beträgen sammeln und muss nicht unbedingt über ein großes Vermögen verfügen. Es gibt in der Praxis viele Beispiele, wo aus kleinen Anlagesummen große Vermögen erwirtschaftet wurden. Ein geringes Startkapital ist durchaus positiv zu werten, da einem Anfänger so die Möglichkeit genommen wird, unmittelbar das „große Rad" drehen zu wollen. Selbst wenn er im großen Stil investieren möchte, weil er eine Vielzahl an Chancen sieht, kann er dies aufgrund seiner begrenzten Barmittel nicht realisieren. Deshalb muss er besonders abwägen, in welche Aktien er seinen minimalen Anlagebetrag investieren soll. Die geringen Anlagemittel wirken so als qualitativer Auswahlfilter. Aggressive Strategien scheiden von vornherein aus; dem Anleger wird also eine längerfristige Strategie aufgezwungen. Oft geschieht dies zu seinem Vorteil, wie das nachstehende Beispiel zeigt.

Herbert F. (35) interessierte sich im Alter von 25 Jahren erstmals für den Aktienhandel. Nach eingehender Information und dem Studium diverser Fachbücher wollte er seine Erkenntnisse in der Praxis erproben und Aktien kaufen. Der Kundenberater einer Bank riet ihm jedoch von einem Aktienkauf ab. F. verfügte lediglich über freie Mittel in mittlerer vierstelliger Höhe. Diese Gelder, so der Bankberater milde lächelnd, solle er lieber in einen Aktienfonds investieren. F. bestand jedoch auf der Investition in zwei verschiedenen Aktien. Der Bankberater wies unter anderem auch auf die unvertretbar hohen Gebühren hin, die F. jedoch alles andere als dramatisch empfand. Da es sich um ausländische Freiverkehrswerte handelte, konnte der Bankberater die entsprechenden Kaufaufträge mit einer Mindestinvestitionssumme nicht ablehnen. Wäre F. unsicher gewesen, hätte er sich sicherlich abschrecken lassen. Er setzte sich aber durch und ist über diese Entscheidung zehn Jahre später noch froh: „Mein ursprüngliches Startkapital hat sich inzwischen vervielfacht, wobei ich nicht nur positive Erfahrungen gesammelt habe. Da ich in den ersten drei Anlagejahren zu keinem Zeitpunkt über sehr viel Geld verfügte, musste ich die einzelnen Investments schon genauestens abwägen. Ich bin mir sicher, dass ich mehrere und auch kostspieligere Fehler produziert hätte, wenn mein Startkapital wesentlich größer gewesen wäre."

Bagatellisierung von Verlustrisiken

F.s Handelsaktivitäten gelangten also gleich von vornherein auf die strategische Schiene, wobei die Höhe des vorhandenen Kapitals auf diese Entscheidung einen erheblichen Einfluss ausübte. Über wenig Geld zu verfügen bedeutet aber nicht automatisch, dass man zwingend strategisch handeln muss. In der Praxis ist vielmehr zu beobachten, dass die Mehrheit der Anleger mit einem kleineren Startkapital darauf ausgerichtet ist, den geringen Anlagebetrag so schnell wie möglich zu multiplizieren. Entsprechend groß ist die Risikobereitschaft, wobei die eigentlichen Verlustrisiken völlig unterschätzt oder einseitig relativiert werden. Entweder werden Aktien gekauft, die auf Cent-Basis gehandelt werden und optisch preiswert wirken. Eine Aktie mit einem Kurs von mehreren tausend Euro kann unter fundamentaler Betrachtung billiger sein als eine solche für fünf Cent. Oder das Geld wandert gleich in Optionen bzw. Optionsscheine. Die Terminmärkte locken mit hohen Hebelwirkungen und demzufolge atemberaubenden Gewinnmöglichkeiten.

Nur hat jedes Ding zwei Seiten. Extremen Gewinnchancen stehen überdurchschnittlich oft ebenso außergewöhnliche Verlustrisiken gegenüber. Gerade einem Anfänger werden die Usancen eines Optionsmarktes zum Fallstrick. Nur sehr wenige Marktteilnehmer haben über den Einstieg in den Optionsmarkt ein großes Vermögen aufbauen und den rechtzeitigen Schwenk in die Aktien- und Anleihemärkte vollziehen können. Folgt man statistischen Untersuchungen, so verliert die Mehrheit der Anleger in diesen Märkten in großem Umfang. Die Chancen sind verschwindend gering. Häufig scheitern die Spekulationen nicht aufgrund falscher Überlegungen, sondern weil die Optionen oder Optionsscheine viel zu lange gehalten werden. Dies geschieht durchweg in der Hoffnung auf große Gewinne.

Und was bedeutet „zu lange halten"? Fast jeder Akteur spekuliert in den Optionsmärkten auf einen dreistelligen Prozentgewinn. Umfragen haben ergeben, dass neun von zehn Optionsspekulanten, die aggressiv einseitige Kaufe tätigen, also den Kauf von Calls oder Puts, mindestens 100% Gewinn sehen wollen und vor Erreichung eines entsprechenden Buchgewinns nicht über eine Realisierung nachdenken. Folgt man den Untersuchungen in den USA, so hätte ein Ausstieg unterhalb der 100%-Quote die Chancen der Optionskäufer wesentlich erhöht. Nur was heißt unter 100%? Wo befindet sich während der Restlaufzeit der Option oder des Optionsscheines der ideale Ausstiegspunkt? Der ideale Ausstiegspunkt bezieht sich nicht nur auf einen Buchgewinn. Eine Option kann unmittelbar nach dem Kauf in die Verlustzone geraten und während der restlichen Laufzeit darin verbleiben. Der ideale Ausstiegspunkt bezieht sich in diesem Fall auf die Verlustbegrenzung.

Reiz des schnellen Geldes

Oft ist der Anleger allein durch die Volatilität von Optionen völlig überfordert. Wenn man nun einbezieht, dass Anfänger ihr vorhandenes Kapital möglichst schnell erhöhen wollen und ohne große Kenntnis der Materie Optionen oder Optionsscheine erwerben, muss man sich deren Chance-Risiko-Relation nicht weiter ausmalen. Der kurz gemeinte Weg zum schnellen Geld entpuppt sich dann oftmals als Streckbank, wie das folgende Beispiel zeigt.

Georg A. (47) kaufte erstmals im Alter von 28 Jahren Aktien. Trotz erster Anfangserfolge liefen ihm Aktien viel zu langsam. „Ich hatte damals schlicht und einfach keine Geduld. Obwohl ich mit den Aktien Gewinne verzeichnete, war ich unzufrieden. Da ich über kein sonderlich großes Vermögen verfugte, hätte ich am Aktienmarkt noch sehr häufig richtig liegen müssen, um irgendwann mal über so etwas wie ein respektables Vermögen verfügen zu können. Damals schwebte mir eine Gewinnsumme von einer halben Million US-Dollar vor. Da musste es einen anderen Weg geben, um zu diesem Vermögen zu gelangen. Ich wollte zunächst ein Terminkonto (Anmerkung: für den Handel mit Terminkontrakten) eröffnen, fand dafür aber keinen Broker. Die reagierten fast schon ärgerlich auf meine Anrufe, wenn ich ihnen sagte, wie viel Geld ich einzahlen wollte. Also blieben als Alternative nur Optionen übrig. Und ich hatte gleich zu Beginn großes Glück. Mit einem kleinen Einsatz erzielte ich 500% Gewinn. Geht das in diesem Tempo weiter, so dachte ich damals, bin ich ja schnell am Ziel meiner Träume.

Heute bin ich mir darüber im Klaren, dass dieser Gewinn im Grunde genommen eine Katastrophe war. Ich wollte weitere Ergebnisse in ähnlicher Größenordnung erzielen und hab mich dann mit Optionen restlos übernommen, sie teilweise sogar auf Kredit finanziert. Statt Gewinnen trat ein Totalverlust nach dem anderen ein. Kleinere Zwischengewinne schürten nur meine Hoffnung, nochmals einen Volltreffer zu landen. Schließlich ging es nur noch darum, die Verluste wieder reinzuholen, was mir aber auch nicht gelang. Ich weiß bis heute nicht, auf welchen Betrag sich meine Verluste im Laufe von zwölf Jahren summiert haben.

Die Bankabrechnungen habe ich alle noch, aber ich traue mich nicht, die Verlustsumme genau zu ermitteln, um meinen Frust nicht noch zu verstärken. Ich handle heute zwar nicht mehr mit Optionen, aber die Verluste belasten mich auch jetzt noch. Zum Stichwort „Energiequelle" fällt mir eigentlich nur ein, dass ich keine finanzielle Energie hatte, und zwar ab dem Zeitpunkt des 500%-Gewinns, da sich danach alles rückläufig entwickelte. Im Grunde genommen hatte ich überhaupt keine Energie. Die Verluste zogen mir nicht nur Energie vom Konto, sondern auch aus meinem Körper. Diesen Preis habe ich zusätzlich gezahlt. Nur mühsam konnte ich mir in den letzten Jahren eine Perspektive basteln, um meine Erfahrungen im Handel mit Aktien nutzen zu können."

Umsichtigkeit

Es bedarf aber nicht unbedingt nur eines optisch kleinen Vermögens, um an den Finanzmärkten ein zu großes Rad zu drehen. Wer 10 000 US$ an freien Mitteln besitzt und diese Summe in Wertpapiere mit einem hohen Verlustrisiko investiert, hat sich bereits restlos übernommen. Ein optisch großes Vermögen provoziert hingegen nicht gleichzeitig eine Vernunftreaktion.

Es handelt sich nicht einmal um Einzelfälle, wenn Anleger sechsstellige Summen in Optionen oder Optionsscheine stecken, weil sie auf die Schnelle Riesengewinne erzielen wollen. Dazu ein Broker: „Ich hatte kürzlich einen Kunden, der ein Optionskonto eröffnete und darauf 100 000 US$ einzahlte. Für das Geld kaufte er Währungsoptionen mit einer Restlaufzeit von drei Monaten. Bereits nach 14 Tagen hätte er einen Gewinn von 50 000 US$ realisieren können. Ich habe ihn am Telefon förmlich bearbeitet, den Gewinn mitzunehmen bzw. einen Teilgewinn zu realisieren, aber nein, er wollte die Position halten. Vier Wochen später stand die Position mit 50% in den Miesen. Daraufhin schoss der Kunde nochmals 60 000 US$ auf das Konto nach und verbilligte seinen Optionsbestand mit weiteren Zukäufen. Auch da half alles Reden nichts, er ließ sich einfach nicht von seinem Vorhaben abbringen. Das Ende vom Lied: Nach drei Monaten verfielen die Optionen wertlos, die 160 000 US$ waren futsch, das Konto konnte geschlossen werden."

Über die Vermögensverhältnisse des Kunden ist nichts weiter bekannt. Die Story lässt aber den Rückschluss zu, dass er jenseits aller Money Management-Regeln schnell ein paar hunderttausend Dollar Gewinn machen wollte. Die Missachtung von Money Management-Regeln mussten viele Akteure im Zuge der Baisse von 2000 bis 2003 teuer bezahlen. Die Mehrheit der Akteure war nur einseitig auf Gewinnerzielung fixiert und in der allgemeinen Euphorie nicht auf Verluste vorbereitet.

Wie verhält es sich, wenn ein Anfänger über ein großes Startkapital verfügt? Hat er dieses Geld durch eine berufliche Tätigkeit verdient, so *kann* seine Bereitschaft, damit umsichtig umzugehen, entsprechend hoch sein. Es ist Geld, für das er mitunter viele Jahre hart arbeiten musste. Nur in Ausnahmefällen wird mit diesen Geldern spielerisch umgegangen. Der harte tägliche Einsatz für das Anlagevermögen kann die Handelsaktivitäten eines Anlegers aber auch regelrecht blockieren, da die Angst, das Geld zu verlieren, eine gewichtige Rolle spielt. Häufig sind die ängstlichen und unsicheren Anleger nur vorübergehende Akteure an den Finanzmärkten. Sie kaufen in der Spätphase einer Hausse, weil sie sich durch die dann herrschende allgemeine Bestätigung besonders sicher fühlen. Diese Anleger sind im großen Heer der unfreiwillig langfristigen Investoren zu finden. Ihre Beweglichkeit im Sinne eines Money Managements ist entweder deutlich reduziert oder gar nicht vorhanden. Das vorhandene Geld nimmt als Energiequelle nur einen Randplatz ein. Die Börsenaktivitäten sind zeitlich begrenzt, sieht man von der passiven Haltung der unfreiwillig langfristigen Investoren einmal ab, die sich durchaus über viele Jahre erstrecken kann.

Bedeutung der inneren Bindung

Hat ein Börsenanfänger zur Bildung eines größeren Startkapitals nichts beigetragen, sich sein Vermögen nicht erarbeiten müssen, es also beispielsweise durch eine Erbschaft erhalten, so ist die Lage hingegen völlig anders zu beurteilen. In der Praxis ist immer wieder zu beobachten, dass ganze Erbschaften an den Börsen durchgebracht, ja regelrecht verspielt werden. Einen wesentlichen Schlüsselfaktor bildet der Wunsch, einmal groß investieren zu können. Die Faktoren *Investitionsbedürfnis* und *Selbstüberschätzung* müssen also zusammenwirken. In der Realität des Börsenalltags erfährt der Anleger, dass es dann doch nicht so unproblematisch läuft, wie er es sich vorgestellt hat, und dass selbst ein großes individuelles Vermögen an einem Finanzmarkt keine (dauerhaft) beeinflussende Macht darstellt. Zwischen Wunschdenken und Realität klafft eine riesige Lücke. Trifft er in dieser Phase nicht auf einen erfahrenen Anlageberater, sind Riesenverluste vorprogrammiert. Über die Weichenstellung entscheidet allein der Ehrgeiz des Anlegers. Will er die Dinge selbst in die Hand nehmen und übernimmt er sich mit seinen Dispositionen gleich in der Anfangsphase, lässt sich dieser Weg im Nachhinein oftmals nur noch schwer korrigieren. Der Ausgangspunkt, dass der Anleger mit Geldern operiert, die er nicht selbst verdient oder erwirtschaftet hat, ist hier entscheidend. Wenn er zu diesem Geld keine *innere Bindung* aufbaut, wird er in den meisten Fällen entsprechend sorglos damit umgehen.

In einer ähnlichen Situation ist auch der Anleger, der beeindruckende Börsenerfolge zu verzeichnen hat und noch über keine große Finanzmarkterfahrung verfügt. Dies gilt besonders dann, wenn sich Gewinne in einer unerwarteten Größenordnung einstellen. Derartige Ereignisse können einen Anleger zu leichtsinnigen Dispositionen geradezu verführen, ja die gesamte Anlageperspektive über Jahre hinweg verzerren. In unserem Beispiel wünschte sich Georg A. im Nachhinein, er hätte nicht gleich zu Anfang im Optionshandel einen so großen Gewinn erzielt. Der Gewinn initiierte eine Verzerrung von A.s Perspektive an den Finanzmärkten, die wiederum eine Serie von Verlusten herbeiführte.

Ein Anleger kann zu schnell gewonnenem Geld nicht unmittelbar eine innere Beziehung aufbauen. Der Gewinn stellt nur eine numerische Größe dar, ist dementsprechend anonymisiert. Diese Gewinne gehen dann häufig genauso schnell wieder verloren, wie sie gewonnen wurden. In der Finanzwelt wird die innere Beziehung zu vorhandenen Geldern kontrovers diskutiert. So wird beispielsweise davon ausgegangen, dass sich eine zu starke persönliche Bindung blockierend auf Handelsaktivitäten auswirken kann. Dies ist häufig dann der Fall, wenn das vorhandene Geld materiell umgerechnet wird. Ein Anleger, der vor einer Investition von 20 000 Euro gegenrechnet, dass er sich für diese Summe auch ein Auto kaufen könnte, oder jeden Verlust materiell umrechnet („Für den Verlust in Höhe von 1000 Euro hätte ich die längst überfällige Waschmaschine kaufen können"), wird eine Blockade sicherlich fördern.

Die innere Beziehung sollte sich nicht auf die materielle Umrechnung beziehen, sondern sich in einem sorgsamen Umgang mit dem vorhandenen Vermögen ausdrücken. Diese Sorgfalt bedeutet nicht konsumorientierte Vergleiche, sondern Vermögens- und Risikokontrolle. Letztere stellt den Mittelweg zwischen einer Anonymisierung der zur Verfügung stehenden Gelder und einer konsumorientierten Umrechnung dar.

Gewinnverarbeitung

Aber nicht nur die mangelnde innere Beziehung kann dem Anleger zum Verhängnis werden. Das schnell gewonnene Geld kann auch überheblich machen und ihn zu einer Selbstüberschätzung anheizen. Im Augenblick der Gewinnrealisierung wird die profitable Investition in Wertpapiere als unproblematisch empfunden. Alle brisanten

Komponenten, wie Risikobestimmung, Nervenkitzel, die Frage, ob eine Spekulation überhaupt aufgehen wird, sind in solchen Momenten vollständig ausgelöscht. Prompt beginnt die fieberhafte Suche nach einer neuen Investitionsmöglichkeit. Vielleicht musste der Anleger auf den Moment der profitablen Investition, die den großen Gewinn bescherte, lange warten. Geduldig hatte er die Märkte beobachtet, an einer Strategie gefeilt und im entscheidenden Moment zugegriffen. Auch dies wird nunmehr vergessen. Statt sich von der nächsten *guten Gelegenheit finden zu lassen,* wird eine solche gesucht und dann auch „gefunden". Fast immer handelt es sich um eine Gelegenheit, die lediglich als gut interpretiert wird. In der Investition wird eine Chance gesehen, die realistisch nicht existiert. Der Anleger hat keine Geduld, will möglichst schnell nochmals einen großen Gewinn erzwingen und vernachlässigt dabei die analytischen Auswahlkriterien.

Wie kann dem begegnet werden? Gewinne werden von vielen Marktteilnehmern als selbstverständlich betrachtet, weil man gemäß herrschender Auffassung ja investiert, um Gewinne zu erzielen. Börsengewinne sind aber alles andere als selbstverständlich, da jede Investition an den Finanzmärkten mit einem Verlustrisiko behaftet ist. Man kann in diesem Zusammenhang auch eine Gegenfrage stellen: Wenn Gewinne selbstverständlich sind, warum wird dann einer Verlustentwicklung oft tatenlos zugesehen und eine Belastung der finanziellen Energie in Kauf genommen? Alle Gewinne, ganz gleich, in welcher Größenordnung sie entstehen, sollten von Ihnen analytisch verarbeitet werden, damit Sie die positiven Merkmale der erfolgreichen Investition in sich verankern und so ein inneres Raster für Gelegenheiten bilden.

Sie können einen Börsengewinn verarbeiten, indem Sie nach der Gewinnrealisierung kurz niederschreiben, welche Faktoren zu diesem Gewinn beigetragen haben (Börsen- und Zinsentwicklung, Sonderfaktoren etc.) und was Sie seinerzeit bewogen hat, die entsprechende Position aufzubauen. Ausgesprochen hilfreich ist es, jede eingenommene Position in einem eigens dafür angelegten *Handelsbuch* sofort schriftlich zu kommentieren. Sie können auch kurz ihre Gefühle schildern, die Sie im Zusammenhang mit diesem Investment haben. Die Niederschrift ist in mehrfacher Hinsicht nützlich. Sollten Ihnen während des Engagements Zweifel kommen, so können Sie sich mit Ihren Aufzeichnungen kurz auseinander setzen. Sie werden dann unterschiedliche Faktoren nicht vermischen, die das Für und Wider einer laufenden Investition vernebeln können.

Hat sich gegenüber Ihrer ursprünglichen Einschätzung tatsächlich etwas geändert oder sind es nur Nebenaspekte, die Sie im Moment aufgrund bestimmter Marktbedingungen aufbauschen? Mit dem schriftlichen Festhalten vor Beginn einer Investition schaffen Sie sich Klarheit, und während der offenen Investition können Sie die Übersicht anhand der Aufzeichnungen bewahren. Wenn Sie Ihre Ausführungen später bei der Realisierung eines Gewinnes nochmals lesen, kann Sie dies auf dem Boden der Realität halten. Dadurch wird Ihre Freude über einen entstandenen Börsengewinn nicht geschmälert; nur sollten alle Anzeichen von Übermut möglichst im Keim erstickt werden. Diese Gewinnverarbeitung dient nicht nur als Vorkehrung gegen überstürztes Handeln. Im Rahmen der dokumentierten Gewinnanalyse können Sie im Laufe der Zeit einen Zusammenhang zwischen Ihren Gewinnpositionen entdecken.

Innere Abschreibung

Häufig ist zu beobachten, dass Anleger ihr an der Börse investiertes Geld innerlich abschreiben, was sich auf deren Investmentkapital früher oder später verheerend auswirkt. Diese Haltung wirkt nur auf den ersten Blick souverän und positiv. Auf diese Weise wollen sich die Betroffenen Verlustschmerzen ersparen. Die Methode ist also nur ein Trick, der sich aber als selbst geschaufelte Fallgrube erweist. Wer investiertes Geld bereits am Anfang eines Investments abschreibt, rechnet mit einem Teil- oder Totalverlust und ist damit verlustfixiert. Da das eingesetzte Geld energetisch negativ aufgeladen wird und verlustbehaftet ist, wird es zu einem späteren Zeitpunkt tatsächlich verloren. Die negative energetische Aufladung wird dadurch hergestellt, dass das eingesetzte Kapital sich selbst überlassen bleibt. In Ermangelung eines analytischen Backgrounds verfährt der Anleger nach dem „Alles-oder-nichts-Prinzip". Er glaubt sich abgesichert zu haben, realisiert aber nicht, dass dies nur möglich ist, indem er sein Kapital schützt (Risikokontrolle). Die innere Abschreibung ist also keineswegs eine souveräne Haltung, sondern gehört zum Repertoire der verlustbringenden Verdrängungspraktiken.

Einsatz von Wertpapierkrediten

Eine weitere Handelskomponente stellt die Anlage in Wertpapieren mit geliehenem Geld dar, mit Krediten also. Die meisten Anleger, die von dieser Möglichkeit Gebrauch machen, sind sich nicht darüber im Klaren, dass sie dabei ähnlichen Regeln wie beim Terminmarkthandel unterworfen sind. Ein vollkreditiertes Aktienengagement gleicht einem Termingeschäft, bei dem das Eigenkapital als Sicherheit, als sogenannter *Einschuss,* dient. Um diesen Vergleich anschaulich darzustellen, sei ein kurzer Ausflug zu den Usancen des Terminhandels unternommen.

Eine Terminmarktposition wird nur zu 2% bis 30% ihres tatsächlichen Wertes gedeckt. Der einzuschießende Betrag dient als Sicherheit und deckt den aktuellen Marktkurs eines Terminkontrakts ab. Beispiel: Notiert dieser Kontrakt bei 100 Punkten, wobei jeder volle Punkt 1000 € entspricht (Kontraktwert also 100 000 €), und wird eine Sicherheitsleistung *(Einschuss)* von 4000 € verlangt, so ist der Kontrakt bis zum Kurs von 96 Punkten abgedeckt. Fällt er jedoch tiefer, etwa auf 95 Punkte, so besteht eine Unterdeckung, und der Anleger muss *nachschießen,* also eine neue Sicherheit herstellen, die den Kurs dann bis zu einem potenziellen Fall auf 92 Punkte decken würde. Kann er den *Nachschuss* nicht leisten, so wird seine Position zwangsliquidiert, also *„at the market"* (ohne Limit) verkauft. Hier können dann weitere Verluste entstehen. Deshalb kann ein Termin-Trader auch nie davon ausgehen, dass er maximal nur seine Sicherheitsleistung verlieren kann.

Ähnlich verhält es sich mit Aktien- oder Anleihenpositionen, die auf Kredit finanziert sind. Sobald infolge von Kursrückgängen die Eigenkapitaldecke aufgezehrt ist, wird der Anleger aufgefordert, eine Sicherheitszahlung zu leisten. Ist er dazu nicht in der Lage, werden seine Positionen zwangsliquidiert. Man mag nunmehr einwenden, dass Zwangsliquidationen im Terminhandel doch zur Tagesordnung gehören und im Aktien- bzw. Anleihenhandel wesentlich seltener vorkommen. Das ist sicherlich richtig, aber über vollkreditierten Positionen schwebt immer die Gefahr der Zwangsliquidation. Oft geht es dabei auch um Anlagesummen, die der auf Kredit spekulierende Anleger niemals in Terminkontrakte investieren würde.

Wertpapierkredite werden aufgenommen, um einen möglichen Gewinn zu vervielfachen. Eben über diese Aussicht hinaus wird dann das bestehende Risiko heruntergespielt und relativiert, obwohl das Gegenteil angezeigt wäre, weil man mit einem Kredit sein Verlustrisiko vervielfacht. An den Finanzmärkten verhält es sich oft so, dass eine vermeintlich günstige Anschaffung sich zunächst einmal als gar nicht mehr so vorteilhaft erweist, etwa vor dem Hintergrund weiterer Kursrückgänge. Der Anleger, der eigene Gelder eingesetzt hat, kann nun zuversichtlich bleiben und an seiner Strategie gegebenenfalls festhalten; er besitzt also einen großen Entscheidungsspielraum. Der auf Kreditbasis operierende Anleger wird aber nervös, weil Kursrückgänge ihn unter Druck setzen, denn sie belasten die fremdfinanzierten Positionen und beinhalten immer die Gefahr einer möglichen Zwangsliquidation, die bei einer Unterdeckung nur durch den Nachschuss frischer Liquidität verhindert werden kann.

Und genau daran hapert es ja in den meisten Fällen. Mit Wertpapierkrediten wird man sich nie so souverän fühlen wie ein Anleger, der mit eigenen Mitteln investiert. Eine Ausnahme besteht nur in dem Fall, wenn ein Wertpapierkredit der kurzfristigen Überbrückung dient. Wer beispielsweise Liquidität in Festgeldern gebunden hat, jetzt aber Chancen am Aktienmarkt wahrnehmen möchte, kann den entsprechenden Zeitraum mit einem Wertpapierkredit überbrücken. In diesem Fall ist dann allerdings auch Disziplin gefordert. Werden die Festgelder freigesetzt, ist der Kredit umgehend abzulösen.

Spiel mit der Souveränität

Der auf Kredit agierende Anleger ist sich meist auch nicht bewusst, dass er seine Souveränität freiwillig opfert. Seine Engagements werden kontinuierlich überwacht. Auf diese Weise erfährt er eine Kontrolle, die ihn stets unter Druck setzen wird, sobald sich seine Engagements ungünstig entwickeln. Mit einem kreditbelasteten Depot kann er sich in eine Lage bringen, in der er schließlich nicht mehr frei entscheiden kann. Geht seine Spekulation völlig daneben und kommt es zu Liquidationen, steht er nicht nur mit einem möglichen Totalverlust da, sondern wird sich auch noch entmündigt vorkommen. Die Nachwirkungen können ihn über einen längeren Zeitraum nicht nur finanziell, sondern auch psychisch nachhaltig belasten.

Diesem Risiko kann man nur entgehen, indem man von vornherein seine Verluste begrenzt. Der kurzfristig operierende Taktiker wird Verlustpositionen ohnehin nicht durchhalten wollen und verkaufen, sobald er merkt, dass die ungünstige Lage anhalten wird, oder sich knallhart an seine Verlustbegrenzungs-Stopps halten. Der längerfristig investierende Stratege muss darauf vorbereitet sein, dass zwischenzeitliche Abwärtsbewegungen an den Aktienmärkten eintreten können, die mitunter nur ein paar Wochen anhalten, ihn aber bei kreditfinanzierten Engagements möglicherweise unter Druck setzen. Ein Stratege verkauft nicht, wenn er nur von einer vorübergehenden Marktschwäche ausgeht, sondern bleibt in diesem Fall engagiert. Diese Entscheidungsfreiheit setzt er aber bei Fremdfinanzierung seiner Aktienengagements immer aufs Spiel. Statt seine finanzielle Energie mittels Kredit zu erhöhen, blockiert er sie durch den Kredit indirekt.

Money Management

In der täglichen Anlagepraxis kann immer wieder beobachtet werden, dass viele Investoren ohne Konzept, ohne taktische oder strategische Überlegungen handeln. Sie verfügen häufig nicht einmal über eine organisierte Vermögensstruktur. In den meisten Fällen sind die Anlagemethoden simpel: Es ist Geld vorhanden, und dieses soll nunmehr investiert werden. Oder es werden steuerorientierte Vermögensanlagen mit „Steuersparеffekten" über Abschreibungsmöglichkeiten favorisiert. Der Steuersparaspekt und nicht der konsequente Vermögensaufbau steht dann im Vordergrund, wobei das Anlagemedium zweitrangig ist. Mit Blick auf die Finanzmärkte werden Gelder ebenfalls häufig nach dem Zufallsprinzip investiert. Mal fließt ein größerer Teil des Anlagevermögens in Aktien, mal in Anleihen mit unterschiedlichen Laufzeiten. Die Gelder werden entweder hin- und hergeschoben oder mit unübersichtlichen Investments blockiert. Bei Kursverlusten wird der Verlustentwicklung in vielen Fällen tatenlos zugesehen, und die Gelder bleiben so auf unbestimmte Zeit gebunden. Verluste können auch schnell realisiert werden, um die freigesetzten Gelder umgehend wieder zu reinvestieren. Dabei bestimmt die Hitliste dessen, was gerade „in" ist, die Investition und nicht wertorientierte Maßstäbe.

Nur wenige Anleger verfügen über ein professionelles *Money Management.* Nach dem Gießkannenprinzip werden die Anlagegelder auf möglichst viele unterschiedliche Investments gestreut. Dadurch sollen große Verluste vermieden werden, aber eine extreme Kapitalstreuung verhindert auch immer eine dynamische Entwicklung des Gesamtportfolios. Ein Depot mit einer unteren sechsstelligen Anlagesumme, das wahllos auf etwa 20 verschiedene Aktien aus verschiedenen Branchen zerstreut ist, wird sich in seiner Performance-Dynamik in den meisten Fällen selbst paralysieren, da sich Gewinne und Verluste ständig ausgleichen werden. Damit riskiert ein Investor im günstigeren Fall ein Nullwachstum, wobei die Kapitalaufzehrung über die Inflationsentwicklung noch gar nicht berücksichtigt ist. Ein Privatanleger verwaltet schließlich keinen Investmentfonds.

Das komplexe Thema Money Management zieht sich wie ein roter Faden durch die einzelnen Kapitel dieses Buches, weil es sich um eine Technik handelt, die das Investieren und das Trading nachhaltig unterstützt und nicht nur die Basis, sondern auch das Gerüst für Erfolge an den Finanzmärkten bildet. Nachstehend werden ausschließlich diejenigen elementaren Kriterien des Money Managements erörtert, die sich von jedem Börsianer problemlos umsetzen lassen. Zu einem erfolgreichen und professionellen Money Management für den aktiven Börsianer gehört die *Vermögenskontrolle,* die *Risikokontrolle* und die *Diversifikationsstrategie* (siehe Abb. 3, Seite 93).

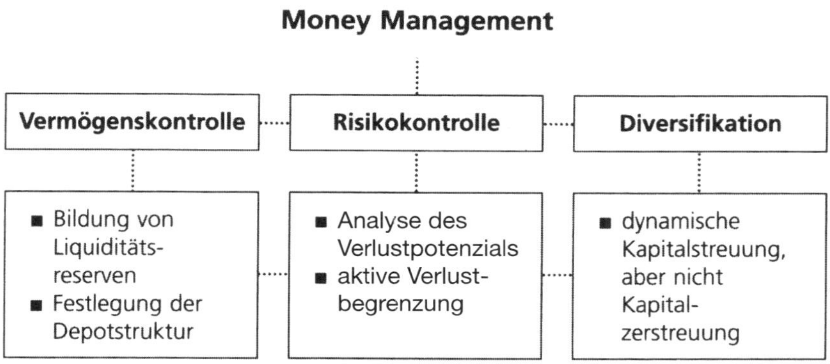

Abbildung 3

Vermögenskontrolle

Die *Vermögenskontrolle* konzentriert sich auf das Management des ungebundenen, also liquiden Kapitals. Der liquide Vermögensanteil stellt grundsätzlich Ihre Handelsreserve dar, die der künftigen Anlage in Wertpapieren dient. Das freie Kapital kann in diesem Sinne als wertvolle Ressource interpretiert werden, die von Ihnen eine umsichtige Nutzung verlangt. Im Börsenalltag sind Cash-Bestände für viele Anleger ein Problem; freie Gelder locken ständig zur Investition. Niedrig verzinst erwecken die Barmittel den Anschein, nutzlos auf einem Konto herumzuliegen. Wenn aber beispielsweise im Zuge einer Baisse oder eines kurzfristigen, drastischen Markteinbruchs unerwartet gute Anlagemöglichkeiten entstehen, muss der vollinvestierte Anleger zusehen, wie andere diese wahrnehmen können.

Vermögenskontrolle bedeutet also, dass Sie für eine ausreichende Liquiditätsreserve sorgen und niemals voll investiert sind. Im Rahmen der Vermögenskontrolle wird frisches Geld durch Zinseinkünfte oder Verkäufe von Wertpapieren auch nicht umgehend wieder gebunden. Die Vermögenskontrolle verlangt von Ihnen eine sehr große Disziplin. Sie müssen mit frei verfügbaren Geldern leben können, die Sie als positive Reserve empfinden, und dürfen dabei nicht ständig in Angst sein, die eine oder andere Gelegenheit an den Finanzmärkten zu verpassen. Wie hoch die Liquiditätsreserve sein sollte, ist individuell unterschiedlich zu beurteilen und richtet sich danach, welchem Ziel die Börsenaktivitäten dienen. In der Anfangsphase einer Baisse kann das Aktiendepot auch ausverkauft und die Liquidität auf 100% heraufgesetzt bzw. ein Teil davon in Anleihen, Termingelder oder in andere liquide Anlageobjekte reinvestiert werden.

Nach den Erfahrungen des Anfang 1991 begonnenen Hausse-Zyklus dürfte sich diese Strategie für viele Börsianer als problematisch erweisen. Jahrelang konnte die Liquiditätsreserve extrem niedrig gehalten werden, ohne dass sich dies negativ auf die Vermögenskontrolle ausgewirkt hätte. Doch erst im Rückblick erschien diese Vorgehensweise akzeptabel. Die Wall Street war aus fundamentaler Sicht bereits ab 1995 deutlich überbewertet. Der breite Aktienmarkt ging aber erst ab 1998 in einen längerfristigen Abwärtstrend über, während die TMT-Sektoren noch bis zum März 2000 weiter stiegen. Wer also von trendfolgenden Investments absah und sich ausschließlich auf fundamentale Aspekte verließ, konnte seine Aktien zu Höchstkursen verkaufen, musste dann aber zusehen, wie diese Titel in den Folgejahren noch wesentlich höher stiegen. Die Wall-Street-Hausse in den 90er-Jahren war aber gleichzeitig auch eine Hausse historischen Ausmaßes. Eben in solchen Marktphasen liegt die große Gefahr, dass Anlageprinzipien relativiert und vernachlässigt und die diesbezüglichen Gewöhnungseffekte im Unterbewusstsein verankert werden (Hausse-Gewöhnung), wo sie sich noch Jahre später auswirken und den Anlegern nur Zerrbilder der aktuellen Marktentwicklung zeigen (vgl. etwa die Entwicklung in Japan ab Ende 1989. Jede Baisse-Erholung wurde noch jahrelang als Start einer neuen Hausse interpretiert. Ein ähnliches Verhaltensmuster war auch im Goldmarkt nach 1981 zu beobachten. Tatsächlich aber dauerte die Aktienbaisse in Japan mehr als 13 Jahre, im Goldmarkt sogar 20 Jahre).

Wann sollte man also den liquiden Vermögensanteil heraufsetzen? Dies ist in erster Linie von der grundlegenden Strategie oder Taktik des einzelnen Anlegers abhängig. Niemand ist gezwungen, ein Wertpapierdepot komplett auszuverkaufen, nur weil ein Markt hoch bewertet erscheint. Es gibt eine ganze Reihe von Sicherungstechniken, ob nun via Stopp-Kurse oder Absicherung über Optionen, die einen Teil der entstandenen Gewinne schützen bzw. Verluste minimieren können (siehe auch *Anhang B).* Entscheidend ist, dass mit dem Management der offenen Positionen der liquide Vermögensanteil nicht vernachlässigt wird. Selbst im größten Aktienboom sollte die Liquidität niemals auf null Prozent gesetzt werden.

Aber welchen Sinn hat eine *Sockelliquidität,* wenn sie niemals wirklich zum Einsatz kommt? Sie besitzt eine reine *Absorberfunktion:* Sie haben nicht nur das Gefühl, nie voll investiert zu sein, Ihr Vermögen wird auf diese Weise vor großen Schwankungen geschützt. Wenn Sie 10% Liquidität halten, nehmen Sie automatisch auch eine größere Vermögensvolatilität in Kauf. Ist Ihr Depot indexorientiert zusammengestellt, kann sich bereits jede größere Tagesschwankung des Deutschen Aktienindex oder Dow Jones Industrial Average spürbar auf Ihr Portfolio auswirken. Handelt es sich dabei um einen Teil Ihrer Strategie oder Taktik, ist dagegen nichts einzuwenden. Fühlen Sie sich hingegen angesichts größerer Tagesschwankungen unwohl, sollten Sie den liquiden Anteil Ihres Vermögens überprüfen und diesen gegebenenfalls heraufsetzen, indem Sie sich von einem Teil Ihrer Aktien trennen. Vergegenwärtigen Sie sich, dass Sie keinen Aktienfonds managen. Sie können Ihr Depot auf Ihre Belange ausrichten und sind keiner Anlagepolitik einer Fondsgesellschaft unterworfen, die Tausende Investoreninteressen unter einen Hut zu bringen hat.

Die Position eines Fondsmanagers ist mit der eines Privatanlegers nicht vergleichbar. Wenn Sie erfahren, dass die Cash-Quote der Aktienfonds auf 5% gefallen ist, bedeutet dies nicht, dass 5% für Sie ebenfalls akzeptabel sind. In einer ausgeprägten Hausse-Phase können sich Fondsmanager keine großen Cash-Bestände erlauben, weil ihnen sonst vorgeworfen würde, sie hätten die Hausse verschlafen. Die meisten Aktienfonds sind zudem auf einen längerfristigen, stetigen Vermögenszuwachs ausgerichtet, bei dem

Baisse-Phasen mit entsprechenden Wertverlusten einkalkuliert werden, und haben oft eine (gesetzlich vorgeschriebene) Mindestinvestmentquote, die ihnen keinen großen Handlungsspielraum hinsichtlich des Bargeldbestandes lässt. Übersteigen die liquiden Mittel in einem Fonds einen bestimmten Anteil, so müssen sie investiert werden, unabhängig davon, ob der Fondsmanager dies für aussichtsreich hält oder nicht. So genannte Indexfonds halten beispielsweise überhaupt keine Cash-Bestände, um eine (annähernde) Simulation des maßgeblichen Index garantieren zu können. Als privater Anleger können Sie Ihr Vermögen wesentlich kreativer einsetzen und das Maß Ihrer Liquiditätsreserve frei bestimmen. Sind Sie beispielsweise an einem stetigen Vermögenszuwachs unter weitestgehendem Ausschluss einer hohen Depotvolatilität interessiert, so werden Sie sich für einen höheren Liquiditätsanteil als 10% entscheiden und Ihr Vermögen dementsprechend strukturieren.

Zählen Anleihen zur Liquidität? Das hängt ganz davon ab, inwieweit mit Anleihen Gelder gebunden werden und welchen Risiken sie ausgesetzt sind. Dehnen wir diesen Begriff auf Zinsanlagen aus. Tagesgeld ist unmittelbar verfügbar und bietet dementsprechend niedrige Zinsen, die sich an der Höhe des Diskontsatzes orientieren. Eine Alternative bilden *Geldmarktfonds,* die in kurzfristigen Zinspapieren investieren, damit aber auch Risiken unterliegen. Auch hier sind die Gelder kurzfristig verfügbar. Bei einem in US-Dollar geführten US-Brokerkonto entspricht dies der Anlage in einem so genannten *Money Market Fund.* Die Zinseinnahmen orientieren sich in diesem Fall an der *Fed Funds Rate,* die täglichen Schwankungen ausgesetzt ist. Dennoch sind auch diese Gelder kurzfristig verfügbar. Alternativ, und je nach Größe der Liquidität, bieten sich auch *US-Treasury Bills* an. Hier handelt es sich um US-Schatzamtspapiere mit einer Laufzeit von 91 Tagen, die ebenfalls Verlustrisiken unterliegen. Die Gelder sind aber täglich verfügbar. Soweit also Liquidität in Zinsanlagen geparkt wird, die täglich verfügbar sind, handelt es sich um eine aktiv gemanagte Barreserve. Der Liquiditätsstatus bleibt erhalten.

Anders ist die Situation zu beurteilen, wenn die Gelder zeitlich befristet gebunden werden, sei es einen Monat lang oder über mehrere Jahre. In diesem Fall handelt es sich um eine anleihenorientierte Depotstruktur. Wer also 10% Vermögensanteil auf einem Tagesgeldkonto hält, 30% in einem Geldmarktfonds und 60% in Aktien, verfügt über 40% Liquidität. Wer hingegen 10% Tagesgeld, 30% Festgeld mit sechsmonatiger Laufzeit und 60% in Aktien hält, verfügt nur über 10% Liquidität. Es spielt in diesem Zusammenhang keine Rolle, ob es sich um Festgeld oder Anleihen handelt, entscheidend ist die Kapitalbindung. Wie verhält sich dies mit börsennotierten Anleihen, die täglich verkauft werden können? Diese bilden ebenfalls keine Liquiditätsreserve. Wer börsennotierte Anleihen kauft, spekuliert auf einen Zinsrückgang und einen entsprechenden Wertzuwachs der Anleihen. Die Gelder sind gebunden und stellen bis zum Zeitpunkt der Positionsauflösung keine Liquidität dar.

Möchte der Anleger seine z. B. für Aktienengagements vorgesehene Liquidität jederzeit verfügbar halten, so hat er die Möglichkeit, ein Tagesgeldkonto zu eröffnen. Diese Konten werden meist besser verzinst als Sparbuchguthaben, befinden sich dafür aber in der Regel unterhalb der Zinssätze für Festgelder. Tagesgeldkonten sind eine Art Kompromiss zwischen Festgeld und Girokonto. Die Gelder sind täglich verfügbar. Diese Möglichkeit bot früher nur ein Girokonto, das auf Guthaben entweder gar keine oder nur dürftige Zinserträge erzielt. Durch den Wettbewerb unter den Banken hat sich diese Situation für den Anleger grundlegend verbessert. Nur: Man muss diese Angebote auch nutzen und gegebenenfalls bereit sein, mit mehreren Instituten gleichzeitig zu arbeiten bzw. die Bank, bei der ein Tagesgeldkonto geführt wird, häufiger wechseln. Denn insbesondere in diesem Bereich herrscht ein großer Wettbewerb. Zahlt eine bestimmte Bank aktuell den höchsten Tagesgeldzinssatz, so hat man auf keinen Fall die Garantie, dass dies auch in ein paar Monaten noch der Fall sein wird. Denn so wie der Kunde über das Tagesgeld jederzeit verfügen kann, hat die Bank die Möglichkeit, den Tagesgeldzinssatz jederzeit zu ändern.

Die Bankenlandschaft hat sich im Laufe der 90er-Jahre stark gewandelt. Zunächst setzte ein massiver Wettbewerb ein, im Zuge der Baisse 2000 bis 2003 folgten jedoch etliche Anpassungen und auch Richtungskorrekturen. Für den privaten Investor bieten sich dennoch hervorragende Möglichkeiten, die allerdings auch unter dem Aspekt der Vermögenskontrolle zu berücksichtigen sind. Wickelte man früher praktisch alle Geldgeschäfte über ein Institut ab, so geschieht dies heute allenfalls noch aus Bequemlichkeit, die aber durchweg Geld kostet. Es ist heutzutage nichts Besonderes mehr, wenn Girokonten, Wertpapierdepots mit Währungskonten und Tagesgeldkonten bei bis zu vier Instituten geführt werden. Dies verlangt aber auch eine entsprechende Organisation, damit Sie hinsichtlich der unterschiedlichen Dispositionen nicht den Überblick und damit die Kontrolle über Ihre Finanzen bzw. Ihr Vermögen verlieren.

Dies lässt sich mittels Computereinsatz unter Zuhilfenahme geeigneter Finanzsoftware, wie z. B. *Quicken,* problemlos bewerkstelligen, verlangt aber auch eine regelmäßige Bestandspflege, an der es in der Praxis oftmals hapert. Auch hier kommen Sie ohne Disziplin nicht weiter. Wenn Ihnen der Computereinsatz zu aufwändig ist, dann sollten Sie mit Blick auf Ihre Vermögensstruktur die Bewirtschaftung Ihrer Konten vereinfachen. Ein Girokonto dient den regelmäßigen Zahlungsgeschäften. Liquidität, die für Wertpapierdispositionen vorgesehen ist, wandert umgehend auf ein Tagesgeldkonto. Das Tagesgeldkonto wird wiederum nur als solches genutzt.

Mögliche Angebote des Instituts, das Konto auch als Girokonto zu nutzen, sollten Sie nicht berücksichtigen. Oft werden für solche Konten auch Kreditkarten angeboten. Darauf sollten Sie ebenfalls verzichten, denn via Kreditkarte finanzierte Ausgaben haben auf dem Tagesgeldkonto, das in diesem Fall nur der Liquiditätshortung für Wertpapierkäufe dient, nichts zu suchen. Zudem sind alle Zusatzleistungen mit Kosten verbunden. Bietet die Bank, bei der ein Tagesgeldkonto unterhalten wird, zusätzlich einen günstigen Wertpapierservice an, so sollte dafür nach Möglichkeit ein separates Konto eingerichtet werden, es sei denn, Tagesgeldkonto und Wertpapierkonto bieten dieselbe Verzinsung. Besteht diese Möglichkeit nicht, oder ist man mit den Konditionen (Gebührensätze, Wertpapierauswahl, Anzahl der internationalen Börsenplätze etc.) nicht einverstanden, eröffnet man bei einer (weiteren) Direktbank ein Wertpapierkonto, das mit einem Depot kombiniert ist. Die Liquidität fließt in diesem Fall vom Tagesgeld- auf das Wertpapierkonto. Liquidität auf dem Wertpapierkonto, z. B. durch Aktienverkäufe, wird auf das Tagesgeldkonto überwiesen, wenn sie kurzfristig nicht benötigt wird.

Das Wertpapierkonto dient ebenfalls nur dem eigentlichen Zweck, nämlich dem Handel mit Wertpapieren. Zusatzleistungen, wie Girokontoführung, Kreditkarten etc., sollten auch hier nach Möglichkeit aus Gründen der Übersichtlichkeit nicht in Anspruch genommen werden. Ausnahme: Mit sämtlichen Angeboten der Bank werden die Ansprüche eines Anlegers voll abgedeckt, sodass er sämtliche Geschäfte über ein Konto abwickeln kann. Die Praxis zeigt jedoch, dass diese Nonplusultra-Konzepte nur für wenige Kunden akzeptabel sind und sich nur selten alle Vorteile auf ein Konto vereinigen, zumal die Angebote der Banken und erst recht der Direktbanken stark voneinander abweichen. Deckt eine Direktbank im Online- oder Telefonbanking aber alle Finanzvarianten ab? Derzeit ist dies, wenn auch in Planung, noch nicht der Fall. Ein All-Markets-Onlinebanking, bezogen auf alle internationalen Aktienmärkte, hatte Anfang 2004 nur eine Direktbank im Angebot.

Bei der Definition des Kapitaleinsatzes zur Bildung einer Liquiditätsreserve, des für Anleihen bestimmten Anteils sowie jenes Anteils, der für den Handel mit Aktien zur Verfügung steht, sollen Gelder, die für den hochspekulativen Einsatz mit Termingeschäften vorgesehen sind, nicht unberücksichtigt bleiben. Hier ist immer wieder zu beobachten, dass kleine Vermögen durch überproportionale Ausrichtung auf den Terminhandel unter Berücksichtigung extrem hoher Verlustrisiken zügig multipliziert werden sollen. Dementsprechend wird die Vermögenskontrolle nicht nur vernachlässigt, bei den entsprechend disponierten Akteuren bleibt sie fast immer unberücksichtigt. Wer über 10 000 Euro verfügt, setzt diesen Betrag beispielsweise in Optionen oder Optionsscheinen ein in der Hoffnung, damit kurzfristig eine Vermögensverdoppelung zu erzielen. Das ist nicht nur Börsianer-Harakiri, sondern widerspricht auch sämtlichen Money Management-Regeln.

Bei extrem hoher Risikobereitschaft hat der Akteur entweder Glück und gewinnt im Rahmen seiner Vorstellung, oder aber er hat Pech und verliert seinen Einsatz. Das Geld ist weg, und er fängt wieder von vorne an. Hohen Gewinnpotenzialen stehen in diesem Fall ebenso hohe Verlustpotenziale gegenüber. Entstehen bei dieser Vorgehensweise überdimensionale Gewinne, sind in der Folgezeit ebenso exorbitante Verluste vorprogrammiert. Der Betroffene wird unter Missachtung der Money Management-Regeln seine Gewinne multiplizieren wollen und fährt die nächste Position wieder mit vollem Verlustrisiko. Früher oder später wird diese Spekulationskette mit einem Totalverlust beendet. Sicherlich gibt es etliche Akteure, die den Terminhandel, sei es mit Optionen, Optionsscheinen oder Terminkontrakten, erfolgreich praktizieren. Die bekannten Top-Trader erzielen ihre Erfolge mehrheitlich in den Terminmärkten. Handelt es sich dabei etwa um Hasardeure, die das Glück gepachtet haben? Keineswegs. Im Gegenteil, die erfolgreichsten Termin-Trader sind diejenigen, die die Money Management-Regeln äußerst diszipliniert umsetzen.

Die Vermögenskontrolle findet in diesem Zusammenhang eine äußerst kompromisslose Umsetzung. In der Praxis verhält es sich etwa folgendermaßen: Ein Trader ist beispielsweise mit einer Million US-Dollar kapitalisiert. Vom verfügbaren Kapital werden 800 000 US$ in Treasury Bills geparkt. Die Liquiditätsquote beläuft sich damit auf 80%, 200 000 USS bzw. 20% stehen für den Einsatz in den Terminmärkten zur Verfügung, die dann unter Berücksichtigung der Risikokontrolle und der Diversifikationsstrategie zum Einsatz kommen. Dabei stellen die 20% bereits das Maximum des möglichen Einsatzes dar. Diese Quote ist also zwischen 0% und 20% Schwankungen unterworfen, geht aber niemals darüber hinaus. Mit dieser Vorgehensweise verhindern Top-Trader eine zu große Vermögensvolatilität.

Der hohe Liquiditätsanteil schützt sie nicht nur vor extremen Verlusten, er sichert sie auch psychisch ab. Sie stehen im Terminhandel ohnehin ständig unter großem Druck, die hohe Cash-Quote hat deshalb auch hier eine Absorberfunktion. Top-Trader drehen mithin keine großen Räder, sondern sind an einem kontinuierlichen Vermögensaufbau interessiert. Bei sehr großen Vermögen, die beispielsweise die dreistellige Millionengrenze überschreiten, sinkt die Cash-Quote nicht etwa, sondern wird noch erhöht. Unter Top-Tradern, die unter anderem noch fremde Gelder verwalten, ist es keine Seltenheit, wenn sie nur mit maximal 10% der zur Verfügung stehenden Mittel an den Terminmärkten investiert sind. In den meisten Fällen wird diese Grenze nur selten erreicht. Mit einer Cash-Quote von 90% und höher erzielen sie dennoch einen überproportionalen Wertzuwachs. Wenn man dieses Anlageverhalten dem des durchschnittlichen Traders gegenüberstellt, wird ersichtlich, warum die meisten an den Termin- oder Optionsmärkten scheitern. Sie spielen, setzen alles auf eine Karte, weil sie alles sofort wollen. Was sich dann umgehend einstellt, sind aber nicht die ersehnten Gewinne, sondern Verluste.

Sicherlich mag man jetzt einwenden, dass die Top-Trader wohl kaum mit Millionenvermögen in die Terminmärkte gegangen sind. Abgesehen von negativen Anfangserfahrungen haben diese Trader mehrheitlich mit kleineren Vermögen angefangen, aber den Aspekt der Vermögenskontrolle nicht ignoriert. Die Cash-Quote muss selbstverständlich nicht zwingend 80% oder mehr betragen. Bei einem kleineren Vermögen kann man diese Quote auch herabstufen, insbesondere dann, wenn man Anfänger im Terminhandel ist und von vornherein nicht bereit ist, einen bedeutenden Kapitalanteil dafür zur Verfügung zu stellen. Der Level muss allerdings immer vertretbar bleiben. *Selbst im negativen Fall muss man sinnvoll weitermachen können.* Dies gilt nicht nur für den Terminhandel, sondern auch für alle anderen Handelsaktivitäten. Wenn Sie den Terminhandel mit 50 000 US$ starten, setzen Sie die Cash-Quote auf ein für Sie vertretbares Maß, sie sollte aber über 50% liegen. Die 50% spielen in diesem Zusammenhang auch noch eine andere Rolle.

Selbst wenn Sie sich im Terminhandel bewähren wollen, sind die 50 000 US$ kein Spielgeld, das Sie restlos verpulvern können. Sollte im Zuge einer negativen Entwicklung die Startsumme um mehr als 50%, also 25 000 US$, sinken, dann sollten Sie die Reißleine ziehen. Die auf dem Konto befindliche Restsumme von bis zu 25 000 US$ wird von Ihnen wieder abgezogen und das Konto geschlossen. Irgendetwas ist schiefgelaufen. Erst nachdem Sie die Entwicklung konsequent analysiert und aufgearbeitet haben, können Sie entscheiden, ob Sie den Terminhandel wieder aufnehmen oder davon bis auf weiteres absehen. Statistischen Untersuchungen zufolge wäre ansonsten mit einer weiteren Negativentwicklung zu rechnen, d. h. im Klartext: Früher oder später, meistens früher, wäre der Gesamteinsatz, in diesem Fall 50 000 US$, verspekuliert. Die Break-Grenze von 50% Kapitalschutz stellt somit wieder ein Mittel zur Vermögenskontrolle dar.

Mit dieser Kontrolle arbeiten auch sämtliche US-Terminverwalter. Erreichen die von ihnen verwalteten Konten oder Terminfonds eine Verlustquote von 50%, werden die jeweiligen Konten geschlossen bzw. die Fonds aufgelöst. Wenn diese Profis dauerhaft im Geschäft bleiben wollen, können sie sich solche Flops nur selten leisten, weil sie ansonsten ihre Reputation aufs Spiel setzen. Diesen Part der professionellen Verwaltung sollte ein privater Trader grundsätzlich übernehmen. Hat sich das Startkapital halbiert, bedarf es eines Gewinns von 300%, bezogen auf das Restkapital, um die Verluste wieder vollständig wettzumachen. Leider verhält es sich so, dass der Hang, viel zu hohe Verlustrisiken einzugehen, in solchen Phasen besonders groß ist, was nur selten die ersehnten schnellen Gewinne beschert, sondern vielmehr eine weitere Kapitalschmelze provoziert. Wer also sein Startkapital halbiert hat, sollte *spätestens* dann seine Handelsaktivitäten erst einmal einstellen, um die negative Entwicklung gründlich zu analysieren. Dazu zählt auch eine kritische Überprüfung der angewandten Handelsmethode.

Allein die Vermögenskontrolle des freien Kapitals bedarf also einer grundlegenden Organisation. Wer an den Finanzmärkten erfolgreich sein will, kommt um die damit verbundenen Aufgaben nicht umhin. Die Vermögenskontrolle dient Ihnen als Rückenstärkung. Auf diese Weise geraten Sie nicht unter Druck, wenn sich offene Positionen vorübergehend negativ entwickeln. Sie behalten das Gefühl, jederzeit frei operieren zu können. Dies ist jedoch nur möglich, wenn Sie sich von typischen Fehlverhaltensweisen bei der Geldanlage, wie Ungeduld und der Angst, etwas zu verpassen, lösen und mit diesen Gefühlen umzugehen verstehen bzw. einen entsprechenden Umgang mit ihnen erlernen.

Risikokontrolle

Eine effiziente *Risikokontrolle* im Rahmen des Wertpapierhandels ist vielen Marktteilnehmern unbekannt bzw. wird von ihnen vernachlässigt. Gehandelt wird grundsätzlich in der Hoffnung auf Gewinne. Selbstverständlich will niemand Verluste. Der weitsichtige Anleger ist sich jedoch darüber im Klaren, dass jedes Engagement auch einen potenziellen Verlust in sich birgt. Bei der Risikokontrolle geht es darum, vor der Aufnahme einer Einzelposition zu analysieren, wie hoch ein möglicher Verlust ausfallen darf. In der Vergangenheit wurde auch das mögliche Gewinnpotenzial definiert. Die zu erwartenden Gewinne wurden dem maximalen Verlust, den man hinzunehmen bereit war, gegenübergestellt. Bei einer ungünstigen Gewinn-Verlust-Ratio, z. B. zu erwartender Gewinn 30%, Verlust maximal 25%, wurde von einem Investment abgesehen.

Diese Methode hat nur einen wesentlichen Nachteil: Sowohl Gewinn- als auch Verlustpotenziale sind reine Kalkulationsgrößen. Die entsprechenden Daten können vom Anleger willkürlich festgelegt werden. Bei einem beabsichtigten Engagement besteht grundsätzlich eine Gewinnfixierung. Die Gewinnentwicklung ist jedoch völlig offen, es können minimale Gewinne entstehen oder auch sehr hohe Zuwächse. Die künftige Entwicklung lässt sich nicht realistisch kalkulieren. Die Kalkulation bezieht sich allenfalls auf die Definition einer Einstiegschance mit dem Ziel der späteren Gewinnrealisierung. Im Moment des Positionsaufbaus übergibt der Anleger die Entscheidung über die weitere Entwicklung dem Markt. In diesem Zusammenhang spielt es keine Rolle, wie lange der Anleger die offene Position laufen lassen will. Da die Ermittlung eines Gewinnpotenzials nicht möglich ist, sind auch Kursziele mit Vorsicht zu genießen. Den meisten Anlegern fällt dies aber sichtlich schwer, da sie eine Perspektive benötigen.

Wer sich für eine Aktie interessiert, die aktuell bei 10 US$ notiert, wird sicherlich ein Engagement in Erwägung ziehen, wenn ein Analyst einen Kursanstieg auf 20 US$ für möglich halt. Doch wer garantiert diesen Anstieg? Niemand! Die entsprechenden Analysen sind meistens mit vielen Wenns und Abers versehen. Der anvisierte Kursanstieg kann sich unter Berücksichtigung diverser fundamentaler Sachverhalte einstellen, aber selbst wenn die positiven Fundamentals eintreten, ist noch nicht sicher, ob der Markt entsprechend mitzieht und bereit ist, für die Aktie 20 US$ zu zahlen. Große Kursziele beinhalten auch immer ein Enttäuschungspotenzial. Entwickeln sich die Fundamentals eines Unternehmens nicht erwartungsgemäß, kann sich die Unternehmensleitung zu einer Gewinnwarnung veranlasst sehen, deren Auswirkung auf die Aktie es in sich haben kann. Die entsprechenden Kurskorrekturen können drastisch ausfallen, wenn niemand auf die negative Ankündigung vorbereitet war. In solchen Momenten krachen Gewinnerwartungen und damit auch ursprüngliche Kursziele mit dem Aktienkurs in sich zusammen.

Kursziele mögen auf den ersten Blick vielversprechend klingen und eine Sicherheit suggerieren, versuchen Sie jedoch immer hinter die Zahlen zu schauen. Ist ein sehr positives Kursziel von Sonderentwicklungen oder einem bestimmten Produkt des Unternehmens abhängig? Wird beispielsweise bei einem Computerunternehmen mit der Produktion eines neuen Computers zu einem angekündigten Zeitpunkt tatsächlich gerechnet? Bestehen Unsicherheiten hinsichtlich der termingerechten Lieferung? Selbst eine Verschiebung der Markteinführung hätte auf die Gewinnschätzungen erhebliche negative Auswirkungen, wenn die Erwartung eines deutlichen Anstiegs der Unternehmenserträge auf der Einführung des neuen Produkts basiert. Dementsprechend reagiert dann auch der Aktienkurs negativ, wenn die hohen Erwartungen im Kurs bereits eskomptiert waren. Sollte man Kursziele also ganz und gar ignorieren? Kursziele dienen allenfalls einer groben Orientierung. Sie sollten aber niemals als feste Größe eingestuft und in Anlagestrategien rigide einbezogen werden. Vergegenwärtigen Sie sich in diesem Zusammenhang, dass Kursziele wieder nur eine Scheinsicherheit darstellen. Eine Garantie beinhalten sie nicht. Wenn Sie also mit einer festen Gewinngröße kalkulieren, dann bedeutet jeder Gewinn, der kleiner ausfällt, eine Enttäuschung, obwohl es sich um ein positives Ergebnis handelt.

Der kalkulatorische Kursgewinn beinhaltet zudem noch einen anderen kritischen Aspekt: Er kann auch zu niedrig angesetzt sein. Wird der kalkulierte Kursgewinn erreicht, hat die Investition ihren Zweck erfüllt, der Gewinn kann mit einem Verkauf realisiert werden. Anschließend steigt die Aktie weiter. Ein Anleger kauft beispielsweise eine unterbewertete Aktie und rechnet mit einem Kursanstieg von 50% innerhalb der nächsten zwei Jahre. Nachdem die Aktie tatsächlich um 50% gestiegen ist, verkauft er das Papier, denn das Ziel wurde ja erreicht. Er hat sich auf den fixen Kursanstieg eingestellt und das Potenzial der Aktie innerlich begrenzt. Doch die Aktie steigt höher und höher und hat sich nach Ablauf von zwei Jahren im Kurs bereits verdreifacht. Die Rückwirkung auf den Anleger, der bei 50% Kursgewinn verkauft hat, kann sich jeder ausmalen. Er wird sich über den frühen Ausstieg ärgern, wenn der einzige Verkaufsgrund darin bestanden hat, den anvisierten Gewinn zu realisieren, die Verfassung der Aktie oder des Gesamtmarktes jedoch keine Glattstellung des Engagements nahe legten. Auch unter diesem Aspekt sollte ein Gewinnpotenzial grundsätzlich nur als grobe Orientierung verstanden werden. Wird das anvisierte Kursziel erreicht, so wird nicht umgehend verkauft, sondern die aktuelle Lage analysiert. Spricht nichts gegen ein Engagement in der Aktie, wird die Position gehalten. Aber mit welchem neuen Kursziel?

Wie Sie sehen, kann man diese Theorie ins Absurde fuhren. Vielleicht erkennt der Anleger in diesem Moment, dass er kein Kursziel benötigt, sondern ausschließlich eine positive Gewinnperspektive. Solange sich der Kurs im Aufwärtstrend befindet, bleibt er engagiert und sichert seine Gewinne mit Stopp-Techniken, von denen es unterschiedliche Varianten gibt (siehe auch die ausführliche Darstellung im *Anhang B*). Stopps werden im Allgemeinen nur als Verlustbegrenzer betrachtet. Sie können aber ebenso dazu dienen, aufgelaufene Gewinne (teilweise) zu sichern. Die Methoden sind identisch mit jenen der Verlustbegrenzung, nur dass sie Buchgewinne weitestgehend absichern sollen und daher im umgekehrten Sinne Anwendung finden. Wird ein Verluststopp einmalig definiert, gestalten sich Gewinnsicherungsstopps dynamischer. Sie können als prozentuale Größe festgelegt oder auch auf Gleitende Durchschnitte oder auf charttechnische Unterstützungen ausgerichtet werden. Diese Strategien sind ebenfalls ein fester Bestandteil der *Risikokontrolle.* Die Risikokontrolle bezieht sich also nicht nur auf die Handhabung von Verlusten, sondern ebenso auf die Gewinnsicherung. Es gibt nichts Ärgerlicheres, als zusehen zu müssen, wie sich ein lukrativer Buchgewinn auflöst und sich womöglich noch in einen Buchverlust verwandelt. Mit der Risikokontrolle können Verlustrisiken, die sich auch auf bereits erzielte Buchgewinne beziehen, begrenzt werden.

Gewinne lassen sich nicht als fester Bestandteil in Ihre Strategien einplanen. Ihre Kontrollfunktion bezieht sich lediglich auf bereits entstandene Buchgewinne, deren Größenordnung Sie aber ebenfalls nicht vor dem Aufbau des Engagements einplanen können. Bevor Sie eine Position aufbauen, können Sie im Rahmen der Risikokontrolle nur eine Größe fest definieren, nämlich die Verluste, die das Investment im schlimmsten Fall produzieren darf. Das ist freilich ein Thema, das von der Mehrheit der Anleger gerne verdrängt wird. Da ja niemand Verluste will, ist man abgeneigt, sich bereits vor einem Engagement mit ihnen auseinander zu setzen. Verluste werden als Unglück empfunden, als etwas, das uns widerfährt wie ein Schicksalsschlag. Wenn man börsenbezogene Aktivitäten als Glücksspiel oder Lotterie ansehen will, kann man dies so sehen. Aber darum geht es nicht.

Verluste entstehen aufgrund einer nicht erwarteten Entwicklung. Ein Verlust ist deshalb immer nur ein Resultat, aber keines, das den Anleger unvorbereitet trifft. Betrachtet man die durchschnittliche „Erfolgsbilanz" der durchschnittlichen Anleger, so stehen Verlustentwicklungen an erster Stelle, ja können mitunter jahrelang Aktiendepots dominieren. Es handelt sich dabei in erster Linie immer wieder um einen kostspieligen Verdrängungsprozess. Wer sich nicht bereits vor einem Engagement mit einer möglichen negativen Entwicklung auseinander setzen will, ist dazu erst recht nicht in der Lage, wenn die Minusentwicklung nach dem Positionsaufbau eintritt. Gewinnträume beginnen zu platzen, der Anleger hofft dennoch auf eine positive Wende. Setzen sich die Verluste weiter fort, hofft er schließlich nur noch, dass er seinen Einstandspreis wieder herausholen kann. Innerhalb dieses Prozesses verhält er sich passiv. Auf dieser Grundlage kann sich die Verlustentwicklung ungebrochen fortsetzen.

Das Gegenmittel besteht in der Risikokontrolle. Vor dem Aufbau einer Position können Sie einen Gewinn nicht annähernd kontrollieren. Dazu müssen erst einmal Gewinne entstehen. Legen Sie sich hinsichtlich eines Gewinns fest, begrenzen Sie automatisch Ihren Erfolg. Was Sie aber von vornherein bestimmen können, ist die Höhe eines möglichen Verlustes. Mit der Definition eines maximalen Verlustes begünstigen Sie Ihre Erfolge an den Finanzmärkten. Die Verlustbegrenzung wirkt sich produktiv aus, da Sie jede offene Position über die Risikokontrolle aktiv managen. Wird die maximale Verlustgrenze erreicht, ist das Engagement umgehend aufzulösen. Die vor dem Positionsaufbau festgelegte Verlustgrenze darf im Nachhinein nicht mehr erweitert werden.

Stufen Sie eine negative Entwicklung beispielsweise als Ausnahmesituation ein, die ein Zuwarten trotz Erreichen der Verlustgrenze rechtfertigt, dann paralysieren Sie im selben Moment Ihre Strategie. Wenn tatsächlich eine Ausnahmesituation zum Verlust führt, hat dies mit der ursprünglichen Analyse nichts mehr zu tun. Die Angelegenheit angesichts einer offenen Position klären zu wollen führt erfahrungsgemäß nur zu einer Konfusion. Stellen Sie auch in solchen Fällen die Position glatt. Erst dann können Sie die Situation mit der nötigen Objektivität einschätzen. Sie sind dann auch eher in der Lage, gründlicher abzuwägen, ob Sie die Position in derselben Aktie wieder aufbauen wollen.

Und wenn die Aktie nach einer Verlustrealisierung wieder steigt? Auch das werden Sie erleben. Im Grunde genommen handelt es sich dann um eine Testphase. Ein Test dahingehend, ob Sie das Money Management tatsächlich kompromisslos anwenden können. Drehen Engagements nach Verlustrealisierung bei mehreren Geschäften hintereinander, so werden Sie in der vierten oder fünften Verlustsituation geneigt sein, Ihre Verlustbegrenzung zu ignorieren. In diesem Fall geben Sie die aktive Risikokontrolle auf und wechseln auf die Emotionsschiene, die aus der Angst vor weiteren Verlusten und der Hoffnung auf eine Verlustdezimierung gebildet wird. Mit der Risikokontrolle reduzieren Sie die alle Investments begleitenden Emotionen auf ein akzeptables Maß. Ohne Risikokontrolle lassen Sie Ihren Emotionen hingegen freien Lauf. In einer solchen Verfassung können Sie keine Gewinnstrategien aufziehen, geschweige denn ein erfolgreiches Vermögensmanagement durchführen. Die Risikokontrolle schützt nicht nur Ihr Vermögen, sondern schützt Sie auch vor negativen Begleiterscheinungen, wie z. B. übermäßigem Stress, der Ihnen auf Dauer auch gesundheitliche Rückschläge bescheren würde.

Risikokontrolle bedeutet aber auch, dass der Anleger seine Risikobereitschaft im Verhältnis zum *Gesamtkapital* ermittelt (also neben Anleihen und Aktien auch Immobilienbesitz, nicht börsennotierte Unternehmensbeteiligungen, Sachwerte wie z. B. Kunst oder Antiquitäten). Wie hoch darf der Anteil an Risikoanlagen sein? Wenn Sie sich nicht darüber im Klaren sind, mit welchem finanziellen Risikofaktor Sie leben können, wird Sie dies früher oder später innerlich erheblich unter Druck setzen. Solche Entwicklungen können bei mangelndem Money Management jederzeit auftreten. Plötzlich stellen

Sie infolge eines Kursrückgangs fest, dass die Buchverluste Ihr Gesamtvermögen erheblich dezimiert haben. Viel zu spät bemerken Sie, dass Sie in Risikoanlagen überinvestiert sind. Mit Risikoanlagen ist kein *Wagniskapitaleinsatz* gemeint, bei dem Sie von vornherein mit dem Totalverlust des eingesetzten Geldes rechnen müssen, Auch die solideste Standardaktie birgt die Gefahr eines größeren Kursverlustes in sich. Sie müssen sich einen Überblick darüber verschaffen, welche Risiken die einzelnen Anlagearten in Bezug auf Ihr Gesamtvermögen besitzen. So sind Sie auf Störfälle an den Finanzmärkten innerlich vorbereitet und verlieren nicht die Übersicht über Ihre Investments. Jeder Anleger kann sein Barvermögen und das Anlagerisiko kontrollieren, nicht aber die Kursentwicklung einzelner Wertpapiere.

Diversifikationsstrategie

Mit der *Diversifikation* können neben der beschriebenen Vermögenskontrolle sehr volatile Bewegungen des Gesamtvermögens unterbunden werden. Es gibt nach wie vor Marktteilnehmer, die alles auf eine Karte setzen, also ihr Kapital auf eine Aktie konzentrieren, weil sie von einer positiven Kursentwicklung dermaßen überzeugt sind, dass jeder Gedanke an Verlustmöglichkeiten verdrängt wird. Auf solche Einzelpositionen konzentrieren sich dann auch immer alle Hoffnungen, der Anleger liefert sich der Kursentwicklung einer einzigen Aktie regelrecht aus. Diesem Verhalten liegen *Profitgier* und vor allem *Ungeduld* zugrunde. Der Anleger will das schnelle Geld und sieht nur noch das eine Anlageobjekt. In solchen Phasen wird sehr zügig eine emotionale Beziehung zum Vollinvestment aufgebaut. Dramatisch wird es, wenn es sich dann nicht so entwickelt, wie vom Anleger zunächst erhofft. Ähnlich verhält es sich, wenn ein erheblicher Kapitalanteil in ein einziges Aktienengagement gebunden wird oder wenn eine Branche ein zu großes Gewicht in einem Portfolio bekommt. Wer sein Aktienkapital beispielsweise auf zwei Halbleiter- und drei Computer-Aktien streut, darf sich über eine parallele Entwicklung aller im Depot befindlichen Hochtechnologietitel nicht wundern.

Inwieweit das Gesamtkapital auf unterschiedliche Anlageformen aufgeteilt wird, muss der Anleger für sich selbst ermitteln und dabei mit Gewinn- und Verlustrelationen arbeiten. Es hat keinen Sinn, mit der klassischen Faustregel „60% in Anleihen, 30% in Aktien und 10% in Edelmetallen“ zu arbeiten, wenn man selbst damit nicht glücklich ist. Ein Kapital kann auch zu 30% in Anleihen, 40% in Aktien und zu 30% in Tagesgelder (Cash) investiert werden. Edelmetallanlagen können ignoriert werden oder aber eine sehr große Gewichtung bekommen (dies gilt insbesondere vor dem Hintergrund der laufenden Gold-Hausse). Die Faustregeln, die von den Finanzfachleuten der Geldinstitute oder Investmentbanken publiziert werden, spiegeln deren subjektive Meinung wider, welche Anlageformen sie favorisieren. Ein Einzelanleger kann damit wenig anfangen. Wenn ein Fondsmanager den Ratschlag erteilt, man solle zu 60% in Aktien investiert sein, dann soll er das ruhig bei den von ihm betreuten Fonds so praktizieren. Es ist seine persönliche Lageeinschätzung und damit auch seine Angelegenheit.

Wenn Sie der Auffassung sind, Sie sollten unter strategischen Gesichtspunkten zu 80% in Aktien investiert sein, so können Sie dies ohne weiteres so handhaben. Wie Sie

Ihr Kapital auf die unterschiedlichen Anlageformen streuen, bleibt ganz Ihnen überlassen. Wie risikofreudig Sie sind, das sollten Sie selber einschätzen. Ein Kundenberater kann dies allenfalls vermuten. Nur sollten Sie es mit Ihrer Risikofreude auch nicht übertreiben und sich zu Risiken hinreißen lassen, die Sie erst dann bereuen, wenn es bereits zu spät ist. Die Diversifikation Ihres Anlagevermögens entspricht einer Gratwanderung. Sie kann zu große Risiken beinhalten, mit denen Sie psychisch nicht fertig werden, aber auch zu große Sicherheiten, die Ihre Geldanlage zu einer undynamischen und langweiligen Angelegenheit machen können. Es liegt daher an Ihnen, den für Sie richtigen Mittelweg herauszufinden.

4. Strategie und Methode

Effiziente Zielsetzungen

Wer ein klares Ziel vor Augen hat, kann seine Energien konzentriert auf dessen Realisierung lenken. Kleinere Ziele lassen sich meist problemlos erreichen. Bei größeren Zielen hingegen, deren Realisierung zeitaufwändig ist und zahlreiche Kräfte beansprucht, bedarf es oftmals nur eines Widerstands, einer unvorhersehbaren Entwicklung, um ein Projekt in einem frühen Stadium scheitern zu lassen. Deshalb ist auch immer wieder zu beobachten, wie größere Projekte angekündigt, aber niemals umgesetzt werden. Entweder wird über das Projekt so lange geredet, bis die nötigen Energien sich zu verflüchtigen beginnen, oder das erste unerwartete Hindernis bringt das Vorhaben zum Stillstand.

Würde auch nur ein Bruchteil aller anvisierten Projekte auch tatsächlich realisiert, wäre die Welt um vieles reicher. Oft mangelt es nicht an der notwendigen Phantasie, sondern ganz einfach am erforderlichen Durchhaltevermögen. In einer Phase der Begeisterung und Zuversicht wird ein Projekt gestartet. In den meisten Fällen dauert es nicht lange, bis sich ein gewisser Anteil an Routine und damit der erste Prüfstein einstellt. Der erste Schwung ist weg, stattdessen muss man sich fortan selbst motivieren können.

Projektorientierung

Zu einem Projekt gehört grundsätzlich eine ausreichende *Planung.* Eine Planung, die das angestrebte Ziel umreißt (z. B. Geschäftsgründung), die Bedingungen definiert (z. B. persönliche und finanzielle Voraussetzungen) und die möglichen Folgen so weit wie möglich klärt (z. B. Auffangen möglicher Anlaufverluste und Einkommenseinbußen). Manche setzen eine Idee gleich in die Realität um und gründen ein Unternehmen ohne Vorkenntnisse und Erfahrungen. Man versucht es halt mal. Beim Versuch bleibt es dann meistens auch. In einem Gewitter nicht einkalkulierter Folgen scheitert das Unternehmen dann bereits in einem frühen Stadium. Das war auch bei einigen jungen New-Economy-Unternehmen zu beobachten, vor allem im Internetsektor, die mangels Gewinnperspektiven und aufgrund falscher Markteinschätzungen zwangsläufig scheitern mussten. Oder die Betroffenen haben einfach Glück, indem sie eine Marktnische entdeckt haben und vor dem Hintergrund einer ausreichenden Nachfrage Gewinne verzeichnen. Mit dem Glück ist das allerdings so eine Sache. Jede Unternehmung benötigt ein letztes Quäntchen Glück. Ist eine Unternehmung aber hauptsächlich und auf Dauer auf die Gunst des Schicksals angewiesen, wird früher oder später in Folge unerwarteter Schwierigkeiten das Aus kommen.

Jede börsenbezogene Aktivität ist ebenfalls ein Projekt. Bevor der Anleger investiert, muss er planerisch vorgehen, überlegen und abwägen, in welche Aktie oder welchen Markt er sein Geld investieren will, und die möglichen Bedingungen und Folgen berücksichtigen. Die meisten Anleger verhalten sich jedoch wie Hasardeure in unternehmerischen Bereichen. Sie arbeiten sich nicht gründlich in die Materie ein, sondern erliegen allein dem Wunsch, aus Geld noch mehr Geld zu machen, haben aber keine Vorstellung davon, wie dies funktionieren soll. Je ausgeprägter eine Hausse-Phase verläuft, desto größer wird die Anzahl der konzeptlosen Anleger. Kehrt der Trend dann eines schönen Tages um, verfangen sich diese Anleger jenseits aller Anlagestrategien in Verlusten, ohne eine Vorstellung davon zu haben, wie es zu diesen Entwicklungen überhaupt kommen konnte.

Vor Aufnahme des aktiven Börsenhandels sollte ein Anleger seine angestrebten Ziele formulieren können. Anleger, die börsennotierte Wertpapiere lediglich als Depotbeimischung betrachten, verfolgen möglicherweise ausschließlich renditebezogene Ziele. Spielen Gewinn- und Verlustentwicklungen eine untergeordnete Rolle, bedarf es auch keines besonderen persönlichen Einsatzes. Diese Anleger können Handelsentscheidungen auch an Berater oder Vermögensverwalter abtreten und sich persönlich aus dem Anlageprozess ausklinken. Wenn Sie an der Börse aber auf der Grundlage Ihrer eigenen Fähigkeiten handeln wollen und die Investitionen als persönliche Herausforderung betrachten, dann ist dies mit einem unternehmerischen Projekt vergleichbar. Selbstverständlich versprechen Sie sich von diesem Vorhaben Gewinne. Aber wissen Sie auch, wie Sie diese Gewinne erzielen wollen? Verfügen Sie über ein Konzept, eine Taktik oder eine Strategie? Sind Sie bereit, die möglichen Folgen sowohl in positiver als auch in negativer Hinsicht zu tragen?

Definition von Anlagezielen

In den internationalen Finanzmärkten treibt sehr viel Geld ziellos umher. Das vordergründige Ziel aller Investoren besteht darin, Gewinne zu realisieren. Allerdings mangelt es meist an Vorstellungen darüber, wie dieses Ziel realisiert werden soll. In den volatilen Finanzmärkten kann Ihnen ein *klar definiertes Ziel* bei der Entwicklung einer analytischen Beurteilungsmethode sowie eines Gespürs für Tendenzen und Trends eine große Hilfe sein und Sie außerdem bei dem Versuch unterstützen, insgesamt produktiver zu sein. Ihre Leistungsfähigkeit wird durch eine persönlichen Orientierung entscheidend mobilisiert. Wenn Sie sich Ziele für Ihre Transaktionen in den Finanzmärkten setzen, werden Sie nicht nur Ihre Beharrlichkeit bei der Umsetzung Ihrer Anlagestrategien entwickeln und verbessern, sondern können parallel Ihre Unsicherheiten und Ängste bezüglich der Entwicklung einzelner Investments erheblich reduzieren. Grundlage dafür ist ihr Bestreben, sich schrittweise zu einem *diszi-plinierten Anleger* zu entwickeln und weniger auf bestimmte Einzelinvestment- bzw. Depotresultate zu setzen.

Anlageresultate stehen grundsätzlich *am Ende* eines Prozesses und haben deshalb zunächst einmal nur eine zweitrangige Bedeutung. Gerade dieser Faktor bleibt bei den meisten Marktteilnehmern unberücksichtigt, die – noch bevor sie ein Investment tätigen – bereits an ein feststehendes Ergebnis in einem bestimmten Zeitraum denken. Dabei ist noch nicht einmal klar, ob sie überhaupt zu den gewünschten Bedingungen zum Zuge kommen oder ob sich das Ergebnis in der erhofften Zeit auch einstellen wird. Um eine gute Ernte einfahren zu können, ist nun einmal ein gut bestellter Boden wichtiger als das selbst gewählte Ernteziel. Kein Landwirt kann definitiv voraussagen, wie viel Ertrag eine Aussaat bringen wird. Er versucht, das Ergebnis der Ernte im Rahmen seiner Möglichkeiten positiv zu beeinflussen. Er käme nicht auf die Idee, das Saatgut zu einer ungünstigen Jahreszeit auszubringen, wenn die Wahrscheinlichkeit des gesamten Verlustes des Saatgutes besonders hoch ist. Investoren an den Finanzmärkten verhalten sich aber durchweg so, als würde jederzeit ein ideales Investmentklima herrschen. Ein Landwirt orientiert sich an den ZykJen der Jahreszeiten. So einfach hat es ein Börsianer nicht. Es gibt zwar Börsenzyklen, diese sind jedoch mit zahlreichen Ungewissheiten behaftet, weil sie sich nicht zwingend in einem feststehenden Turnus wiederholen. Der Börsianer kann sich aber an einer Vielzahl von Faktoren orientieren, die ihm ein günstiges, neutrales oder unvorteilhaftes Anlageklima signalisieren können.

Von entscheidender Bedeutung sind deshalb Ihre Handelsgrundlagen und Ihre Marktkenntnisse, um gute oder zumindest zufrieden stellende Handelsergebnisse an den Börsen verzeichnen zu können. Sie können die folgenden *Leitregeln* anwenden, um die Ziele Ihrer Börsenaktivitäten zu konkretisieren.

1. Einarbeitungsziele

Selbst wenn Sie auf eine langjährige Börsenerfahrung zurückblicken können und beabsichtigen, in einem für Sie bislang unbekannten Markt zu handeln, sollte es Ihr vorrangiges Ziel sein zu erlernen, wie dieser Markt überhaupt funktioniert. (Gepflogenheiten, Entwicklung der Notierungen in den letzten Jahren etc.) Besorgen Sie sich einschlägige Fachliteratur und arbeiten Sie alle Ihnen zur Verfügung stehenden Informationen über diesen Markt intensiv durch. In der Praxis ist immer wieder festzustellen, dass die meisten Anleger die Einarbeitung in die Materie vernachlässigen. Es reicht nicht aus, ein paar Broschüren über den Aktienhandel zu überfliegen und auf dieser Basis dann größere Beträge zu investieren. Mittels einer entsprechenden Einarbeitung kann man auch feststellen, ob einen der Börsenhandel auch dann noch fasziniert, wenn trockene Analyse- und/oder Researchtätigkeiten in den Vordergrund rücken. Es ist besser, dies bereits im Vorfeld zu klären und nicht erst im Falle negativer Handelserfahrungen.

Eine gründliche Einarbeitung in die Materie kann Sie auch vor vermeidbaren Fehlern schützen, die in Unkenntnis ansonsten selbstverständlicher Begebenheiten entstehen können. Die Einarbeitungsziele sind deshalb nicht nur für Anfänger, sondern auch für erfahrene Anleger von Bedeutung, wenn diese in unbekannte Märkte oder

Marktsegmente wechseln. Gerade erfahrene Anleger erliegen oft dem Trugschluss, dass sie einen Marktwechsel ohne weitere Vorbereitung vornehmen können. In der Praxis werden sie dann mit verlustbringenden Entwicklungen konfrontiert, die bei einer Einarbeitung in den neuen Markt bzw. das neue Marktsegment hätten vermieden werden können.

2. Trainingsziele

Sie sollten den Markt bzw. das neue Marktsegment eine Zeitlang nur beobachten und sich mittels eines *Trainingskonzeptes* (passiver Handel, Papiergeschäfte) mit dem Handel vertraut machen. Ein Börsentraining soll nicht reale Erfahrungswerte simulieren, sondern Sie so weit wie möglich auf die Handelsusancen vorbereiten. Ein Börsentraining ist wie eine Trockenübung, die Ihren späteren realen Handel dennoch unterstützen kann. Konzentrieren Sie sich als Anfänger für einen von Ihnen gewählten Zeitraum auf einen oder zwei Märkte, als erfahrener Börsianer auf den Markt, mit dem Sie bisher nicht vertraut sind, in dem Sie aber aktiv handeln möchten. Wählen Sie dies als konkrete *Zielsetzung.* Sie können auch auf computergestützte Trainingsprogramme zurückgreifen, die die Marktabläufe in kleineren Zeiteinheiten darstellen und so das Training beschleunigen. Der Nachteil bei diesen Programmen besteht aber genau in diesem Beschleunigungseffekt. Im Rahmen einer Trainingssimulation umfasst z. B. ein Börsenhandelstag nur wenige Minuten. Anfänger bekommen hinsichtlich des Markttempos einen falschen Eindruck vermittelt und sind besser beraten, wenn sie ihr Training auf das reale Börsengeschehen abstimmen.

Nach Ablauf des Trainings werden Sie nicht nur feststellen, dass Sie einen enormen Schritt nach vorn gemacht haben, Sie werden sich jetzt auch wesentlich sicherer fühlen. Mit diesem Rüstzeug (Grundlagenarbeit und Training) versehen, können Sie nun unter Berücksichtigung von Punkt 3 entweder den Sprung in den realen Börsenhandel wagen oder als erfahrener Börsianer den Handel im neuen Markt aufnehmen.

3. Handelsziele statt Gewinnziele

Setzen Sie sich für jedes Engagement in den Finanzmärkten ein *Handelsziel.* Gewinnziele von der Art „Ich will im nächsten Jahr 50 000 Dollar machen" sind viel zu allgemein gehalten, da sie ohne Beziehung zur Investmentstrategie lediglich eine Leerhülse und außerdem eine innere Gewinnbegrenzung darstellen. Sie könnten ja auch ein Vielfaches dieser Summe gewinnen. Gewinnen Sie weniger, befinden sich aber dennoch auf der Plusseite, könnten Sie enttäuscht sein, obwohl das Endergebnis positiv ist. Definieren Sie deshalb Ihre Erfolgsvorstellungen in einer *Verfeinerung und Beherrschung eines Handelsstils,* der individuell ausgerichtet ist, also Ihren Ansprüchen und Fähigkeiten gerecht wird. Die individuelle Zielsetzung ist von entscheidender Bedeutung. Sie muss auf Ihre Person zugeschnitten sein. Es hilft Ihnen überhaupt nicht, wenn Sie mit Methoden arbeiten wollen, die die Top-Trader anwenden, denn jeder dieser erfolgreichen Akteure verfügt sozusagen über ein maßgeschneidertes Erfolgskonzept. Sie können sich aber mit den Ansichten der Top-Trader produktiv auseinander setzen, um den Wert einer erfolgreichen Anlagestrategie oder Handelstaktik besser einschätzen zu können, und möglicherweise bestimmte Einzelkomponenten übernehmen, etwa über den Umgang mit Verlusten.

Wenn Sie beispielsweise von Millionengewinnen träumen, aber lediglich über ein Startkapital in unterer fünfstelliger Größe verfügen, würden Sie sich mit einem Anlageziel, das auf siebenstellige Gewinnsummen abzielt, selbst unter einen erheblichen Erfolgsdruck setzen. Außerdem würde es sich dabei um ein Ziel handeln, das auf Gewinne, aber nicht auf Ihre Handelsstrategie abgestellt ist. Resultatbezogene Handelsziele sind allein schon deshalb problematisch, weil sie den Wunsch nach Kontrolle beinhalten. Ein Anleger besitzt jedoch nur eine eingeschränkte Kontrollmöglichkeit über die Entwicklung eines Börsenengagements im Rahmen der Vermögens- und Risikokontrolle, andererseits aber immer die volle Kontrolle über sich selbst. Der vergebliche Versuch, mit einem bestimmten Geschäft denn nun unbedingt einen klar umrissenen Gewinn zu realisieren, kann zu nachlassender Flexibilität bei der Festlegung künftiger Ziele fuhren. Wenn Sie mit starren Gewinnkonzepten arbeiten, laufen Sie Gefahr, dass Sie sich an Ihren Vorstellungen zu sehr festklammern und dadurch nicht mehr in der Lage sind, auf unvorhersehbare, marktbewegende Einflüsse flexibel zu reagieren.

So können Sie etwa für ein halbes oder ganzes Jahr eine *Handelsstrategie* festlegen, die exakte finanzielle Resultate ausklammert. Sie können in diesem Fall bestimmen, dass Sie sich beispielsweise auf den Handel mit US-Aktien konzentrieren und in den nächsten zwölf Monaten mit einem *positiven Resultat* abschließen wollen. Erst nach Abschluss dieses Zeitraums nehmen Sie eine persönliche Bewertung vor. Halten Sie möglichst schriftlich fest, wie sie sich mit Ihren Handelszielen ohne fest definierte Gewinnabsichten gefühlt haben. Nunmehr können Sie bestimmen, ob Sie Ihren Handel auf dieser Basis fortführen möchten.

4. Optimale Zielsetzung

Bei der Definition von Zielsetzungen besteht die Gefahr, dass Sie diese ohne Rücksicht auf Ihre tatsächlichen Fähigkeiten und finanziellen Möglichkeiten viel zu hoch ansetzen. Extrem positive Zielsetzungen mögen zwar auf den ersten Blick vielversprechend wirken, Sie können aber bei Ihren gedanklichen Höhenflügen den Bezug zur Realität verlieren. So werden Sie leicht ein Opfer Ihrer Emotionen. Sie provozieren bei überzogenen Zielvorstellungen eine Vernachlässigung Ihres Money Managements, weil Sie zur Erreichung Ihrer Ziele zu hohe Risiken eingehen. Sie laufen dabei auch Gefahr, drohende Misserfolge nicht mehr rechtzeitig zu erkennen und diese entweder gar nicht oder aber zu spät abzuwenden. Die Ziele können auch dermaßen hoch angesetzt sein, dass Sie jeglichen inneren Bezug zu ihnen verlieren. Sie würden nur als abstrakte Formeln dastehen und keine Impulse mehr freisetzen.

Auch wenn Sie Ihre Ziele aus einer falschen Bescheidenheit heraus zu niedrig ansetzen („Ich will mein Vermögen erhalten"), kommt dies einem Abonnement auf Frustrationen gleich. Tatsächlich wollen Sie mehr erreichen, sich dies aber nicht eingestehen, weil Sie möglicherweise Angst vor Gewinnen haben. Der Grund kann eine falsche

Vorstellung von Geld und Eigentum sein. Wenn Sie in einem sozialen Umfeld aufgewachsen sind, in dem Geld und Vermögen negativ bewertet wurde, könnte sich diese Ansicht in Ihrem Unterbewusstsein festgesetzt haben. Dies kann dann dazu führen, dass Sie unbewusst auf Verlustproduktion konditioniert sind und Börsenverluste einfach hinnehmen, weil Sie den Eindruck haben, dass Ihnen Gewinne nicht zustehen. Sollten Sie Tendenzen in Ihren Gedanken feststellen, die in negative Richtungen zielen, so sollte Sie dies zu einer Änderung Ihrer bisherigen Einschätzung veranlassen. Eine positive Konditionierung erfordert aber einen ausreichenden Zeitraum zur inneren Verankerung.

Eine andere Vorgehensweise kann darin bestehen, dass Sie ein Ziel absichtlich negativ formulieren, aber gleichzeitig hoffen, die Dinge mögen sich besser entwickeln. Sie sagen beispielsweise „Dieses Investment geht bestimmt schief", hoffen aber insgeheim auf einen Gewinn. Schmerzliche Erfahrungen in der Vergangenheit, in der Sie einige herbe Verluste an der Börse wegzustecken hatten, können Sie nun zu einer destruktiven Vorgehensweise veranlassen. Früher hatten Sie möglicherweise übertriebene bzw. euphorische Gewinnerwartungen und wurden dann durch die Börsenrealität enttäuscht. Wenn Sie jetzt meinen, ein Umkehrschluss (negative Erwartung) würde Ihnen ebenfalls die gegenteilige Entwicklung bescheren, in diesem Fall Gewinne, verheddern Sie sich in einem Gedankennetz mit dem Muster, dass immer das Gegenteil von dem eintritt, was Sie sich gerade wünschen. Wenn Sie daran interessiert sind, sich Ihr Leben so kompliziert wie nur irgend möglich zu gestalten, dann sollten Sie so vorgehen. Wenn Sie es aber angenehmer mögen, dann machen Sie sich selbst nichts vor und versuchen Sie erst gar nicht, sich mit psychologischen Tricks dieser Art selbst zu überlisten. Entscheiden Sie sich daher grundsätzlich für eine positive innere Struktur.

Ziele sollten realistisch definiert sein und zugleich eine Herausforderung darstellen, damit sie Ihren *Motivationsprozess* anregen können. Die Schwierigkeiten bei der Umsetzung sind von Ihren *Fähigkeiten,* Ihrer *Zeit* und Ihrem *Engagement* abhängig. Analysieren Sie deshalb Ihre bisherigen Handelsergebnisse und schreiben Sie diese gedanklich in die Zukunft fort. Sie können dabei durchaus spielerisch vorgehen und sich in entspannter Situation gedanklich mehrere positive Ziele ausmalen. Versuchen Sie diese Ziele zu variieren. Sie werden feststellen, ob Sie sich zu weit vorwagen oder ob ein Ziel reizlos ist.

5. Lernziele

Schätzen Sie für sich selbst ein, ob Sie den Handelsvoraussetzungen gerecht werden können oder ob Sie dabei eventuell Gefahr laufen, sich zu überfordern. Unter Umständen kann es einfacher sein, auf eine Marktphase zu warten, die Ihren Voraussetzungen entspricht. In diesem Fall brauchen Sie sich nicht mit Handelsstrategien auseinander zu setzen, die Ihrem Naturell nicht entsprechen. Ihr Ziel kann beispielsweise darin bestehen, ausschließlich den Trends an bestimmten Finanzmärkten zu folgen, unabhängig davon, ob diese Trends auf- oder abwärtsgerichtet sind. Ihre Zielsetzung konzentriert sich darauf, die Trendwenden unter Zuhilfenahme diverser Erkennungsmethoden rechtzeitig ausfindig zu machen und dann einen Trend so weit wie möglich auszureizen. Mit dieser trendbezogenen Zielsetzung können Sie Ihr Anlagespektrum deutlich erweitern, weil Sie sich dann nicht nur einseitig orientieren, etwa ausschließlich auf Hausse-Märkte.

Die meisten Marktteilnehmer operieren vorwiegend einseitig, ohne sich dessen jedoch bewusst zu sein. So erwartet ein Haussier nur steigende Kurse, gleichgültig, ob sich eine Börse gerade in einer Hausse oder in einer Baisse befindet. In einer Markteuphorie fühlt er sich von allen Seiten bestätigt und kann so die Phase für den rechtzeitigen Ausstieg verpassen. Mündet der Markt schließlich in eine Baisse, verfängt der Haussier sich in Hoffnungen und gegebenenfalls in Einstandsverbilligungen. Am Ende einer Baisse schließt er sich dann dem allgemein grassierenden Pessimismus an und verkauft entnervt seinen Aktienbestand.

Ein einseitig orientierter Baissier läuft in größeren Hausse-Märkten Gefahr, sich zu früh gegen den Aufwärtstrend zu stellen. Sein „gesunder Menschenverstand" signalisiert ihm, dass die Aktienmärkte allgemein auf ein überbewertetes Kursniveau geklettert sind. Daraufhin startet er Baisse-Operationen mit Leerverkäufen und Verkaufsoptionen. Zum Fallstrick kann sich für ihn die Schlussphase einer Hausse entwickeln. In der allgemein euphorischen Stimmung werden ausgerechnet ohnehin überbewertete Aktien auf unvorstellbare und fundamental nicht mehr zu rechtfertigende Kurshöhen getrieben. In den Publikumslieblingen steckt dann aber auch das größte Baisse-Potenzial. Nur lässt sich das Timing bei diesen Aktien sehr schwer in den Griff bekommen. Solche Marktkonstellationen werden manchem Baissier zum Verhängnis. Er kann sich zu früh gegen eine noch laufende Aufwärtsbewegung stellen, da er etwa eine markttechnische Reaktion einer bestimmten Aktie bereits als Trendwende interpretiert, später dann aber zu Rückkäufen (Short-Eindeckungen) gezwungen ist, weil die Aufwärtsbewegung doch noch nicht beendet war. Solange er dies durch Stopp-Techniken in den Griff bekommt, wird sich dies aber nicht unbedingt zu einem Fiasko entwickeln.

Ein auf Markt-Baissen konditionierter Anleger kann sich ebenso in seinem Pessimismus verfangen. Seine Position verschlechtert sich rapide, wenn er seine Spekulationen auf die Ego-Schiene zieht und sich gegen die Marktentwicklung stemmt. Ist die Marktstimmung negativ, kann er von der allgemeinen Bestätigung getäuscht werden. An der Wall Street war dies beispielsweise in der Zeit von 1991 bis 1995 durchweg der Fall. Die Skepsis der Experten gegenüber der konstanten Aufwärtsbewegung erwies sich als besonders hartnäckig, wobei die Gründe durchaus stichhaltig waren. Letztlich stellten sie aber ein Signal dar, dass die Hausse noch nicht vorüber war. Solche Marktphasen, die über einen langen Zeitraum von vorsichtigen Einschätzungen der Experten geprägt sind, sind eher Ausnahmen, denn die eindeutige Mehrheit der Marktteilnehmer ist auf steigende Kurse fixiert.

Wenn Ihnen die generelle Trendorientierung zu aufwändig erscheint und Sie sich auf bestimmte Marktphasen spezialisieren wollen, erspart Ihnen dies nicht die Mühe, auch Marktphasen erkennen zu müssen, die Ihren aktiven Anlagezielen nicht entsprechen, um sich so aus der Distanz heraus auf die Ihren Anlagestrategien entsprechenden Marktphasen einstellen zu können.

6. Zielstaffelung

Unterteilen Sie Ihre Ziele in unterschiedliche Zeiträume. Setzen Sie sich *kurzfristige* (tägliche, wöchentliche), *mittelfristige* (sechs bis zwölf Monate) und *langfristige Ziele* (ein bis fünf Jahre). Ein *kurzfristiges Ziel* kann beispielsweise darin bestehen, dass Sie täglich eine für Ihre Investments relevante Finanzzeitung lesen. Planen Sie dafür täglich eine feste Zeit ein. Lesen Sie aber wirklich nur diejenigen Informationen, die für Ihre Anlagestrategien von Bedeutung sind. Belasten Sie sich nicht mit Informationen, die keinen direkten oder indirekten Einfluss auf Ihre Investments haben. Wer sich beispielsweise auf die Aktienmärkte in den Vereinigten Staaten und Deutschland konzentriert, kann auf ausführliche Informationen über die Emerging Markets verzichten. Bedeutend sind alle Nachrichten, die die Konjunkturentwicklung und die Zinspolitik sowie die Anleihemärkte dieser Länder betreffen. Ein Anleger ist damit bereits gut ausgelastet und sollte sich daher nicht den Luxus leisten, sich zusätzlich mit Finanzmärkten auseinander zu setzen, die für ihn im Grunde genommen bedeutungslos sind. Mit den Trends an den Rohstoffmärkten muss sich ein Anleger nur dann befassen, wenn er in rohstoffabhängigen Aktien investiert. Sollten Sie jedoch nur einbis zweimal jährlich an den Finanzmärkten handeln, so sollte es vollkommen ausreichen, wenn Sie sich einmal wöchentlich mit den für Ihre Investments maßgeblichen Informationen befassen.

Eine *mittelfristige Zielsetzung* kann beispielsweise darin bestehen, dass Sie sich einmal monatlich mit Grundlagen für den Börsenhandel beschäftigen, um Ihre Kenntnisse zu vertiefen. Ferner können Sie monatlich Ihre Handelsstrategie überprüfen, um so auch neue Eindrücke möglichst zeitnah verarbeiten zu können. Wenn Sie allerdings nur selten handeln, reicht es aus, wenn Sie diese Überprüfung halbjährlich vornehmen.

Ein *langfristiges Ziel* kann darin bestehen, dass Sie sich am Jahresende mit den Entwicklungen des vorangegangenen Jahres ausführlich auseinander setzen. Diese Analyse betrifft zum einen Ihre *persönliche Anlagestrategie* und zum anderen die *Investmentanalyse.* Innerhalb eines Jahres werden Sie mit einer Vielzahl von Eindrücken konfrontiert, die es zu verarbeiten gilt. Von großer Bedeutung bei der Jahresanalyse ist wieder einmal, dass Sie sich nichts vormachen und ehrlich zu sich selbst sein sollten. Diese Analyse ist nur für Sie allein bestimmt. Sie legen sich selbst gegenüber und keinem Dritten Rechenschaft ab. Zu der Jahresanalyse gehört die kritische Überprüfung Ihrer bisherigen Ziele, die Sie mit den Ergebnissen Ihrer Anlagen vergleichen sollten. Wenn Sie erkennen, dass Sie das eine oder andere Anlageziel zu hoch oder zu niedrig angesetzt haben, so scheuen Sie sich nicht davor, es zu ändern. Es kann auch sein, dass der Zeitraum zur Umsetzung bestimmter Ziele zu kurz oder zu lang gewählt wurde und einer Modifizierung bedarf.

Wenn Sie mit Zielen arbeiten, die in unterschiedliche zeitliche Perioden eingeteilt sind, steigern Sie Schritt für Schritt Ihre Motivation. So können Sie konsequent arbeiten und Ihre Einstellung fließend neuen Situationen anpassen. Sollte sich nach einer Zielsetzung herausstellen, dass diese mit Ihrer Anlagestrategie nicht vereinbar ist, können Sie sie streichen oder modifizieren, denn frühere Ziele bilden immer das Fundament bei der Erarbeitung neuer Zielsetzungen.

7. Persönliche Buchführung

Das Herausfinden von *Handelsvoraussetzungen* ist grundsätzlich ein hochgradig individueller Prozess. Sie kommen einer Klärung durch eine *Selbstprüfung* näher, indem Sie der Frage nachgehen, wie Sie als Individuum auf die sich ständig mit den Marktkonditionen verändernden Handelsvoraussetzungen reagieren. Wenn Sie also zunächst Ihre Stärken und Schwächen erkennen, verschaffen Sie sich damit eine bessere Kontrolle über Ihre Handelsaktivitäten. Selbstprüfung kann Ihnen auch helfen, Ihre Einstellungen und Gefühle in eine harmonische Beziehung zueinander zu setzen. Mit einem persönlichen *Handelsbuch* können Sie darüber hinaus leicht feststellen, welche kleinen oder größeren Faktoren Ihr Verhalten beeinflussen. Im Zuge vieler Eintragungen über mehrere Monate hinweg werden Sie bei einer Rückbetrachtung einen roten Faden entdecken, der Ihre analytischen Überlegungen kennzeichnet. Es verschafft Ihnen auch die Möglichkeit, Änderungen an Ihrem Handelsstil frühzeitig zu bemerken. Es kann Ihnen vor Augen führen, ob solche Veränderungen auch produktive Auswirkungen haben werden. Außerdem treten Sie mit einem Handelsbuch in einen *inneren Dialog.*

Wenn Sie sich angesichts bestimmter Marktentwicklungen innerlich aufgerieben oder zerrissen fühlen, versuchen Sie, diese Stimmungslage in Worte zu fassen und niederzuschreiben. Die Niederschrift wird zu einer Klärung der Situation beitragen. Schildern Sie Ihre Gefühle und Beweggründe, legen Sie dann das Handelsbuch zur Seite und setzen Sie sich mit Ihren Eintragungen ein paar Tage später kurz auseinander. Sie werden möglicherweise feststellen, dass ein Stimmungswechsel eingetreten ist und Sie den Sachverhalt nun wesentlich distanzierter beurteilen können. Investmentideen, die noch nicht ausgereift sind, können Sie in Ihrem Handelsbuch festhalten und sich damit automatisch von ihnen distanzieren. Auch in diesen Fällen können Sie diese Überlegungen zu einem späteren Zeitpunkt nochmals durchlesen und sich mit ihnen auseinander setzen. Vielleicht bleibt die ursprüngliche Idee unausgegoren. Möglicherweise kommen aber neue Aspekte hinzu, die die frühere Überlegung bestärken oder aber vollends in Frage stellen können.

Was Sie in das Handelsbuch eintragen sollten, dafür gibt es keine festen Regeln. Wichtig ist nur, dass Ihnen diese Art von „Buchführung" auch Freude macht und von Ihnen nicht als lästige Pflichterfüllung angesehen wird. Am Anfang mag Ihnen dies Schwierigkeiten bereiten, aber das liegt ausschließlich daran, dass es sich um eine ungewohnte Tätigkeit handelt. Im Laufe weniger Wochen werden Sie sich an ihre persönliche Buchführung gewöhnen. Es ist jedoch nicht sinnvoll, wenn Sie in Ihrem Handelsbuch nur sporadische Eintragungen vornehmen, etwa in Abständen, die mehrere Monate umfassen. In diesem Fall wäre der Nutzen erheblich geringer.

Die folgenden Hinweise sollen Ihnen eine Starthilfe geben. Sie können sie ganz nach Ihren persönlichen Bedürfnissen anwenden und daher auch entsprechend kürzen oder erweitern.

- Legen Sie zunächst fest, was Sie mit den Börsenaktivitäten generell erreichen wollen oder was Sie sich davon versprechen. Zu einem späteren Zeitpunkt, den Sie selbst festlegen, überprüfen Sie, ob Sie den entsprechenden Zielen bereits näher gekommen sind oder ob sich an den Zielen in der Zwischenzeit etwas geändert hat bzw. diese einer Modifizierung bedürfen.

- Finden Sie heraus, zu welchen Zeiten bzw. unter welchen Voraussetzungen Sie sich am besten konzentrieren können. Ermitteln Sie ebenso, wann Sie dazu überhaupt nicht in der Lage sind. Versuchen sie nach Möglichkeit, die Informationsverarbeitung in die Konzentrationsphasen zu verlagern.
- Rufen Sie sich ein Verlustgeschäft in Erinnerung und reaktivieren Sie Ihre Gefühle, die Sie dabei erlebt haben. Schreiben Sie – soweit Ihnen das möglich ist – die Eindrücke auf, die diesem Geschäft vorausgingen. Wiederholen Sie diese Übung mit einem Gewinngeschäft. Anschließend vergleichen Sie die Erlebnisse. Bei dem Gewinngeschäft werden Ihnen positive Eigenarten auffallen, die Sie sich einprägen sollten. Künftige Verlustgeschäfte sollten Sie immer gleich schriftlich verarbeiten, da dies einen bereinigenden Effekt hat. Die Niederschrift befreit Sie von negativen Emotionen und verhindert somit eine emotional bedingte Handelsblockade.

8. Zielformulierung

Schließlich sollten Sie alle persönlichen Ziele *nur positiv formulieren,* und zwar mit dem Augenmerk darauf, welches Verhalten erreicht werden soll. Verhaltensweisen, die Sie vermeiden wollen, finden in der Formulierung von Zielen grundsätzlich keine Berücksichtigung. Häufig hört man von Anlegern den Satz: „Ich will keine Verluste mehr machen." Gut und schön. Auf den ersten Blick ist das ein erstrebenswertes Ziel. Wer jedoch sein Gewinnstreben über Verluste definiert, der lenkt sein Augenmerk und auch seine unbewusste Vorgehensweise ausgerechnet auf Verluste. Wandeln Sie also alle mit negativen Vorstellungen behafteten Worte in Ihren Zielsetzungen positiv um.

Außerdem sollten Sie darauf achten, dass Sie Ihre Ziele insgesamt nicht zu allgemein fassen. Ihre Zielsetzungen sollten einander auch nicht widersprechen. Setzen Sie also Prioritäten und konzentrieren Sie sich auf wenige Ziele, damit Sie sich nicht in einem Wust von Zielsetzungen verlieren, die Sie dann einfach nicht mehr überblicken können.

Die Definition von Zielen bildet einen Teil Ihrer individuellen Ausrichtung auf gewinnorientiertes Handeln. Die von Ihnen gesteckten Ziele sind gleichzeitig auch Ihre persönlichen Wegweiser. Mit klaren Zielsetzungen fühlen Sie sich nicht der äußeren Welt ausgeliefert, sondern bestimmen Ihren Entwicklungsweg selbst.

Anlageziele und ihre Konsequenzen

Überprüfen Sie Anlageziele immer daraufhin, welche Konsequenzen sie beinhalten. Dies ist ein relevanter Punkt, der von Ihnen eine entsprechende Berücksichtigung verlangt. Ihre börsenbezogenen Ziele können so gesetzt sein, dass Sie dafür auf anderen Gebieten Einschränkungen hinnehmen müssen. Wenn Sie beispielsweise berufstätig sind und sehr vielen Freizeitbeschäftigungen nachgehen, kann es erforderlich sein, dass Sie das eine oder andere Hobby zugunsten Ihrer Geldanlage aufgeben müssen. Bei Börsenneulingen entwickeln sich diese Prozesse durchweg schleichend. Ohne mögliche Konsequenzen grob umrissen zu haben, wird der aktive Börsenhandel aufgenommen. Die börsenbezogenen Aktivitäten können, abhängig von einer kurz- oder langfristigen Orientierung und je nach Handelsfrequenz, einen erheblichen Teil der verfügbaren Zeit beanspruchen. Schritt für Schritt steht der Handel dann immer mehr im Mittelpunkt der Freizeitaktivitäten. Andere Interessen treten in den Hintergrund, werden zunächst unbemerkt vernachlässigt. Wer bis dahin beispielsweise vor einer Staffelei stand, sitzt nunmehr immer häufiger passiv vor dem Computer. Statt Entspannung in der Malerei findet man nun Spannung im Verfolgen der Kurse. Von den Börsenentwicklungen können magnetisierende Effekte ausgehen. Geschieht dies unbemerkt, dann kann das sogar so weit führen, dass das neue Interesse dermaßen in den Lebensmittelpunkt rückt, dass sich das soziale Umfeld zu ändern beginnt.

Bevor Sie den aktiven Börsenhandel aufnehmen, sollten Sie herausfinden, welche Einschränkungen auf welchen Gebieten zu erwarten sind und ob Sie diese Änderungen ohne weiteres akzeptieren bzw. umsetzen können. Eine intensiv geführte Anlagestrategie beansprucht Zeit. Wer davon überzeugt ist, nach einem Arbeitstag und einem ausgefüllten Privatleben, das ihn zeitlich voll auslastet, seine Börsengeschäfte „mal so nebenher" erledigen zu können, wird sich bald unter den unterinformierten Verlierern wiederfinden. Es mag durchaus Marktteilnehmer geben, die so vorgehen können und dabei auch erfolgreich sind, sie stellen jedoch keinen Maßstab für die Mehrheit der Anleger dar. Aber verstehen Sie diese mögliche Einschränkung Ihres Privatlebens nicht falsch. In der Anfangsphase, insbesondere bei der erforderlichen Einarbeitung, kann eine vorübergehende Dominanz der börsenbezogenen Aktivitäten akzeptabel sein. In diesem Fall treten alle anderen Interessen zeitlich begrenzt in den Hintergrund. Wer wegen seiner Börsenaktivitäten aber sämtliche Freizeitinteressen zurückstellt, entzieht sich damit den ausgleichenden und stressmindernden Einflüssen. Dies würde seinen Börsenhandel nicht unterstützen, sondern auf Dauer eher belasten.

Dazu berichtet ein Anleger: „Der Handel mit Aktien nimmt seit zehn Jahren in meinem Alltag einen großen Raum ein. Früher ging ich mehreren Hobbys nach: sportliche Aktivitäten, Kartenspielen, stundenlanges Basteln am Auto usw. Als ich mit dem Börsenhandel anfing, änderte sich das alles sehr schnell. Hinsichtlich der sportlichen Aktivitäten fand ich immer häufiger Gründe, um nicht mehr trainieren zu müssen. Da sich beim wöchentlichen Kartenspiel niemand für die Börse interessierte, gab ich dieses Hobby auf und wechselte in einen Investmentclub. Irgendwann kümmerte ich mich auch nicht mehr um mein Auto. Stattdessen befasste ich mich lieber stundenlang mit Analysen.

Meine ganze Freizeit war von Börsenthemen besetzt. Damit kam ich zunächst ganz gut zurecht. Aber vor ca. drei Jahren stellten sich gesundheitliche Probleme ein, die auf Stress und Bewegungsmangel zurückzuführen waren. Das interessierte mich zunächst nicht weiter. Ich entwickelte mich aber zu einem regelrechten Nervenbündel und bekam deshalb immer öfter Ärger mit meiner Frau. Hatte sie bis dahin meine Interessen akzeptiert, so gab es deswegen nun immer häufiger Streitigkeiten. Parallel dazu verschlechterten sich meine Handelsresultate. Ich konnte mich auch nicht mehr konzentrieren und regte mich schließlich nur noch über die Börse auf. Die ganze Angelegenheit machte mir einfach keinen Spaß mehr. Irgendwann ließ ich die Kurse dann Kurse sein, bastelte wieder an meinem Auto herum und kümmerte mich auch wieder um meine Fitness. Dadurch bekam ich dann zur Börse wieder einen ausreichenden Abstand. Die Sache fing wieder an, Spaß zu machen. Meine Investitionen habe ich heute so abgestimmt, dass sie mir ausreichend Raum für andere Aktivitäten lassen."

Finanzielle Voraussetzungen

Die börsenbezogenen Aktivitäten sollten sich also grundsätzlich in einem Gleichgewicht zu anderen alltäglichen Unternehmungen befinden. Es gilt, hier den richtigen Mittelweg zu finden. Eine von Ihnen gewählte Anlagestrategie kann eine finanzielle Einschränkung Ihrerseits erfordern. Allgemein gilt der Grundsatz, dass eben dies nicht der Fall sein darf, da eine Aktivität an den Finanzmärkten niemals zu einer Einschränkung des sozialen Standards führen sollte.

Dieser Grundsatz ist aber zu relativieren. Wer sich in waghalsige Kreditspekulationen stürzen will, kann dies ohne weiteres praktizieren, wenn er sich vollends darüber im Klaren ist, dass er sich bei einer Schieflage finanziell ruiniert, und er weiß, welche Auswirkungen damit verbunden sind. In diesem Zusammenhang darf aber nicht unerwähnt bleiben, dass ein solcher Hasardeur alles andere als eine positive Einstellung zu sich selbst hat. Er legt es offensichtlich darauf an, ein bestehendes inneres Unglück äußerlich zu manifestieren. Ein Anleger, der nicht über genügend Kapital verfügt und für seine geplanten Börsenaktivitäten Geld aufbringen muss, kann dieses Ziel ohne Einschränkungen bei seinen finanziellen Ausgaben nicht realisieren. Auch künftige Anleger, die einen zusätzlichen Job zur Liquiditätsbeschaffung ausüben, schränken Ihren Lebensstandard durch die zusätzliche Arbeitsbelastung mitunter erheblich ein. Warum sollte dies nicht erlaubt sein?

Bei der Eröffnung eines Termin- bzw. Optionskontos bei einem Geldinstitut bzw. einer Brokergesellschaft muss der Kontoinhaber schriftlich erklären, dass die potenziellen Risiken seinen sozialen Standard nicht beeinträchtigen. Dies ist sicherlich ganz korrekt, entspringt aber der allgemeinen Auffassung, dass nur Personen spekulieren sollten, die über sehr viel überschüssiges Geld verfügen.

Diese Ansicht ist veraltet und nicht mehr zeitgemäß. Nur – und das sollte ebenso klar sein – muss ein Anleger, dessen Finanzmarktaktivitäten eine Einschränkung seines Lebensstils zur Folge haben, dieses Zugeständnis auch vollständig akzeptieren und ohne Einschränkungen annehmen. Er darf sich in diesem Fall nicht darüber beklagen bzw. sich diese Einschränkung auch noch zum Vorwurf machen. Wer seinen Lebensstil nicht einschränken will, aber ohne Einschränkungen kein Startkapital bilden kann, der muss auf den Börsenhandel eben verzichten. Um dies nochmals zu verdeutlichen: Die Rede ist hier von der Bildung eines Startkapitals. Einschränkungen, die diesbezüglich in Kauf genommen werden müssen, sollten also immer nur von zeitlich begrenzter Dauer sein.

Timing

Auf den ersten Blick ist es natürlich verständlich, wenn jeder so schnell wie möglich Börsenerfolge realisieren möchte. Ungeduldig wird nach einer Investmentmöglichkeit gesucht, eine solche schließlich gefunden, und prompt sitzt der Anleger in der Zeitfalle. Ob geduldig oder nicht, nach dem aktiven Handel befindet er sich hinsichtlich der Entwicklung des Investments in einer passiven Situation. Er muss warten. Tage-, wochen- oder monatelang. Spätestens jetzt bekommt er zu spüren, wie dehnbar der Begriff *Zeit* sein kann. Die Investmentdauer kann ihm wie eine Ewigkeit vorkommen. Allein das kann das gesamte künftige Verhalten an den Finanzmärkten beeinflussen. Laufen dem Akteur Aktieninvestments nicht schnell genug, wechselt er womöglich in die Terminmärkte. Hier läuft tatsächlich alles schneller ab, die Zeit scheint komprimiert zu sein. Doch das ist eine Illusion. Eine höhere Volatilität bzw. die große Hebelwirkung auf das eingesetzte Kapitel erweckt den Eindruck eines Zeitkomprimierers, der aber in dieser Form nicht existiert. Nur wer mit den Faktoren *Volatilität* und *Hebelwirkung* umzugehen versteht, erlebt den Zeitfaktor als neutrale Komponente.

Für einen taktisch orientierten Termin-Trader, der auf Tagesbasis handelt, bedeutet Zeit nicht allein die Laufzeit eines Terminkontraktes, einer Option oder eines Optionsscheines, sondern die Zeit drückt sich für ihn allein im Ausmaß der Handelsfrequenz innerhalb eines Börsentages aus. Den Faktor Zeit erlebt er vor diesem Hintergrund in kleinen Einheiten. Eine einzige Handelsstunde kann für ihn eine Ewigkeit bedeuten, wenn er tatenlos auf den nächsten Deal wartet, schief liegt oder den für ihn idealen Ausstiegspunkt aus einer Gewinnposition ermitteln muss. An den Terminmärkten können deshalb unter bestimmten Voraussetzungen bereits Sekunden fühlbar werden. Gewinne werden dort nicht „schnell" produziert, sondern allein über das richtige *Timing* definiert. Exaktes Timing umfasst beispielsweise den Aufbau einer Kaufposition am Tiefpunkt und den Verkauf am nachfolgenden Hochpunkt. Was dabei den Tiefpunkt oder Hochpunkt ausmacht, entscheidet allein die Zeiteinheit des Tradings, also bei einem Daytrader Tief- und Hochpunkte innerhalb weniger Minuten. Für einen Aktienanleger hingegen liegen Tief- und Hochpunkte innerhalb weniger Monate, eines Jahres oder gar einer Dekade. Wenn ein Termin-Trader den Ausstiegspunkt aus einer Long-Position, z. B. in einem Terminkontrakt auf einen Aktienindex, ermittelt hat, mag das für den Strategen, der mit Aktien handelt, erst den Beginn einer Rallye darstellen.

An den Terminmärkten werden Resultate über die Hebelwirkung bestimmt, die nicht nur wesentlich größere Gewinnchancen, sondern auch entsprechend höhere Verlustrisiken beinhalten als beispielsweise die Aktienanlage. Dafür sind im Gegenzug auch die Einsätze spiegelverkehrt. Das Money Management ist den entsprechenden Bedingungen anzupassen. Wer bereit ist, 20 000 Euro in eine Aktie zu investieren, zieht kaum in Erwägung, für diese Summe Long-Positionen am Terminmarkt mit dem Risiko aufzubauen, dass das Geld binnen kürzester Zeit weg ist. Hinter dem Wunsch, den Börsenerfolg möglichst schnell zu realisieren, steckt im Grunde genommen das Ziel, möglichst schnell reich zu werden. Meist ist das Motiv einfach Geldmangel. Ein Marktanalyst stellte dazu einmal fest: „Die meisten Trader (an den Terminmärkten) haben doch gar kein Geld. Sie sind da, weil sie auf die Schnelle viel Geld machen wollen."

Diese Trader gibt es an den Terminmärkten tatsächlich wie Sand am Meer. Bei ihnen steht wiederum nur die Zeitkomponente im Vordergrund. Viel Geld soll möglichst schnell gewonnen werden. In den meisten Fällen haben sie sich vorher erfolglos an den Aktienmärkten versucht. An den Terminmärkten soll das entstandene finanzielle Defizit nun zügig abgebaut und natürlich zugleich ein Vermögen gewonnen werden. Der falsche Umgang mit der Zeitkomponente scheint bei diesem Anlegertyp bereits am Aktienmarkt nicht funktioniert zu haben. Für einen Wechsel in die Terminmärkte ist dann aber der Ansatz falsch, denn die Zeit wird hier ja anders erfahren, weil alle Marktteilnehmer davon betroffen sind. Die Zeitkomprimierung ist also ein Trugschluss, denn schnellere Resultate bedeuten nicht automatisch gute Ergebnisse.

Der Faktor Zeit muss daher unter anderen Aspekten beurteilt werden, denn er ist eine weitere Schlüsselkomponente für den Börsenerfolg. Zu unterscheiden sind deshalb das *marktbezogene Timing* und das *Individual-Timing.*

Markt-Timing

Das marktbezogene Timing beinhaltet die exakte Einschätzung einer zyklischen Marktbewegung, die sich, je nach Ausrichtung des Tradings bzw. der Investition, auf Minuten-, Stunden-, Tages-, Wochen-, Monats- oder Jahresbasis konzentriert. Ein perfektes Markt-Timing geht immer von einem Ideal aus, bei dem Hoch- und Tiefpunkte genau getroffen werden müssen. In der Börsenpraxis ist dies, unabhängig davon, mit welcher Zeiteinheit der Handel stattfindet, praktisch nicht möglich. Der Kauf zum Tiefpunkt und Verkauf zum Hochpunkt geschieht rein zufällig. Die meisten Akteure an den Finanzmärkten versuchen aber zwangsläufig, sich diesem Ideal anzunähern, weil es das Ausmaß eines Investmentresultats definiert. Im negativen Fall kauft man zum Hochpunkt und verkauft zum Tiefpunkt, ein Verhalten, das bei unerfahrenen Akteuren in den Terminmärkten wesentlich häufiger als bei solchen in Aktienmärkten auftritt. Da alle Akteure sich einem möglichst perfekten Timing annähern wollen, versuchen sie dieses mit unterschiedlichen Indikatoren auszuloten.

Aber auch in diesem Bereich gibt es keine Perfektion. Signalisiert beispielsweise ein Indikator, dass ein bestimmter Markt überverkauft ist, kann dieser Markt tatsächlich unmittelbar vor einer Erholung stehen, aber ebenso gut noch wesentlich tiefer stürzen. Auch eine Flut von unterschiedlichen Indikatoren zur Bestimmung des Timings hat in den vergangenen Jahren nicht zu wesentlich besseren Timing-Resultaten geführt. Inzwischen hat die Mehrheit der Profis erkannt, dass es sich bei der exakten Definition von Hoch- und Tiefpunkten um ein eher mühseliges Unterfangen handelt.

Die Timing-Orientierung wurde daher in den letzten Jahren zunehmend vom *Trendfolgeprinzip* abgelöst. Die eigentliche Analysetätigkeit der Betroffenen konzentriert sich also nicht mehr auf die Ermittlung von Hoch- und Tiefpunkten, also auf Trendwenden, sondern auf die möglichst frühzeitige Erkennung von marktbestimmenden Trends. Nur wer sich rechtzeitig an einen Trend anhängt, kann davon maximal profitieren. Je mehr Marktteilnehmer jedoch dieser Theorie folgen, desto schwieriger wird die Gewinnerzielung. Diese Vorgehensweise kann man auch als *geglättetes Timing* bezeichnen, denn wieder steht die Zeitkomponente im Vordergrund, wenn man einen Trend *rechtzeitig* erkennen will, um von ihm profitieren zu können. Der diesbezügliche Analyseaufwand ist umso größer, je kurzfristiger die Handelsaktivitäten ausgerichtet sind, zumal hier auch die Konkurrenz der Trader untereinander besonders groß ist. Nicht unerwähnt bleiben darf auch die Schwierigkeit der Umsetzung des Trendfolgeprinzips. Orientieren sich zu viele Akteure in einem Markt auf diesen Faktor, kann dies einen Trend einerseits egalisieren (in solchen Fällen sind Seitwärtstrends die Folge) oder aber zu einer kaum noch handelbaren Volatilität führen. Das ursprüngliche Timing mit Blick auf die Wendepunkte ist somit in den letzten Jahren in Richtung Markttrends modifiziert worden.

Was bedeutet dies für den privaten Anleger? Konzentriert er sich beispielsweise auf das Trendfolgeprinzip, so sollte er sich dafür Bereiche aussuchen, in denen er keine zu große Konkurrenz von professioneller Seite zu erwarten hat. Dies betrifft insbesondere mittelfristige Trends, die sich über Monate bis zu einem Jahr hinziehen, oder längerfristige Trends, die über Jahre laufen. Selbstverständlich haben Anlageprofis diese Trends auch im Blick, sie erliegen aber mehrheitlich dem Tagesgeschäft. Das war schon bisher der Fall, sodass sich daran auch künftig kaum etwas ändern dürfte. Wenn Sie also schnelle Gewinne wollen und davon ausgehen, dass Sie diese in den Terminmärkten erzielen können, sollten Sie sich der dort herrschenden Konkurrenz bewusst sein, denn Sie treffen dort auf Tausende von Tradern, die über ein umfassendes Equipment zur profitablen Umsetzung des kurzfristigen Tradings verfügen. Wenn Sie aber auf Dauer gewinnen wollen, müssen Sie Ihre Konkurrenten schlagen. Im Bereich des Tages- oder Wochenhandels ist dies einem Privatanleger praktisch unmöglich. Abgesehen davon, dass Sie in der Regel weniger Zeit haben, werden Sie kaum über die technischen Voraussetzungen verfügen, um mithalten zu können.

Wenn dies auf Sie desillusionierend wirkt – gut, denn genau das ist beabsichtigt. Sie können sich darauf verlassen, dass die Profis permanent „frisches Futter" erhalten. Verwandeln Sie Ihr Geld nicht in Kanonenfutter für Leute, die Ihnen gegenüber im Vorteil sind. Als Alternative bleibt Ihnen praktisch nur die Möglichkeit, ins Profilager zu wechseln. Die Börse steht dann im Mittelpunkt Ihres Berufsalltags. Jetzt können Sie theoretisch auch extrem kurzfristige Tradings durchführen, da Sie Ihre Zeit ganz den Märkten widmen können. Aber damit schließt sich auch der Kreis: Wer von kurzfristigen Marktbewegungen profitieren will, muss für den Handel auch sehr viel Zeit investieren. Die Absicht, kurzfristige Kursgewinne zu erzielen, verlangt einen entsprechenden persönlichen und zeitlichen Einsatz. Wer dazu nicht bereit ist, befindet sich gegenüber den Mitstreitern im Nachteil, handelt also mit einer hohen Verlustwahrscheinlichkeit. Das wäre so, als würden Sie untrainiert an einem 400-Meter-Lauf mit erfahrenen Läufern teilnehmen und zusätzlich mit einer Zeitverzögerung Ihr Rennen beginnen, aber trotzdem auf einen Sieg hoffen.

Besteht dennoch eine Alternative? Wenn die Mehrheit der Profis kurzfristig orientiert ist, haben Sie als Privatanleger über mittel- bis längerfristig orientierte Anlagen die besseren Erfolgsaussichten bei einem reduzierten Zeitaufwand gegenüber extrem kurzfristigen Tradings. Selbstverständlich ist immer noch ein bestimmter Zeitaufwand für Analysetätigkeiten erforderlich. Diesen können Sie aber auf Ihre persönlichen Gegebenheiten abstimmen. Hinsichtlich des marktbezogenen Timings können Sie sich auf die entsprechenden Trendkomponenten einstellen, verfolgen also strategische Investmentziele und lassen die taktischen Anlagevarianten außer Acht.

Individuelles Timing

Hier ist zwischen drei Komponenten zu unterscheiden, bei denen *persönliche Zeit* in Bezug auf den Börsenhandel eine Rolle spielt:

- die Zeit, die Sie einer Investition einräumen,
- die Zeit, die eine Investition begrenzt (bei Optionsscheinen. Optionen und im Terminhandel), und
- die Zeit, die Sie sich selbst für eine Handelsstrategie zugestehen.

In den meisten Fällen räumen die Marktteilnehmer ihren Investitionen zu wenig Zeit ein. Vielen Anlegern wäre es am liebsten, wenn sie heute investieren und bereits am nächsten Tag große Gewinne realisieren könnten. Dieser überzogenen Gewinnerwartung liegen zwei Dinge zugrunde: *Ungeduld* und *Verlustängste*. Beide Faktoren können auch miteinander verknüpft sein, wobei einmal der eine, dann wieder der andere überwiegt. Wie kommt es aber zu dieser Entwicklung?

Jedes Börsenengagement ist mit unterschiedlich hohen Risiken verbunden. Je länger ein Investment läuft, desto unüberschaubarer werden auch die potenziellen Risiken. Daher tätigen viele Anleger ihre Investitionen auf der Basis einer aktuellen Marktsituation und verzichten auf die Einbeziehung möglicher langfristiger Einflussfaktoren. Sie klammern sich an wenige Faktoren, die aktuell für einen Gewinn sprechen. Auf dieser Basis werden „Fenster-Investitionen" vorgenommen, da die Kaufargumente nichts weiter als Ausschnitte eines analytischen Gesamtkomplexes darstellen. Beziehen sich diese Ausschnitte auf wirkliche Gelegenheiten mit einem bedeutenden Background, wären entsprechende Spekulationen zu vertreten. Tatsächlich werden die Argumente aber auf einige wenige Aspekte reduziert; ihre Kombination untereinander erfolgt rein zufällig bzw. willkürlich.

Ein Beispiel: Ein Markt ist nach einem großen Kurseinbruch stark überverkauft, sodass allgemein mit einer kräftigen markttechnischen Erholung gerechnet wird. Viele Marktteilnehmer stellen in Marktphasen dieser Art ihre Käufe vornehmlich nur auf diese eine Komponente ab und kaufen Aktien, die voraussichtlich mit der einsetzenden Markterholung stark anziehen werden. Dann kommt es zu einem häufig zu beobachtenden Phänomen: Die Börse verharrt auf ihrem niedrigen Niveau und tendiert seitwärts. Die erwartete Erholung bleibt zunächst aus. Die Ursache besteht darin, dass die mittelfristig orientierten Kaufinteressenten noch unsicher sind und sehen wollen, ob der Markt tatsächlich einen Boden gefunden hat. Je länger sich diese Bodenbildungsphase hinzieht, desto nervöser werden die kurzfristig orientierten Anleger. Entweder springen sie ungeduldig kurzerhand wieder ab, womit sie die ausstehende Markterholung noch weiter verzögern, oder sie verkaufen, sobald sich die Börse auf einem etwas höheren Niveau befindet, und begrenzen die Markterholung dermaßen, dass von einer „kräftigen" Markterholung nicht mehr gesprochen werden kann. Der Rest der kurzfristig orientierten Anleger gibt an diesem Punkt schließlich auf. Die daraufhin einsetzenden Verkäufe können den Markt wieder auf den zuvor entstandenen Preisboden oder noch darunter drücken.

Die Versäumnisangst nimmt bei vielen Marktteilnehmern eine dominierende Stellung ein. Ständig sind sie investiert und stehen angesichts der vielfältigen Anlagemöglichkeiten unter einem permanenten inneren Druck. Versäumnisängste wirken zudem unterschwellig. Selbst ausgefeilte Investmentkonzepte werden plötzlich verworfen, um eine vermeintliche Chance wahrnehmen zu können. Beispiel: Ein Anleger hat angesichts guter fundamentaler Aussichten vor ein paar Wochen deutsche Aktien gekauft und wartet nun ungeduldig auf eine Aufwärtsbewegung. Doch die findet ausgerechnet an der Wall Street statt, aus der sich der Anleger erst kürzlich zurückgezogen hatte. US-Aktien legen täglich zu. Viele Analysten sind sich einig, dass die Aufwärtsbewegung noch über einen großen Spielraum verfügt. Der Anleger ist nun hin- und hergerissen und zweifelt zunehmend an seiner Strategie. Eigentlich haben sich die Voraussetzungen nicht geändert. Es bedarf nur noch eines Impulses, um den deutschen Aktienmarkt nach oben zu katapultieren. Der Anleger beobachtet den lethargischen deutschen Markt und die steigenden Indizes an der Wall Street. Nervös geworden, wirft er die deutschen Aktien schließlich auf den Markt und nimmt erneut US-Papiere in sein Depot. Zu seinem Unglück setzt sich die Aufwärtsbewegung an der Wall Street nicht fort. Die Konfusion des Anlegers nimmt nun seinen Lauf.

Was soll er machen? Zurück in die deutschen Werte? Nein, möglicherweise konsolidieren die US-Aktien nur kurzfristig, um dann wieder deutlich zu steigen. Innerhalb der nächsten Wochen tendieren die US-Aktien weiterhin seitwärts, doch der deutsche Aktienmarkt wird mit einem neuen Aspekt konfrontiert, nämlich einer unerwarteten Leitzinssenkung. Damit wird der fehlende Impuls ausgelöst, die Aktienkurse explodieren. Der Anleger müsste im Grunde genommen umgehend umdisponieren, doch das will er jetzt nicht wahrhaben, sondern relativiert die Zinssenkung, obwohl er es besser wissen müsste. Der Markt hat ja bereits gezeigt, wie er die Zinssenkung interpretiert. Diese Reaktion dürfte sich kaum auf einen einzigen festen Tag beschränken. Doch der Anleger wartet zunächst ab, während deutsche Aktien Tag für Tag zulegen und er selbst täglich nervöser wird. Der bekannte Mechanismus setzt erneut ein, da der Anleger zunehmend wieder von Versäumnisängsten dominiert wird. Dabei gerät er in einen typischen Konflikt. Zunächst war er engagiert, verwarf seine Strategie dann aber aus reiner Ungeduld.

Dann setzt die erwartete Bewegung ein, jetzt sind dem Anleger die Kurse zu hoch. Jeder weitere Kursanstieg setzt ihn aber unter Druck. Er will an der Aufwärtsbewegung partizipieren, akzeptiert aber die aktuellen Kurse nicht. Dahinter steckt eine weitere Angst, nämlich, möglicherweise am Top-Stand zu Höchstkursen zu kaufen. Deshalb soll der Markt erst einmal korrigieren, damit man sich selbst einen billigen Einstieg suggerieren kann. Das ist keine Marktstrategie, sondern allenfalls eine Taktik, um sich einen preiswerten Einstand vorzugaukeln. Bei dynamischen Aufwärtsbewegungen stellen sich die fälligen Korrekturen aber oft sehr spät ein und meist auf Kurshöhen, mit denen man vorher nicht gerechnet hat. Die Aufwärtsdynamik setzt somit den Anleger permanent unter Druck. Da er zuletzt nur noch von Versäumnisängsten beherrscht wird, akzeptiert er in dem Moment, wo eine weitere passive Haltung unerträglich wird, wesentlich höhere Kurse. War er vor einer Woche allenfalls bereit, für eine bestimmte Aktie, die bei 50 € notierte, 45 € zu zahlen, akzeptiert er jetzt möglicherweise einen Kurs von 55 €. Eine Variante besteht darin, dass der Anleger einen späteren Einstieg auf keinen Fall mehr akzeptieren kann. Die Rallye am deutschen Aktienmarkt ist für ihn in diesem Fall abgehakt. Sie wird von ihm allenfalls schmollend zur Kenntnis genommen. Bestimmt Versäumnisangst sein Verhalten, so wird er sich eine Alternative suchen, die aber nicht mit Geduld, sondern wieder unter Druck ermittelt wird. Versäumnisängste können vermeintliche Chancen in Serie produzieren und Anleger jahrelang beherrschen. Die wirklichen Gelegenheiten verpassen sie ständig, da ihre Investments affektgesteuert sind.

Konzeptlosigkeit

Doch woher stammen die dominierenden Versäumnisängste? Die Angst, etwas zu verpassen, bezieht sich nicht nur auf profitable Chancen, es steht auch ein falsches Zeitverständnis dahinter. Der innere Druck resultiert aus Ungeduld. Zeit haben entsprechend disponierte Marktteilnehmer nicht. Im Gegenteil, sie werden vielmehr ein Opfer der Zeit, da sie sich diese für ein ausgereiftes Investment einfach nicht nehmen können. Von ihrer Versäumnisangst getrieben, springen sie von einem Investment zum anderen. In ihrer Hektik sind sie nicht in der Lage, richtige Investmentzeitpunkte zu erkennen. Hier wirkt die bereits erwähnte Macht des Cash-Bestandes (vgl. Kapitel 3, Abschnitt Money Management), der gewinnbringend angelegt werden soll. Der konzentrierte Blick auf Profite vernebelt aber das Gesamtkonzept.

Im Rahmen einer Situationsanalyse lichtet sich der Nebel, und es wird offensichtlich: Ein Konzept, eine Vorstellung darüber, was mit dem Börsenhandel erzielt werden soll, fehlt in den meisten Fällen vollständig. Dementsprechend kann die Zeitkomponente nicht einbezogen werden. Der Anleger lässt sich persönlich keine Zeit, weil er alles sofort realisieren will. So fehlt es oftmals an einer auf ihn persönlich zugeschnittenen Handelsstrategie. Ist sie ansatzweise vorhanden, räumt er seinen Investments nicht die erforderliche (Reife-)Zeit ein. Ähnlich verhält es sich beim taktischen, also kurzfristigen Handel. Die Reifezeit bezieht sich hier in erster Linie auf das taktische Konzept, das sich nicht „auf die Schnelle“ realisieren lässt, sondern vielfältigen Tests unterzogen werden muss.

Das Ausfeilen einer kurzfristigen Handelstaktik besteht in ihrer ständigen Verfeinerung. Entsprechende Tests bringen kurzfristige Resultate, sind aber in ihrer Summierung zeitintensiv. Hat der Taktiker endlich ein handelsfähiges Konzept erarbeitet, bedarf dies einer beständigen Pflege und gegebenenfalls Optimierung auf die sich ändernden Marktverhältnisse. So wie es kein kurzfristig orientiertes Handelssystem gibt, das den

Bedürfnissen aller Marktteilnehmer gerecht wird, so bilden auch persönliche Handelssysteme keine Konstante hinsichtlich ihrer Leistungsfähigkeit.

Ein Anleger, der kurzfristig investiert und dabei verliert, kann durch seine realen Verluste zur Einsicht gebracht werden und seine Anlagestrategie entsprechend ändern. Aber die Einsicht, dass etwa kurzfristige Investments nicht sinnvoll sind, weil sie bislang nur zu Misserfolgen geführt haben, bewirkt noch keinen erfolgreichen Umgang mit mittel- und langfristigen Anlagen. Wenn die Anlagestrategie bisher nur auf das Tagesgeschehen fixiert war, wird es einem Anleger schwer fallen, Börsenstrategien auf Zeiträume von sechs bis zwölf Monaten oder gar zwei bis drei Jahren auszudehnen. Marktteilnehmer in einer Umorientierungsphase, die sich in der mittel- bzw. langfristig orientierten Geldanlage versuchen, scheitern häufig allein deshalb, weil sie sich nach wie vor auf das Tagesgeschehen an der Börse konzentrieren. Wer beispielsweise eine Aktie kauft, weil er über einen Zeitraum von drei Jahren kontinuierlich steigende Unternehmensgewinne erwartet, handelt langfristig. Wenn er dann aber täglich auf die Entwicklung des Aktienkurses achtet, werden ihm die drei Jahre bald wie eine Ewigkeit vorkommen. Fällt die Aktie vorübergehend, so kann er dadurch regelrecht in Panik versetzt werden, da er durch seine Konzentration auf die kurzfristige Kursentwicklung nicht mehr über die erforderliche Weitsicht verfügt. Dieses Anlageverhalten veranlasst auch immer wieder zu frühen und impulsiven Gewinnmitnahmen, was wiederum ein Zeichen von Unsicherheit ist. Ein anderer Sachverhalt würde vorliegen, wenn ein Anleger im Rahmen der Überprüfung seiner Aktienpositionen zu der Erkenntnis gelangt, dass sich das erwartete Gewinnwachstum eines Unternehmens als Fehleinschätzung herausstellt, und deshalb umgehend verkauft.

Ein Anleger ist mit seinen Investments nicht nur dem Tagesgeschehen ausgesetzt, sondern auch anderen Fremdeinflüssen. Negative Beurteilungen über „seine Aktie“, die er Finanzmagazinen oder Börsendiensten entnimmt, gehören zu den Faktoren, die eine langfristige Anlage unterlaufen können. Wenn ein Anleger beispielsweise über eine von ihm gehaltene Aktie in einer Tageszeitung erfährt, dass eine Sonderabschreibung das Jahresergebnis belasten werde und dies nach Analystenmeinung eher zu Verkäufen raten ließe, so kann er davon ausgehen, dass diese Nachricht bereits im aktuellen Aktienkurs enthalten ist. Aber die negative Analyse wird er in seinem Unterbewusstsein speichern. So kann es zu einem späteren Zeitpunkt zu einem völlig überstürzten Verkauf der Aktie kommen, wobei ein untergeordneter Faktor, etwa ein schwacher Tagesmarkt, der Auslöser sein kann. Der Anleger wundert sich kurze Zeit später, warum er unter Druck stand und so schnell verkaufen „musste“. Mit dem Verkauf wurde jedoch die belastende Komponente im Unterbewusstsein gelöscht. Bereits nach kurzer Zeit stellt der Anleger dann fest, dass sich an den grundlegenden Faktoren, die für das Investment sprechen, im Grunde genommen nichts geändert hat. Durchschaut er den dahinterstehenden Verkaufsmechanismus, dann kann er wieder unbelastet in die Position einsteigen. Dies gilt in erster Linie nur für diejenigen Akteure, die ihre Investments autonom durchführen. Die Feststellung, dass allein das Unterbewusstsein des betroffenen Anlegers für einen übereilten, sachlich nicht fundierten Verkauf ursächlich ist, trifft auf die Mehrheit der Marktteilnehmer nicht zu und kann daher nicht verallgemeinert werden.

Anleger, die sich ihrer Sache nicht sicher sind, gehen vielfach auf Informationssuche, die im Grunde genommen einer Suche nach Bestätigung gleichkommt. In jedem Finanzmagazin bzw. Börsendienst suchen sie nach weiteren Informationen zu der einen, bereits gekauften Aktie in der Hoffnung, dass auch andere die Aktie positiv beurteilen. Findet ein unsicherer Anleger positive Beurteilungen, so beruhigt ihn dies vorübergehend. Zu einem Konflikt kommt es aber, wenn er in Analysen negative Untertöne wahrnimmt. Diese fördern seine Zweifel an der von ihm verfolgten Strategie. Liest er einen negativen Bericht, wird der unsichere Anleger paralysiert. Zwar kann er diesen negativen Bericht verdrängen, aber meistens scheitert dieser Versuch. Zudem wird die negative Einschätzung im Unterbewusstsein gespeichert. Er sieht sich nun ständig mit der negativen Komponente konfrontiert. Wie eine Klette hängt sie an seinem Investment. Er kann sich nicht bewusst darüber hinwegsetzen, weil er sich seiner Sache ja nicht sicher ist. Wenn er nicht umgehend verkauft, dann waren die Verkaufsargumente Dritter vielleicht nicht überzeugend. Deshalb hadert er noch. Er erfährt negative Beurteilungen aber als Belastung. Um eine Balance herzustellen, sucht er nun unbewusst nach positiven Argumenten, die für ein Durchhalten sprechen. Wird er fündig, wirken zuversichtliche Analysen Dritter wie eine Beruhigungspille, die die negativen Beurteilungen überlagern, mehr aber auch nicht. Die Grundlage für eine sachlich nicht fundierte Positionsauflösung war schon vorher gebildet worden.

Ein weiteres Hindernis auf dem Weg zur strategischen Investition sind gutgemeinte Ratschläge dritter Personen. Steigt eine Aktie beispielsweise um 20%, ruft der Broker an und meint, man solle verkaufen, um die schönen Gewinne mitzunehmen, da sich nunmehr interessantere Gelegenheiten bieten würden. Der Anleger wird dadurch verunsichert, denn sollte die Aktie daraufhin tatsächlich zurückfallen, wird er sich ärgern („Hätte ich doch bloß verkauft"). Allerdings kann man sich gegen Überraschungsanrufe dieser Art dadurch immunisieren, dass man an seiner Strategie festhält. Ein Gewinn allein bildet schließlich noch kein Verkaufsargument. Der Impuls zu Gewinnmitnahmen resultiert eben nur aus dem vorhandenen Gewinn. Weitere Faktoren bleiben unberücksichtigt. Impulsive Gewinnmitnahmen widersprechen daher jeglicher strategischen Investition, weil sie die Gewinne insgesamt begrenzen.

Häufig animieren Anleger jedoch selbst andere Personen zu Stellungnahmen. Tendiert eine Aktie sehr lange seitwärts, rufen sie ihren Kundenberater an und befragen ihn nach seiner Meinung. In dieser unsicheren Verfassung sind der Fremdbestimmung Tür und Tor geöffnet. Man muss sich dabei vergegenwärtigen, dass dieser Faktor verstärkt wird, wenn ein Anleger unbewusst bereits verkaufen will. In diesem Fall nimmt ihm ein anderer nur die letzte Entscheidung ab. Hält sich dieser mit einer eindeutigen Handelsempfehlung zurück, wird die Lage nur noch konfuser. Der Betroffene wird im Rahmen seiner Möglichkeiten weitere Personen kontaktieren, bis endlich jemand die erlösende Entscheidung trifft. Es versteht sich von selbst, dass auf einer solchen Grundlage keine strategischen Handelskonzepte erstellt werden können.

Aus den aufgezeigten Kriterien lässt sich erkennen, dass der Weg vom erfolglosen Taktiker zum erfolgreichen Strategen nicht kurzfristig umgesetzt werden kann, sondern erlernt werden muss. Dabei müssen alte Gewohnheiten, beispielsweise das tägliche Lesen des Kurszettels, abgebaut werden, um auf diese Weise die Distanz zum Tagesgeschehen an der Börse zu vergrößern. Wer diesen Weg beschreitet, wird zunächst den Eindruck bekommen, ihm sei die Kontrolle entzogen worden, wenn er die Börsenentwicklung nicht mehr täglich verfolgt. Es ist jedoch immer nur eine Scheinkontrolle, denn in einer passiven Handelsphase nimmt ein Anleger die Rolle eines aktiven Beobachters ein. Eine Kursentwicklung kann er nicht passiv beeinflussen, auch wenn viele Marktteilnehmer die Auffassung vertreten, dass sie durch tägliches Beobachten der Märkte die Kursentwicklungen kontrollieren können.

Beim Wechsel von taktischen auf strategisch orientierte Handelsaktivitäten muss der Anleger auch eine Änderung bei der Informationsverarbeitung vornehmen; sie ist sogar zwingend. Alle Informationen, die lediglich einen kurzfristigen Einfluss auf die Entwicklung einer Börse bzw. Aktie ausüben, müssen als solche erkannt und in den Hintergrund geschoben werden (z. B. Quartalsberichte). Das Augenmerk muss sich auf diejenigen Informationen richten, die eine positive Entwicklung in der Vergangenheit unterstreichen (z. B. Gewinnwachstum vor Steuern in den letzten fünf Jahren jeweils über 10%), aktuell positive Hinweise liefern (z. B. Kurs-Gewinn-Verhältnis unter Marktdurchschnitt, hohe Dividendenrendite) und/oder längerfristige Aussagen enthalten (z. B. Änderung der Unternehmensstruktur, Produktentwicklung, Erschließung neuer Märkte). Für den erfolgreichen Taktiker gilt dies im umgekehrten Sinn. Er muss Informationen ignorieren, die einen langfristigen Einfluss auf die Börse bzw. ein Unternehmen haben.

Vermischung der Zeitkomponenten

Die Elemente *Kurz- und Langfristigkeit* werden von den meisten Marktteilnehmern aber vermischt. So werden unter anderem längerfristige Aspekte in einer Unternehmensentwicklung als Entscheidungsgrundlage für kurzfristige Investments herangezogen. Ein Beispiel: Die Entwicklung eines jungen US-Pharmaunternehmens ist von der Zulassung eines bestimmten Medikamentes abhängig. Das Zulassungsverfahren befindet sich jedoch noch in der ersten von insgesamt drei Testphasen. Die Risiken sind damit als hoch einzustufen, denn erst nach erfolgreichem Abschluss der zweiten Testphase wird feststehen, ob das Medikament über reelle Zulassungschancen verfügt. Wer auf dieser Grundlage ein kurzfristig orientiertes Engagement aufbaut, handelt im Grunde genommen langfristig, denn die Prüf- und Testverfahren können sich über Jahre hinziehen.

Die Börsenregel, dass man auch bei kurzfristig ausgerichteten Spekulationen nach seiner langfristigen Meinung handeln solle, ist mit Vorsicht zu genießen. Ihre Anwendung soll dem Anleger eine einheitliche Orientierung aller seiner Spekulationen garantieren. Doch ein wesentlicher Faktor bleibt dabei unberücksichtigt: Ein kurzfristig orientierter Taktiker kümmert sich wenig um längerfristige Aspekte. In den meisten Fällen liegt überhaupt keine „langfristige Meinung“ vor, und das ist auch gut so, damit Irritationen ausgeschlossen werden können. Auch hier ein Beispiel: Ein Markt befindet sich in der Schlussphase einer Hausse. Die Einstufung „Schlussphase“ ist unter zeitlichen Aspekten dehnbar. So kann eine Schlussphase nur wenige Tage, aber auch Monate anhalten. Wenn der Anleger nun mit einem späteren, markanten Kurseinbruch rechnet, dürfte er keine Hausse-Positionen mehr aufbauen. Doch darin liegt auch ein Manko. Die Schlussphase einer Hausse ist nahezu immer auch eine Übertreibungsphase, in der die Kurse besonders stark anziehen. Die Marktdynamik ist in diesem Zeitabschnitt größer als in allen vorangegangenen Hausse-Phasen. Gerade diese durch imposante Kurssteigerungen geprägte Marktentwicklung lässt sich durch kurzfristig orientierte Spekulationen besonders profitabel nutzen. Wer die drohende Korrektur sieht, muss dieses mögliche Szenario bei seinen Trades einkalkulieren, auch dahingehend, möglicherweise kalt erwischt zu werden.

Wer aber der Börsenregel folgt, dass er auch kurzfristig gemäß seiner langfristigen Meinung handeln soll, müsste sich in der Hausse-Schlussphase passiv verhalten und sich auf diese Weise kurzfristige Gewinne entgehen lassen. Die Maxime ist also zweifelhaft und nicht gerade praxisgerecht. Der Taktiker ist auf eine langfristige Meinung nicht angewiesen.

Der mittel- bis längerfristig orientierte Stratege muss sich auf mittel- bis längerfristige Trends konzentrieren. Solange diese Trends vorherrschen, kann er auf der jeweiligen Trendseite operieren und seine Hausse-Positionen mit Gewinnsicherungs-Stopps oder über Put-Optionen absichern. Seine persönliche Meinung ist dabei eine völlig andere Sache. Handelt er ausschließlich auf der Basis fundamentaler Aspekte, so kauft er unterbewertete Aktien in der Absicht, diese wieder zu verkaufen, sobald sie ein überbewertetes Stadium erreichen. Damit begrenzt er aber auch Kursgewinne, denn überbewertete Stadien unterliegen mitunter einer großen Schwankungsbreite. Im Fall der Wall Street wäre er demnach ab 1995 nicht mehr in indexbezogenen Aktien, wie z. B. *Gillette* oder *Coca-Cola,* engagiert gewesen, wenn die Anlagedauer allein an fundamentale Aspekte gekoppelt gewesen wäre. Dabei stiegen diese Aktien trotz fundamentaler Überbewertung in den Folgejahren unablässig weiter.

Anlagedauer als Spiel des Zufalls

Vielfach wird die Anlagedauer aber dem Zufall überlassen. Die meisten langfristig orientierten Anleger dürfen deshalb auch nicht mit dem Strategen verwechselt werden. Viele sind unfreiwillig auf lange Sicht engagiert, da sie Verluste vorzuweisen haben, die sie aber nicht realisieren wollen. Verkäufe werden auf unbestimmte Zeit ausgesetzt. Die Zeitspanne einer Investition lässt sich niemals exakt festlegen. Dabei geht es immer um eine grundsätzliche Bereitschaft. Ein Stratege ist z. B. bereit, eine bestimmte Aktie auf Sicht von zwei Jahren zu halten. Unter günstigen Aspekten kann er diesen Zeitraum auch ausdehnen, er trifft ja nicht eine einzige Entscheidung, sondern muss diese immer wieder auf den Prüfstand stellen. Weist die Aktie nach zwei Jahren akzeptable Kursgewinne auf und kommt der Stratege zu der Erkenntnis, dass der Aufwärtstrend anhalten könnte, bleibt er unbefristet engagiert, eben bis zu dem Tag, an dem seine strategischen Bedingungen einen Verkauf nahe legen.

Gerät jedoch eine Aktie nach dem Kauf zügig und deutlich in den Verlust, war die Strategie nicht stimmig. Zu einer Strategie gehört grundsätzlich auch ein maximales

Verlustpotenzial, das man der Aktie zubilligt. Wird dieses Verlustpotenzial erreicht oder überschritten, muss der kompromisslose Verkauf erfolgen. Die Überschreitung des Verlustlimits setzt die ursprüngliche Strategie außer Kraft. Die meisten Anleger verfügen aber über keine Strategie und kalkulieren daher auch nur selten mit einem Verlustlimit. Die Anlagedauer wird dann völlig dem Zufall überlassen.

Eine Minusentwicklung kann sich hinziehen. So kann es vorkommen, dass eine Aktie erst nach zehn Jahren oder aber auch nie wieder das ursprüngliche Einstiegsniveau erreicht. Die unfreiwillig lange Anlagedauer stellt für jeden Anleger eine große Belastung dar. Die Gelder sind auf unbestimmte Zeit gebunden, man hofft schließlich nur noch, sein eingesetztes Kapital wieder herauszubekommen. Irgendwann werden die Verluste innerlich abgeschrieben, die Position aber weiter gehalten, weil man sich die Niederlage nicht eingestehen will. Dennoch wirken sich diese Positionen unverändert belastend aus. In einem Depot wirken sie wie Grabsteine. Schaffen solche Dauerverlustpositionen eines schönen Tages dann doch die Trendwende, kommt es zu den so genannten *Verleiderverkäufen,* die wiederum rein emotionaler Natur sind. Man will nur noch heraus aus dem Engagement und ist nicht mehr in der Lage, die aktuelle Entwicklung objektiv zu beurteilen. Entscheidend ist dabei der Zeitfaktor, die nicht eingeplante übermäßige Anlagedauer, die als „zu lang" empfunden wird, auch in Fällen, in denen sich der Anleger vor Aufbau der Position mit dem möglichen Investmentzeitraum überhaupt nicht auseinander gesetzt hat.

Die Zeit spielt hingegen bei den freiwilligen langfristigen Investoren eine untergeordnete Rolle. Was sie einmal kaufen, das behalten sie auch und denken nicht an Verkäufe, es sei denn, sie sind aufgrund eines finanziellen Engpasses dazu gezwungen. Dies alles hat mit einer Investmentstrategie nichts zu tun, da Aktien in erster Linie nur zur Depotbeimischung erworben werden. Bezüglich des Vermögensaufbaus zur Altersvorsorge hat Mitte der 90er-Jahre ein Umdenken eingesetzt. Da Aktien seit 1982 große Kurssteigerungen aufwiesen, wurden sie zunehmend als ideales Instrument zur langfristigen Vermögensbildung entdeckt und erfuhren daher auch eine immer größere Gewichtung in den Depots.

Ab 1997 machten angesichts unsicherer Renten auch Publikumsmedien für die Altersvorsorge mit Aktien Stimmung. Gegen die daraus resultierenden zusätzlichen Liquiditätsströme war sicherlich nichts einzuwenden, nur wäre der umgekehrte Weg der richtigere gewesen. 1982 wäre nur eine Minderheit unter den Investoren auf die Idee gekommen, Aktien als Instrument zur finanziellen Absicherung im Alter einzustufen. 15 Jahre später wusste praktisch jeder, dass Aktien eine ideale Langfristanlage darstellen, selbst unter Berücksichtigung vorübergehender Markt-Baissen. Was dabei jedoch übersehen wurde, waren die zyklischen Phasen in diesem Jahrhundert, in denen sich Aktien jahrelang eher zu einer undynamischen Angelegenheit entwickelten. Es bleibt abzuwarten, ob die Investoren, die erst Mitte der 90er-Jahre und später auf den schon lange fahrenden Hausse-Zug aufsprangen, angesichts künftiger Baisse- und Seitwärtsphasen die Aktie dann immer noch für das ultimative Langfristinvestment halten werden. Je großer die Gewichtung von Aktien in Depots, desto nachhaltiger werden sich auch negative Marktphasen auswirken. Ob die freiwillig langfristigen Investoren ihre Aktienbestände aber auch durchhalten werden, bleibt offen. So werden

Anleger, die „langfristig Vermögen bilden“ wollen, in ausgeprägten Baisse-Phasen eher zu Verkäufen neigen als solche Investoren, die Aktien von vornherein mit einem klar definierten Zeithorizont, z. B. zur Altersvorsorge, gekauft und Kursrückgänge in ihre Strategie einbezogen haben.

Zeitlich verknüpfte Anlagemotive und -ziele sind für eine Spielernatur hingegen von vornherein unbedeutend. Seine „Anlagen“ gleichen einem Strohfeuer: schnelle Gewinne und schnelle Verluste. Er macht einmal dies, einmal das und ist an jeder internationalen Börse aktiv, kennt sich aber nirgendwo wirklich aus. Infolge eines mangelnden Money Managements verpulvert er binnen kürzester Zeit seine liquiden Mittel. Er verzichtet auf eine zeitliche Abstimmung seiner Anlagen, denn seine Engagements sind fast immer auf schnelle Ergebnisse hin ausgerichtet. Zeit hat er nicht, denn er will nur möglichst rasch reich werden. Nur verfügt er zur Realisierung seines Zieles nicht einmal über ein grobes Konzept. Natürlich stemmt sich ein Spieler gegen die negative Entwicklung, indem er jede vermeintliche Gelegenheit nutzen wird, die schnelle Profite verspricht. Er will seine immensen Verluste eliminieren – und dies ebenfalls möglichst schnell. Durch seine Konzeptlosigkeit vergrößert er den negativen Sog, bis seine finanzielle Lage ein Weiterhandeln nicht mehr zulässt. Seine Handelsaktivitäten werden künftig nur von seiner Liquiditätsverfassung abhängen. Hat er wieder genügend Geld beisammen, wird umgehend gehandelt. Solche Entwicklungen setzen sich mitunter über viele Jahre fort. Die Zeit entwickelt sich unterschwellig zu einem alles beherrschenden Faktor. Im Grunde genommen ist es paradox: Ursprünglich will der Spieler schnellen Reichtum; seine finanzielle Lage ist dann aber nach vielen Jahren wesentlich schlechter als zu Beginn seines ersten Handels, womit er im Hinblick auf seine Investments nicht nur Geld, sondern auch viel Zeit verloren, ja regelrecht verschwendet hat.

Zeitfaktoren und Terminhandel

Wie lassen sich zeitverknüpfte Investmentziele auf die Termin- und Optionsmärkte übertragen? An diesen Märkten spielt der Faktor Zeit immerhin die größte Rolle. Wer sich über zeitbezogene Zusammenhänge nicht im Klaren ist, kann einmal versuchsweise eine Option kaufen. Das Zeitempfinden wird sich prompt umstellen, denn bei einer offenen Option rast die Zeit davon. Jeder Options-Trader, der einseitig orientierte Strategien aufzieht (z. B. Kauf eines Calls in Erwartung eines steigenden Marktes oder einer Aktie), sollte sich dessen bewusst sein, dass die Zeit gnadenlos gegen ihn arbeitet. In einem festgelegten Zeitraum muss seine Spekulation aufgehen, sei es in zwei Stunden, zwei Monaten oder zwei Jahren. Je länger der Zeitraum abgesteckt werden kann, desto mehr lässt sich die Restlaufzeit von Optionen und Optionsscheinen relativieren. Oft wird bei langlaufenden Derivaten der Zeitfaktor vernachlässigt. Eine Restlaufzeit von zwei Jahren suggeriert dem Derivatekäufer, dass er noch über genügend Zeit verfügt. Es ist jedoch eine Illusion, denn der Zeitfaktor fließt voll in die Prämie ein.

Wer eine Option mit einer zweijährigen Restlaufzeit kauft, bezahlt gleichzeitig diese lange Restlaufzeit über die Optionsprämie. Wer also eine langlaufende Option kauft, verfügt nicht automatisch über mehr Zeit als derjenige, der nur eine Option mit einer

Restlaufzeit von wenigen Wochen erwirbt, denn mit der Prämie bezahlt er ja den Zeitwert. Je weniger der Zeitwert als Dehnungskomponente einbezogen werden kann, desto härter erscheint der Markt, weil sich die Resultate nicht mehr relativieren lassen. Liegt ein Trader mit einer kurzlaufenden Option schief, so wird sich dieses Manko kaum noch wettmachen lassen. Bei einer länger laufenden Option besteht eventuell die Möglichkeit, dass sich der Markt oder die Aktie wieder dreht und keine Verluste, sondern womöglich noch akzeptable Gewinne entstehen. Diese Praktik ist in den Optionsmärkten permanent zu beobachten. Abgesehen davon, dass die Motive für einen Optionskauf häufig zu wünschen übrig lassen und eher an einen Wetteinsatz erinnern („Ich habe IBM-Calls gekauft, weil ich *glaube,* dass die Aktie steigen wird"), wird die Zeitkomponente unter völlig falschen Voraussetzungen betrachtet.

Lange Laufzeiten sind nicht dazu da, um eine mögliche Schieflage wieder wettzumachen, sondern um beispielsweise via Index- oder Aktien-Puts als Sicherungsinstrument eingesetzt zu werden oder aber die Volatilität der Option zu mindern. Je geringer der Zeitwert, desto stärker wirkt sich jede Kursbewegung des Basisinstruments auf die Optionsprämie aus. Der Einschuss bei Termingeschäften ist beispielsweise mit der Optionsprämie nicht vergleichbar. Mit dem Einschuss wird eine mögliche negative Kursbewegung abgesichert. Ist der Einschuss aufgezehrt und leistet man keinen Nachschuss, ist die Spekulation beendet. An den Terminmärkten kann so eine negative Entwicklung bereits unmittelbar nach Positionsaufbau erfolgen. Da gibt es kein hoffnungsvolles Warten auf eine Trendwende, es sei denn, man leistet einen Nachschuss nach dem anderen, was freilich jedem strategischen Konzept widersprechen würde.

Jede termingebundene Anlage – ausgenommen Termingelder – ist zugleich unzähligen Sonderfaktoren ausgesetzt, die nicht von vornherein in eine Taktik einbezogen werden können. Je länger ein Termingeschäft läuft, desto wahrscheinlicher wird das Auftreten eines Sonderfaktors, der einen Markt zwar nur vorübergehend, dafür aber umso deutlicher beeinflussen kann. Ein Anleger, der in Aktien investiert ist, kann dies notfalls aussitzen. Wenn er aber Optionen auf der „falschen Seite" hält, etwa Kaufoptionen bei einem Markteinbruch, kommt er aus diesen häufig nicht mehr ohne Blessuren heraus. Dies gilt vor allem dann, wenn er die Money Management-Prinzipien ignoriert und die Option einfach laufen lässt. In diesem Zusammenhang kann auch festgestellt werden, dass Anleger das Handling von Aktien und Optionen oftmals identisch ausführen. Der Unterschied besteht darin, dass sie die emotionalen Prozesse im Optionshandel wesentlich schneller durchlaufen werden. Wer sich ohne besonderes Konzept in den Optionsmärkten versucht, handelt gefühlsorientiert, wird die damit verbundenen emotionalen Phasen zwangsläufig durchlaufen und per saldo verlieren. Einzelne Gewinne, die mit Lotteriegewinnen zu vergleichen sind, verzögern lediglich den negativen Prozess.

Die erfolgreichen Termin-Trader wetten nicht, sondern handeln nach dem Wahrscheinlichkeitsprinzip auf Basis von Handelssystemen oder selbst erstellten Analysen. Diese Systeme oder Analysemethoden sind von ihnen durchweg via Trockenübungen getestet worden, bevor sie in den Märkten zum Einsatz kommen. Dies wird aber von der Mehrheit der Marktteilnehmer nicht erkannt; die meisten sehen nur das schnelle Geld, die überdimensionalen Gewinnmöglichkeiten, und wollen daran teilhaben. Das

Resultat ist nicht kurzfristiger Reichtum, sondern schnelle und meist massive Verluste, die den Trader in seiner finanziellen Entwicklung langfristig zurückwerfen.

Künstlicher Zeitdruck

Auf Zeitziele, die mit der Geldanlage verknüpft sind, sollten Sie vollständig verzichten. Persönliche Zeitziele treten immer in Sätzen wie „Bis 30, 40, 50 ... will ich es geschafft haben" auf, die bei Anlegern immer wieder zu hören sind, insbesondere bei den jungen Akteuren, die auf das schnelle Geld fixiert sind. Die Altersgrenze von 30 Jahren scheint bei diesen Leuten eine Art Schallmauer darzustellen. Dies hängt natürlich mit dem persönlichen Zeitempfinden zusammen. Für einen Zehnjährigen gilt bereits jeder, der ein Jahr älter ist als er selbst, als „alt". Mit Anfang 20 liegt die 30er-Altersgrenze jenseits von Gut und Böse. Was soll aber bis zu einem meist um viele Jahre entfernten Lebensalter geschafft sein? Die meisten Anleger koppeln daran Träume von finanzieller Unabhängigkeit.

Bei genauerer Betrachtung zeigt sich, dass hinter diesen persönlichen Zielen nichts anderes steht als die Angst vor Zeitverlust. Die momentane Lebenssituation wird meist als unbefriedigend empfunden, aber bis zu einem bestimmten Lebensalter soll sich dies ändern. Die Hoffnung läuft über das Geld, mit dem das Gefühl der inneren Leere beseitigt werden soll. Gegen finanzielle Unabhängigkeit ist bestimmt nichts einzuwenden. Wenn sie ein Motiv für den Börsenhandel darstellt, ist das im Sinne eines persönlichen Antriebsmotors in Ordnung. Kritisch wird es nur, wenn damit eine zeitliche Vorgabe verknüpft wird, in der das Erhoffte erreicht werden soll. Wer so vorgeht, setzt sich nur unnötig unter Druck.

Koppelt man solch große Ziele an das Börsengeschehen, so muss man sich darüber im Klaren sein, dass das Ziel von unterschiedlichen Komponenten abhängt, auf die man nur zum Teil Einfluss hat. Man kann seinen Erfolg planen und umreißen, sollte ihn aber nicht minuziös festlegen. An der Börse ist sowohl in positiver als auch negativer Hinsicht praktisch alles möglich. Trotz sorgfältigster Analyse kann ein unerwartetes Ereignis eine Strategie völlig auf den Kopf stellen. Vor einem Investment weiß niemand, mit welchem Ergebnis es abschließen wird. Am Jahresanfang weiß kein Marktteilnehmer, mit welchen kursbeeinflussenden Faktoren die Börse in den nächsten zwölf Monaten konfrontiert wird und mit welchem Resultat man das Jahr beendet. Eben deshalb sind persönliche Zeitziele in Verbindung mit dem Börsenhandel als kritisch einzustufen.

Wenn Ihre Zeitziele grundsätzlich dem Motto „Das Glück liegt in der Zukunft" folgen, sollten Sie einen kritischen Blick auf Ihre aktuelle Lebenssituation werfen. Ist diese nicht zufrieden stellend, sollten Sie einmal überlegen, ob sie mit mehr Geld wesentlich besser aussehen würde. Geht es Ihnen möglicherweise darum, sich dieses oder jenes leisten zu können, handelt es sich tatsächlich um materielle Ziele. Das wäre zunächst einmal nicht zu verurteilen. Sie würden sich gerne ein neues Auto kaufen, Ihre aktuelle finanzielle Lage lässt dies nicht zu. Ihr derzeitiger Wagen ist durchaus noch in Ordnung, aber in den letzten Jahren hat Ihnen die Marke immer weniger gefallen, weil sie kein Prestige besitzt. Sind Sie sich darüber im Klaren, warum es nunmehr ein kostspieliges Fahrzeug eines bestimmten Herstellers sein muss? Sind Sie von dem Wagen einfach nur fasziniert oder steckt mehr dahinter?

Stellen Sie sich folgende Fragen und beantworten Sie sie ehrlich: Betrachten Sie das Auto eher als Prestigeobjekt, als Statussymbol? Wen wollen Sie damit beeindrucken? Meinen Sie, mit Bekannten, Nachbarn oder Kollegen mithalten zu müssen? Fühlen Sie sich von Ihren Wünschen unter Druck gesetzt?

Wenn Sie etwas möglichst schnell besitzen möchten, geraten Sie automatisch unter Zeitdruck. Auf die Börse übertragen, würde dieser Druck in Ihre Handelsstrategien einfließen und könnte dort eine Art Eigenleben entwickeln. Sie möchten Ihr Ziel schnell erreichen, aber die Börse hat ihr eigenes Tempo, das sich nicht nach den Konsumwünschen der Marktteilnehmer richtet. Die Börse schenkt Ihnen nichts. Konsumwünsche haben in Ihren Strategien daher nichts zu suchen. Ja, aber man sollte sich doch von Gewinnen auch etwas leisten dürfen. Dagegen ist nichts einzuwenden. Man kann und sollte sich für den Erfolg einer Strategie belohnen, wobei die Belohnung durchaus an materielle Dinge geknüpft sein kann, aber nicht unbedingt geknüpft sein muss. Gewinnen Sie viel Geld, können Sie einen Teil davon zur Erfüllung von Konsumwünschen verwenden. Leisten Sie sich vor diesem Hintergrund das Traumauto, dann handelt es sich dabei um einen Ausdruck Ihres Erfolgs. Aber das funktioniert nur, wenn Ihr ursprünglicher Wunsch nicht an den Börsenhandel gekoppelt war. Auf den ersten Blick mag das paradox klingen. Bei näherer Betrachtung wird aber deutlich, dass eine Strategie ohne inneren Druck wesentlich besser funktionieren kann, weil sie auf den Handel ausgerichtet ist und nicht auf Dinge, die mit der Börse nichts zu tun haben.

Sollten Sie persönliche Ziele pflegen, die mit einer zeitlichen Frist gekoppelt sind, so wäre es sicherlich interessant, wenn Sie „hinter" diese Ziele schauen würden. Möglicherweise erkennen Sie dann, dass diese Zeitkoppelung nur eine unnötige Klammer ist, die Sie loslassen können. Wesentlich ist, dass Ihr Handel erfolgsorientiert ausgerichtet ist. Persönliches Zeitempfinden sollte dabei keine Rolle spielen. Der Druck wird von Ihnen weichen und Sie befreien. Betrachten Sie die Zeit einmal unter einem anderen Aspekt. Ob Sie es in zehn oder 20 Jahren „geschafft" haben, spielt im Grunde genommen keine Rolle. Die Zeit vergeht ohnehin. Sehr oft beklagen sich Anleger: „Hätte ich die Aktie bloß noch zwei Jahre gehalten, jetzt notiert sie 200% höher." Dahinter steht sehr häufig die Erkenntnis, dass dieser Zeitraum, im Nachhinein betrachtet, „relativ schnell" vergangen ist und eine vielversprechende Strategie aus reiner Ungeduld nicht durchgehalten wurde.

Übertriebene Erwartungen können die Analysemöglichkeiten und die nachfolgenden Investitionen eines Anlegers völlig untergraben. Die Situation ist vergleichbar mit dem Verhalten einiger Zeitgenossen, die ständig große Pläne hegen, aber unter dem großen Druck, den sie sich selbst auferlegt haben, nicht einmal in der Lage sind, kleine Schritte zum angestrebten Ziel zu vollziehen. Gesehen wird nur das Ziel, nicht der Weg dorthin. Deshalb ist es auch bei Investitionen wichtig, sich von zeitlichen Zielen zu verabschieden und die Ziele auf die jeweiligen Einzelstrategien zu lenken und zu konzentrieren, die erfolgreich abgeschlossen werden sollen.

Handelsautonomie

Da es sich bei den internationalen Finanzbörsen um freie Märkte handelt, kann jeder Anleger unter Tausenden von Wertpapieren auswählen und seine Handelsaktivitäten selbst bestimmen. Er ist nicht gezwungen, am Handel aktiv teilzunehmen, kann letztlich selbst darüber entscheiden, ob er kauft oder verkauft oder aber zuwartet. So weit der theoretische Ansatz. In der Praxis wird die *Handelsautonomie* durch unterschiedliche Faktoren begrenzt.

Fremdbestimmung beginnt bereits dort, wo eine Information ein Handeln oder auch ein bewusstes Nichthandeln auslöst. Alle konjunkturellen Nachrichten, wie etwa Unternehmensberichte, Branchenanalysen und sonstige wirtschaftliche Daten, können einen Einfluss auf das Anlageverhalten ausüben. Eine konjunkturelle Nachricht kann frei interpretiert werden. Ein Rückgang des Index des Verbrauchervertrauens („Consumer Confidence“) kann rückläufige Aktienkurse auslösen, während der Anleihenmarkt auf diese Nachricht mit Kurssteigerungen reagiert. Die Anleger am Aktienmarkt interpretieren in diesem Fall das rückläufige Verbrauchervertrauen als ein konjunkturelles Schwächesignal, das indirekt auf sinkende Unternehmensgewinne schließen lässt. Die Anleger am Anleihemarkt interpretieren dies zwar genauso, sie erwarten allerdings im Zuge einer sich abschwächenden Konjunktur sinkende Zinsen, die sich auf die Entwicklung der Anleihennotierungen positiv auswirken würden. Die Nachricht kann aber auch vollständig ignoriert werden, wenn sie von den Marktteilnehmern bereits erwartet wurde. Wenn der Aktienmarkt sich zum Zeitpunkt der Veröffentlichung der Daten in einer überschwänglichen Hausse befindet, sind die Marktteilnehmer gegenüber negativen Konjunkturdaten resistent und stufen den Rückgang beim Verbrauchervertrauen möglicherweise als Sonderbewegung ein oder leiten daraus im Umkehrschluss Zinsphantasien ab, die ihrerseits wieder den Aktienmarkt beflügeln können.

Ansteckung und Widerstandsreaktion

Solange der Anleger die Möglichkeit der *freien Interpretation* hat und durch Aktivität oder Passivität reagiert, ist der Grad der Fremdbestimmung sehr gering und bewegt sich in einem gesunden Rahmen. Die Fremdbestimmung nimmt aber zu, sobald die allgemeine Marktstimmung sein Anlageverhalten beeinflusst. In diesem Zusammenhang ist aber entscheidend, ob es sich um eine *psychologische Ansteckung* innerhalb einer Massenbewegung oder um eine *Widerstandsreaktion* des Anlegers handelt. Innerhalb der psychologischen Ansteckung vertraut der Einzelne nicht mehr seiner individuellen Strategie und persönlichen Einschätzung der Dinge (falls er eine solche überhaupt besessen hat). In der Schlussphase einer Hausse oder Baisse wird mit zunehmender Dauer der Marktbewegung schließlich auch der Selbstentscheider einem Härtetest ausgesetzt. In diesen Phasen ist die marktpsychologische Verfassung so eindeutig positiv bzw. negativ, dass es für den Einzelanleger sehr schwierig wird, sich der allgemeinen Marktstimmung zu entziehen.

Ein Aktienindex steigt beispielsweise in der Schlussphase einer Hausse innerhalb weniger Monate um 30%. Der massenpsychologisch resistente Anleger verkauft seine Aktien bzw. nimmt eine deutliche Bestandsreduktion vor und rechnet damit, dass der Index bereits kurzfristig korrigieren wird. Sein Handeln stellt eine Widerstandsreaktion dar. Der Index zieht aber binnen kürzester Zeit weiter an. Nach einer kurzen Beruhigungsphase schießt er um weitere 10% nach oben. Die Mehrheit der Analysten gerät in einen Prognoserausch und attestiert dem Index weitere 20% Kurspotenzial. Der Markt wird zu diesem Zeitpunkt von positiven Nachrichten nur so überschwemmt; es fehlt nahezu vollständig an kritischen Stimmen. Genau diese Situation stellt den *Selbstentscheider* auf den Prüfstand. Gibt er nun nach und steigt in den Markt wieder ein, dann setzt er seinen Unabhängigkeitsstatus aufs Spiel. In diesem Fall wäre er der massenpsychologischen Ansteckung erlegen. Der entscheidende Punkt ist, dass er aus einer *Stimmung* heraus handelt und sich nicht von sachlichen Überlegungen leiten lässt.

Die psychologische Ansteckung löst *grundsätzlich* ein fremdbestimmtes Handeln aus. Wer aufgrund einer vorherrschenden Marktstimmung investiert, handelt fremdbestimmt. Er kauft nicht aufgrund eigener Einschätzung bzw. eigener Analyse, sondern stellt den Sicherheitsaspekt, der von der Gemeinschaft aller Anleger ausgeht, in den Vordergrund. „Wenn viele gleich handeln, dann wird es schon richtig sein", ist die Maxime eines Anlegers, der von den Richtungsvorgaben der Mehrheit abhängig ist. Dabei handelt es sich immer nur um eine *Scheinsicherheit,* die der unsichere Anleger als Basis für seine Marktaktivitäten wählt. Es ist für ihn undenkbar, eine autonome Strategie aufzubauen, sich außerhalb der handelnden Masse zu stellen. Er lässt sich also freiwillig fremd bestimmen.

Weicht der vornehmlich autonome Anleger von seiner Strategie ab und erliegt er dem Einfluss der Masse, so geschieht dies unfreiwillig; er handelt unter Druck. Muss die massenpsychologische Ansteckung späterhin mit Kursverlusten bezahlt werden, so reagiert der unsichere Anleger aggressiv und richtet seine Wut gegen die anonyme Börse. Dabei ist er auch nicht bereit, Verantwortung zu übernehmen.

Der tendenziell autonome Anleger reagiert hingegen ärgerlich auf sich selbst, da er sich der Gefahren hätte bewusst sein müssen. Bleibt er aber in der Schlussphase einer Hausse oder Baisse gegen die massenpsychologische Ansteckung resistent, so wird dies seine autonome Position stärken und ihn künftig noch widerstandsfähiger gegen fremdbestimmende Einflüsse machen.

Fremdbestimmung durch Medien

Freiwillig fremdbestimmen lässt sich aber auch, wer Finanzpublikationen in der Hoffnung liest, in ihnen eine profitable Anlageempfehlung zu finden. Je weniger man einer Anlagestrategie folgt, die auf eigenen Gedanken oder Analysen basiert, desto größer wird der Einfluss der Finanzmedien sein. Wenn ein Anleger einer Empfehlung blindlings folgt, so ist er auf die Nachkommentierung und damit auf das jeweilige Finanzmagazin bzw. den Börsendienst angewiesen. Diese Abhängigkeit muss der Anleger nicht negativ empfinden, er ist aber hinsichtlich seines Anlageverhaltens auf die

Fremdeinschätzung und die Vorgaben des Dienstes angewiesen. Wenn er Pech hat, wird die Nachkommentierung einfach vergessen. Dies ist insbesondere bei Empfehlungen zu beobachten, die sich verlustreich entwickeln. Der Anleger steht mit seinen Aktien da und hat keinerlei Orientierung, denn die Investition war und ist nicht an seine eigene Überlegung bzw. Strategie gekoppelt. Es wurde in der Hoffnung auf Kursgewinne gekauft, aber warum es ausgerechnet jene Aktie sein musste, daran hat der Anleger nur konfuse Erinnerungen.

Ist er einer Empfehlung gefolgt, so kann dieses fremdbestimmte Handeln auch einen *Fremdbestimmungskreislauf* auslösen. Der Anleger wird in diesem Fall jede weitere Fremdeinschätzung auch anderer Medien zu seiner Aktie spannungsgeladen aufnehmen. Von einem autonomen Handeln ist er in einer solchen Situation am weitesten entfernt. Die Chance, dass in jeder weiteren Kommentierung durch andere Finanzmedien eine Beurteilung erfolgt, die völlig neue Faktoren bzw. Sichtweisen enthält, ist entsprechend groß. Der eine Analyst lehnt eine Aktie ab, ein anderer favorisiert denselben Titel. Wie simpel diese Mechanismen funktionieren, lässt sich z. B. im Börsen-TV beobachten, wenn anwesende Analysten live um ihre Meinung zu diversen Aktien gebeten werden können. Der anwesende Analyst kommentiert dann eine bestimmte Aktie in Richtung Halten, Zukaufen, Verkaufen, oder er nennt eine Alternativaktie. Angesichts des Zeitdrucks kann von einer Analyse nicht die Rede sein. Man kann mit Sicherheit davon ausgehen, dass die Anrufer die jeweiligen Aktien bereits auf Basis einer Empfehlung Dritter gekauft haben oder mit entsprechenden Tipps versorgt wurden und nur noch eine weitere Meinung einholen wollen. Sie werden mit einer Drittmeinung konfrontiert, die nicht mehr als einen Schnappschuss darstellt und sich daher garantiert nicht sicherheitsfordernd auswirken wird.

Der unsichere Anleger wird irritiert, er verzettelt sich, seine Verunsicherung verstärkt sich noch mehr. Das kann er jedoch nicht den Finanzmedien anlasten, denn schließlich liefert er sich diesen Einflussfaktoren immer selbst aus. Was er vernimmt, sind *Meinungen* anderer. Neigt er dazu, Urteile Dritter höher einzuschätzen und ihnen zu folgen, statt sich auf seine eigene Meinung zu verlassen, so ist er selbst derjenige, der seine Unsicherheit und Abhängigkeit aktiv fördert. Ein unsicherer Anleger ist auch nicht informiert darüber, wie Anlageempfehlungen „produziert" werden.

Die Finanzmedien, die Anlagetipps verbreiten, stehen grundsätzlich unter einem *Empfehlungszwang*. Das Publikum will mit Anlagetipps versorgt werden. Würde sich beispielsweise ein Börsendienst dieser Erwartungshaltung widersetzen, so würden nach einiger Zeit die Abonnenten abspringen. In der Praxis hat es bereits entsprechende Experimente gegeben. Der Goodwill der dahinterstehenden Akteure fand jedoch keine Akzeptanz beim Publikum. Ob ein Börsendienst mit seiner Abstinenz im Nachhinein Recht bekommt oder nicht, spielt dabei nur eine untergeordnete Rolle. Der Empfehlungszwang resultiert aber auch aus der Tatsache, dass es ja selbst in Baisse-Phasen Gewinnchancen in ausgesuchten Aktien gibt, die es herauszufinden gilt. Auf nichts reagiert das anlagewillige Publikum „allergischer" als auf den Hinweis, man solle den Aufbau weiterer Positionen derzeit lieber zurückstellen.

Die Versäumnisangst ist durchweg größer als die allgemeine Einsicht, dass es an der Börse Phasen gibt, in denen größere Positionsaufbauten nicht angezeigt sind. Die 90er-

Jahre haben den Mythos des ewigen Kursaufschwungs zusätzlich genährt. Das Publikum – und selbstverständlich auch die Mehrheit der Experten – ist angesichts der Jahrhundert-Hausse an den westlichen Börsen darauf konditioniert, dass Aktien unter längerfristigen Gesichtspunkten immer steigen werden. Die entsprechenden Langzeitmodelle wurden noch bis weit ins Jahr 2000 hinein vielfach publiziert. Nur bei einer langfristigen Grobbetrachtung mag die langfristige Daueranlage ihre Berechtigung haben. Nur übersahen die Anleger in ihrer zuversichtlichen Stimmung, dass es außer Baisse-Phasen auch Perioden gab, in denen die Aktien jahrelang seitwärts tendierten. Solche Entwicklungen wirken sich irgendwann zermürbend aus. Erinnert sei hier an den Zeitraum 1975 bis 1982 an der Wall Street, der von einer mangelnden Dynamik gekennzeichnet war, und natürlich an die Baisse von 2000 bis 2003. Wer erst im Rahmen der Euphorie zwischen Herbst 1999 und Frühjahr 2000 massiv in Aktien eingestiegen ist, wird viele Jahre warten müssen, bevor die bestehenden Depotverluste ausgeglichen sind. Wer in dieser Zeit nur Aktien der TMT-Sektoren gekauft hat, wird aller Wahrscheinlichkeit nach nie wieder einen Ausgleich der Depotverluste erzielen können.

Betrachtet man auf dem Sektor der Finanzmedien die entsprechenden Angebote, unabhängig davon, ob es sich nun um reine Börsendienste, Fachmagazine oder Publikationen der Banken handelt, so sind sowohl in quantitativer als auch in qualitativer Hinsicht deutliche Unterschiede festzustellen.

Handelt es sich um tatsächliche Analysen oder bloß um reine Stimmungsblätter voller Tipps? Die oberflächliche Einschätzung, dass letztlich nur die Ergebnisse zählen, reicht nicht aus und lässt wichtige Faktoren unberücksichtigt. In Performance-Tests, die gelegentlich durchgeführt werden, steht eine Auswahl mehr oder weniger bekannter Börsendienste auf dem Prüfstand. Da sich die Untersuchungen ausschließlich auf Anlageresultate beziehen, sind die Ergebnislisten von Jahr zu Jahr erheblichen Schwankungen unterworfen. So ist es schon vorgekommen, dass ein Performance-Sieger sich ein Jahr später auf dem letzten Platz wiederfand. Wenn diese Tests auch die Branche auf den Prüfstand stellen, so lassen sie doch einige Wünsche offen. Ein Performance-Sieger ist nicht automatisch der beste Börsendienst, denn gewonnen hat er nur im Rahmen der Testbedingungen, die in der täglichen Anlagepraxis nur schwer nachzuvollziehen sind.

Dieses Manko ist bei allen internationalen Performance-Messungen zu beobachten. Die reale Umsetzung scheitert bereits daran, dass bis zu 1200 Empfehlungen pro Jahr erfolgen. Das sind Größenordnungen, die nicht einmal ein institutioneller Anleger umsetzen könnte. Wer absolut keine Vorstellung von einer strategischen Anlage seines Vermögens hat und einen Börsendienst lediglich auf vielversprechende Tipps hin abgrast, begibt sich in eine Defizitposition. Die Auswahl der Empfehlungen erfolgt dann willkürlich. Dementsprechend sind auch die Anlageresultate dem Zufallsprinzip unterworfen.

Der autonome Anleger betrachtet Börsendienste und Finanzmagazine als Informationsmedien und nicht als Tipplieferanten. Analytische Sachverhalte stehen bei ihm im Vordergrund. Reine Tippdienste fallen aufgrund ihrer Oberflächlichkeit gleich unter den Tisch. Wie kann aber selbst ein unerfahrener Anleger einen reinen Tippdienst erkennen? Die Überprüfung ist relativ einfach: Bei einem Tippdienst ist der analytische

Background unwichtig. Die Empfehlungen basieren lediglich auf wenigen Sachverhalten; es fehlt das schlüssige Gesamtkonzept. Warum ist z. B. eine Aktie interessant? Wird dies ausreichend und vor allem nachvollziehbar begründet? Werden auch kritische Komponenten berücksichtigt, mögliche Risiken aufgezeigt und in die Überlegungen miteinbezogen? Oder wird nur einseitig glorifiziert, Stimmung gemacht, sodass man den Eindruck erhält, hier wird eine Aktie nicht analysiert, sondern verkauft? Lassen Sie sich nicht von markanten Sprüchen blenden, wie etwa „Wir bringen keine langatmigen Analysen, sondern kurze Empfehlungen, weil wir Ihre Zeit nicht übermäßig beanspruchen wollen". Wer so argumentiert, hat keine Argumente, sondern setzt mit Inhaltslosigkeit auf die Oberflächlichkeit der Kunden.

Der autonome Anleger recherchiert in Börsendiensten oder Finanzmagazinen vor einem ganz anderen Hintergrund. Die Anlagetipps interessieren ihn weniger, es sei denn, er erkennt darin eine fundierte Anlagestrategie, die er aber in jedem Fall selbst überprüfen wird. Der autonome Anleger interessiert sich in erster Linie für den analytischen Background. Für ihn sind daher Spezialdienste von Bedeutung, die sich lediglich auf einzelne Börsen- bzw. Marktsegmente konzentrieren, wie z. B. einzelne Aktien, Wall Street, Emerging Markets, Zinsmärkte, Edelmetalle oder Terminmärkte, und zudem gutes analytisches Material liefern. Entscheidend ist dabei, ob der Herausgeber eines Spezialdienstes tatsächlich ein Experte des jeweiligen Marktes oder Marktsegmentes ist oder ob er den Dienst nur publiziert, weil es sich um eine (vermeintliche) Marktlücke handelt. In diesem Zusammenhang spielt die Auflage des Dienstes keine Rolle, da sie nichts über die inhaltliche Qualität aussagt.

Eine besonders kritische Haltung ist immer dann angezeigt, wenn ein Börsendienst nur dem Ego des Herausgebers dienen soll. Solche Entwicklungen waren insbesondere im Zuge der Baisse 2000 bis 2003 zu beobachten, als selbst ernannte Marktpropheten mit ihren superpessimistischen Prognosen bei einem verschreckten Publikum offene Türen einrannten. Der Nutzen für das Publikum war gleich Null. Für den erfahrenen Anleger sind solche Dienste sehr schnell zu erkennen, da sie immer emotional durchfärbte „Analysen" enthalten. Die Empfehlungen sind selten fundamental bzw. markttechnisch nachzuvollziehen, weil sie ausschließlich auf der Stimmungslage des Verfassers beruhen. Dienste dieser Art arbeiten nicht selten mit nicht näher definierten „Systemen". Mit dieser Vorgehensweise soll die Leserschaft gezielt in eine Abhängigkeit getrieben werden. Durch nebulose Systembeschreibungen wird dem einzelnen Leser suggeriert, dass an dem vermeintlichen System etwas dran sein könnte.

Ein weiteres Erkennungsmerkmal unseriöser Börsendienste besteht darin, dass die Verfasser ihre Prognosen ständig mit Superlativen versehen. Durchschnittliche Kursbewegungen, die an den Finanzmärkten an der Tagesordnung sind, kennen solche Dienste nur äußerst selten. Aus nahezu jeder Marktbewegung werden Extreme abgeleitet. Vorzugsweise werden dabei die Verlustängste der Leser angesprochen, weil in diesem Bereich die größte Aufgeschlossenheit besteht. Da werden Crash-Szenarien entworfen, die schon beim Lesen den Puls beschleunigen. Um die Spannung zu steigern, werden auch gleich Zeiträume genannt, in denen sich ein Crash abspielen soll. Diese Masche war z. B. noch Jahre nach dem Börsen-Crash von 1987 zu beobachten und erfuhr eine Wiederbelebung im Zuge der Baisse 2000 bis 2003.

Den Crash von 1987 hatte niemand exakt („Mitte Oktober 1987 notiert der ‚Dow Jones' im Bereich um 1750 Punkte") prognostiziert. In den Wochen vor dem Crash fiel man bei der herrschenden Experteneuphorie aber schon mit einer negativen bzw. vorsichtigen Prognose auf. Solche Prognosen riskierte in den Vereinigten Staaten nicht einmal eine Hand voll Marktbeobachter. Nach dem Crash explodierte freilich die Anzahl derer, die angeblich den Crash exakt vorhergesagt hatten. Nunmehr sollte die Börsenwelt erst recht untergehen. Es wurden vielfältige Szenarien dahingehend entworfen, dass eine Wiederholung der Ereignisse der Jahre 1929 bis 1932 bevorstünde. Abgesehen von der sentimenttechnischen Aussagekraft dieser Prognosen (ein Debakel wie 1929 bis 1932 war angesichts der allgemein pessimistischen Stimmung nicht zu erwarten) wurde der '87er-Crash zu einem Dauerthema der Marktpessimisten. Die Nachwirkungen waren noch bis weit in die 90er-Jahre hinein zu beobachten. Einige Analysten sollten in den folgenden zehn Jahren den Crash zu ihrem Dauerthema machen, d. h. eine mögliche Wiederholung eines ähnlichen Marktzusammenbruchs wie 1987. Doch mit der immensen Macht der Jahrhundert-Hausse wirkten die Crash-Ankündigungen zunehmend unglaubwürdig. Also begannen die ehemaligen Crash-Propheten umzusatteln und steigerten sich nunmehr in Hausse-Prognosen der Superlative. Das gleiche Spiel, nur mit umgekehrten Vorzeichen. Empfänglich für Extrembotschaften, ob nun in Richtung Hausse oder Baisse, sind insbesondere unerfahrene oder unsichere Anleger. Erfahrene Börsianer schütteln über diese „Gurus" nur den Kopf.

Im Frühjahr 2000 hielten sich die Crash-Gurus im Übrigen vollständig zurück. Keine Warnungen, keine apokalyptischen Prognosen, es gab nur vereinzelt kritische Stimmen, die jedoch vollständig ignoriert wurden. Als dann die Baisse voll im Gange war, bekamen die Crash-Propheten wieder Oberwasser. Selbst auf dem Höhepunkt der Baisse schienen da einige Herrschaften völlig den Überblick verloren zu haben, als sie den vollständigen Zusammenbruch vieler TMT-Aktien ankündigten. Was sollte nach Kursverlusten von bis zu 98% eigentlich noch weiter zusammenbrechen? Anleger, die bis dahin bereits massive Verluste erlitten hatten, verloren auf dem Höhepunkt der Baisse gleich nochmals, nämlich mit Derivaten auf weitere fallende Märkte oder Marktsektionen.

Prognosen und Wahrscheinlichkeiten

Die Börsenzukunft ist vage. Daran wird sich nie etwas ändern. Also sind auch alle seriösen Analysen vage. Wenn auch das ganze Konzept stimmig sein kann – es bleiben doch immer einige Unsicherheitsfaktoren. Die Börsenpropheten klinken den unsicheren Modus kurzerhand aus. Statt „möglich", „könnte", „sollte", „im Falle", „wäre", „wenn", „vorausgesetzt" oder „angenommen" sind die Prognosen von eindeutigen Aussagen durchtränkt: „Der Markt *wird* fallen" und nicht „Der Markt *könnte* aufgrund dieser oder jener Gegebenheit fallen". Alles steht fest, alles ist klar. Das ist genau das, womit eine unsichere Klientel bedient werden will. Kombiniert man die Aussagen der Propheten mit dem Zufallsprinzip, so werden sich Zufallstreffer zwangsläufig einstellen. Diese müssen dann als Expertise herhalten. Das unsichere Publikum ist angesichts der Vielzahl falscher Prognosen gnädig. Exakt ist immer nur die Vorhersage, die Realität ist ein anderes Thema.

Jeder seriös arbeitende Marktanalyst ist sich über die Unsicherheit seiner Prognosen im Klaren und lässt daher auch die Komponente der Unwägbarkeit mit einfließen. Entscheidend ist, dass die Prognosen auf einer Analyse beruhen und nicht gefühlsmäßig erstellt werden. Ob sie dann annähernd eintreffen, ist ein anderes Thema. Der seriöse Analyst kennt auch die Versuchungen, die im Zusammenhang mit guten Prognoseresultaten entstehen. Beispiel: Analyst XY hat für die nächsten Monate einen bedeutenden Aufschwung der deutschen Aktienbörse prognostiziert. Die Aufwärtsbewegung stellt sich tatsächlich ein und bestätigt somit die Prognose. Gerät Analyst XY nun in eine gute Prognoseserie, kann natürlich sein Selbstbewusstsein genauso inflationieren wie bei einem Anleger, der große Gewinne eingefahren hat. Analyst XY sieht sich mehrfach bestätigt, hält sich nun für besonders treffsicher und lässt die Unwägbarkeiten in den Hintergrund treten. In seine Vorhersagen fließt sein Selbstbewusstsein dementsprechend ein, und prompt tauchen Adjektive wie „muss" oder „wird" statt „sollte" oder „könnte" auf. Prompt lässt er sich auch zu gewagteren Vorhersagen hinreißen. Geschieht dies unkontrolliert, so können solche Prognosen leicht zur Selbstdarstellung ausarten.

Ein Analyst kann ohne weiteres auf richtige Prognosen in der Vergangenheit hinweisen, denn Klappern gehört zum Handwerk, er muss aber auf der Hut sein vor einer Emotionalisierung, die durch eine gute Prognose entstehen kann. Ein Anleger mit „Superman-Feeling" legt in solchen Momenten den Grundstein für den nächsten Verlust, der naturgemäß nicht lange auf sich warten lassen wird. Bei einem Analyst im Prognoserausch geschieht Ähnliches. Der nächste Prognose-Flop ist programmiert. Wer jahrelang im Analysegeschäft tätig ist, kennt die psychischen Fallen, die man aber im Laufe der Zeit genauso zu vermeiden lernt wie jene im aktiven Börsenhandel. Dies gelingt allerdings nur, wenn der Analyst sein Ego aus den Analysen heraushält und diszipliniert bei der Sache ist.

Publikumsmanipulation

Gezielte Unseriosität wird jedoch auf der analytischen Bühne immer wieder anzutreffen sein. Solange sie bloß Unterhaltungswert hat, kann man damit leben. Zirkusfiguren gibt es eben in jeder Branche, und das ist nicht einmal negativ gemeint. Solange dies als Beiwerk in den Medien geschieht, ist es völlig in Ordnung. Wenn aber für unseriöse Arbeit viel Geld gezahlt werden soll, ist es mit dem Amusement vorbei. Allerdings muss man einräumen, dass Unseriosität nur auf dem Boden der Unwissenheit zahlender Kundschaft blühen kann. Es sind die Anleger selbst, die diese Phänomene produzieren. Aufklärung hilft hier nur bedingt. Sobald exakte Prognosen mit nebulosen Systemen publiziert werden, scheint bei etlichen Lesern der Verstand ausgeschaltet zu sein. Es wäre ja auch zu schön, wenn die Vorhersagen in der getroffenen Form eintreten würden.

Dazu ein Beispiel: Seit Mitte der 90er-Jahre wird im asiatischen Raum ein Börsendienst herausgegeben, in dem Marktprognosen auf der Grundlage von „Astrologie" und „Mathematik" erstellt werden. Mit einer internationalen Werbekampagne wird der Dienst unter die Leute gebracht. Bereits in der Werbung werden Prognosen der Superlative präsentiert. Der nicht gerade preiswerte Dienst enthält Vorhersagen für etwa 50 internationale Finanz-, Devisen- und Rohstoffmärkte. Den Lesern werden anhand von Charts (ohne Kursleiste, also nur mit einer Zeitvorgabe) exakte Kursverläufe für die kommenden Wochen präsentiert, die angeblich aufgrund „astrologischer und mathematischer Formeln" bestimmt werden. Bis dahin hatte man nur Charts für vergangene Kursbewegungen gekannt. Hier wird genau umgekehrt verfahren: Die Charts zeigen Kursverläufe der Zukunft – der Traum eines jeden Börsianers. Was hinter der „Astrologie" oder „Mathematik" steckt, wird natürlich nicht näher erläutert. Es fällt aber auf, dass keine Prognose mit astrologischen Fachbegriffen begründet wird. Astrologie taucht somit überhaupt nicht auf. In welchem Zusammenhang daraus Kursprognosen abgeleitet werden, bleibt dementsprechend offen. In dieser Hinsicht handelte es sich bei dem System bereits um eine *Blackbox*. Natürlich wurde auch der Crash von 1987 angeblich exakt prognostiziert und die große Baisse zwischen 2000 und 2003. Hinsichtlich der suggestiven Beeinflussung der Leser werden nahezu alle denkbaren Register gezogen. Dramatische Dankesbriefe von Abonnenten, die natürlich alle Supergewinne verzeichneten, werden in praktisch jeder Ausgabe präsentiert. Wer also aufgrund der vergangenen Prognosen keine Gewinne realisierte, musste irgend etwas falsch gemacht haben. Schließlich gibt es auch immer wieder Leser, die dank der jüngsten Prognosen mal eben eine Million Dollar gewonnen haben. Plumper geht es nicht mehr. Die Prognosen selbst enthalten merkwürdige Aussagen. An den Devisenmärkten stimmen oftmals die Relationen zwischen zwei Währungen nicht. So bleibt in einer Ausgabe z. B. offen, ob der Dollar gegenüber dem Yen oder der Yen gegenüber dem Dollar fallen sollte. Aber im Grunde genommen war dies auch gleichgültig, denn ein Test beider Varianten ergab, dass die Prognose ohnehin falsch war.

Eigenartig war auch die Tatsache, dass in den Anfangsjahren Kursverläufe für Samstage und Sonntage vorgegeben wurden. So sollte an einem bestimmten Sonntag die Wall Street deutlich fallen. Den Herausgebern war offensichtlich nicht bewusst, dass an der Wall Street am Wochenende nicht gehandelt wird. Also, wer bis dahin den Nepp nicht bemerkte, dem war eigentlich nicht mehr zu helfen. Natürlich wurden die Prognosen auch von einer „internationalen Bank" überprüft, die die Ergebnisse „bestätigte". Bei dieser Überprüfung spielte es keine Rolle, ob der Dow Jones Industrial Average um einen Punkt oder um hundert Punkte gestiegen war. Welche Adresse sich hinter dieser „internationalen Bank" verbarg, wurde selbstverständlich nicht bekannt gegeben, denn damit hätte sich die Bank, falls es eine solche überhaupt gab, nicht aufgrund ihrer Affinität zur Astrologie ins Gerede gebracht, sondern wohl eher, weil sie nicht nachrechnen konnte. Eine Überprüfung ergab, dass die angeblich exakten Kursverläufe drastische Abweichungen aufwiesen, deren Nutzwert geringer war als der tägliche Wurf mit der Münze. Der Münzwurf hätte auf Basis von 100 Prognosen rechnerisch 50 Treffer beschert (Trefferquote 50%). Aber offensichtlich gibt es für solch unseriöse Finanzdienstleitungen immer noch viele Kunden.

Es ist nicht bekannt, wie die Prognose-Charts konzipiert waren. Es ist kaum anzunehmen, dass die Dreistigkeit so weit ging, dass wahllose Kursverläufe eingetragen wurden. Verräterisch waren jedoch unter anderem die absurden Wochenendprognosen. Vermutlich hatte man über einen bestimmten Zeitraum der Vergangenheit, z. B. die letzten 15 Jahre, alle Kursbewegungen der jeweiligen Handelstage eines Marktes zusammengefasst und das Ausmaß einer steigenden oder fallenden Tagestendenz ähnlich einem gleitenden Durchschnitt ermittelt. So wies beispielsweise der 1. Juni in den letzten 15 Jahren an Finanzmarkt X durchschnittlich eine steigende Tendenz auf. Für den nächsten l. Juni prognostiziert man dann einen steigenden Markt. Das gleiche Spiel geht dann mit dem 2. Juni. Ergibt der 15-Jahres-Durchschnitt hier eine fallende Tendenz, trägt man in das Prognose-Chart eine fallende Abwärtslinie ein. Diese Methode lässt sich auf jeden Börsentag anwenden. Da der l. Juni im Jahresrhythmus auch auf Samstage und Sonntage fällt, erhält man automatisch auch Prognosen für ein Wochenende.

Man sollte meinen, dass solche Dienste am Markt keine Chance haben, zumal die unseriöse Vorgehensweise in diesem Fall auch noch höchst durchsichtig ist. Weit gefehlt. Jeder Anleger, der sich mit der unsicheren und unbestimmbaren Zukunft an der Börse nicht abfinden kann, ist für solche obskuren Methoden anfällig. Das Gegenmittel gegen unseriöse Serviceleistungen besteht in erster Linie darin, sich endgültig von dem Gedanken zu verabschieden, dass es ein System der Superlative gibt, das dem Anwender korrekte Handelssignale in Serie präsentiert und damit wie eine problemlose Geldmaschine funktioniert. Ein Warnsignal ist allein schon die Tatsache, dass ein vielversprechendes System bzw. eine aussichtsreiche Methode mit einem gigantischen Werbeaufwand, der hauptsächlich suggestive Inhalte in den Vordergrund stellt, angepriesen wird. In solchen Fällen können Sie sicher sein, dass an der Methode nichts dran ist oder in der Realität einfach nicht das gehalten wird, was die Werbung verspricht. Die Angelegenheit kostet Sie Geld in zweierlei Hinsicht. Einerseits müssen Sie für das „System“ zahlen, andererseits geht Ihr Geld für verlustreiche Engagements drauf, was durchweg schwerer wiegt. Das sind die materiellen Komponenten. Der psychologische Faktor verdient in diesem Zusammenhang eine besondere Gewichtung. Da Sie der Suggestivkraft eines Dritten erlegen sind, handeln Sie nicht autonom, sondern fremdbestimmt. Sie haben sich von den vielversprechenden Aussichten einwickeln lassen und dem System einen *Vertrauensvorschuss* gegeben. Dieses Vertrauen wird nun enttäuscht.

Reale Handelsverluste aufgrund einer Blackbox-Prognose wirken sich auch in emotionaler Hinsicht belastend aus. Sie verstehen nicht einmal richtig, warum Sie verloren haben. Es gibt keine greifbaren Erklärungen. Das Schlimmste in solchen Fällen ist, wenn Sie sich nun etwas vormachen wollen, indem Sie sich nicht eingestehen, dass Sie von etwas Unrealistischem geträumt haben. Wenn Sie weiterhin an der unseriösen Methode festhalten, wird Sie das noch mehr Geld und Kraft kosten. Ein Zwischentreffer ist dazu geeignet, Sie bei der Stange zu halten. In einem solchen Fall kann es auch zu euphorischen Reaktionen kommen („An der Methode ist doch etwas dran“). Man muss sich vergegenwärtigen, dass der Fremdbestimmungsprozess noch voll im Gange ist. Dann kommt der nächste große Verlust, der eine Frustration oder Depression auslösen kann. Sie würden sich jetzt gelähmt fühlen, orientierungslos, denn die ursprünglichen Gewinnträume sind wie Seifenblasen zerplatzt. Blackbox-Methoden lösen nicht nur vielfältige Nebenwirkungen aus, sie werfen den Nutzer auch in seiner persönlichen Entwicklung zurück, da er sich lediglich in einem negativen Erfahrungsprozess befindet. Verluste, die im Rahmen selbst erstellter Strategien entstehen, können sich positiv auf den Erfahrungsprozess auswirken, weil der Anleger sie analysieren und aus den Fehlern lernen kann. Bei einer Blackbox-Methode hingegen gibt es nichts zu analysieren. Auf eine dubiose Methode kann jeder Börsianer einmal hereinfallen; der Erfahrungswert resultiert aus der ernüchternden Erkenntnis, dass *die* Supermethode nicht existiert. Je länger man aber unseriösen Methoden hinterherläuft, desto schwieriger wird es, aus dem Fremdbestimmungskreislauf auszubrechen.

Realistische Perspektiven

Ein Börsendienst kann eine gute Durchschnittsperformance erreichen, aber dennoch eine Anlagestrategie verfolgen, die sich einzelnen Anlegern nicht erschließt. Ein Börsendienstschreiber hat im Rahmen der Fremdbestimmung nur einen begrenzten Einfluss auf das Anlageverhalten eines Abonnenten. Dies gilt allerdings nur, solange er auf suggestive Empfehlungen verzichtet. Für den Börsendienstschreiber bleibt die Leserschaft weitgehend anonym. Er dokumentiert seine Einschätzung zu den Finanzmärkten oder einer Aktie, kann für seine Prognosen aber nicht garantieren, sondern wie alle Marktteilnehmer nur erwarten, dass sie korrekt sind und Gewinne erzielen. Da er seine Empfehlungen *ohne Gewähr* ausspricht, muss sich er auch nicht mit den positiven oder negativen Anlageresultaten seiner Leser auseinander setzen.

Ein Leser hingegen kann zu einem Börsendienst eine Abhängigkeitsbeziehung aufbauen, die immer emotionale Züge tragen wird. Da der unsichere Anleger keine eigene Meinung zu den Finanzmärkten hat bzw. auf seine eigene Einschätzung nicht viel gibt, wartet er je nach Marktverfassung ungeduldig auf die aktuelle Lagebeurteilung des Marktbeobachters. Je mehr ein Anleger aber an Markterfahrung gewinnt, desto größer wird zwangsläufig die Distanz zu den Meinungen und Ansichten Dritter sein. Er erkennt, dass ein Analyst einen Markt nicht konstant hundertprozentig richtig einschätzen kann.

Ein Anleger berichtet dazu wie folgt: „Jahrelang ging ich mit einem völlig falschen Anspruch an Marktkommentare von Börsenexperten heran. Ich habe denen zunächst alles geglaubt und mich brav an deren Meinung orientiert. Wurde eine bestimmte Aktie von einem bekannten Experten empfohlen, hab ich sie am nächsten Tag prompt gekauft. Es dauerte aber nicht lange, bis sich die ersten Verluste einstellten. Ich war dann wütend auf den Experten, ließ mich aber weiterhin beeinflussen. Irgendwann war mein Anlagechaos perfekt. Mein Depot bestand aus einem Sammelsurium verschiedenster Wertpapiere. Bei den meisten konnte ich nicht einmal mehr nachvollziehen, warum ich sie überhaupt gekauft hatte. Alles war mehr oder weniger dem Zufall überlassen. Irgendwann war ich nur noch frustriert und habe den Experten gar nichts mehr geglaubt, sondern mich sarkastisch mit deren Meinungen auseinander gesetzt. Das brachte natürlich nichts. Ich hab dann schließlich das Ruder selbst in die Hände genommen und sehr viel Zeit in die Marktanalyse investiert. Jetzt stand ich zumindest persönlich hinter meinen Käufen, unabhängig davon, wie die Resultate im Einzelnen ausfielen. Dennoch passierte es immer wieder, dass ich mich den Einflüssen der Experten aussetzte, was sich in nachfolgenden hektischen Handelsaktivitäten ausdrückte. Von einer Meinung konnte ich mich unter Druck gesetzt fühlen und hatte erst wieder Ruhe, wenn ich den Deal gemacht hatte.

Es dauerte eine ganze Weile, bis ich dahinterkam, dass der Grund nichts weiter als Unsicherheit war. Nach meiner Analyse befand sich ein Markt z. B. in einer Pattsituation. Mir wäre aber ein Analyseresultat lieber gewesen, das einen steigenden Markt signalisiert hatte. Statt das Resultat zu akzeptieren, wurde ich nervös und suchte nach Anhaltspunkten, die letztlich doch für anziehende Kurse sprachen. Die fand ich im Rahmen meiner Recherche aber nicht. In solchen Phasen war ich dann hin- und hergerissen. Ich wollte kaufen, nach meinen Analysen durfte ich dies aber nicht. Dann kam mir die Prognose eines Experten auf den Tisch, der eine Kursexplosion voraussagte. Das machte mich dann total konfus. Ich stand derart unter Druck, dass ich mich erst mit einem Aktienkauf aus dieser Lage befreien konnte. Nach solchen Manipulationskäufen – so bezeichne ich sie heute – setzte die Ernüchterung aber sehr schnell ein. Ich kam schlagartig zur Ruhe und spürte, dass das Engagement mit mir eigentlich nichts zu tun hatte. Das wäre das Verkaufssignal gewesen. Aber nein, ich hielt die Position und litt mit ihr. Statt den kurzen Moment der Klarheit zu nutzen, entschied ich mich für Konfusion und Schmerzen. Fast immer endeten Engagements dieser Art mit großen Verlusten. Heute lasse ich mich nicht mehr bewusst manipulieren. Mit Analysen anderer setze ich mich durchaus auseinander, weil sie manchmal Aspekte enthalten, die ich nicht berücksichtigt habe. Bin ich hinsichtlich einer Entscheidung unsicher und gleichzeitig unruhig, weiß ich, dass ich vorsichtig sein muss, weil ich in so einer Phase anfällig für Fremdeinflüsse bin. Mein Gegenmittel besteht darin, dass ich mich dann bewusst ablenke, um erst einmal Abstand zu den Ereignissen zu gewinnen."

Ein Marktbeobachter kann mitunter auf hervorragende Phasen einer zutreffenden Markteinschätzung zurückblicken, dennoch ist keiner dieser Leute von Schwächephasen frei. Die Gründe für Fehleinschätzungen sind vielfältig und müssen auch nicht detailliert erörtert werden. Maßgeblich ist nur, dass sich der einzelne Anleger ebenfalls dieser Tatsache bewusst ist. Er kann von einem Analysten nicht Dinge erwarten, die dieser nicht permanent leisten kann. Mit dieser Einsicht kann man sich nicht nur aus bestehenden Abhängigkeiten von Marktbeobachtern, sondern Schritt für Schritt auch aus der Fremdbestimmung lösen. Insbesondere mit Informations- oder Research-Diensten, die sehr gutes analytisches Material liefern, kann man sich konstruktiv auseinandersetzen. Vielleicht erkennt man auch, dass es keine Adresse gibt, die konstant nur gewinnträchtige Tipps liefert. Wenn ein Börsendienst aktuell eine Performance-Hitliste anführt, bildet dies keine Garantie für zukünftig gute Prognosen. Top-Performer können Anleger aber auch in Marktsektoren locken, in denen diese sich nicht hinreichend auskennen, was wiederum die Fremdbestimmung erhöhen würde.

Natürlich ist die Abhängigkeit der Anleger von Informationsdiensten oder Finanzmagazinen, die beratenden und empfehlenden Charakter haben, von deren Herausgebern nicht unbeabsichtigt, denn schließlich stehen geschäftliche Interessen dahinter. Jede Dienstleistungsbranche ist verständlicherweise an Kundenbindung interessiert. Je schlechter die Kundenbindung, desto größer sind zwangsläufig die Ausgaben für Werbemaßnahmen. Um gute Dienstleistungen handelt es sich immer dann, wenn dem Leser Analysen und Prognosen übermittelt werden, die ihm Raum für die eigene *persönliche Meinungsbildung* lassen. Im Idealfall liefern die Analysen einen Impuls zu einer persönlichen Auseinandersetzung. Das Resultat dieser Vertiefung könnte dann darin bestehen, dass der Leser zu einer völlig anderen Lageeinschätzung kommt.

Unfreiwillige Selbstbestimmung

So weit zu den Szenarien, die sich ausschließlich auf die freiwillige Fremdbestimmung konzentrieren. Wie verhält es sich aber mit der *unfreiwilligen Fremdbestimmung?* Unfreiwillig selbstbestimmt ist, wer in ein Investment hineingetrieben wird, ohne dass er dieses Investment selbst in Erwägung gezogen und überprüft hat. In der Praxis ist die unfreiwillige Fremdbestimmung vornehmlich in den Handelsabteilungen der Geldinstitute und Broker-Firmen anzutreffen. Ein Kunde will beispielsweise eine bestimmte Aktie kaufen. Sein Berater findet dieses Investment aber zu riskant und empfiehlt seinem Kunden nachdrücklich den Kauf von Anteilen eines Aktienfonds, weil dies nun einmal sicherer sei. Obwohl der Kunde entschlossen war, wird er nicht ermuntert, sondern verunsichert. Eine Anlage kann so gleich zu Beginn belastet werden. Dabei muss dem Bankberater noch nicht einmal eine schlechte Absicht unterstellt werden. Vielleicht hat er mit Aktieninvestments keine ausreichenden oder persönlich schlechte Erfahrungen gemacht. Er will dann im guten Glauben, seinen Kunden vor einer risikoreichen Anlage schützen. Umgekehrt gilt dies auch, wenn ein Berater einen Kunden davon abhält, Aktienfonds zu kaufen, und ihm zu direkten Aktienkäufen rät, weil er die Aktienanlage für dynamischer hält.

Dennoch ist festzustellen, dass die europäischen Geldinstitute bei der Anlageberatung eher defensiv vorgehen und auf Sicherheit bedacht sind. Zunehmend problematisch wirken sich dabei Haftungsfragen aus. Geht ein Investment schief, war sich der Anleger der Risiken (angeblich) nicht bewusst. Die Institute sichern sich daher mit Standard-Fragebögen zur finanziellen Situation des Anlegers ab. Für Anleger selbst gibt es hingegen Protokollbögen, die von diversen Interessengemeinschaften bezogen werden können. Im Streitfall steht dann Aussage gegen Aussage. Im Normalfall müsste ein Bankberater ein Kundenprotokoll unterzeichnen, weil nur dann Klarheit über den Beratungsinhalt besteht. In der Praxis wird sich dies kaum realisieren lassen, da sich ein Bankberater nicht auf Risiken einlassen wird, die er im Nachhinein nicht vollständig kontrollieren kann. Im Zweifel wird er sich verständlicherweise für eine defensivere Anlagestrategie entscheiden, um dadurch Haftungsrisiken so weit wie möglich auszuschließen. Die Anlage in Aktienfonds wird allein aus diesem Blickwinkel zunehmend an Bedeutung gewinnen. Hier bestehen zwar ebenfalls Verlustrisiken, jedoch in einem geringeren Umfang als bei der Direktanlage. Angesichts des gesamten Aufwands gehen die Institute auch zunehmend dazu über, den Beratungsaufwand im Einzelfall in Rechnung zu stellen. Der einzelne Anleger sollte also genauestens überprüfen, ob es ihm möglich ist, sein Vermögensmanagement selbst in die Hand zu nehmen. Ist dies nicht der Fall, so sucht er sich am besten einen Berater, mit dem er persönlich zurechtkommt. Eine Zufallsentscheidung auf diesem Gebiet ist nicht akzeptabel.

Die nordamerikanischen und angelsächsischen Investmentbanken verfolgen im Wertpapierhandel traditionell sehr offensive Geschäftsstrategien. Sie beziehen ihre

Einnahmen vornehmlich aus dem Investmentbanking (z. B. Aktienemissionen, Fusionsgeschäfte, Unternehmensfinanzierungen via Anleihen etc.) und aus Kommissionen, die im Wertpapierhandel entstehen.

Neben dem Investment-Banking, das seit Ende der 80er-Jahre deutlich an Bedeutung gewonnen hat, bildet das Kommissionsgeschäft für die Broker-Häuser immer noch eine tragende Säule. Die bei den Broker-Gesellschaften tätigen Wertpapier-Broker sind unverändert vom Umsatz im Wertpapierhandel abhängig. Ihr Einkommen ist unmittelbar mit dem Provisionsaufkommen verbunden. Allein diese Tatsache bedingt, dass die Broker-Industrie auf kurze und schnelllebige Geschäfte ausgerichtet ist. Bereits in ihrer Ausbildung werden die Broker auf diesen Faktor sensibilisiert. Die Broker-Firmen legen keinen Wert darauf, ob einer ihrer Broker auch ein guter Wertpapieranalyst oder Marktstratege ist. Dafür unterhalten die großen Gesellschaften eigene Analyseabteilungen.

Im Massengeschäft sind vielmehr die Verkaufstalente entscheidend. Kenntnisse aus dem Bereich der Verkaufs- und Werbepsychologie sind viel wichtiger als Markterfahrungen. Beherrscht der Broker diese Gebiete perfekt, so steht seinem beruflichen Aufstieg nichts im Weg. Er muss Kunden an Land ziehen und sie zu häufigen Handelsaktivitäten animieren können. Lieber veranlasst er einen Kunden, zehnmal kleine Gewinne mitzunehmen, als eine Zeitlang zuzuwarten, um dann aus demselben Investment einen großen Gewinn abräumen zu können. Die Broker werden nicht nur in ihrer Ausbildung auf diesen Faktor getrimmt, sondern stehen auch danach unter einem konstanten Erfolgsdruck. Sie beziehen ein Basisgehalt, mit dem sie mehr schlecht als recht über die Runden kommen. Dies geschieht nicht ohne Absicht. Viel Geld verdienen sie nur, wenn sie ihre Kunden zu häufigen Umsätzen animieren, denn bei jedem Handel kassieren sie eine Provision. Allein dieses Prinzip macht sinnvolle Anlagestrategien von vornherein zunichte. Nichts reizt einen Broker mehr als Cash-Bestände auf den Konten seiner Kunden.

Selbstverständlich gibt es auch Broker, die so souverän sind und sich vom Umsatzdruck distanzieren. Diesen Luxus können sie sich aber nur leisten, wenn sie ihre Kundschaft sicher und gewinnträchtig durch die Märkte führen. Die Gewinne animieren dann die Kunden automatisch zu einer höheren Handelsfrequenz. Aber solche exzellenten Broker, sowohl im Sinne ihrer Arbeitgeber als auch im Sinne ihrer Kunden, sind nicht nur Mangelware, sie bleiben auch meist nicht sehr lange bei ihren Firmen oder in ihrer Position, sondern wechseln zu Vermögensverwaltungen oder Fondsgesellschaften. Viel öfter trifft man auf einen reinen Verkäufer, der sich mit dem Druckprinzip seines Arbeitgebers konfrontiert sieht. Jeder Broker bekommt eine Jahresvorgabe, d. h. die Firmenleitung diktiert ihm, wie viel Mindestumsatz er innerhalb eines Jahres zu machen hat. Andernfalls droht ihm entweder die Kündigung oder zumindest ein Prämienentzug. Dies heißt aber nicht, dass nur einmal jährlich eine Überprüfung erfolgt. Seine Umsatzentwicklung kann via Computerkontrolle ständig hochgerechnet werden. Lässt er umsatzmäßig nach, wird er zu mehr Aktivität aufgefordert. Die Broker-Firmen unterstützen die Umsatztreiberei zusätzlich durch ein Betriebsklima, in dem ein ständiger Konkurrenzkampf der Broker untereinander herrscht. Der Anleger kann also grundsätzlich davon ausgehen, dass er es mit einem Broker zu tun hat, der ausschließlich umsatzorientiert ist. Je mehr Bargeld sich auf einem Konto befindet, desto kreativer wird der Broker bei seinen Anlageideen. In seinen Augen ist Bargeld nutzlos, denn daran verdient er nichts. Eine Interessenkollision ist somit zwangsläufig vorprogrammiert.

Nun verhält es sich nicht so, dass ein Broker gewaltige Anstrengungen unternehmen muss, um seine Kunden zu häufigem Handeln zu animieren. In den meisten Fällen verfügt jeder Broker über einen ausreichenden Anteil an Kunden mit hoher Handelsfrequenz. Dabei spielt es keine Rolle, ob diese Kunden jeder Marktbewegung hinterherlaufen oder ob es sich um selbst entscheidende Taktiker handelt. Die Handelsaktivitäten gehen allein von den Kunden aus, der Broker muss die Aufträge lediglich weiterleiten und kassiert die Provision. Ferner zählt ein Broker auch Anleger zu seinen Kunden, die unsicher oder unschlüssig sind und sich gerne anleiten lassen. Die Selbstentscheider mit niedriger Handelsfrequenz befinden sich grundsätzlich in der Minderheit. Sie werden von ihrem Broker nur selten angerufen, weil selbst intensive Gespräche ergebnislos verlaufen. Den größten Betreuungsaufwand verursacht also die unschlüssige Kundschaft. Versteht sich ein Broker auf Werbepsychologie, kann er diese Kunden permanent an „exzellente Gelegenheiten“ heranführen, indem er die entsprechenden Register zieht. Entscheidend ist, dass dem Kunden ein Gefühl vermittelt wird, als sei der Broker ausschließlich für ihn da. Eine Variante besteht in der Suggestion, dass der Kunde zu einem kleinen, dafür exklusiv informierten Kreis zählt.

Dem Anleger werden permanent Gewinnchancen suggeriert. So verpasst er angebliche Gewinnmöglichkeiten, wenn er nicht umgehend den Vorschlägen seines Brokers folgt und eine Order erteilt. Nur: Börsentäglich wimmelt es von Gelegenheiten. Ob es gute Gelegenheiten waren, stellt sich ohnehin erst viel später heraus. Endet eine Empfehlung des Brokers mit einem Verlust, so wird er etliche Erklärungen parat haben, um sogleich auf eine neue Gelegenheit aufmerksam zu machen, mit der man die Verluste wieder ausbügeln kann. Auf diese Weise ist schon so manches Kundenkonto leergefegt worden. Der international bekannte Investor *James B. (Jim) Rogers* stellte dazu fest, dass er sich durchaus schon in jungen Jahren zur Ruhe hätte setzen und durch die Welt reisen können. Hätte er sein Vermögen in die Hände eines Brokers gegeben, dann hätte er irgendwann sicherlich wieder arbeiten müssen.[10]

Ein Anleger ist einem Broker aber nicht völlig ausgeliefert. Wenn er weiß, was er will, also ein *Selbstentscheider* ist, kann er sich der Fremdbestimmung weitestgehend entziehen. So kann er seinem Broker ohne Umschweife klarmachen, dass er seine Transaktionen selbst durchführen möchte. Die meisten Broker werden dies erst einmal zur Kenntnis nehmen und den Kundenwunsch ignorieren. Ein im Sinne der Verkaufspsychologie guter Broker ist darüber informiert, dass ein Kunde mit autonomen Ambitionen das Ruder selbst in die Hand nimmt und sich praktisch nicht mehr beeinflussen lässt. Aus verkaufspsychologischer Sicht ist der Broker nunmehr gehalten, seine Position als aktiver Verkäufer zurückzunehmen und in eine passiv-unterstützende Haltung zu wechseln. Die meisten Broker begehen den Fehler, autonome Kunden als schwierig einzustufen, dabei sind diese im Umgang wesentlich angenehmer als die unentschlossene Klientel, die zwar auf den ersten Blick umsatzträchtiger ist, dafür aber die Verantwortung auf den Broker verlagert. Dementsprechend schwierig kann sich die Geschäftsbeziehung gestalten.

Die autonomen Kunden hingegen tragen für ihre Entscheidung die volle Verantwortung, Von einem Broker erwarten sie keine Bestätigung, es ist aus ihrer Sicht auch sekundär, wie dieser den Markt einschätzt. Was sie erwarten, sind neben ergänzenden Marktinformationen exakte und umgehende Orderausführungen. Ein Broker, der einen Selbstentscheider nicht bedrängt, sondern ihn bei seinen Handelsaktivitäten unterstützt, wird immer auf seine Kosten kommen. Ein berühmter US-Fondsmanager erklärte einmal: „Einer meiner Broker leistet überdurchschnittliche Arbeit. Die Informationen, die ich benötige, liefert er mir umgehend, selbst dann, wenn dies in bestimmten Marktphasen Schwierigkeiten bereitet. Er macht seine Arbeit sehr gut. Ich honoriere das, indem ich einen sehr hohen Anteil meiner Auftrage über ihn abwickle." Dieser Broker käme sicherlich nicht auf die Idee, den Fondsmanager in dessen Handelsentscheidungen zu beeinflussen. Er profitiert auf der Basis sehr guter Informationsübermittlung sowie korrekter und zügiger Auftragsabwicklung.

Selbst konstruierte Fallen

Es liegt im Wesentlichen am Anleger selbst, ob die Initiative von ihm ausgeht oder ob er sich führen lässt. Selbst wenn der Wille zu einem autonomen Handelsstil besteht, halten viele Anleger diese Strategie nicht durch. Sie basteln sich ein Anlagekonzept, interessieren sich beispielsweise für eine bestimmte Aktie. Der Broker wird angerufen und nach dem aktuellen Kurs gefragt. Viele begehen dann den Fehler und erklären ihrem Broker, warum und weshalb sie ausgerechnet diese Aktie oder jenes Investment bevorzugen. In den meisten Fällen wird ihnen der Broker zustimmen. Ihm kann das alles gleichgültig sein, und in der Regel ist es das auch. An jedem Handelstag bekommt er eine Investment-Story nach der anderen zu hören. Einem Anleger, der so verfährt und sich vielleicht wundert, warum sein Broker nicht gleich in Begeisterung über seine Investmentabsichten ausbricht, fehlt das Bewusstsein, dass er sich selbst mitunter ausgiebig mit dem möglichen Investment befasst hat, sein Broker aber erst seit ein paar Minuten. Was soll dieser dazu also schon großartig sagen? In den meisten Fällen wird der Broker zustimmen und den Auftrag ausführen. Glaubt er aber, alles besser zu können als seine Kunden, ist die Wahrscheinlichkeit groß, dass er Gegenvorschläge parat hat. Statt diese würde er lieber jene Aktie kaufen. Vielleicht kommentiert er die Handelsabsichten auch beiläufig („Tja, wenn Sie meinen ...").

Dies gilt selbstverständlich auch, wenn der Kunde sich die Investment-Story erspart hat. Unter dieser Voraussetzung ist aber die Aussicht größer, dass er die Bemerkungen seines Brokers ignorieren kann. Ein unsicherer Anleger rechtfertigt sich mit seiner Investment-Story. Reagiert der Broker auch nur leicht skeptisch, kann sich diese negative Äußerung im Unterbewusstsein des Kunden festsetzen. Genau das kann dem unsicheren Anleger zu einem späteren Zeitpunkt zum Verhängnis werden. Eine im Grunde genommen unbedeutende Unternehmensnachricht kann ihn dann zu einem überstürzten Handeln veranlassen, da das Investment von der negativen Implikation seines Brokers überschattet wurde. Die Investment-Storys stellen dem Grunde nach nichts weiter als eine Bestätigungssuche dar. Statt einer Bestätigung provoziert der Anleger aber eher eine Verunsicherung. Da er sich seiner Sache ohnehin nicht sicher ist, wird er sich mit seinem Investment nicht sonderlich wohl fühlen. Entstehen dann Verluste, muss er sich womöglich schadenfreudige Kommentare anhören, die noch zusätzlich verunsichern.

Das wirft natürlich die Frage auf, welchen Sinn solche Geschäftsbeziehungen haben. Schließlich handelt es sich bei der Brokerage um eine Dienstleistung. Nur langsam wird dieser Faktor erkannt. Es ging in den letzten Jahren nicht allein um die konstante Ausweitung der geschäftlichen Interessen in Richtung Investment-Banking, sondern auch um die Verbesserung der Serviceleistungen. Am Umsatzdruck hat dies aber nichts geändert – und daran wird sich auch nichts ändern. Den einzelnen Brokern sind die Geschäfts-Usancen nicht anzulasten, da sie unmittelbar von der Kollision zwischen Kundeninteressen und Umsatzdruck betroffen sind. Eine für beide Seiten akzeptable Lösung lässt sich im Rahmen eines Kommissionsgeschäftes auch nicht herstellen. Eine Lösung für den Kunden besteht ausschließlich in einer selbst bestimmten Handelsaktivität.

Kompetente Haltung

Wenn Sie sich wirklich ernsthaft an den Finanzmärkten engagieren und die Entwicklung nicht irgendwelchen Zufällen überlassen wollen, müssen Sie eine eigenverantwortliche Position beziehen. Nur mit einer kompetenten Haltung werden Sie ihre Strategien auch erfolgreich umsetzen können. Selbst erstellte Anlagestrategien sind wertlos, wenn Sie es zulassen, dass Ihnen diese von dritten Personen auseinander genommen werden. Sie müssen Ihre eigenen Erfahrungen machen. Benötigen Sie Gesprächspartner, weil Sie sich inhaltlich mit bestimmten Ereignissen auseinander setzen wollen oder generell ein reflektierendes Gespräch wünschen, so suchen Sie sich jemand Gleichgesinnten auf privater Ebene, z. B. in einem Investmentclub.[11]

Es gibt auch jene Spezies unter den Beratern, die ihren Kunden Gewinne nicht gönnen bzw. sich regelrecht über deren Verluste amüsieren. Solche Randerscheinungen lassen sich leider nicht vollständig ausschließen, und Sie sollten sie deshalb einfach ignorieren. Schlagen Sie sich aber nicht mit Beratern herum, die gegen Ihre Interessen arbeiten. Der aktive Börsenhandel beansprucht ohnehin Ihre Energie, deshalb sollten Sie vermeidbare Stressquellen nach Möglichkeit ausschalten. Aber bleiben Sie auch selbst fair. Wenn Sie Fehler gemacht haben, stehen Sie dazu und versuchen Sie nicht, diese auf den Berater oder Broker abzuwälzen. Einige Kunden benehmen sich gegenüber Brokern unfair, weil sie um deren Kommissionsabhängigkeit wissen. Tragen Sie Ihren Teil dazu bei, dass das Geschäft unter gegenseitigem Respekt abläuft. Dann werden Sie genauso respektvoll behandelt werden.

Wer sich der selbst bestimmten Handelsaktivität verschreibt und sich der unfreiwilligen Fremdbestimmung zumindest in einigen Marktsegmenten von vornherein entziehen möchte, der kann seit Mitte der 90er-Jahre auch in Deutschland die Möglichkeiten des Telefon- oder Online-Banking nutzen. Hier kommentiert niemand die Entscheidungen des Anlegers, hier wird einfach nur ausgeführt. Die Mitarbeiter an den Telefonen nehmen die Aufträge entgegen und sind angewiesen, sich nicht auf Gespräche mit beratendem Charakter einzulassen. Der Kunde muss also selbstständig handeln können. Dies mag zunächst ungewohnt sein, ist aber eine wesentliche Hilfe zum eigenständigen Handeln. Wer Beratung benötigt, ist bei den Direktbanken fehl am Platze. Die Eigenständigkeit wird sogar honoriert, nämlich mit niedrigen Gebühren. Direktbanken unterhalten keine Research- und Analyseabteilungen, der gesamte Beratungsaufwand entfällt. Die daraus resultierenden Kosteneinsparungen werden an den Kunden in Form von niedrigen Gebühren bzw. Kommissionen weitergegeben.

Und wer überhaupt keinen telefonischen Kontakt wünscht, kann bei nahezu allen Direktbanken Aufträge auch über den Computer im Rahmen des *Online-Banking* erteilen. Das spart meist nochmals Gebühren (für telefonische Aufträge muss in den meisten Fällen ein sogenannter Offline-Zuschlag gezahlt werden). Die Handelsanonymisierung lässt sich vor diesem Hintergrund kaum noch steigern. Bei reinem Online-Banking muss aber immer sichergestellt sein, dass im Falle betriebs- oder systembedingter Störungen Orders telefonisch übermittelt werden können.

Das Geschäftsprinzip einer Direktbank im Wertpapierhandel besteht in niedrigen Gebühren. Dieses Prinzip lässt sich auf einen selbstbestimmten Handel erweitern. Bei den Direktbanken äußert sich niemand über das vorhandene Kapital oder Anlageverhalten. Der Anleger kann schalten und walten, wie er will. Für einen Anleger, der sich nicht hundertprozentig sicher ist, ob er Wertpapiergeschäfte ohne Beratung durchziehen kann, empfiehlt sich zunächst ein Test mit einem kleineren Anlagebetrag. Die Direktbanken verlangen keine Mindesteinzahlung, sodass das Startkapital auf die eigenen Bedürfnisse abgestimmt werden kann. Der Anleger sollte zumindest eine Zeitlang probieren, ob er ohne den Background einer Beratung auskommt. Dies kann er auch als Herausforderung betrachten. Anleger, die ohnehin eigenständig handeln, würden wiederum auf die Gebührenvorteile verzichten. Wer bereits in der Lage ist, seine Handelsaktivität selbst zu bestimmen, sollte sich dies über die niedrigen Gebührensätze (die sich fast immer aber nur auf den Handel an deutschen Börsenplätzen und jenen in den USA beziehen) auch honorieren lassen.

Finanzielle Grauzone

Wechseln wir nun in einen Sektor, in dem eine totale Fremdbestimmung herrscht. Hier handelt es sich um Manipulationen, denen ein Anleger von vornherein ausgeliefert ist und während der gesamten Geschäftsdauer auch bleibt. Die Rede ist von bestimmten Sektoren des so genannten *grauen Kapitalmarktes,* in dem Anleger mit unseriösen und kriminellen Methoden vorsätzlich betrogen werden. Die Akteure arbeiten mit allen ihnen zur Verfügung stehenden psychologischen Tricks. Die Akquisition der Kunden erfolgt mit Gewinnversprechen, die sich grundsätzlich im Bereich der Superlative bewegen. Dazu dienen aggressive und suggestive Werbestrategien, lockende Hochglanzprospekte und der Einsatz des Telefons. Das Telefon ist das wichtigste Arbeitsmittel der Kapitalbetrüger. Bei ihren Angestellten handelt es sich um geschulte Telefonverkäufer, die von Kapitalanlagen praktisch keine Ahnung haben. Es geht nur darum, mit allen verkaufspsychologischen Tricks Gelder für unseriöse Investitionen loszueisen. Die

Kunden werden in den meisten Fällen am Telefon mit unglaublichen Gewinnversprechen geködert. Beim Wertpapierhandel hat der Gesetzgeber inzwischen einen Riegel vorgeschoben. Alle Finanzdienstleistungen unterliegen der staatlichen Aufsicht. Hat nun der Betrug abgenommen? Kaum. Die Branche arbeitet sehr kreativ. Kurzerhand wurde das Geschäft ins Ausland verlegt. Die meisten dieser Firmen hatten dort ohnehin schon immer ihre Hauptsitze. Von welchem Land aus das Geschäft betrieben wird, ist angesichts des Telefoneinsatzes ohnehin sekundär.

Wie dumm muss ein Mensch eigentlich sein, um sich von Anlagebetrügem abzocken zu lassen? Mit Dummheit hat dieses Szenario praktisch nichts zu tun. Fast immer sind die Opfer Personen, die bis zur Kontaktaufnahme noch gar nicht wussten, dass sie spekulieren wollten. Aber selbst erfahrene Börsianer können auf Anlagebetrüger hereinfallen. Das geht sogar so weit, dass Mitarbeiter unseriöser Firmen eine Betrugsmasche nicht durchschauen und von dem Konzept dermaßen überzeugt sind, dass sie schließlich selbst Gelder investieren. Es wird nämlich ausschließlich das Bedürfnis angesprochen, einmal auf schnelle und problemlose Weise viel Geld zu gewinnen. Je höher die Gewinnaussichten bzw. Renditeversprechen sind, desto mehr werden innere Warnsignale sukzessive ausgeschaltet. Dem Opfer wird eine einmalige Chance vorgegaukelt, und es bekommt so den Eindruck vermittelt, als sei es eine außergewöhnliche Person, die vom Glück besonders begünstigt ist. Der Telefonverkäufer schafft zunächst ein positives Klima, indem er den Kunden mit allen psychologischen Tricks einzuwickeln versucht. Im Verlauf mehrerer Kontakte setzt er den Betroffenen dann immer mehr unter Druck. Dies kann bis zur Nötigung gehen. Erfahrene Telefonverkäufer können sich binnen kürzester Zeit ein Bild von ihren Opfern machen. Die Opfer werden dann über persönliche Schwachstellen angegangen und auf dieser Schiene bedient. *Letztlich wird der Kunde immer so hereingelegt, wie er sich wünscht, hereingelegt zu werden.* Einmal abgezockt worden zu sein garantiert allerdings noch keine Immunität gegen künftige Betrügereien. Die Dreistigkeit kennt keine Grenzen. Macht eine Firma dicht und ist das Geld weg, wird kurzerhand ein neuer Laden eröffnet die alten Opfer werden wieder kontaktiert und erneut hereingelegt.

Kann man sich gegen Anlagebetrug effizient schützen? Zu dieser Frage werden immer wieder Verhaltensregeln aufgestellt und über die Medien publiziert. Diese Verhaltensregeln beziehen sich etwa auf die Ermittlung, ob der Anbieter seriös oder unseriös ist. So soll man unter anderem nachhaken, ob die Anbieterfirma schon länger als fünf Jahre am Markt ist, und sich dies auch belegen lassen. Vergessen Sie's. Diese Recherchen sind viel zu aufwändig. Handelt es sich um Anlagebetrüger, würde der Kontakt durch viele Fragen Ihrerseits bereits vertieft. Die Gefahr, dass Sie die Oberhand verlieren, steigt mit zunehmender Kontaktdauer. Das Alter einer Firma besagt zudem nichts über deren Seriosität. Außerdem ist es paradox, wenn eine Firma, die im Kapitalanlagebereich tätig ist, bereits fünf Jahre im Geschäft sein soll, um eine gewisse Standfestigkeit nachzuweisen. Wie soll sich jemand, der mit seriöser Absicht ein Unternehmen gründet, auf diese Weise fünf Jahre lang über Wasser halten? Seriöse Firmen sind gehalten, akzeptable Vertriebsschienen aufzubauen. Dazu zählt aber garantiert nicht die unaufgeforderte Kontaktaufnahme per Telefon („cold call"). Zwar sind die unaufgeforderten telefonischen Kontaktaufnahmen rechtlich nicht zulässig, aber auch hier ist die Branche findig. So behauptet der Telefonverkäufer einfach, man hätte vor kurzem bereits kurz miteinander gesprochen und der Kunde wollte zurück gerufen werden.

Der wirksamste Schutz besteht darin, dass Sie niemals auf telefonische Angebote eingehen und sich nicht von aufwändigen Hochglanzprospekten blenden lassen. Hinweise des Anrufers darauf, dass man mit einer bekannten Bank zusammenarbeitet, besagen gar nichts. Wenn Sie ein Girokonto bei einem bekannten Kreditinstitut eröffnen, arbeiten Sie in diesem Sinne ja auch mit einer renommierten Adresse zusammen. Daraus lassen sich aber keinerlei Rückschlüsse auf Seriosität und Bonität ziehen. Wenn Sie Anrufe bekommen, die Sie nicht erwarten, haben Sie es auch nicht nötig, sich auf sie einzulassen. Mit dieser konsequenten Einstellung halten Sie sich Telefonverkäufer „vom Hals". Sie sind derjenige, der entscheidet. Unabhängig davon, wie freundlich die Anrufer auch sein mögen, halten Sie sich immer vor Augen, dass diese Leute nur auf Ihr Geld aus sind. Das müssen Sie sich nicht gefallen lassen. Dies gilt für alle Arten des Telefonverkaufs, ob Kapitalanlagen, Versicherungen oder Zeitschriftenabonnements, immer wollen die Anrufer etwas von Ihnen.

Eine Komponente des Anlagebetrugs ist der *Selbstbetrug*. Der Betroffene macht sich selber etwas vor. Dies geschieht in einer Art Kettenreaktion, die ein Warnsignal nach dem anderen ausschaltet. Der Betroffene glaubt schließlich, was er glauben will. Er kann sich nicht vorstellen bzw. er verdrängt, dass er vom freundlichen Telefonverkäufer hereingelegt werden konnte. Die wirksamste Waffe gegen den Telefonverkauf besteht darin, sich auf ein Gespräch erst gar nicht einzulassen. Sie benötigen keine Fragenkataloge. Sagen Sie bei unerwünschten telefonischen Offerten: „Das interessiert mich nicht", oder „Nein, vielen Dank". Legen Sie, ohne eine Reaktion des Anrufers abzuwarten, *sofort* den Telefonhörer auf. Sollte der Telefonverkäufer einen weiteren Versuch starten, sagen Sie entschieden, dass er Sie in Ruhe lassen soll, und *legen Sie wieder auf.* Auf diese Weise werden Sie diese Leute garantiert los. Dies ist und bleibt die *einzige* Möglichkeit, die Oberhand zu behalten.

Selbstanalyse

Wie sieht es nun bei Ihnen persönlich aus? Inwieweit unterliegen Sie mit Ihrem Anlageverhalten einer freiwilligen oder unfreiwilligen Fremdbestimmung? Eine Selbstanalyse setzt ein hohes Maß an Fähigkeit zur Selbstkritik voraus. Legen Sie für sich schriftlich nieder, welche Medien und Berater Sie konsultieren. In welchen Punkten sind Sie generell zufrieden? In welchen Bereichen bestehen Mängel? Sind sie eventuell zu einer intensiveren Mitarbeit aufgefordert? Schreiben Sie zu jedem Punkt, warum und weshalb Ihnen der Analyst X, der Börsendienst Y oder der Berater Z wichtig erscheint. Im nächsten Schritt setzen Sie sich dann damit auseinander, welchen Einfluss Sie den Medien bzw. Beratern einräumen. Haben Sie damit in der Vergangenheit gute oder schlechte Erfahrungen gemacht? Vertrauen Sie einem Analysten, weil er in der Vergangenheit einmal einen großen Prognosetreffer landete? Oder konfrontiert er Sie mit neuen Aspekten, die Sie in Ihre Anlagestrategie einbeziehen können? Ist Ihnen eine Finanzpublikation nur deshalb wichtig, weil sie von vielen Anlegern gelesen wird? Entsprechen die Investmentvorschläge bzw. Analysemethoden Ihren Vorstellungen? Diese Fragen lassen sich noch individuell ergänzen.

Abschließend sollten Sie sich kurz damit auseinander setzen, ob Ihnen die Bestätigung durch andere Personen generell wichtig ist. Fühlen Sie sich vor allem dann bester Laune, wenn andere Ihre Vorhaben mit Zuspruch honorieren? Sichern Sie sich bei Ihren Unternehmungen auch gerne indirekt ab? Können Sie Entscheidungen geringen Ausmaßes allein treffen oder müssen Sie zuerst eine oder mehrere Personen nach deren Meinung fragen? Sind Sie entscheidungsfreudig oder aber häufig hin- und hergerissen? Können Sie sich eigene Fehler eingestehen? Betrachten Sie Fehler als Nebenprodukte im Rahmen Ihres persönlichen Wachstums? Können Sie sich mit Meinungen anderer kritisch auseinander setzen?

Zugegeben, die ehrliche Beantwortung dieser Fragen ist keine angenehme Aufgabe. Wer gibt schon gerne zu, dass er zu dem großen Heer der Bestätigungssucher gehört? Wer für seine Anlageentscheidungen Bestätigung bei anderen sucht, sei es in Form einer Marktkommentierung oder innerhalb eines Gesprächs mit dem Berater bzw. Broker, der wird auch in fast allen anderen Lebensbereichen diese Bestätigungssuche betreiben. Natürlich freut sich jeder Mensch über eine Bestätigung seiner Person, beispielsweise in Form eines aufrichtigen Kompliments. Das ist auch völlig in Ordnung. Kritisch wird es aber dann, wenn ein Mensch diese Reaktionen von seiner Umwelt ständig erwartet. Auf diese Weise sind seine Aktivitäten nach außen gerichtet. Die Reaktionen Dritter sind aber unberechenbar, es sei denn, er will andere hinsichtlich seiner Bestätigungssuche manipulieren, um sich einer Sache sicher sein zu können. Dieser Selbstbetrug birgt aber immer auch die Gefahr, dass der Betroffene in eine Richtung manipuliert wird, auf die er nicht vorbereitet ist. Entdecken Sie, dass Sie ein ähnliches Verhalten praktizieren, so machen Sie sich klar, dass Sie diesem Verhaltensmuster nicht hilflos ausgeliefert sind, da Sie es Schritt für Schritt ablegen können. Dabei kann Ihnen die Einsicht helfen, dass die Chance, eine Bestätigung zu erhalten, im günstigsten Fall 50:50 steht. Das Bedürfnis nach Bestätigung signalisiert, dass Sie die Meinung einer anderen Person wichtiger nehmen als Ihre eigene.

Jeder lebt letztlich in seiner eigenen Welt. Kein Mensch kann die Bedürfnisse eines anderen vollständig reflektieren. Jeder macht seine ganz persönlichen Erfahrungen und verarbeitet diese auf seine Weise. Bei der Suche nach Bestätigung wird auch ständig übersehen, dass sich die Welt nicht nur um die eigene Person dreht. Man muss sich für einen persönlichen Weg entscheiden und die damit einhergehenden Herausforderungen annehmen. Jedem Top-Trader sind die Folgen der Fremdbestimmung bekannt. Zu Beginn ihrer Handelsaktivitäten machten sie fast alle kostspielige Erfahrungen mit Investments, die aufgrund von Meinungen Dritter aufgezogen wurden.

Dazu schilderte *Mark Weinstein* in *The Market Wizards*[12] gleich zwei Begebenheiten: So eröffnete er mit 8400 US$ ein Commodity-Konto und baute aufgrund einer Empfehlung eines Freundes eine Long-Position in Getreide auf. Bereits nach drei Tagen hatte er 7800 US$ verloren. Nach weiteren verlustreichen Erfahrungen kaufte er auf einen Tipp eines befreundeten Options-Traders hin *Teledyne-Calls* für 40 000 US$. Die Spekulation mit diesen Aktien-Calls endete mit einem Totalverlust. Was Weinstein nicht wusste: Sein Freund hatte für ihn eine Gegenposition aufgebaut, sodass er im Endeffekt kein Geld verloren hatte. Er wollte ihm lediglich vorführen, dass er niemals jemandem blind vertrauen solle, weil es für einen guten Trader wichtig ist, sich auf sich selbst zu verlassen.

Ob Anfänger oder gestandener Profi, jeder ist anfällig, mit der Prognose eines anderen infiziert zu werden. Dies kann so weit gehen, dass man nicht mehr in der Lage ist, auch nur einen Funken Objektivität zu bewahren. Es gibt unzählige Beispiele, in denen Anleger von der Investment-Story eines anderen infiziert wurden und sich daraus dann regelrechte persönliche Katastrophen entwickelten. Da wird man z. B. während eines Abendessens mit einer großartigen Spekulationsidee konfrontiert. Ein Bekannter erzählt von einem „todsicheren Trade“ in irgendeinem Markt, redet sich heiß, pariert gekonnt mögliche Gegenargumente und malt den Supergewinn in schillernden Farben. Weder der Bekannte noch seine Zuhörer sind sich dessen bewusst, dass sie an einer „Verkaufsveranstaltung“ teilnehmen, die in werbepsychologischer Hinsicht keine Wünsche offen lässt. Schließlich sind alle Anwesenden von der Spekulationsidee infiziert und können es kaum erwarten, am nächsten Morgen ihre Bank anzurufen, um entsprechende Orders durchzugeben.

Ein Investmentprofi machte dazu folgende Erfahrung: „Ich besuchte vor etlichen Jahren einen befreundeten Vermögensverwalter. Seit Tagen diskutierten wir bereits über einen möglichen Anstieg des Dow. Ich hatte das Gefühl, der Markt würde fallen. Mein Bekannter war hingegen von einem steigenden Markt überzeugt. Ich dachte, die Angelegenheit wäre erledigt. Als ich bei meinem Bekannten eintraf, standen dort die Telefone nicht still. Ständig erzählte er den Anrufern begeistert, dass die Wall Street vor einer Kursexplosion stünde. Zwischen diesen Telefonaten rief er seine Broker an und kaufte ständig Aktien-Calls in großen Blöcken. 10 000 Stück hiervon, 50 000 Stück davon. Ich bemerkte nicht, dass da ein viel zu großes Rad gedreht wurde. Mit mir sprach er nur kurz über den Markt.

Ständig wurde telefoniert, und immer hörte ich nur „Kursexplosion“. Seine Optionsorders hielt ich für total verrückt. Ich muss dazu ergänzen, dass mein Bekannter bis dahin ein hervorragendes Jahr und bereits Unsummen mit Optionen gewonnen hatte. Er brachte es wirklich fertig, kurzfristige Optionen bis zum Verfallstermin auszureizen und vierstellige Prozentsummen zu gewinnen. Am frühen Abend fuhr ich benommen wieder nach Hause. Ich war völlig aufgedreht. Noch vor Handelsschluss in den USA kaufte ich Aktien-Calls in Größenordnungen, die ich nie zuvor in Erwägung gezogen hatte.

Die Kursexplosion an der Wall Street ließ auf sich warten. Unterdessen hatten die Calls bereits deutlich an Wert verloren. Nach einer Woche wusste ich, dass ich einen Riesenfehler gemacht hatte. Aber ich war nicht in der Lage, meine Positionen mit Verlust glattzustellen. Die Calls hatte ich zudem noch zu Höchstkursen gekauft. Dann fiel die Wall Street und mit ihr meine Calls ins Bodenlose. Ich konnte nicht mehr verkaufen, weil ich mich wie gelähmt fühlte. Selbst heute, nach sieben Jahren, bin ich nicht in der Lage zu sagen, wie viel Geld ich mit den Calls verloren habe, weil ich mich für meine Dummheit im Grunde genommen immer noch schäme. Es spielte sich in einer Größenordnung ab, die sich schließlich auch in gesundheitlicher Hinsicht negativ auswirkte. Ich brauchte fast ein Jahr, bis ich mich einigermaßen wieder erholt hatte. Und alles wegen dieses hypnotischen Nachmittags bei meinem Bekannten, der es schließlich fertig brachte, mit Optionsgeschäften seine Vermögensverwaltung an die Wand zu fahren. Eines hat sich seitdem bei mir eingebrannt: Empfehlungen anderer, und seien sie auch noch so vielversprechend, sind für mich ein Tabuthema."

Jede Analyse, auch wenn sie einer hervorragenden Quelle entstammt, gehört auf den persönlichen Prüfstand. Es spielt keine Rolle, was ein Analyst zur weiteren Entwicklung eines Marktes meint, solange Sie seine Ansicht nicht nach inhaltlicher Prüfung mittragen und die Analyse so für sich übernehmen können. Sie sind grundsätzlich gehalten, mit Ihren Geldern sorgfältig umzugehen. Allein deshalb können Sie es sich nicht leisten, die Meinungen anderer zu ihren eigenen Verlusten zu machen. Wenn Sie die Ansichten Dritter kritiklos übernehmen, werden Sie Schwierigkeiten mit dem Management einer offenen Handelsposition haben. Sie wissen ja nicht einmal, wann Sie den Handel wieder abschließen sollen, geschweige denn, was zu veranlassen ist, wenn sich beispielsweise eine Aktie anders entwickelt als in der Analyse erwartet. Eine Analyse bzw. die Auffassung eines Dritten sollte daher lediglich einen Impuls zur Eigenaktivität darstellen. Wenn Sie eine Analyse kritisch gegenchecken, und sei es auch nur auf der Basis der Möglichkeiten, über die Sie verfügen, können Sie sich dem analytischen Inhalt anschließen. Daraus entwickeln Sie dann ein Konzept, auf dessen Basis sich Handelsaktivitäten anschließen können. Auf die Meinung des Analysten sind Sie nun nicht mehr angewiesen, da sie die Steuerung des Einzelinvestments übernommen haben. Obwohl der Impuls von außen kam, handeln Sie in diesem Fall autonom und behalten hinsichtlich der Vermögens- und Risikokontrolle die Oberhand.

Optimale Informationsverarbeitung

Die rein rationale Informationsverarbeitung an den internationalen Finanzmärkten ist selbst unter der Voraussetzung eines ökonomisch motivierten Verhaltens nicht möglich. Informationsverarbeitung kann schon allein deshalb nicht rational verlaufen, weil der Verarbeitungsprozess eine Bewertung erfordert, die ein bewusstes Handeln oder Nichthandeln auslöst. Eine Bewertung ist jedoch grundsätzlich subjektiv. Für eine rationale Verarbeitung hingegen wären komplexe Informationen unbedingt erforderlich. Dass dies im Zuge schneller Handelsabläufe und der damit verbundenen prompten Entscheidungen nicht möglich ist, versteht sich von selbst. Informationen durchlaufen unterschiedliche subjektive Filterprozesse.

Nehmen wir einmal an, ein Unternehmen gibt vor Handelseröffnung eine Gewinnwarnung bekannt. Diejenigen, die von dieser Nachricht hätten profitieren können, sind ausschließlich Unternehmens-Insider. Bei einer hohen Bewertung und einer ebenso hohen Erwartung sind im Zusammenhang mit Gewinnwarnungen deutliche Kurskorrekturen zu erwarten. Die Nachricht wird bekannt gegeben. Die Reaktion besteht nun in enttäuschter Erwartung, der Kurssturz beginnt. Wer zuerst und in welchem Umfang verkauft hat, spielt keine Rolle, entscheidend ist der Kursrückgang. Dieser rückt nun an die erste Stelle und verdrängt die eigentliche Information. Der Kursrückgang kann Stopp-Loss-Orders auslösen, charttechnische Unterstützungen verletzten, woraufhin markttechnisch orientierte Akteure reagieren. Längst befindet sich das Geschehen im Bereich des *Nullinformation-Stadiums.* Es ist denkbar, dass der Kurssturz Anleger in Panik versetzt, die dann in erster Linie aufgrund von Verlustängsten verkaufen, obwohl die Verkaufsaktivitäten der zugrunde liegenden Information zugeordnet würden und somit wieder pseudo-rationales Handeln unterstellen.

Die eigentliche Kettenreaktion im Rahmen eines Kurssturzes vollzieht sich vordergründig auf Nullinformations-Basis bzw. auf kurs- und verhaltensorientierten Reaktionswellen. Es ist ebenso denkbar, dass die Gewinnwarnung kurzfristig von Analystenseite wieder relativiert wird und sich der Prozess umzukehren beginnt. Dennoch verbleibt auch die Gegenbewegung im Bereich der Nullinformation, da ja keine echte Information, sondern lediglich eine Erwartung im Vordergrund steht, die wiederum nicht rational sein kann.

Erwartungen stehen im Börsenhandel an erster Stelle. Diese Erwartungen erfahren früher oder später durch Informationen eine Bestätigung oder Nichtbestätigung. Beides kann Reaktionen auslösen, die sich der Information entweder logisch oder unlogisch zuordnen lassen. Von daher besitzen Insider auch nicht in jedem Fall den Informationsvorsprung, der ihnen gerne zugerechnet wird. Es gibt Informationen, auf deren Basis vor Bekanntgabe eine bestimmte Reaktionswelle an den Finanzmärkten erwartet werden kann. Wenn beispielsweise ein Unternehmen ein Übernahmeangebot von 50 US$ für eine Aktiengesellschaft macht, deren Aktienkurs bei 30 US$ notiert, so kann mit nahezu hundertprozentiger Sicherheit davon ausgegangen werden, dass im Moment der Bekanntgabe der Offerte der Aktienkurs von 30 US$ in die Nähe von 50 US$ springen wird. Es besteht aber keine auch nur annähernde Sicherheit darüber, wie die Aktie der Übernahmeinteressentin reagieren wird.

Marktuntersuchungen unterstellen, dass die Kenntnis der Informationsverarbeitung durch die Marktteilnehmer dem einzelnen Akteur allein aus dieser Tatsache heraus einen Handelsvorteil bringen würde. Wenn sich dies auf die Erkenntnis bezieht, dass Informationsverarbeitung nicht rational verlaufen kann, ist nichts dagegen einzuwenden. Daraus lässt sich schließen, und das wird jeder erfahrene Marktteilnehmer bestätigen können, dass grundsätzlich Unklarheit darüber besteht, wie der Markt auf neue Nachrichten und Informationen reagiert. Man kann diesbezüglich mit Regelwerken arbeiten („Wenn A, dann B"), hat aber keinerlei Sicherheit, ob bestimmte Ereignisse ein bestimmtes Handeln provozieren bzw. in welchem Umfang und wie lange sie sich auf den jeweiligen Kurs auswirken. Dies führt zuletzt auch so weit, dass eine ganze Reaktionskette fehlgeleitet sein kann, weil eine Information falsch interpretiert wurde, die Kette aber selbst wiederum unterschiedliche Handelsaktivitäten auslöst, die mit der Information nicht direkt in Verbindung stehen und selbst eine Korrektur der Interpretation wiederum nicht zwingend eine Kurskorrektur voraussetzt, da inzwischen andere, sich z. B. auf eine Aktie indirekt auswirkende, Informationen in den Vordergrund getreten sind (z. B. eine unerwartete Zinserhöhung).

Die Problematik der Beurteilung und umgehenden Auswertung sowie der Reaktion auf eine neue Information betrifft in erster Linie den kurzfristigen Handel. Man kann diese Thematik aber nicht allein auf ihn begrenzen, denn eine Information mag zunächst kurzfristige Auswirkungen haben, ihr Gehalt kann aber durchaus mittel- bis längerfristige Rückschlüsse zulassen, sodass eine Unternehmensinformation auch für den längerfristig disponierenden Anleger von Bedeutung ist und dieser seine Strategien überdenken muss. Generell herrscht die Auffassung, dass diejenigen Akteure über einen Marktvorteil verfügen, die schnell an Informationen gelangen. Dementsprechend groß ist die Konkurrenz hinsichtlich der Bereitstellung von Infomedien und die damit verbundenen Übertragungstechniken, in die jährlich Milliardenbeträge investiert werden. Das Tempo besagt aber nichts über die Qualität der Information, und diese wiederum nichts über die potenziellen Auswirkungen auf den Markt. Dies hat gerade im kurzfristigen Handel in erster Linie Reaktions-Korrektur-Ketten zur Folge.

Wie lassen sich in diesem Zusammenhang Informationen überhaupt in eine längerfristige Anlagestrategie einbinden? Geht man davon aus, dass alle bekannten Informationen in den jeweiligen Kursen eskomptiert sind, spielt die Information für längerfristige Entwicklungen eine nur untergeordnete Rolle. Informationen dienen in diesem Fall ausschließlich der subjektiven Analyse bzw. der analytischen Optimierung bei längerfristiger Orientierung. *Abgesehen davon ist auch die Theorie der Eskomptierung aller bekannten Informationen zu relativieren* („Alle Informationen sind in den aktuellen Kursen enthalten"), wenn man den Märkten einräumen muss, dass die mit der Information verbundenen Auswirkungen, sowohl auf die Unternehmensseite als auch hinsichtlich der Kursentwicklung, vom Markt *nicht in jedem Fall* vollständig verarbeitet werden.

Als Beispiel sei hier eine Diskonterhöhung genannt. In Erwartung einer solchen Maßnahme sind die Aktien beispielsweise gesunken. Die Diskonterhöhung wird nun beschlossen und bekannt gegeben. Obwohl steigende Zinsen für den Aktienmarkt negativ zu interpretieren sind, reagiert dieser mit einem Kursanstieg. Dies suggeriert, dass die Zinsmaßnahme eskomptiert und somit vorweggenommen wurde und ihre Bekanntgabe lediglich bestätigenden Charakter hat.

Entscheidend ist in diesem Zusammenhang, auf welchem Zinsniveau die Erhöhung erfolgte und ob die Marktteilnehmer in den Wochen darauf eine weitere Zinserhöhung erwarten. In diesem Fall wird eine Erwartungs-Bestätigungs-Kette ausgelöst, bei der sich nicht einmal ansatzweise beziffern lässt, ob der Markt nun von der Erwartung oder aber von der Bestätigung bzw. Nichtbestätigung (Information oder ausbleibende Information) tangiert wird. So kann monatelang eine (weitere) Diskonterhöhung befürchtet werden. Bleibt die Maßnahme aus, werden sich die Ängste der Marktteilnehmer mit der Zeit verflüchtigen. Dies gilt insbesondere dann, wenn konjunkturelle Informationen den Rückschluss zulassen, dass eine solche Maßnahme nicht mehr zu erwarten ist. Die Erwartungs-Bestätigungs-Kette wird in diesem Fall von sekundären Informationen unterbrochen.

Die folgenden Abschnitte konzentrieren sich ausschließlich auf die analytische Auswertung hinsichtlich mittel- bis längerfristiger Strategien, die wiederum auf das Value-Investing-Konzept abgestimmt sind, d. h. Informationen daraufhin auszuwerten, ob ein Markt oder eine Aktie unter- bzw. überbewertet ist, sich also ober- bzw. unterhalb eines Fair-Value-Levels bewegt. Die Nicht-Rationalität der Informationsverarbeitung sollte nämlich nicht dahingehend ausgelegt werden, dass an den Finanzmärkten ausschließlich irrational und jenseits der fundamentalen Bewertungsmaßstäbe gehandelt wird.

Der Informationsmarkt

Im Zuge der Ausweitung des internationalen Mediengeschäfts und nicht zuletzt aufgrund der Bedeutung des *Internets* bzw. *World Wide Web* konnte seit der zweiten Hälfte der 90er-Jahre in quantitativer Hinsicht eine regelrechte Informationsexplosion beobachtet werden. Der Dienstleistungs- und Informationssektor nimmt in den westlichen Industriegesellschaften einen immer größeren Raum ein. Längst wird von einer Informationsgesellschaft gesprochen, wenn diese Einschätzung auch etwas überzogen erscheint. Schließlich könnte eine Gesellschaft von Informationen allein nicht leben. Außerdem sollte nicht übersehen werden, dass der Erfolg sämtlicher Geschäfte schon immer von einem Informationsvorsprung abhängig war. Dies verhält sich heute nicht anders als zu Beginn des 20. Jahrhunderts.

Was sich jedoch entscheidend geändert hat, sind der Grad und das Ausmaß der Informationsverbreitung. Große Gesellschaftsschichten können heute über Informationen verfügen, die ihnen in dieser Form der einfachen Zugriffsmöglichkeit noch Mitte der 80er-Jahre nicht zugänglich gewesen wären. Mit der zunehmenden Informationsverbreitung hat jedoch auch eine regelrechte Informationsflut eingesetzt, die neue Ansprüche hinsichtlich ihrer effizienten Nutzung stellt. Die Informationsexplosion kann bei falscher Anwendung oder mangelnden Orientierung auch zu ihrem Gegenteil führen, nämlich einer Informationsimplosion, die den Gehalt der nützlichen Informationen durch eine quantitative Vermischung bis auf den Nullpunkt reduzieren kann. Wer nicht über qualitative Auswahlfilter verfügt, sieht sich mit einer Informationsflut konfrontiert, derer er nicht mehr Herr wird.

So konkurrieren mehrere Nachrichtensender um die Publikumsgunst. Längst sind Nachrichten kein nationales Geschäft mehr; die dahinterstehenden Konzerne sind via Satelliteneinsatz weltweit orientiert. Die Angebotsvielfalt der Printmedien überträgt sich im Zuge der Digitalisierung auch auf die Telemedien. So liefern inzwischen neben den öffentlich-rechtlichen und das durch Werbung finanzierten Privat-Sendern sowie den Pay-TV-Kanälen eine Vielzahl von Spartensendem eine regelrechte Angebotsschwemme.

Diese Entwicklung läuft allerdings nach dem Quantitätsprinzip. Bei der Unterhaltungsschiene ist dies schon seit längerem ersichtlich. Wer Qualität verlangt, muss dafür inzwischen bezahlen, dies gilt insbesondere für Internetangebote, die noch vor wenigen Jahren gänzlich kostenlos erhältlich waren. Mit Werbeeinnahmen lassen sich oftmals die im Internet die Kosten nicht decken, geschweige denn, ein Gewinn erzielen. Dazu haben nicht nur die sinkenden Werbeetats in den letzten Jahren beigetragen, sondern einfach das Überangebot im Internet.

Telemedien

Im Sektor Telemedien stellte sich mit dem Ende des New-Economy-Hype eine deutliche Beruhigung ein. Spürbare Entwicklungsschübe gab es nur bei Spartensendern, wie den Shopping-Kanälen, die sich erfolgreich entwickeln konnten, während die Nachrichtensender nur im Zuge der Aktien-Hausse bis zum Frühjahr 2000 eine kurzfristige Blüte erlebten und seitdem wieder ein Schattendasein führen. Gerade mit Blick auf die Nachrichtensender hatte man sich von diesen Anfang der 90er-Jahre hervorragende Perspektiven versprochen. Zunächst war angedacht, das Publikum an die konstante Nachrichtenflut rund um die Uhr zu gewöhnen, um dann die Nachrichtensender nur noch verschlüsselt auszustrahlen und eine Gebühr zu verlangen. Doch diese Vorhaben scheiterten ganz einfach an der Tatsache, dass man Anfang der 90er-Jahre die eigenen Möglichkeiten überschätzt hatte. Niemand wollte stundenlang die ewig gleichen Tagesnachrichten hören, die oftmals ohnehin nur reine Konservenkost sind, da die immer gleichen Nachrichten stundenlang wiederholt werden. Hier hat man sehr schnell erkannt, dass die Zuschauer die Nachrichtenkanäle nur kurzfristig nutzen.

Mit Blick auf die Börsenberichterstattung hat inzwischen ebenfalls eine starke Anpassung stattgefunden, nachdem die Blütezeit bis Anfang 2000 sehr schnell wieder verblasste. Die lange Baisse von April 2000 bis zum März 2003 hat hier ganz klar ihre Spuren hinterlassen, denn dass breite, Quote bringende Publikum hatte bald sehr schnell die Lust verloren, sich täglich über die neuesten Horrormeldungen aus der New-Economy zu informieren. Daran konnte bis dato auch die seit dem April 2003 laufende Börsenerholung nichts ändern. Die Nachrichtensender befinden sich ganz klar in einer Umbauphase, die weniger auf Information, sondern künftig auf eine Ausweitung des Unterhaltungsanteils setzt. Dieser Prozess ist noch nicht abgeschlossen, so dass insbesondere abgewartet werden muss, welchen Anteil die Börsenberichterstattung künftig noch haben wird.

Informationsgleichschaltung

Hinsichtlich der Informationsübermittlung gibt es angesichts des Internets inzwischen keine wesentliche Benachteiligung für bestimmte Anlegergruppen mehr. Durch die Konkurrenz der Nachrichtenagenturen und vor dem Hintergrund der rasanten Datenübermittlung über Satellitennetze ist heutzutage praktisch jede börsenrelevante Information für alle Marktteilnehmer gleichzeitig verfügbar. Ein privater Anleger kann sich diesbezüglich im Grunde genommen nur noch dadurch benachteiligt fühlen, dass er nicht die Zeit hat, rund um die Uhr die börsenbezogenen Nachrichten zu beobachten und zu verarbeiten. Geändert hat sich in diesem Zusammenhang allerdings die Reaktionsgeschwindigkeit der Marktteilnehmer. Da jede Information allen internationalen Akteuren gleichzeitig zur Verfügung steht, muss entsprechend schnell, oft innerhalb von Sekundenbruchteilen, entschieden und reagiert werden. Auf dieser Grundlage kann eine Nachricht praktisch nicht mehr unter Einbeziehung mehrerer Kriterien abgewogen werden, weil für diesen Prozess keine Zeit mehr bleibt.

Wenn private Anleger bei dem Nachrichtentempo nicht mehr mithalten können und davon ausgehen, sie wären allein aus diesem Grunde gegenüber den professionellen Marktteilnehmern benachteiligt, sitzen sie einem Vorurteil auf. Es wird übersehen, dass eine aktuelle Information noch lange kein gewinnträchtiges Handeln an den Finanzmärkten bewirkt. So kann eine Nachricht falsch interpretiert werden und zu einer voreiligen Handelsaktivität animieren. Sobald eine Nachricht in den Markt gelangt, ist der Makler der erste, der darauf reagieren muss. Handelt es sich um eine negative Nachrieht, taxiert er den Kurs einer Aktie vorsichtshalber nach unten, unmittelbar darauf setzt dann die Orderlawine ein, auf deren Basis erste Kurse gestellt werden. Je explosiver sich ein Orderaufkommen entwickelt, desto größer wird der folgende Kursausschlag sein. Angesichts großer Ordervolumen besteht auch keine Garantie, dass ein Verkauf umgehend ausgeführt wird.

Angenommen, eine negative Unternehmensnachricht wird 15 Minuten vor Handelseröffnung an der Wall Street über die Nachrichtenagenturen publiziert. Zur regulären Markteröffnung liegt das Ordervolumen bereits um das Fünffache über dem durchschnittlichen Tagesumsatz. Der Makler kann den Kurs daraufhin aussetzen. Statt eines Kurses erscheint auf den Kursmonitoren der Hinweis „Ausgesetzt" bzw. „Delayed". Aufgrund dieser Information ist sich jeder Marktteilnehmer darüber im Klaren, dass die Aktie mit einem Abschlag gegenüber dem Vortagesschluss eröffnen wird. Dies kann verschiedene Marktteilnehmer, z. B. Fondsmanager, nervös machen und zu Verkäufen animieren. Weitere Verkaufswellen verzögern so die Kursfestsetzung. Durch einen Kurssturz werden so genannte Stopp-Loss-Orders ausgelöst, die die Verkaufslawine verstärken.

Eine Stopp-Loss-Order garantiert aber keine Ausführung zum Stopp-Kurs. Hier wird nur eine normale, unlimitierte Verkaufsorder ausgelöst, sobald ein bestimmter Kurs erreicht wird. Zu welchem Kurs der Auftrag dann abgewickelt wird, ist ein völlig anderes Thema. Eine Verkaufslawine aufgrund einer schlechten Unternehmensmeldung wird also durch Stopp-Loss-Orders noch zusätzlich aufgebläht. Stehen dieser Lawine nicht genügend Kauforders gegenüber, dann muss der Makler den Überschuss in den eigenen Bestand übernehmen. Es versteht sich von selbst, dass er dabei den Aktienkurs entsprechend tief ansetzen wird. Selbstverständlich ist der Makler bemüht, den Handel so schnell wie möglich zu starten. Angesichts eines hohen Ordervolumens kann sich dies aber ohne weiteres bis zu 20 Minuten, in Einzelfällen sogar bis zu anderthalb Stunden hinziehen. Bei großen Standardwerten sind die Makler grundsätzlich bemüht, die Kursaussetzung so weit wie möglich zu befristen, um die Nervosität der Marktteilnehmer nicht noch zusätzlich anzuheizen. Man kann nämlich davon ausgehen: je länger eine Kursaussetzung, desto größer die anschließende Auswirkung auf den Aktienkurs.

Bei jeder unmittelbaren Reaktion auf eine Unternehmensnachricht geht ein Marktteilnehmer, unabhängig davon, ob er privat oder professionell engagiert ist, erhebliche Risiken ein. Da eine Information heutzutage allen Akteuren gleichzeitig zur Verfügung steht, läuft man mit der umgehenden Reaktion ins Leere, da viele Akteure zeitgleich in dieselbe Richtung reagieren. Einen Informationsvorsprung gibt es aufgrund der Gleichschaltung nicht mehr. Die schnelle Informationsübermittlung spielt sich auf zwei Ebenen ab (zunächst elektronische Medien, anschließend Printmedien), insofern bringt sie für die meisten Akteure keinen wirklichen Vorteil (siehe Abb. 4, Seite 159).

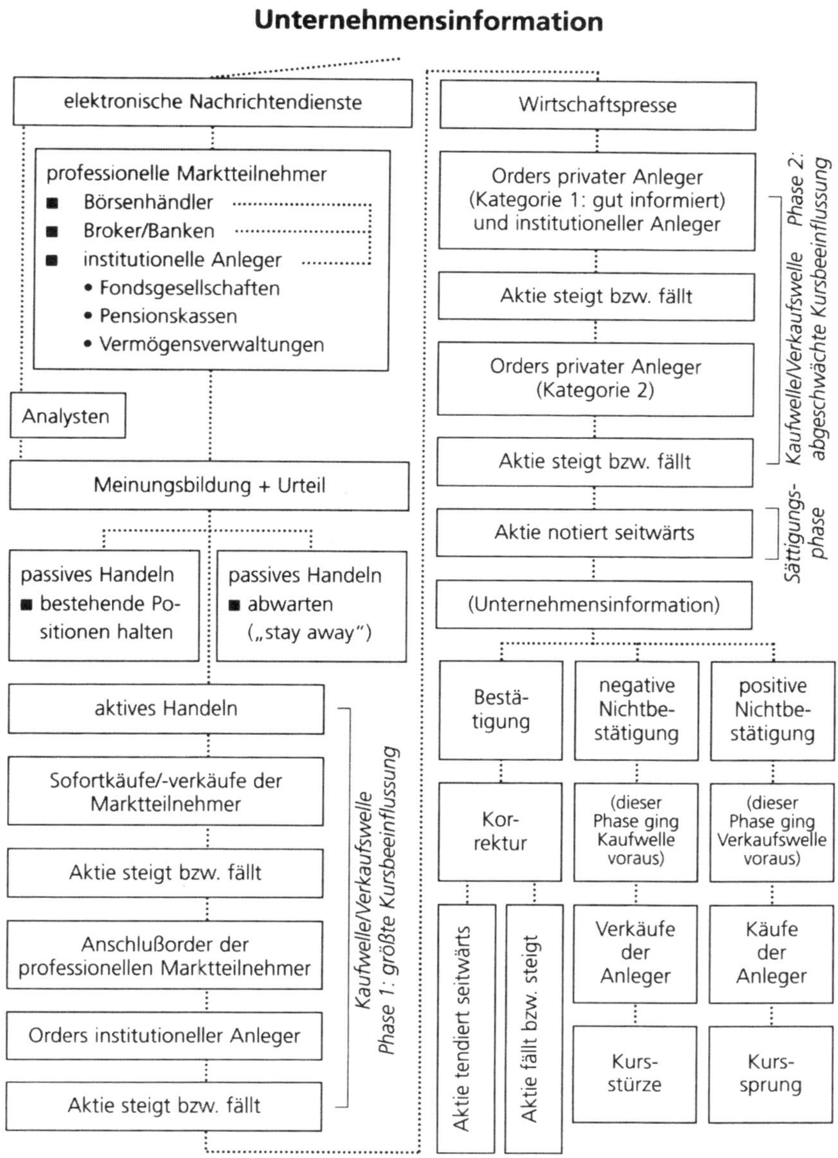
Unternehmensinformation
elektronische Nachrichtendienste
professionelle Marktteilnehmer
Börsenhändler
Broker/Banken
institutionelle Anleger
Fondsgesellschaften
Pensionskassen
Vermögensverwaltungen
Analysten
Meinungsbildung + Urteil
passives Handeln
bestehende Positionen halten
passives Handeln
abwarten („stay away")
aktives Handeln
Sofortkäufe/-verkäufe der Marktteilnehmer
Aktie steigt bzw. fällt
Anschlußorder der professionellen Marktteilnehmer
Orders institutioneller Anleger
Aktie steigt bzw. fällt
Kaufwelle/Verkaufswelle
Phase 1: größte Kursbeeinflussung
Wirtschaftspresse
Orders privater Anleger (Kategorie 1: gut informiert) und institutioneller Anleger
Aktie steigt bzw. fällt
Orders privater Anleger (Kategorie 2)
Aktie steigt bzw. fällt
Kaufwelle/Verkaufswelle Phase 2: abgeschwächte Kursbeeinflussung
Aktie notiert seitwärts
Sättigungsphase
(Unternehmensinformation)
Bestätigung
negative Nichtbestätigung
positive Nichtbestätigung
Korrektur
(dieser Phase ging Kaufwelle voraus)
(dieser Phase ging Verkaufswelle voraus)
Aktie tendiert seitwärts
Aktie fällt bzw. steigt
Verkäufe der Anleger
Käufe der Anleger
Kursstürze
Kurssprung

Abbildung 4

Lief der private Anleger hinsichtlich Informationsverbreitung und Reaktionsmöglichkeiten noch bis Anfang der 90er-Jahre der Entwicklung hinterher, so hat sich die Angelegenheit aufgrund des geschlossenen Informationskreislaufes mit Nullzeitwirkung indirekt zu seinem Gunsten gewandelt. Er befindet sich nicht mehr in dem grundlegenden Konflikt, etwas zu verpassen, sondern kann anhand entsprechender Strategien den Konflikt um schnelle Reaktionszeiten umgehen. Dies bedeutet aber auch, dass er sämtliche Informationen, die einen kurzfristigen Einfluss auf die Finanzmärkte ausüben, vernachlässigen muss. Im Grunde genommen ist es einem privaten Anleger, der einer beruflichen Tätigkeit nachgeht, nicht möglich, von kurzfristigen Informationen zu profitieren. Angesichts der beabsichtigten Gewinnerzielung bedeutet dies gleichzeitig, dass er sich vom taktischen, also kurzfristig ausgerichteten Börsenhandel distanzieren muss. Hier steht *muss,* weil es für ihn angesichts der Ausstattung und des Reaktionstempos der professionellen Marktteilnehmer nahezu aussichtslos ist, erfolgreich mithalten zu können.

Wenn Sie mit den kurzfristig orientierten professionellen Akteuren an den Finanzmärkten mitmischen möchten, müssen Sie nicht nur einen großen finanziellen und technischen Aufwand betreiben, sondern auch die Bereitschaft zu einem nicht unerheblichen zeitlichen Einsatz mitbringen. Beispiel: Ein auf internationaler Ebene erfolgreicher Devisen-Trader hat sich völlig dem kurzfristigen Handel, d. h. in diesem Fall Handel auf Minutenbasis, verschrieben. Nicht nur sein Handelsraum ist mit Kursmonitoren ausgestattet, in seinem Haus sind sie in jedem Raum vorhanden, auch im Schlafzimmer, sodass er beim Aufwachen die Kurse direkt im Blick hat. Im Badezimmer befindet sich direkt über dem Waschbecken ein in der Wand eingelassener Kursmonitor. Der Trader lebt mit den Kursen, aktuelle Devisenkurse sind ständig um ihn herum, damit ihm zu keiner Tageszeit etwas entgeht. Von Montag bis Freitag ist er rund 18 Stunden täglich mit dem Devisenhandel beschäftigt. Sein einziges Manko besteht darin, dass er zwangsläufig schlafen muss. Um auch diese Zeit gefahrlos überbrücken zu können, ist er mit einem anderen Devisen-Trader in Kooperation dahingehend, dass dieser die Kursentwicklung während der Nachtstunden überwacht. Nicht jeder Devisen-Trader betreibt diesen extremen Aufwand, da Devisen aber rund um die Uhr gehandelt werden, sind solche Leute in diesem Marktsegment keine Einzelfälle. Ob eine solche Lebensqualität anzustreben ist, das mag dahingestellt bleiben, zumal das, was unter Lebensqualität zu verstehen ist, die Betroffenen für sich selbst definieren müssen. Entscheidend ist für alle privaten Trader, die beispielsweise im kurzfristigen Devisenhandel mitmischen wollen, dass sie sich dessen bewusst sein sollten, wer ihre Mitstreiter sind, auf welche Konkurrenz sie sich da einlassen. Es bedarf keiner langen Überlegung, wer angesichts der extrem unterschiedlichen Voraussetzungen sowohl in persönlicher als auch in materieller Hinsicht die besseren Karten in der Hand hält.

Wenn Sie einer beruflichen Tätigkeit nachgehen, die von den Finanzmärkten nicht berührt wird, mangelt es Ihnen einfach an der Zeit, die Sie für die tägliche Arbeit an einem Kursmonitor aufwenden müssen. Wer sich dem Tageshandel verschreiben will, benötigt dafür ein Übertragungssystem, das die Kurse zeitgleich *(realtime)* überträgt, sowie ein computergestütztes, nicht kommerzielles Handelssystem. Aber nur wenige Trader konnten mit dem Tageshandel *(intraday trading)* ein Vermögen erwirtschaften.

Die Mehrheit aller Marktteilnehmer, die es auf diese Weise probiert, macht sehr schnell pleite. Dies gilt insbesondere für die Termin- und Optionsmärkte, an denen man aber auch ohne Realtime-Kursübertragungen erfolgreich handeln kann, wenn man auf den reinen Tageshandel verzichtet. Nicht jeder professionelle Akteur ist zugleich auch Daytrader.

Abstimmung von Strategien und Informationen

Für den privaten Anleger geht es in erster Linie darum, die Nutzung der elektronischen Medien auf für ihn relevante Informationen zu reduzieren. Es bringt überhaupt nichts, mittelfristige Strategien zu verfolgen und jeden Abend stundenlang die Entwicklung der Wall Street am Kursmonitor oder Femsehschirm zu verfolgen. Die seismographischen Kursbewegungen allein des Dow Jones Industrial Average würden auf diese Weise das eigene Zeitempfinden für offene Positionen nachhaltig beeinflussen. Wer sich dies nicht vorstellen kann, sollte einmal ein paar Tage lang jeden Abend den US-Börsensender *CNBC* einschalten und die Marktentwicklung konzentriert beobachten. So kann der DJIA 30 Minuten vor Handelsschluss möglicherweise noch mit 70 Punkten im Plus notieren, zum Handelsschluss dann mit zehn Punkten im Minus. Das permanente Auf und Ab, die ständigen Marktkommentare sowie Einschätzungen von Analysten, interessant aufbereitet und von den sympathischen Damen und Herren Moderatoren bzw. Reportern vermittelt, Unternehmensmeldungen, Nachrichten der diversen Finanzmärkte, permanente Wiederholungen besonderer Tagesereignisse, und dazu zwei parallel laufende Ticker, die ihrerseits eine Fülle von Informationen bieten, das alles kann den Betrachter regelrecht hypnotisieren.

Das Zeitgefühl für mittelfristige Investitionen bleibt angesichts der täglichen Ereignisfülle, und seien die Geschehnisse noch so banal, irgendwann auf der Strecke. Gleichzeitig wird der Betrachter zu kurzfristigen Trades animiert, da dies spannungsfördernd ist. Wer sich ohnehin Tag für Tag stundenlang der Beobachtung der Marktentwicklung hingibt, wird für kurzfristige Spekulationen tendenziell aufgeschlossener. Wer sich darauf einlässt, handelt sich prompt einen nicht zu unterschätzenden Spannungsfaktor ein. Das gesamte Betrachtungsverhalten ändert sich schlagartig. War es bis dahin nur interessant, die Marktentwicklung an der Wall Street zu beobachten, so wird daraus nun eine Notwendigkeit. Der Betrachter ist den Kursbewegungen nun direkt ausgeliefert. Dazu berichtet Frank B. (42): „Zunächst einmal war es für mich unglaublich spannend, Abend für Abend die Wall Street live erleben zu können. Es ging mir nicht einmal so sehr um die Kurse, sondern auch um die vielen interessanten Interviews mit Experten. Da ich mich ohnehin nur für die Wall Street interessierte, begann ich, mit entsprechenden Indexoptionen zu spekulieren. Hatte ich bis dahin entspannt vor dem Fernseher gesessen, so schaltete ich nun die Kiste nervös ein, sobald ich von der Arbeit zu Hause war. Den ganzen Abend schaute ich dann der Indexentwicklung zu und stand dabei unter Höchstspannung. Es spielte gar keine Rolle, ob der Markt gut oder schlecht lief, ich war einfach dauernd nervös. Krachte der Dow mal um 100 Punkte innerhalb weniger Minuten zusammen, saß ich da und hatte regelrechtes Herzklopfen. Genauso schnell wie an der Börse die Kurse wechselte auch meine Stimmung, bis ich mir alles irgendwann nur noch apathisch ansah. Da ich in erster Linie nur Verluste fabrizierte, hörte ich mit den kurzfristigen Geschäften auf und bemerkte kurz darauf, wie sehr mich diese Sache aufgerieben hatte."

Ergänzend sei darauf hingewiesen, dass Frank B. ohne besonderes Konzept spekulierte und je nachdem, ob er die Wall Street aus dem Gefühl heraus für zu hoch oder zu niedrig bewertet hielt, entsprechende Indexoptionen kaufte. Mit dieser Vorgehensweise hätte er ohnehin eher früher als später verloren, doch die Fernsehübertragungen hatten ihn ganz einfach zu kurzfristigen Trades *verführt.* Er saß zudem dem Trugschluss auf, dass er bei ständiger Beobachtung den Markt kontrollieren könne. Seine mittel- bis längerfristigen Investitionen stellte er in dieser Zeit vollständig zurück. Profis mögen über diese Begebenheiten lächeln, können sich aber zumeist einem ähnlichen Effekt nicht entziehen, nämlich der „Monitorhypnose", die einen Zeitkomprimierungseffekt auslöst, der sich allerdings nicht auf die Märkte bezieht, sondern subjektiv erlebt wird. Mittelfristig ausgerichtete Strategien können, einem Zoom-Effekt gleich, mit Tagesereignissen vermischt und so unterwandert werden. Wer sich als Profi auf mittelfristige Entwicklungen konzentriert, muss sich ebenfalls von durchschnittlichen Tagesentwicklungen distanzieren können. Einige mittel- bis längerfristig orientierte Akteure haben aus diesem Grund, soweit ihnen dies möglich war, ihre Monitore von den Schreibtischen verbannt, um nicht ständig mit den Tagesentwicklungen konfrontiert zu werden. Ist der Bildschirm in Betrieb, schaut man unwillkürlich immer wieder hin. Treten dann „zufällige" Besonderheiten auf, bleibt man am Monitor förmlich kleben, starrt nur noch auf bestimmte Kursentwicklungen und wird im übertragenen Sinne hypnotisiert. In dieser Verfassung können strategische Momente in den Hintergrund treten und ein gefühlsbestimmtes Handeln Oberhand gewinnen.

Ein Verzicht auf den kurzfristigen Handel erspart dem privaten Anleger nicht nur viel Zeit, sondern auch hohe Kosten. Der Zeitaufwand muss immer in das richtige Verhältnis zum vorhandenen Kapital und zu den Zielen, die mit dem Börsenhandel verbunden sind, gesetzt werden. Es gibt private Akteure, deren börsenbedingter Aufwand größer ist als der eines Fondsmanagers, wobei dieser Aufwand möglicherweise in keinem Verhältnis zum vorhandenen Kapital steht und auch die Ergebnisse zu wünschen übrig lassen. Handelt es sich dabei um eine Passion, die den jeweiligen Anleger persönlich zufrieden stellt, ist dagegen nichts einzuwenden. In der Praxis ist dies allerdings nur sehr selten anzutreffen. Oft stecken die Betroffenen in einem negativen Kreislauf, der emotionsbetont und von Verlusten geprägt ist. Das einzige Gegenmittel besteht in solchen Fällen in einem vorübergehenden vollständigen Einstellen des Handels. Im Rahmen eines Orientierungsprozesses können sich die Betroffenen so neu disponieren und dann unter geänderten Voraussetzungen den Handel wieder aufnehmen.

Die Kostenfrage verdient im kurzfristig orientierten Handel ebenfalls Aufmerksamkeit. Die Realtime-Kursübermittlungen der Nachrichtenagenturen, wie z. B. *Reuters, Bloomberg, Telerate* oder *Dow Jones,* orientieren sich auf der Kostenseite ganz nach dem Nutzungsumfang. Die regelmäßig anfallenden Kosten wiederum müssen mit dem vorhandenen Vermögen im Einklang stehen, wobei die entsprechende Einschätzung jeder Anleger persönlich vornehmen muss. Schließlich kommt auch der technische Aufwand hinzu. Neben dem Terminal der Nachrichtenagenturen ist ein Computer mit entsprechender Software zur Handelsunterstützung zu beschaffen. Die Softwareauswahl wiederum ist kritisch vorzunehmen; dies gilt insbesondere im Bereich der Handelssysteme. Der Markt kann zwar nicht als unüberschaubar, im Bereich der Handelssysteme jedoch als sehr schnelllebig eingestuft werden. Vor dem Kauf eines Handelssystems ist genauestens abzuklären, für welche Zwecke es eingesetzt werden soll. Da aber fast alle gängigen Handelssysteme auf den kurzfristigen Handel abgestimmt sind, dürfte diese Komponente noch am wenigsten Schwierigkeiten bereiten. Die Softwareanbieter liefern zumeist auch Demo-Versionen ihrer Programme. Diese Angebote sollten genutzt werden, denn keine Testbesprechung kann einem Trader letztlich die Kaufentscheidung abnehmen (siehe auch Kapitel Anhang A, *Einsatz von mechanischen Handelssystemen).*

Zur Basisausstattung eines kurzfristig orientierten Traders gehört ferner ein *Handy,* damit er überall und jederzeit handlungsfähig bzw. erreichbar ist und sich zudem bei entsprechenden Anbietern direkt über aktuelle Börsenkurse informieren kann. Anbieter sind u. a. wiederum Nachrichtenagenturen oder Investmentbanken.

Informationsflut und Sensibilisierung

Der taktische Börsenhandel ist energieraubend genug, sodass grundsätzlich auf alle überflüssigen Informationsmittel und -medien verzichtet werden sollte. Gerade beim kurzfristigen Handel ist man auf Erholungsphasen angewiesen, in denen die Finanzmärkte in den Hintergrund treten sollten. Börse rund um die Uhr, das mögen einige mit sich vielleicht ohne Probleme vereinbaren können. Zur Disziplin eines Taktikers gehört aber auch, dass er sich bewusst von den Märkten distanzieren kann. Die permanente Informationsflut mag Gewöhnungseffekte auslösen und als unbelastend empfunden werden. Dies geschieht allerdings häufig auf Kosten der Sensibilität für Entwicklungen, die die eigenen Positionen betreffen. Wer permanent dem Kreuzfeuer der Kursentwicklung ausgesetzt ist und sich noch zusätzlich mit Kursen oder Informationen aus Märkten belastet, die für sein Trading gar nicht relevant sind, vermindert seine Sensibilität. Handelsfreie Zeiten sollten deshalb grundsätzlich immer auch Pausen beinhalten, in denen ein Trader sich nicht mit den Märkten befasst, etwa an den Wochenenden und ebenso im Rahmen eines Tagesausklangs. Mit dieser Methode wird er relevante Informationen besser aufnehmen und verarbeiten können als diejenigen, die sich ununterbrochen durch die Informationsflut schlagen und den Blick für das Wesentliche verlieren.

Informations-Eldorado Internet

Der mittel- bis längerfristig orientierte Anleger sollte die Nutzung der elektronischen Informationsquellen auf seine strategischen Aktivitäten abstimmen. Er ist beispielsweise nicht auf gebührenpflichtige Realtime-Kurse angewiesen, sodass die entsprechenden Kosten von vornherein entfallen. Nun kommt es darauf an, welche Marktsegmente ihn interessieren. Handelt es sich vornehmlich um Aktien, die an den heimischen Börsen gehandelt werden, so bekommt er praktisch alle Tagesschlusskurse via Videotext frei Haus geliefert. Auf die Kursübermittlung ist er nur angewiesen, wenn er mit Chart- und Analyseprogrammen arbeitet. Da hier nur die tägliche bzw. wöchentliche, aber nicht die permanente Kursübermittlung erforderlich ist, halten sich die Kosten gegenüber der Realtime-Lieferung in Grenzen. Entscheidend ist hier wieder die Handelsfrequenz. Wer sein Depot nur ein- bis zweimal jährlich umschichtet, wird auf den Computereinsatz in den meisten Fällen verzichten können. In Zeiten des Internet handelt man sich hier aber inzwischen ein Informationsdefizit ein. Die Nutzung des Internet bietet gerade dem strategisch orientierten Anleger Möglichkeiten, von denen man bis Mitte der 90er-Jahre nur träumen konnte. Im Internet werden kostenlos Charts und professionelle Analysen angeboten. Zwar gibt es hier mittlerweile auch Einschränkungen und einen Anstieg der kostenpflichtigen Inhalte, aber aufgrund des Konkurrenzkampfes sind unverändert noch viele Anbieter mit kostenlosen und verwertbaren Informationen vertreten.

Das Internet bedeutet aber auch eine Informationsflutwelle. Das Problem für den Börsianer besteht zunächst einmal darin, sich mit den Anbieteradressen vertraut zu machen, die für seine Handelsaktivitäten nützlich sind. Dies betrifft insbesondere die fundamentale Recherche. Leider sind die Adressen der Anbieter auch schnelllebig, d. h. würden an dieser Stelle entsprechende Adressen veröffentlicht, so könnte es sein, dass diese binnen kürzester Zeit bereits veraltet oder nicht mehr zugänglich sind. Hier helfen neben entsprechenden Adressinformationen in Fachmagazinen die Web-Suchmaschinen (*Google* etc.) weiter. Für den Börsianer ist das ständige Internet-Surfen eine reine Zeitverschwendung, vergleichbar mit dem Zappen vor dem Fernseher. Man sieht viel, letztlich aber wenig, weil man nur Fragmente aufnimmt. Die meisten Anbieter nutzen das Internet als reine Werbeplattform. Bei etlichen börsenbezogenen Homepages ist dies der Fall. Es wird über Produkte informiert, die eigentlichen Informationen werden aber zurückgehalten. Es sind aber auch Anbieter im Web, die ihre Leistungen mit Werbung Dritter kombinieren und einem gleich ein Full-Service-Angebot kostenlos präsentieren, wie z. B. Charts oder Unternehmensanalysen. Die integrierten Werbe-Inseln kann man dafür in Kauf nehmen oder über eine Firewall abblocken.

Ihre Arbeit besteht zunächst in reiner Adressenrecherche. Wenn Ihnen das zu mühsam ist, können Sie sich auch Internetfachmagazine besorgen, die Internetadressen veröffentlichen, und sich unter den Wirtschafts- bzw. Finanzsparten die für Sie interessanten Angebote heraussuchen. Zahlreiche Websites enthalten auch *Links* (Querverweise auf andere Internet-Seiten), die Ihnen weiterhelfen können.

Bei intensiver Webnutzung sollte die Ladedauer nicht unterschätzt werden. Analoge Modems sind inzwischen veraltet, ISDN-Modems hingegen Standard. Einen schnellen Datentransport bietet hingegen der DSL-Anschluss. Allerdings wird die Ladedauer auch von den Servern der Anbieter beeinflusst, sodass selbst mit Hochgeschwindigkeitstransfers Datenstaus auch in Zukunft nicht ausgeschlossen werden können. Es geht also in erster Linie darum, dass Sie die für Sie interessanten Angebote herausfiltern und dann auch nur noch die entsprechenden Seiten anwählen und die Informationen verarbeiten.

In diesem Zusammenhang sind auch Serviceleistungen kritisch zu betrachten, die dem Nutzer praktisch keinen Informationswert bieten. Das Internet ist voll mit Informationsmüll oder Angeboten, die für den Börsianer nur einen zweifelhaften Nutzen haben. Dies gilt auch für die Diskussionsforen, die so genannten *Chats* oder *Message-Dienste.* Wer sehr viel Zeit hat, kann mit anderen Börsianern stundenlang über Marktansichten palavern. Den Wert solcher Auseinandersetzungen möge jeder für sich selbst beurteilen. Wer Glück hat, findet einen Gesprächspartner, mit dem sich gelegentliche Diskussionen über die Finanzmärkte wirklich lohnen. Die Chance, in einem Blabla-Forum zu landen, ist jedoch ungleich höher. Wer die Angelegenheit unter Unterhaltungsaspekten betrachtet, wird in den Chats auf seine Kosten kommen, wenn selbst ernannte Marktpropheten den nächsten Crash ankündigen oder regelrecht über Marktentwicklungen streiten. Aber im Grunde genommen ist das unnötiger Ballast, auf den man verzichten sollte. Wer mit anderen Anlegern über die Börsen diskutieren will, kann dazu auch zu entsprechenden Börsenstammtischen gehen oder sich besser gleich einem Investmentclub anschließen. Das gilt insbesondere für Anfänger, die auf diese Weise von den Erfahrungen anderer profitieren können.

Telefonservice

Von zweifelhaftem Nutzen sind auch die meisten Telefondienste, die unter gebührenpflichtigen Rufnummern angeboten werden. Was man dort geboten bekommt, erfüllt in der Regel nicht die Ansprüche an die Qualität. Der Ärger der Nutzer ist zu verstehen, wenn diese einen Kurzbericht über die Wall Street erwarten, irgendein Marktprophet dann aber zunächst über das schöne Wetter in New York schwafelt. In den meisten Fällen geht es nur um Zeitschinderei, um auf diese Weise die Kasse klingeln zu lassen: lange Einleitungen, unwichtige Informationen, der Anrufer wartet und wartet, die Telefoneinheiten fliegen dahin. Akzeptabel sind solche Dienste nur, wenn sie bestimmte, kurzgefasste Updates liefern bzw. gleich auf den Punkt kommen. Dies gilt auch für gebührenpflichtige Fax-Angebote, wenn sie gutes Analysematerial liefern. Die Anzahl der abzurufenden Seiten sollte bei diesen Diensten aber in etwa bekannt sein, da Fax-Dienste ebenfalls künstlich in die Länge gezogen werden können. Ansonsten bekommt man praktisch alles, was langatmig und teuer am Telefon präsentiert wird, in Printmedien sowie kostenlos über das Internet.

Informationsdisziplin

Als strategischer Anleger müssen Sie beim Einsatz elektronischer Medien ebenso diszipliniert vorgehen wie die kurzfristig orientierten Akteure. Wenn Sie offene Finanzmarktpositionen halten und ständig die entsprechenden Kurse abrufen bzw. vor dem Fernseher sitzen, um nachzusehen, wie sich Ihre Positionen in der letzten Stunde entwickelt haben, dann werden Sie sich verrückt machen. Abhilfe könnte hier ein Zeitplan schaffen, um erst gar nicht auf diese von Nervosität beherrschte Schiene zu gelangen. Ein solcher

Zeitplan kann beispielsweise so aussehen, dass Sie sich nur zu bestimmten Tageszeiten über die Kurse informieren. Halten Sie dies nicht aus, weil Sie unter einer zu großen inneren Spannung stehen, dann sollten Sie Ihre Positionsgrößen überprüfen. Die permanente Kursverfolgung bei mittel- bis längerfristig orientierten Positionen deutet in den meisten Fällen darauf hin, dass der Betroffene sich mit seinen Engagements übernommen hat. Spielt dies in Ihrem Fall keine Rolle, können Sie sich in diesem disziplinierten Verhalten auch üben und Ihre Zeit anderweitig verwenden.

Von Bedeutung ist auch, wie Sie Informationen verarbeiten können. Wirken sich Informationen in später Abendstunde zu aufreibend auf Sie aus, weil Sie sich auch während der Zeiten der Nachtruhe noch damit beschäftigen, dann sollten Sie sich erst am nächsten Morgen z. B. mit Schlusskursen der Wall Street befassen. Sie haben dann einfach mehr Zeit, die Informationen zu verarbeiten, und sind zudem ausgeruht. Auch hier gilt: Wenn Sie die Wartezeit bis zum nächsten Morgen innerlich nicht aushalten können, stimmt irgendetwas an Ihrer Strategie nicht. Wenn Sie das für unprofessionell halten, sitzen Sie falschen Vorstellungen auf. Sie sollten immer nur so weit investiert sein, wie Sie dies auch psychisch verkraften können. Daytrader haben gegenüber allen anderen Anlegern den Vorteil, dass sie ihre Geschäfte gegen Handelsschluss eines Tages abschließen und keine offenen Positionen mehr halten und diese erst recht nicht mit ins Wochenende nehmen. Dafür gestaltet sich ihr Trading-Alltag aber auch wesentlich intensiver. Alle anderen Anleger sollten sich nur im Rahmen ihrer Kompensationsmöglichkeiten positionieren. Die Börse ist kein Platz für freiwilligen Nervenkitzel. Die psychische Beanspruchung ist ohnehin gegeben, sie sollte von Ihnen aber im Rahmen Ihrer Möglichkeiten auf ein Mindestmaß reduziert werden.

Printmedien

Früher war das Lesen mehrerer Wirtschafts- bzw. Finanzzeitungen unter Börsianern nichts Ungewöhnliches. Durch die zunehmende Marktstärke der elektronischen Medien ist hier jedoch eine allmähliche Änderung des Informationsverhaltens zu beobachten. Von einem Börsenaufschwung profitierte früher grundsätzlich die Wirtschaftstagespresse. Angesichts der kostenlosen und wesentlich schnelleren Verfügbarkeit nahezu aller Kurse über elektronische Dienste, wie z. B. Internet, stehen Kurslisten bei der Tagespresse aber nun nicht mehr im Vordergrund. Aufgrund der Konkurrenzsituation sah sich die Tagespresse gezwungen, die Kurslisten deutlich auszuweiten, sodass die Veröffentlichung von Kursen exotischer Aktien oder Märkte in Zeitungen keine Besonderheit mehr darstellt. Doch in diesem Bereich ist der Wettlauf mit dem Internet längst verloren. Im Grunde genommen könnten die Kurslisten in Tageszeitungen komplett eingestellt werden, da die Anzahl deren Nutzer ständig sinkt. Im Internet erhält der Anleger nicht nur einen Kurs, sondern etliche weitere Informationen, etwas Tagesverlaufs-, -hoch- und -schlusskurse und auch noch die entsprechende Chart auf einen Blick präsentiert. Das kann eine Tageszeitung einfach nicht leisten.

Neben den elektronischen Medien und der Wirtschaftstagespresse kann sich ein Anleger auch über Börsenfachmagazine, Börsen- oder Analysedienste und sämtliche

Publikationen informieren, die von Geldinstituten kostenlos abgegeben werden. Auch auf diesem Gebiet fühlen sich viele Anleger durch die Informationsflut überfordert. In den meisten Fällen werden daher die Informationen von den Nutzern nur sporadisch bzw. konzeptlos verarbeitet. Die Informationen werden nach Zufallsmustern selektiert, insbesondere dann, wenn der Anleger investitionsbereit ist. Im Vordergrund steht ausschließlich die Investitionsbereitschaft, die Anlage selbst geschieht mehr oder wenig zufällig und oftmals auf Basis vielversprechender Tipps. Die anschließende Beobachtungsphase ist in der ersten Zeit vor allem dadurch gekennzeichnet, dass der Anleger nunmehr gespannt der weiteren Entwicklung folgt. Ohne analytischen Background und ohne Money Management ist die passive Beobachtung in erster Linie von emotionalen Zügen geprägt: Der Anleger hofft auf Kursgewinne. Steigt eine Aktie, kann er meist nicht entscheiden, wann er die Gewinne realisieren soll, und ist auf weitere Kommentierungen angewiesen. Stellen sich Verluste ein, hat er keine Vorstellungen darüber, wie in diesem Fall zu verfahren ist. Wird die Aktie z. B. durch einen Börsendienst regelmäßig über eine Dispoliste kommentiert, wird er den weiteren Anweisungen Dritter zwangsläufig folgen.

Wenn es sich um einen isolierten Tipp handelt, der vom Tippgeber anschließend nicht mehr beobachtet wird, ist dies als problematisch einzustufen. Gerade bei einer Negativentwicklung ist eine solche Vorgehensweise sehr häufig zu beobachten. Die Aktie wird schlicht und einfach „vergessen", der Anleger kann sich nur anhand der ursprünglichen Information orientieren, die nun aber nicht mehr aktualisiert wird. Meistens erfolgen im Gewinnfall Glattstellungen aus reiner Unsicherheit. Anschließend werden neue Tipps gesucht. Dieses Spiel kann sich beliebig fortsetzen. Mit einem strategischen Vermögensaufbau hat dies allerdings nichts zu tun.

Qualität oder Quantität?

Oft besteht keine Klarheit darüber, ob ein Verfasser wirklich hundertprozentig hinter seiner Analyse steht oder ob es sich dabei um eine Auftragsarbeit handelt. Finanzmarktkommentare und -kolumnen spiegeln fast immer die Meinung der Verfasser wider und enthalten demzufolge viele subjektive Elemente. Bei Research-Publikationen von Banken ist der Analyst an die Vorgabe seines Instituts gebunden. Er arbeitet schließlich nicht unabhängig. Es kommt zwar selten vor, in der Vergangenheit sind aber auch schon Marktberichte ungefiltert und ohne Gegenkontrolle veröffentlicht worden. Enthielt so eine Analyse brisante Inhalte, war der darauf folgende Wirbel vorprogrammiert. Bankanalysen lassen sich nicht grundsätzlich über einen Kamm scheren. Es gibt Institute, die in ihrer analytischen Einschätzung mutiger sind als andere, was aber nicht zwingend bedeuten muss, dass diese Analysen automatisch besser sind. Sie beinhalten aber in der Regel Aussagen, mit denen der Einzelne mehr anfangen kann als mit den typischen ausgewogenen „Sowohl – als auch"-Analysen oder konstanten „Schönwetterberichten".

Analysen, die sich auf einzelne Unternehmen beziehen, sollten immer kritisch betrachtet werden, vor allem dann, wenn zwischen Analyst und Unternehmen geschäftliche Beziehungen bestehen. In den USA geraten diesbezüglich immer wieder die Investmentbanken unter Beschuss. Vor einer Aktienemission wird zur Einstimmung vorab eine positive Analyse veröffentlicht. Analysten wurden in solchen Fällen regelrecht zu einem Goodwill-Bericht aufgefordert, ganz unabhängig davon, ob die Analyseergebnisse die günstige Einschätzung rechtfertigten. Solche Analysen haben praktisch keinen Nutzwert. Das war übrigens vor der Baisse 2000 bis 2003 die Regel und erregte erst im Zuge der Baisse den Unmut der Anleger. Die führte schließlich auch zu gesetzlichen Neureglungen, bis hin zu einer verstärkten Haftung, wenn Fahrlässigkeit nachgewiesen werden kann. Da in diesem Bereich aber immer noch sehr viel Unsicherheit besteht, sind Analysen unabhängiger Dritter (z. B. die der Ratingagenturen *Value Line, Standard & Poor's)* grundsätzlich höher einzustufen als solche, bei denen Abhängigkeiten nicht ausgeschlossen werden können. Wenngleich auch festgestellt werden muss, dass die Einschätzungen der Rating-Agenturen nicht immer unkritisch zu betrachten sind.

Investmentempfehlungen sollten für einen mit Börsengrundkenntnissen ausgestatteten Anleger nachvollziehbar sein, der auch in der Lage sein sollte, das komplette Management der offenen Position zu übernehmen. Empfehlungen als Impulsgeber für interessante Gelegenheiten sind akzeptabel, eine komplette Verlagerung des Positionsmanagements nach außen ist jedoch immer fragwürdig. Erstens ist der Anleger in diesem Fall vom empfehlenden Dritten abhängig, und zweitens hat er keine Garantie, dass das Positionsmanagement vom empfehlenden Dritten bis zum Abschluss des Engagements durchgeführt wird. In diesem Zusammenhang sollte sich auch jeder Anleger vergegenwärtigen, dass die Ansprüche gegenüber Börsenperiodika mit empfehlendem Charakter viel zu hoch geschraubt werden. Die meisten Anleger verwechseln diese Medien mit Vermögensverwaltungen auf schriftlicher Basis. Das kann in der Praxis einfach nicht funktionieren. Man muss sich zudem vergegenwärtigen, dass eine Analyse immer nur einen Schnappschuss, eine aktuelle Lagebeurteilung, darstellt. Börsenanalysen und Marktkommentare unterliegen naturgemäß einem beschleunigten Alterungsprozess.

Es ist von fragwürdigem Wert, Empfehlungen ohne eigene Mitarbeit umzusetzen. Es gibt freilich Publikationen, die auch diese Ansprüche befriedigen wollen. In der Praxis sieht das dann so aus: Es werden oberflächliche oder Null-Inhalt-Analysen mit reinem Tipp-Charakter angeboten, die den Anleger aber suggestiv anheizen. Am liebsten ist es den Nutzern, wenn die entsprechenden Publikationen kostenlos erhältlich sind, zumindest sollen sie aber preiswert sein. Da pro Jahr mehrere hundert Tipps geschaltet werden, versteht es sich von selbst, dass darunter zwangsläufig einige hervorragende Gewinntreffer enthalten sind. Dass von den Gewinnpositionen nur ein Bruchteil der Nutzer profitieren konnte, ist sekundär. Oder aber die Gewinne werden gezielt künstlich initiiert, indem bei hohen Auflagen Empfehlungen für extrem marktenge Werte ausgesprochen werden, sodass eine außerordentliche Nachfrage den Wertpapierkurs explodieren lässt.

Wer auf der Basis oberflächlicher Tipps investiert, nimmt automatisch ein Ungleichgewicht bei der Investition in Kauf. Da sachbezogene Argumente fehlen, wird das Investment allein durch emotionale Faktoren gesteuert. Ohne zu wissen, warum man ausgerechnet diese eine Aktie oder einen bestimmten Fonds gekauft hat, fehlt es an jeglicher Grundlage für das Money Management. Es sollen zwar Gewinne entstehen, die Gewinnerwartungen sind jedoch übersteigert – in einem Ausmaß, das ansonsten nur bei Glücksspielen zu beobachten ist. Es ist nicht einmal eine Seltenheit, dass auf der Basis inhaltsloser Tipps große Geldbeträge investiert werden, auch in hochspekulative Finanzderivate mit Totalverlustrisiko. Würde man die Betroffenen fragen, ob sie die gleiche Summe auch am Roulettetisch einsetzen würden, so würden sie dies sicherlich empört verneinen. Sie sind ja der Auffassung, „investiert" zu haben, verhalten sich aber wie bei einem Glücksspieleinsatz.

Anleger, die sich oberflächlicher Tipps bedienen, könnten es sich auch noch einfacher machen, indem sie die bekannte *„Random-Walk-Methode"* anwenden. Dazu wird der Kurszettel einer Tageszeitung an einer Wand befestigt und anschließend, je nach Anzahl der zu kaufenden Aktien, mit Darts auf diesen geworfen. Die getroffenen Aktien werden dann gekauft. Die Investmentresultate werden voraussichtlich den Ergebnissen der reinen Tipps in nichts nachstehen, zumal auch die oberflächliche Tippauswahl ähnlichen Zufallsprinzipien unterworfen ist.

Problematisch sind bei den Finanzmedien auch werbebezogene Inhalte. So werben Fachpublikationen durchweg mit positiven Gewinnresultaten, die den potenziellen Kunden auf der emotionalen Schiene ansprechen und ihm Dauer-Gewinnempfehlungen suggerieren. Dies fördert natürlich die Erwartungshaltung der Kunden, die dann in der Folge durchweg enttäuscht wird. Werbung ist nicht gleich Werbung. Innerhalb einer Werbekampagne werden ausschließlich die Vorzüge eines Produkts präsentiert. Das ist grundsätzlich so und nicht allein auf Finanzmedien beschränkt. Die Werbung weckt gewisse Erwartungen, die in der Praxis aber fast nie vollständig erfüllt werden. Doch nur auf diese Weise lassen sich Produkte verkaufen.

Den Fachmagazinen bzw. Börsendiensten wird immer wieder vorgeworfen, dass sie zu hohe Erwartungen wecken. Was sollen sie machen? Es hat in der Vergangenheit immer wieder Versuche gegeben, „ehrlicher" zu werben. Die Resultate waren ernüchternd. Werden neben hervorragenden Gewinnresultaten auch ein paar Anlage-Flops präsentiert, z. B. in einer Ergebnisliste, dann schaut das Publikum nur auf die Nieten. Da können Aktien dreistellige Gewinnprozentsätze eingefahren haben, die Flops haben eine magische Anziehungskraft und blenden die Positivresultate aus. Das Werbeziel wird in solchen Fällen verfehlt. Ehrliche Werbung ist für die Werbenden immer kritisch, denn Werbeeinsätze kosten Geld. Man kann diesen Aspekt praktisch auf die gesamte Werbewelt ausweiten.

Dennoch gibt es in der Werbewelt bezüglich der positiven Produktpräsentation gewaltige Unterschiede. Die positive Darstellung ist erforderlich, allerdings gehen hier einige Anbieter zu weit und versprechen von vornherein viel zu viel. Dem Börsenpublikum wird beispielsweise suggeriert, dass die Dienstleistung durchweg nur Gewinne der Superlative bescheren wird („Wir haben die endgültige Marktformel gefunden", „Unsere Leser konnten in den letzten zehn Jahren aus 10 000 US$ eine Million machen"). Man bekommt allerdings sehr schnell ein Gespür für unseriöse Werbung, solange man sich über die Möglichkeiten an den Finanzmärkten nichts vormacht, realistisch bleibt und Werbeversprechungen relativiert (siehe auch Abschnitt *Publikumsmanipulation* in Kapitel 4, Seite 138).

Verzerrungen durch extreme Marktbewegungen

Ein weitere Verzerrung tritt in ausgeprägten Hausse-Zyklen an der Börse ein. In solchen Phasen geht praktisch alles. Man kann kaufen und liegenlassen. Wozu aufwändige Informationsverarbeitung und stundenlange analytische Arbeit, wenn es so einfach geht. Die Kurse steigen, sie steigen trotz fundamentaler Warnsignale. Die Fundamentals signalisieren Sturm, dennoch setzt sich die Hausse praktisch mühelos fort. Die Markttechnik sendet zwischenzeitlich negative Signale; es ist möglich, dass sich der Markt mit kleinen Korrekturen darüber hinwegsetzt, um anschließend umso imposanter zu steigen. Auch das ist Börse. Historische Hausse-Phasen hat es in den letzten Jahrhunderten in einzelnen Märkten oder Marktsegmenten immer wieder gegeben. Da die Börse kein rationaler Markt ist, sondern nur eine Schaltstelle zwischen Angebot und Nachfrage, wird es auch in den kommenden Jahrhunderten immer wieder Kursblüten geben.

In einer Börseneuphorie muss sich der Anleger nur auf wenige Indexaktien konzentrieren. Was bis dahin gut gelaufen ist, wird unter euphorischen Voraussetzungen noch wesentlich besser laufen. Ob der Anleger gut oder schlecht informiert ist, scheint in solchen Marktphasen keine Rolle zu spielen. Doch der Schein trügt. Nicht die Höhe der Kurse ist das Problem, sondern das Verhalten des Marktes im Zuge einer Top-Bildung.

Die Baisse ist bereits voll im Gange, während die Mehrheit der Marktteilnehmer von einer Korrektur im Rahmen der Hausse und grandiosen Kaufgelegenheiten spricht. Ähnlich verhielt es sich ab April 2000. Die Aktien fielen und fielen, und die Mehrheit der Marktteilnehmer sprach von einer Korrektur. Erst langsam dämmerte es den Akteuren, was da überhaupt im Gange war. Dabei hatte niemand wirklich eine Vorstellung davon, was den Märkten erst noch bevorstand. Gewinne der Superlative, bei den meisten Anlegern waren diese nur als Buchgewinne in Depots vorhanden. Nur wenigen gelang es, ihre immensen Buchgewinne zu realisieren und in Sicherheit zu bringen. Ein gut informierter Anleger kann sich vor solchen Fehlverhaltensweisen schützen, während seine schlecht informierten Mitstreiter ihre Gewinne an den Markt wieder zurückzahlen müssen. Das ist die Illusion bei historischen Haussen. Wer durchhält, wird das Markt-Top vollpositioniert erfahren und kann sich, vorausgesetzt, er steigt nicht erst jetzt in den Markt ein, über deutliche Gewinne freuen. Dann dreht die Entwicklung.

Die Gewinne schmelzen dahin, irgendwann folgen Serien von Verbilligungskäufen. Das Fatale an der Jahrhundert-Hausse war, das die Phase der Überbewertung sehr lang andauerte. Und zwar so lange, dass selbst gestandene Marktanalysten kapitulierten, weil sämtliche Markttheorien nicht mehr funktionieren und außer Kraft gesetzt zu sein schienen. Wie sollte man noch annähernd sicher ein Markt-Top ausloten? Im Sommer 1999 sah es zunächst so aus: ein typischer Top-Bildungsprozess mit anschließender Trendwende. Aber ein Merkmal fehlte, nämlich die Euphorie eines größeren Publikums. Die ließ nicht lange auf sich warten, hielt dann aber ungewöhnlich lange an.

Es ist nicht einmal erforderlich, in der Nähe eines Top aufzusteigen, sondern vielmehr sollte man in der Lage sein, eine mittelfristige Trendwende zu erkennen. Wer weiß schon, wann sich der Markt exakt am Top befindet? Erwischt man ein Top, hat man schlicht und einfach Glück gehabt. Es gibt eine Reihe von Analysten, die um ein perfektes Markt-Timing bemüht sind, doch solche Dienstleistungen kann man im Rahmen der Informationsnutzung durchweg vergessen. Niemand kann das Timing eines Marktes auch nur annähernd exakt bestimmen, allenfalls kann man es aufgrund diverser Faktoren grob umreißen. Doch dazu muss man über den Markt informiert sein, um seine Investitionen nicht allein dem Zufall zu überlassen.

Nebenkosten

Im Rahmen der Umsetzung börsenbezogener Aktivitäten sind mögliche Folgekosten ebenso zu berücksichtigen. Wenn Sie gute Informationsquellen bei Ihrer analytischen Arbeit miteinbeziehen wollen, so ermitteln Sie zunächst die Maximalhöhe der für Sie akzeptablen Kosten. Wägen Sie ab, ob diese in einem vernünftigen Verhältnis zur Anlagesumme stehen. Über alles informiert zu sein, bedeutet noch nicht, dass man die Informationen auch gewinnbringend umwandeln kann. Ein Anleger muss nicht jedes Detail der aktuellen Börsenentwicklung kennen. Nach einem Test vieler Informationsquellen sollte er nach Möglichkeit eine Informationskonzentration schaffen, die ihn bei seinen Investitionen positiv unterstützt. Die meisten Anleger sind aber nicht bereit, überhaupt Geld in Informationsmittel zu investieren. Wenn Sie meinen, auf Informationen gänzlich verzichten zu können, und nur solche Quellen heranziehen, für die Sie nichts zahlen müssen, sparen Sie garantiert an der falschen Stelle. In der Praxis ist immer wieder zu beobachten, dass gerade private Anleger bei der Informationsbeschaffung eher quantitativen Prinzipien folgen und einen Hang dazu haben, möglichst nur kostenlose oder ausgesprochen preiswerte Informationsträger heranzuziehen.

Dies provoziert natürlich die Frage, wo Informationsqualität bezogen werden kann. Diesbezüglich gibt es aber keine allgemein gültigen Analysequellen. Der eine Anleger schwört auf einen bestimmten Börsendienst, ein anderer hingegen will davon nichts wissen und bezieht seine Informationen aus einer Vielzahl unterschiedlicher Publikationen, wie z. B. Fachmagazinen und Bankanalysen. Jede Analyse muss unter dem Blickwinkel der persönlichen Erfordernisse und Investitionsabsichten beurteilt werden.

Der Wert einer Information unterliegt grundsätzlich einer subjektiven Beurteilung. Ein teurer Analyseservice kann, muss aber nicht automatisch gut sein. Kostenlose oder billige Analysen sind kritisch einzustufen, wenn sie unter hoher Auflage fast schon wie Flugblätter verteilt werden. Es handelt sich hier meistens um Massenprodukte ohne analytischen Tiefgang. Höherwertige Analysen von Banken oder Brokern werden hingegen nur an eine bestimmte Klientel versandt. Diese Analysen werden nicht extra in Rechnung gestellt, sind aber trotzdem nicht kostenlos, denn die Kunden finanzieren die Publikationen über ihre Depot-, Transaktions- oder Beratungsgebühren.

Überinformation und ihre Auswirkungen

Neben der Unterinformation gibt es aber auch das Problem der Überinformation, wenngleich dieses Phänomen seltener anzutreffen ist. Es gibt Akteure, gerade unter Privatanlegern, die über die Märkte alles wissen. Ob aktuelle Kurse von Hunderten von Aktien, die Einschätzung diverser Marktkommentatoren und Analysten, sie sind über alles im Bilde. Diese Anleger befinden sich in einem Prozess kontinuierlicher Auseinandersetzung mit den Märkten. Mit der Überinformation erfahren sie den Zeitkomprimierungs-Effekt: Mittel- bzw. längerfristige Strategien können nur unter großen Schwierigkeiten aufgezogen und durchgehalten werden. Diese Akteure verfügen über vielfältige Argumente, die für steigende Kurse sprechen, übersehen angesichts der Informationsfülle aber auch die Gegenseite nicht. Zwischen den Argumentationsfronten fühlen sie sich dann oft aufgerieben.

Der Hang zur Überinformation signalisiert Unsicherheit. Eine Vielzahl an Informationen soll dieses Defizit kaschieren bzw. auslöschen. Wer aber überinformiert ist und die Argumente, die für und gegen eine Investition sprechen, nicht mehr gewichten kann, wird erst recht verunsichert. In einer Hausse- oder Baisse-Phase gibt es grundsätzlich auch die jeweiligen Gegenargumente. Die überinformierten Anleger entwickeln dann schrittweise einen Hang zur Perfektion. Schließlich trauen Sie sich nur noch in einem perfekten Szenario zu investieren. Weil es ein solches Szenario nicht gibt, bereiten sie sich damit eine *Handelsblockade.* Die Folge ist, dass sie irgendwann zu einem Blackout gelangen und dann Börseninformationen überhaupt nicht mehr oder nur noch sporadisch verarbeiten können. Bleiben dann Investmenterfolge aus, wechseln sich Phasen der Unter- und Überinformation ab. Die analytische Arbeit verkommt zur reinen Lust-und-Laune-Angelegenheit.

Eine weitere Gruppe von Anlegern, die vornehmlich an den Termin- und Optionsmärkten ausfindig zu machen sind, entzieht sich der Informationsflut dadurch, dass sie sich bei ihren Anlageentscheidungen ausschließlich auf automatisierte Handelssysteme unter Zuhilfenahme eines Computers und entsprechender Software verlässt. Auf weitergehende Börseninformationen wird völlig verzichtet. Gelegentlich steckt hinter diesem Verhalten Frustration über die analytischen Fähigkeiten Dritter. Wer Analysen erwartet, die praktisch eine Gewinngarantie beinhalten, sitzt einer Illusion auf. In den meisten Fällen haben die frustrierten Akteure auf der Grundlage von Meinungen Dritter gehandelt und verloren. Sie begeben sich dann auf die Suche nach dem perfekten Handelssystem, nach Möglichkeit mit einer 100%-Gewinngarantie. Außerdem ist die Handhabung bei Handelssystemen auf den ersten Blick relativ einfach. Man muss den Computer nur mit Daten füttern und die Handelsanweisungen befolgen (zu dieser Thematik siehe auch Anhang A, *Einsatz von mechanischen Handelssystemen).* Das Interesse an Analysen lässt vor diesem Hintergrund automatisch nach.

Mit dieser Vorgehensweise handeln sich die Vertreter dieser Gruppe aber den gravierenden Nachteil ein, den *inneren Draht* zu ihren Märkten zu verlieren, da sie spezielle fundamentale Einflussfaktoren nicht mehr wahrnehmen. Dieses Vorgehen birgt große Gefahren in sich. Es geht nicht darum, fundamentale Aspekte mit den Vorgaben des Handelssystems zu mischen. Dies würde nur zu Konfusionen führen, selbst dann, wenn das Handelssystem fundamentale Aspekte befolgen könnte. Das Problem würde vielmehr darin bestehen, dass die eigene analytische Arbeit mit den Handelssystemen konkurrieren würde. Konflikte und letztlich Verluste wären vorprogrammiert. Die eigene Auseinandersetzung mit den Märkten sollte im Rahmen des *Money Managements* erfolgen. Im Falle eines massiv überbewerteten Marktes muss der Anleger beispielsweise die Positionsgrößen zurückfahren und entsprechend vorsichtiger operieren. Das Money Management kann von einem Handelssystem nur nach den Vorgaben des Anlegers berücksichtigt werden, falls diese Leistung von dem jeweiligen System überhaupt erbracht werden kann. Es geht dann nicht um die analytische Trendeinschätzung des Marktes (das wird vom System übernommen), sondern um die analytische Einflussnahme im Rahmen des Money Managements (Vermögens- und Risikokontrolle).

Informationsstrategie

Dies alles verdeutlicht, wie wichtig eine effiziente *Informationsstrategie* ist. Um den Wert Ihrer Börseninformationen beurteilen und den täglichen Zeitaufwand für Ihre Informationsverarbeitung ermitteln zu können, ziehen Sie zunächst einmal eine Zwischenbilanz:

1. Listen Sie im Einzelnen auf, welche Informationsquellen (elektronische Medien. Zeitungen, Börsendienste etc.) Sie derzeit nutzen oder deren Nutzung Sie beabsichtigen. Dabei können Sie die *Informations-Checkliste* zur Hilfe nehmen (Abb. 5, Seite 175).
2. Im nächsten Schritt notieren Sie auf einem gesonderten Blatt die Gründe, weshalb Sie diese oder jene Informationsquelle nutzen. Was haben Sie sich ursprünglich von ihr versprochen? Werden Ihre Erwartungen erfüllt? Hatten oder haben Sie möglicherweise überzogene Erwartungen?
3. Nutzen Sie Informationsquellen in aktiver oder eher in passiver Hinsicht? Findet eine inhaltliche Auseinandersetzung statt? Setzen Sie sich kritisch mit diesem Aspekt auseinander. Wollen Sie geführt werden oder sollen Analysen und Marktinformationen Ihre eigene analytische Arbeit unterstützen?
4. Sind Sie um das Informations-Broking bemüht oder ist Ihnen die Informationsbeschaffung insgesamt zu aufwändig? Informationsbeschaffung ist ein fortlaufender Prozess und verlangt Ihre Mitarbeit. Die bestehenden analytischen Grundlagen sollten gelegentlich mit anderen Publikationen verglichen werden. Sie können natürlich nicht alle international erscheinenden Börsendienste abonnieren. Versuchen Sie, mit anderen Börsianern ein Informationsteam zu gründen, z. B. im Rahmen eines Investmentclubs. Die einzelnen Publikationen können regelmäßig untereinander ausgetauscht werden. In der Praxis lässt sich dies aber nur mit einer entsprechenden Disziplin umsetzen.[13]
5. Stimmen Sie die Informationsquellen auf Ihre Bedürfnisse und Erfordernisse ab oder orientieren Sie sich hier ausschließlich an der Auffassung Dritter? So haben Sie vor einiger Zeit gehört, dass ein bestimmter Analysedienst sehr gut sein soll, und Sie haben ihn daraufhin ohne kritische Überprüfung abonniert. Es ist möglich, dass Sie im Rahmen Ihrer Bestandsaufnahme feststellen, dass Sie diesen Dienst gar nicht benötigen, weil er Strategien verfolgt, die Sie nicht umsetzen können, oder weil sein analytischer Wert für Ihre Anlageentscheidungen äußerst gering ist. Es ist aber ebenso denkbar, dass Sie über Dritte auf eine Quelle aufmerksam wur-

den, von der Sie inzwischen so überzeugt sind, dass Sie auf diese Leistung nicht verzichten wollen.

6 Bewerten Sie nun die einzelnen Informationsquellen im Hinblick auf deren Bedeutung für Ihre Börseninvestitionen. Dies setzt wiederum eine kritische Haltung voraus. Nicht wenige Marktteilnehmer lesen bestimmte Publikationen, schauen sich regelmäßig Börsen-TV-Sendungen an oder tummeln sich im Internet, bloß weil sie sich einfach daran gewöhnt haben, aber (seit längerer Zeit) keinerlei Nutzen für ihre Investments daraus ziehen. Dadurch wird aber nicht nur Geld, sondern auch wertvolle Zeit vergeudet. Aus Gewohnheiten kann man ausbrechen.

7 Sind Sie der Auffassung, bestimmte Publikationen lesen zu müssen, weil Sie sich ohne sie unsicher fühlen, obwohl die Produkte keinen Nutzwert für Ihre eigenen Investments haben? In diesem Fall haben Sie eine Abhängigkeit aufgebaut. Es gibt Anleger, die beispielsweise seit Jahren von einem Börsendienst zum anderen wechseln und sich permanent über deren Inhalte aufregen. Dieses Verhalten resultiert aus überzogenen Erwartungen. Börsendienste werden in schneller Abfolge abonniert und gekündigt, weil die überzogenen Erwartungen nicht erfüllt werden und auch nie erfüllt werden können. Wer Publikationen auf ihren analytischen Nutzwert hin überprüft, um bei eigenen Investitionsentscheidungen unterstützt zu werden, entzieht sich von vornherein einer Abhängigkeit und verfügt ebenso über einen qualitativen Auswahlfilter.

8 Ermitteln Sie nunmehr, wie viel Zeit Sie für die Informationsverarbeitung in etwa benötigen. Zählen Sie im Laufe einer Woche alle entstehenden Zeiteinheiten zusammen und ordnen Sie diese bestimmten Kategorien zu. Schauen Sie sich jeden Abend eine halbstündige Börsensendung an, tragen Sie die aufgewendete Zeit ein. Blättern Sie in Videotexttafeln zur Kursinformation oder informieren Sie sich im World Wide Web, registrieren Sie die Nutzungsdauer. Dazu zählen auch alle Lesezeiten bei der Printmedien-Recherche.

9 Fassen Sie schließlich die ermittelten Zeiteinheiten zusammen. Mit Hilfe dieser Zeitanalyse können Sie leicht feststellen, wie viel Zeit Sie zur Informationsverarbeitung benötigen. Gehen Sie die einzelnen Positionen wiederum auf Gewohnheitsnutzung durch und überprüfen Sie, ob der informationsbezogene Aufwand insgesamt und in den einzelnen Kategorien in einem vertretbaren Verhältnis zu Ihren Handelsaktivitäten steht. So lässt sich auch feststellen, ob Sie Ihre Zeit unter qualitativen Aspekten nutzen.

10 Wenn Sie nur sporadisch an den Finanzmärkten aktiv werden, beispielsweise durchschnittlich zweimal jährlich Käufe oder Verkäufe tätigen, aber täglich ein bis zwei Stunden mit der Verarbeitung von börsenrelevanten Informationen verbringen, dann steht dieser Einsatz möglicherweise in keinem Verhältnis zu Ihren Finanzmarktaktivitäten. In diesem Fall sind alle Informationen, die nur einen kurzfristigen Einfluss auf das Börsengeschehen haben, für Sie bedeutungslos. Sie können z. B. testen, ob Sie mit Informationen über die Entwicklung der Finanzmärkte auf Wochenbasis (Wochenzusammenfassungen) zurechtkommen. Sie können dann die eingesparte Zeit sinnvoller für analytische Tätigkeiten oder für Grundlagenarbeiten einsetzen.

11 Wenn Sie nur kurzfristig in den Märkten engagiert sind, geschieht dies nach hoher Wahrscheinlichkeit auf der Basis von mechanisierten Handelssystemen. Dennoch sollten Sie sich von Zeit zu Zeit über die grundlegenden, aktuellen Zusammenhänge im Markt informieren, um den inneren Draht zu den Märkten nicht zu verlieren.

12 Befassen Sie sich ausschließlich mit Informationen, die die Märkte und Anlageformen betreffen, in denen Sie sich tatsächlich engagieren bzw. künftig engagieren wollen. Lesen Sie nicht aus lauter Langeweile beispielsweise Analysen über Rohstoffe, wenn Sie sich mit Ihren Investments ausschließlich auf Aktien- und Anleihemärkte konzentrieren und dies auch künftig beabsichtigen. Bleiben Sie auch bei der Wahl der Finanzmedien auf Märkte fixiert, in denen Sie sich zu Hause fühlen. Dazu gehört auch der Verzicht auf das Querlesen von Wirtschaftszeitungen. Das Querlesen beinhaltet das Risiko der *Informationsvermischung.* Kommentare bzw. Analysen zu zehn verschiedenen Aktienmärkten können sich so zu einem Informationsbrei vermengen, der zu Irritationen statt zu einem Überblick führen würde.

Wenn selbst die Informationsverarbeitung zu einer reinen Stressangelegenheit wird, muss die Reißleine gezogen werden, denn unter diesen Voraussetzungen können Sie nicht optimal handeln. Mit Hilfe der *Informations-Ckeckliste* (Abb. 5) sollte es Ihnen möglich sein, ein persönliches *Informationssystem* zu erstellen, das auf Ihre Bedürfnisse und Erfordernisse abgestimmt ist. Von Bedeutung ist, dass Sie bei der Informationsbeschaffung andere (Journalisten, Redakteure etc.) für sich arbeiten lassen, aber bei der Informationsfilterung entscheiden letztlich immer Sie selbst. Im Laufe mehrerer Jahre wird Ihnen dies innerhalb Ihrer Informationsverarbeitung immer besser gelingen, wenn Sie diszipliniert vorgehen und Ihre Selektionskriterien verinnerlichen.

Informations-Checkliste

Medien	Informations-Charakter		Zeitaufwand		Bewertung
(Titel)	kurzfristig	langfristig	täglich	wöchentlich	(Schulnoten)
Finanzblatt	X		30 Minuten	2 1/2 Stunden	3
Börsenbrief A	X			20 Minuten	4
Börsenbrief B		X		40 Minuten	2

Abbildung 5

Lenkung und Kontrolle

Jeder Marktteilnehmer, der eine Situation analysiert und zu dem Ergebnis gelangt, dass die Gewinnchancen größer als die Verlustrisiken sind, verfügt trotz ausgewogener Analyse dennoch über keinerlei Gewinngarantie. Ein Positionsaufbau geschieht auf der Basis von Vergangenheitsdaten und der Vorwegnahme einer möglichen positiven oder negativen Entwicklung, je nachdem, auf welcher Seite der Akteur steht. Die offene Position unterliegt nunmehr einer Reihe von Fremdeinflüssen. Damit eine Spekulation aufgeht, müssen andere Marktteilnehmer dem Grundkonzept des Investors folgen. Spekuliert er auf eine unverändert dynamische Gewinnentwicklung eines Unternehmens, wird seine Anlage nur dann die entsprechenden Gewinne einfahren, wenn diese Annahme nicht nur bestätigt wird, sondern die Gewinnaussichten heraufgesetzt werden und andere Marktteilnehmer bereit sind, die jeweils höheren Kurse zu akzeptieren. Unerwartete Sonderentwicklungen können eine Analyse von einem Tag auf den anderen verfälschen. Handelt es sich dabei nur um ein kurzfristig positives oder negatives Ereignis, kann ein Anleger mit strategischer Orientierung seine Position unverändert halten.

Kontrollwunsch

Die Ungewissheit bleibt aber bestehen. Sie bezieht sich nicht nur auf eine mögliche Verlustentwicklung, sondern ebenso auf einen offenen Gewinntrend. Niemand weiß letztlich, wie lange ein Aufwärts- oder Abwärtstrend anhalten wird. Aus dieser Unsicherheit heraus entstehen demzufolge *Kontrollwünsche.* So sitzen viele Marktteilnehmer dem Trugschluss auf, man könne einen Markt oder eine Aktie kontrollieren. Hierbei handelt es sich nicht nur um Illusionen, die private Anleger hegen, sondern in einem ebenso großen Ausmaß um Phantasien institutioneller Anleger. Je größer das zur Verfügung stehende Kapital ist, desto größer soll die Macht sein, die ein privater oder institutioneller Anleger an den internationalen Börsenplätzen hat. Er mag mit einer umfangreichen Beteiligung an einer Aktiengesellschaft Macht auf Vorstände und Aufsichtsräte ausüben können. Sobald sich diese Macht aber auf den freien Börsenhandel begibt, schmilzt sie dahin wie das Eis in der Sonne. Ein kursmanipulierendes Verhalten ist immer nur kurzfristig möglich, wenngleich sich die dahinter stehenden Akteure selbst im Minutenhandel mit einer Reihe von Imponderabilien konfrontiert sehen. Will beispielsweise ein institutioneller Anleger seine umfangreiche Beteiligung an einer Aktiengesellschaft reduzieren, so kann er die zum Verkauf disponierten Papiere nur in den seltensten Fällen schlagartig abstoßen, ohne dass dies zu erheblichen Kurseinbrüchen führen wurde. Er vermag mit seinen Verkäufen einen laufenden Aufwärtstrend vorübergehend aufzuhalten, wird ihn aber längerfristig nicht verhindern können, wenn die fundamentale Kraft stärker ist. Je größer ein Anlagevolumen wird, desto stärker muss ein privater bzw. institutioneller Anleger bestehende Markt-Usancen, wie Umsatzverhalten und Angebots- und Nachfrageverhältnisse, berücksichtigen.

Marktkontrolle

Sicherlich gibt es immer wieder vielfältige Manipulationsversuche. Der Kurs einer marktengen Aktie kann von einer Investorengruppe künstlich nach oben gepuscht werden in der Hoffnung, dass andere Anleger auf den fahrenden Zug aufspringen und zu hohen Kursen kaufen. Das Risiko für die Manipulateure besteht aber darin, dass das Konzept ebenso gut nicht aufgehen kann. Mit nachlassendem Kaufvolumen würde der Kurs der Aktie drastisch sinken, die Manipulateure sitzen dann auf einen großen, unverkäuflichen Aktienbestand.

Auch wenn so eine Rechnung einmal aufgehen sollte: Wer einmal mit dieser Methode erfolgreich war, wird es wieder versuchen und früher oder später sein Waterloo erleben. Kontrollierende Einflüsse auf Aktien oder Indizes sind insbesondere zu den Verfallsterminen an den Options- und Terminmärkten zu beobachten. Wenn Fonds massiv Optionen auf eine bestimmte Aktie als Stillhalter geschrieben haben, sind sie interessiert, die Aktie am Optionsverfallstag auf ein bestimmtes Niveau schließen zu lassen. Dies steht immer im Zusammenhang mit der Absicht, dass man die Optionsprämie komplett einstreichen will.

Selbstverständlich gelingen diese Manipulationen nicht immer, da unterschiedliche Marktkräfte die versuchte Kursbeeinflussung unterlaufen können. Ähnliches ist auch alle drei Monate bei den Verfallsterminen am Terminmarkt zu beobachten, wenn z. B. die Terminkontrakte auf Aktienindizes fällig werden. Zum Abrechnungstermin kann man sich auf ein Tauziehen zwischen den unterschiedlichen Interessengruppen einstellen. Hinzu kommt, dass die Fälligkeitstermine der Indizes mit den Verfallsterminen der Index- und Aktienoptionen zusammenfallen, sodass viele unterschiedliche Interessenslagen bestehen. So können institutionelle Stillhalter daran interessiert sein, dass z. B. der DAX auf ein bestimmtes Niveau schließt.

Die Akteure am Terminmarkt hingegen haben sich auf ein ganz anderes Ziel eingeschossen. Bestehen sehr viele Short-Positionen (Spekulation auf fallende Kurse), so wird versucht, den Markt rechtzeitig zu drücken. Besteht ein Überschuss an Long-Positionen (Spekulation auf steigende Kurse), ist man daran interessiert, den Markt so hoch wie möglich zu treiben. Dies kann beispielsweise den Stillhaltern in die Quere kommen, die dann versuchen werden, entsprechend gegenzuhalten. Orientieren sich die unterschiedlichen Interessen in eine Richtung, so stellen sich an den Verfallsterminen große Kursbewegungen ein.

Werden aber verschiedene Ziele angestrebt, können sich die Marktkräfte gegenseitig paralysieren; der Index bewegt sich dann praktisch nicht und schließt gegenüber Vortag kaum verändert. Die hinter diesen Manipulationsversuchen stehenden Akteure haben keinerlei Garantie, dass ihre Absichten aufgehen werden. Die Unsicherheit bleibt. Die Akteure können nur vermuten, in welche Richtung sie den Markt in den nächsten Minuten oder bestenfalls Stunden beeinflussen können. Schätzen sie die Taktik ihrer Mitstreiter falsch ein, werden sie dies in Form von Verlusten quittiert bekommen. Manipulationen am Finanzmarkt sind von vielen verschiedenen Faktoren abhängig. Sie sind umso schwieriger zu realisieren, wenn viele Marktteilnehmer und damit unterschiedliche Interessenslagen vorhanden sind.

Manipulationsversuche und ihre Folgen

Gelingt die Marktkontrolle über einen längeren Zeitraum, sind die negativen Folgen für die Manipulateure immens. Erinnert sei hier an den Silbercorner der Gebrüder Hunt Anfang der 80er-Jahre. Mit ihrem Milliardenvermögen wollten sie den Silbermarkt kontrollieren. Aus einer Idee wurde schließlich Besessenheit, denn zunächst hatte es den Anschein, als würde die Corner-Bildung gelingen. Die Wurzel dieser Illusion muss wohl mit dem Ölpreis-Boom in den 70er-Jahren zusammengehangen haben. Daraus stammte im Wesentlichen das Vermögen der Hunts. Der Ölpreisboom war wiederum auf die Preisabsprachen innerhalb der OPEC zurückzuführen. Nun probierten die Gebrüder Hunt etwas Ähnliches am Silbermarkt. Der Silberpreis schoss in Richtung 50 US$ und hatte sich damit mehr als verzehnfacht. Als die eigenen Mittel zur Aufrechterhaltung des Spekulationsgebäudes nicht mehr ausreichten, wurde unter massivem Krediteinsatz spekuliert. Mit der Kündigung der ersten Kredite und einer Änderung der Handelsusancen am Terminmarkt platzte schließlich die Blase. Der Silberpreis stürzte in der Folgezeit in Richtung 5 US$ und riss das gesamte Vermögen der Gebrüder Hunt mit in die Tiefe. Von dieser Entwicklung erholte sich der Silbermarkt jahrelang nicht. Daraus gelernt haben allerdings die Verantwortlichen an den internationalen Terminmärkten. Manipulationsversuche waren auch in der Folgezeit an unterschiedlichen Terminmärkten im kleineren Stil immer wieder zu beobachten. Werden Manipulationsversuche entdeckt, ändern die Offiziellen in den Terminmärkten kurzerhand die Spielregeln, und zwar immer so, dass die Manipulateure in die Enge getrieben werden.

Die Manipulationsversuche an den internationalen Finanzmärkten sind vielfältiger Natur, sie sollten aber nicht übergewichtet werden. Es ist ja gerade der Trugschluss vieler privater Anleger, dass es an den Börsenplätzen ohnehin nicht mit rechten Dingen zuginge und man allein deshalb nicht mithalten könne. Mit dieser Ansicht macht man es sich zu leicht und trifft auch den Kern der Sache nicht. Wo es um die Möglichkeit geht, hohe Profite zu erzielen, will selbstverständlich jeder seine Situation so günstig wie nur möglich beeinflussen. Wenn dem nicht so wäre, gäbe es keinen Insider-Handel und demzufolge auch keine Aufsichtsbehörden, die den Handel kontrollieren würden. Ein Insider-Geschäft kommt der vollen Befriedigung eines Kontrollbedürfnisses unter allen Manipulationstechniken ohnehin besonders nahe. Erfährt ein Insider, dass z. B. die Ankündigung einer Unternehmensübernahme zu einem wesentlich höheren Kurs bevorsteht, kann er alle Mittel zur sicheren, aber illegalen Gewinnabschöpfung einsetzen. Sein Risiko bezieht sich nicht auf die Möglichkeit von Kursverlusten: Er riskiert vielmehr, dass die Aufsichtsbehörde den illegalen Insider-Handel aufdeckt.

In den USA wird Insider-Handel mit drakonischen Strafen belegt. Das Mindeststrafmaß besteht in der Rückzahlung sämtlicher Gewinne, wobei die Gewinnsumme nochmals als Strafe zu zahlen ist. Neben Gefängnisstrafen kann ein Insider auch zu lebenslänglichem Handelsverbot verurteilt werden. Letzteres ist neben dem absoluten Ruin das Schlimmste, was einem Vollblutbörsianer passieren kann. Natürlich fliegt nicht jeder Insider-Handel auf. In Deutschland hat sich die Situation zur Aufdeckung von Insider-Handel seit Bestehen der Wertpapieraufsichtsbehörde in den letzten Jahren schrittweise verbessert, ist aber vom Niveau der US-Kollegen noch ein gutes Stück entfernt.

Periodische Ungleichgewichte

Angesichts der vielfältigen Manipulationsversuche – solchen, die gelingen, und anderen, die schiefgelaufen sind – mag sich der private Akteur fragen, ob in den Märkten nicht doch ein Ungleichgewicht besteht und bestimmte Interessengruppen einen Markt kontrollieren können. Würde sich der private Anleger auf die Theorie des Ungleichgewichts einlassen, dann würde er sich automatisch selbst den Boden unter den Füßen wegziehen. Er ginge dann ja von vornherein davon aus, dass er garantiert die schlechteren Karten hat. Manipulationsversuche kommen im täglichen Börsenhandel vor, sie dominieren den Handel aber nicht. Und keine Manipulation ist ohne Risiko. Aus Marktsektoren im Bereich des kurzfristigen Handels, in denen mit Manipulationsversuchen gerechnet werden muss, kann sich ein privater Anleger vollständig heraushalten, indem er diese Gefahr in seine Planungen einbezieht.

Wenn er im Optionshandel mitmischt und bei einer auslaufenden Option bis zum letzten Handelstag wartet, muss er gegen Handelsschluss mit Ungleichgewichten rechnen. Darauf kann er seine Spekulationen abstimmen und diesen Faktor ausschließen. Im Aktienhandel sollte er sich nicht in Marktsegmente begeben, die von niedrigen Umsätzen oder zeitweiliger Umsatzlosigkeit geprägt werden. Erkennt er im Rahmen seiner analytischen Arbeit, dass eine Aktie nur wenig gehandelt wird, kann er von einer geplanten Investition vollständig absehen. Mit Kurslimitierungen lassen sich die Unwägbarkeiten nur bedingt in den Griff bekommen, denn bei einer marktengen Aktie hat niemand die Garantie, jederzeit auch wieder verkaufen zu können. Es ist daher von vornherein geschickter, sich nicht auf Imponderabilien einzulassen, mit denen man bei Aktien, die über einen liquiden Markt verfügen, erst gar nicht konfrontiert wird. Hinzu kommt auch die Gewissheit, dass keine Interessengruppe eine Aktienbörse kontrollieren kann.

Kontrollbedürfnisse und ihre Ursprünge

Doch woraus erwächst der Wunsch nach Kontrolle? Handelt es sich dabei nur um sicheres Gewinnstreben, oder steckt mehr dahinter? Betrachten wir die Angelegenheit einmal aus einem anderen Blickwinkel. Die treibende Kraft hinter allen Kontrollbedürfnissen ist stets reine Angst. Auf die Finanzmärkte übertragen, bedeutet dies, dass ein Anleger Angst vor einer Kursentwicklung hat, die sich auf seine finanzielle Situation möglicherweise negativ auswirkt. Könnte er diese Entwicklung beeinflussen, so würde sich eine Aktie nur nach seinen Wunschvorstellungen entwickeln. Den Aktienkurs würde dann allein er bestimmen. Um jedoch diese Voraussetzung zu erfüllen, müsste er beim Handel allein bleiben; kein anderer Anleger dürfte überhaupt nur eine Aktie der entsprechenden Gesellschaft besitzen. Demzufolge könnte ein Börsenhandel überhaupt nicht stattfinden. Eine Aktie, die vollends kontrolliert werden könnte, wäre de facto tot. Dies gilt auch für solche Titel, deren Markt so eng ist, dass ein Handel nur sehr sporadisch erfolgt. Die Folge ist eine äußerst unlebendige Kursentwicklung, denn wo totale Kontrolle existiert, herrscht auch immer ein Stillstand. Doch gerade ein Stillstand ist das Letzte, was sich ein Börsianer wünscht. Der Wunsch nach Kontrolle führt sich so selbst ad absurdum.

Weshalb aber ist das Bedürfnis nach Kontrolle so groß? Es entspringt einer inneren Unsicherheit, einem mangelndem Selbstvertrauen. Diese Unsicherheit kann sowohl aus der psychischen Situation eines Privatanlegers als auch aus der innerbetrieblichen Struktur eines institutionellen Anlegers erwachsen. Aufgrund seiner inneren Unsicherheit sucht der Anleger Sicherheit in äußeren Dingen. Ein Bedürfnis nach Kontrolle bleibt daher nur in den seltensten Fällen auf die Finanzmärkte beschränkt und dürfte sich auf alle Lebensbereiche ausdehnen. Er versucht beispielsweise sein soziales Umfeld zu kontrollieren (Partner, Freunde, Mitarbeiter, Kollegen). Er hat konkrete Vorstellungen und richtet klare Erwartungen an das Leben. Der kontrollbedürftige Mensch ist bemüht, sein Leben in geordnete Bahnen zu lenken, wobei Sicherheitsaspekte eine besondere Bedeutung gewinnen.

Er verlangt diese Haltung auch von seiner Umwelt. Alle Ereignisse, die diesem Prinzip zuwiderlaufen, bescheren ihm Konflikte. Er versucht diese Konflikte zu bewältigen, indem er die auslösenden Quellen zu kontrollieren versucht. Dies wirkt sich insbesondere dann verhängnisvoll aus, wenn seine Umwelt dieses Kontrollspiel hinreichend mitmacht, d. h. Menschen in seiner Umgebung anzutreffen sind, die sich in einigen Lebensbereichen kontrollieren lassen, und sei dies auch nur zum Schein. Durch ein solches Umfeld würde das Kontrollbedürfnis nicht nur bestätigt, sondern noch verstärkt.

Bei dem Kontrollbedürfnis handelt es sich also um ein *Gewohnheitsmuster,* auf das ein Anleger bereits mit unterschiedlicher Ausprägung konditioniert sein kann, wenn er sich für den Börsenhandel zu interessieren beginnt. Ein Mensch kann sein Leben lang von diesem Bedürfnis beherrscht werden und damit auch oberflächlich zurechtkommen. Er wird dafür auf vieles verzichten müssen, weil ihm hinter seiner freiwillig errichteten Mauer vieles versagt bleiben wird, wie längere Phasen einer Zufriedenheit, die aus der Bejahung lebendiger Elemente und somit auch von Impulsen entsteht, die ein entsprechendes Maß an Ungewissheit mit sich bringen. Ist das Kontrollbedürfnis übermächtig, dann wird so ein Mensch den Börsenhandel in den meisten Fällen erst gar nicht aufnehmen können, weil alle Ambitionen in diese Richtung durch sein Angstverhalten blockiert werden – es sei denn, andere Bedürfnisse, wie z. B. sich etwas beweisen zu wollen, drängen latente Ängste in den Hintergrund.

Scheinkontrolle

Wenn ein solcher Anleger nun seinen Börsenhandel aufnimmt, versucht er, die erlernten Kontrollmechanismen, die immer nach außen gerichtet sind, auf seine Investments zu übertragen. Er wendet enorme Energien auf, um nun eine Aktie oder einen Markt zu kontrollieren. Er ruft entweder täglich mehrfach die Kurse ab oder liest alles, was über „seine" Aktie in den Finanzmedien berichtet wird. Die Kontrolle ist nur eine vermeintliche, denn auch mit seiner ständigen und übertriebenen Beobachtung kann er die Kursentwicklung nicht einmal für den Bruchteil einer Sekunde beeinflussen. Die Zeit, die er in die vermeintliche Kontrolle investiert, fehlt ihm für effizientere Aufgaben, etwa eine fundierte Analyse vor dem Kauf einer Aktie. Mit einer Positionierung über eigene Analysen könnte er mehr Sicherheit erlangen als mit der Verlagerung emotionaler Scheinkontrollen nach außen. Der kontrollierende Anleger handelt aus einer Mangelposition, sodass er seine Gewinnchancen entsprechend hoch ansetzt. Sicher ist bei ihm im Grunde genommen nur die Tatsache, dass er auf Dauer verlieren wird.

Seine bewährten Lebensmechanismen versagen in den Finanzmärkten völlig. Was in seinem sozialen Umfeld mehr oder weniger mühsam funktionieren kann, ist im Börsenhandel völlig zum Scheitern verurteilt. Die Börse lässt sich nicht kontrollieren, da kann man sich noch so sehr bemühen. Die Börse nimmt auch nicht einen Moment lang Rücksicht auf ihn. Sie tut ihm keinen Gefallen. Sie wartet nicht mit steigenden Kursen auf, nur weil man sich das gerade so wünscht. Sie gleicht das bestehende Angebots- und Nachfrageverhältnis über die Kursentwicklung, aber nie über eine individuelle Anlageposition aus. Sie sorgt nicht für eine gerechte Gewinn- und Verlustverteilung. Sie lässt die einen überproportional gewinnen, andere ständig verlieren. Die Börse ist lediglich eine Schaltstelle, ein Umschlagplatz für Wertpapiere. Die Kontrahenten eines Anlegers sind mithin alle anderen Anleger, die diesen Umschlagplatz benutzen. Der einzelne Anleger sieht sich einer Masse gegenüber, einer Masse von Anlegern, die ebenfalls Wünsche und Hoffnungen an ihre Handelsaktivitäten hängen, die vielleicht ebenfalls Kontrollbedürfnisse haben. Diese Masse bekommt der einzelne Anleger aber nicht in den Griff, da sie nicht nur vollständig anonymisiert auftritt, sondern Tausende unterschiedlicher Einzelinteressen verfolgt.

Distanzierte Beobachtung

Ein Anleger kann sich noch so sehr bemühen, das Handeln dieser Masse zu begreifen, er wird keinen Nutzen daraus ziehen können, solange es ihm nicht gelingt, sich von der Anlegermasse und damit gleichzeitig von der Börse zu distanzieren. Gibt er seine Scheinkontrolle auf und akzeptiert er die Unsicherheit des Marktes, kann er eine entsprechende Distanz herstellen. Distanz zur Börse bedeutet auch gleichzeitig Distanz zu den eigenen Investments. Eine gesunde Distanz wird es ihm ermöglichen, in die Haltung des aktiven Beobachters zu wechseln. Dieser Positionswechsel kann durch eine dauerhafte *Übung* erreicht werden, da er sich nur in den seltensten Fallen schlagartig umsetzen lässt. Ein Anleger muss erkennen, dass seine Kontrollversuche nutzlos sind und sich letztlich immer gegen ihn selbst wenden. Die Energie, die er für seine Pseudo-Kontrolle aufwendet, benötigt er vielmehr für eine pragmatische Vorgehensweise. Seine Kontrolle bezieht sich auf die Vermögens- und Risikokontrolle im Rahmen des Money Managements. Nur hier kann eine Kontrolle wirkungsvoll funktionieren. Vor einem Engagement kann er beispielsweise festlegen, welchen Vermögensanteil er in eine Aktie investieren möchte. Hält er dann eine offene Position, so beschränkt sich seine Kontrolle zunächst auf eine Verlustbegrenzung im Rahmen der Risikokontrolle. Eine Verlustentwicklung kann er weitestgehend über Stopp-Loss-Marken kontrollieren. Dies macht den Unterschied zur emotionalen Scheinkontrolle aus.

Sollten Sie bei sich ebenfalls Kontrollbedürfnisse feststellen, so stellen Sie sich einmal die Frage, was Ihnen dies bisher überhaupt eingebracht hat. Kontrolle ist grundsätzlich akzeptabel, solange sie nicht in nutzlose Bahnen gelenkt wird. Wenn Sie es gewohnt sind, Kontrolle in ihrem sozialen Umfeld auszuüben, dann handelt es sich nicht um eine pragmatische, sondern immer um eine emotionale Kontrolle. Bei einer Übertragung dieses Verhaltensmusters auf den Börsenhandel würden Sie nicht nur auf Dauer scheitern, sondern sich zu einem regelrechten Nervenbündel entwickeln. Anstatt auf Ihr Money Management würden Sie sich auf Dinge konzentrieren, die außerhalb Ihrer Einflussmöglichkeiten stattfinden. Sie würden sich der Börse nicht nur ausgeliefert fühlen, sondern Sie wären der Börse irgendwann auch tatsächlich ausgeliefert. Die Börse kümmert sich nicht um Ihre vermeintliche Kontrolle.

Sinnvolle Lenkung

Wenn sich die nach außen gerichtete Kontrolle kontraproduktiv auf das Anlageverhalten auswirkt, wo ist sie dann sinnvoll? Neben der Vermögens- und Risikokontrolle im Rahmen des Money Managements wird sie immer effizient sein, wenn Sie die Kontrolle nach *innen* richten. Was Ihnen an den Finanzmärkten nicht gelingt, das kann Ihnen bei sich selbst gelingen. Ein Anleger besitzt zwar keine Kontrolle über einen Finanzmarkt, aber er kann seine innere Welt kontrollieren. Wenn er die innere Kontrolle verliert, wenn er seinen Ängsten, Sorgen und Begierden freien Lauf lässt, werden ein emotionaler Konflikt und eine Quelle möglicher Verluste geschaffen. Die Börse reflektiert permanent die Stimmung einer Anlegermasse. Probleme entstehen, wenn sich die Gefühle des Anlegers mit der Marktentwicklung *vermischen.* Auf dieser Grundlage ist seine Stimmung unmittelbar von der jeweiligen Marktentwicklung abhängig.

Ist er Haussier und steigen die Aktien, wird er bestens gelaunt sein, sich wohl fühlen. Fallen die Kurse, schlägt dies unmittelbar auf seine Stimmung durch. Er wird nervös. Da seine Gefühle an das Marktverhalten gekoppelt sind, kann er sich der negativen Stimmung nicht entziehen. Man muss sich einmal verdeutlichen, was dies für den Alltag eines entsprechend disponierten Anlegers bedeutet. Halten gegenläufige Marktentwicklungen über einen längeren Zeitraum an, kann dies sogar so weit gehen, dass durch emotionale Dauerbelastung gesundheitliche Probleme entstehen. Die Einseitigkeit der Beziehung führt außerdem zu einer Klammerhaltung, weil die Börse selbst ja keine Verbindung mit dem Anleger eingeht. Die Lösung findet sich im *Loslassen.* Dies setzt aber eine gesunde Distanz zu den Finanzmärkten voraus. Ein Anleger, der eine Marktentwicklung zulassen kann, erliegt auch nicht mehr dem Bedürfnis zur Scheinkontrolle.

Dialogischer Anspruch

Alle sozialen Mechanismen, auf die Sie im Laufe Ihres Lebens konditioniert werden, können Sie an der Börse schlicht und einfach vergessen. Die Finanzmärkte sind zwar Orte massenpsychologischer Phänomene, ihnen fehlt aber eine entscheidende psychologische Komponente. Sie sind nicht wesenhaft. Der Mensch ist aber nun einmal *dialogisch* gebaut. Er ist kein Einzelwesen, das sich seiner Umwelt vollständig und auf Dauer entziehen kann. Selbst ein Eremit befindet sich in einem Dialog mit seiner Umwelt. Der Mensch ist auf Anruf und Antwort angewiesen. Dieser Mechanismus funktioniert an der Börse nicht. Sie ist eine Schaltstelle, deren Dialogfunktion auf die kühle Vermittlung eines Geschäfts beschränkt ist. Also sucht der Anleger nach einem adäquaten Ersatz für einen Dialog. Er kann den Dialog bei einem Börsen- bzw. Kundenberater, einem Broker oder anderen Investoren suchen. Doch es ist und bleibt ein Ersatz für das, was es an der Börse nicht gibt. All die Bedürfnisse, die von der Börse nicht erfüllt werden können, werden so auf Ersatzfiguren übertragen. Diese Übertragung findet fast immer in einem Klima statt, das von einer unsicheren Grundhaltung geprägt ist. Die börsenbezogenen Dialoge sind grundsätzlich auf die offene Frage ausgerichtet, ob dieses oder jenes Investment einen Gewinn bringen wird. Je sicherer einer der Dialogpartner auftritt, umso glaubwürdiger wirkt er und umso dankbarer werden seine Ansichten aufgenommen. Denn nichts wünscht sich ein unsicherer Anleger sehnlicher als Sicherheit.

Er wird aber allenfalls Pseudo-Sicherheiten ernten und baut so erneut Illusionen auf, denn wieder richtet er sich mit seinen Bedürfnissen nach außen. Eine andere Person soll ihm die Sicherheit vermitteln, die er selbst nicht hat. Das Bedürfnis zum Dialog gleitet so nicht nur in eine Bestätigungssuche ab, sondern stellt indirekt auch eine Kontrolle des Gesprächspartners dar.

Ein Anleger möchte sich beispielsweise in seinen Ansichten bestätigt sehen. Er kommt mit einer vorgefassten Meinung zu seinem Anlageberater, ist sich seiner Sache aber nicht wirklich sicher. Was er nun benötigt, ist ein zusätzlicher Rückhalt in seinen Ansichten. Der Berater soll seine Investmentabsichten in diesem Fall nicht nur bestätigen, sondern mit der Bestätigung auch noch die Verantwortung übernehmen. Der betroffene Anleger ist sich dieses Verhaltensschemas nicht bewusst. Der Berater ist aufgefordert, solche Kontrollspiele rechtzeitig zu durchschauen und in seinem eigenen Interesse abzublocken. Er sollte zunächst unmissverständlich klarstellen, dass er zu den Investmentabsichten seines Kunden nicht gleich Stellung nehmen kann, da er sich mit der Angelegenheit erst einmal befassen müsse. Will der Kunde sofort handeln, ist der Berater in diesem Fall ohnehin unbeteiligt. Andernfalls kann er sich mit den Investmentabsichten seines Kunden kurz auseinander setzen, eine neutrale Stellungnahme abgeben und seine neutrale Position ausdrücklich betonen („Ich habe zurzeit weder Argumente, die für, noch solche, die gegen diese Anlage sprechen, die Entscheidung treffen Sie allein.“).

Ein unsicherer Anleger, der eigene Handelsentscheidungen treffen will, wird bei einem Anlageberater nur selten die Bestätigung erhalten, die er sich wünscht. Also verlagert er dieses Bedürfnis in private Kreise und konsultiert Bekannte, die ebenfalls an der Börse handeln, mit seinen Absichten. Entscheidend ist in solchen Momenten wiederum, ob er versucht, einen Dritten in dessen Meinungsbildung zu kontrollieren.

Oft findet keine wirkliche Diskussion statt, sondern reine „Verkaufsgespräche". Der Anleger „verkauft" seinem Bekannten seine Investmentabsicht, indem er alle Punkte, die für das Investment sprechen, einseitig positiv darstellt. Widersprüche werden meist nicht geduldet und abgewehrt (manipulative Kontrolle). Mit dem „Verkaufsgespräch" will der Anleger seine Absichten bestärken, seine Unsicherheit überspielen und schließlich auch den anderen animieren, genauso zu handeln. Den höchsten Grad an Bestätigung erfährt er, wenn er einen Dritten, der über Börsenerfahrung verfügt, mit seiner Investmentidee infiziert. Mit einem Parallelhandeln ist ihm indirekt die Last der eigenen Entscheidung abgenommen worden. Ein zweifelhafter Erfolg, denn er beinhaltet einen Bumerang-Effekt.

Der Anleger geht davon aus, dass die Verantwortung geteilt wurde, stattdessen hat er aber eine doppelt so hohe Verantwortung übernommen. Da er seinem Bekannten die Investmentidee „verkauft" hat, wird dieser ihn für die weiteren Folgen emotional verantwortlich machen. Entstehen Verluste, wird der Anleger nicht nur mit seiner eigenen Schieflage konfrontiert, sondern auch noch mit der seines Bekannten. Die daraus entstehende Belastung beeinflusst das gesamte Anlageverhalten negativ. Es zahlt sich grundsätzlich nicht aus, wenn man dritte Personen in eigene Investmentabsichten einbezieht, um seine eigene Position zu stärken. Durchweg wird ein gegenteiliger Effekt erzielt. Börsenbezogene Dialoge stellen im Idealfall allenfalls einen Informationsaustausch dar, sie hebeln den einzelnen Anleger aber nicht aus seiner isolierten Position. Er trifft Entscheidungen allein. Er übernimmt für sein Handeln zudem die volle Verantwortung. Wie aber kann er mehr innere Sicherheit gewinnen? Wie können Sie sich hinsichtlich Ihrer Börsentransaktionen mehr Selbstbewusstsein verschaffen?

Schritte zur Selbstsicherheit

Verlagern Sie Ihre Suche nach Sicherheit nicht nach außen, sondern finden Sie Ihre Sicherheit in sich selbst, indem Sie lernen, sich selbst zu kontrollieren. Nur dann wird es Ihnen möglich sein, autonome Handelsentscheidungen zu treffen. Die nachfolgenden zehn Schritte enthalten einige praktische Lösungsvorschläge, um den Fallen entgehen zu können, die im Gefolge von Scheinkontrolle und ineffizienten Kontrollwünschen entstehen.

1. Akzeptieren Sie, dass niemand die künftige Börsenentwicklung hundertprozentig exakt prognostizieren kann.
2. Wenn Sie einen Dritten nach dessen Markteinschätzung fragen, bekommen Sie als Antwort die Markteinschätzung eines Dritten. Sie können sich mit den darin enthaltenen Aspekten auseinander setzen, die Sie bisher nicht berücksichtigt hatten. Die Einschätzung eines Dritten kann allenfalls einen Impuls geben, Ihre eigene Sicht der Dinge aber nicht vollständig ersetzen.
3. Wenn ein bekannter Marktanalyst oder auch Ihr Kundenberater in der nächsten Zeit mit einem fallenden oder steigenden Markt rechnet, präsentiert er lediglich einen Schnappschuss. Er kann bereits am nächsten Tag seine Meinung aufgrund

neuer Faktoren vollständig ändern. Dies sollten Sie sich immer dann in Erinnerung rufen, wenn Sie geneigt sind, eine Position auf eine Drittmeinung hin aufzubauen oder aufzulösen.

4 Entschärfen Sie Ihren Erwartungsdruck. Sie wollen Gewinne. Bereits vor jeder Marktanalyse, bei der Überlegung, in welchem Marktsegment sich ein Engagement lohnen könnte, steht das Gewinndenken im Vordergrund. Grasen Sie die Märkte nicht nach Gewinngelegenheiten ab, denn damit betreiben Sie eine fokussierte Anlageauswahl. Irgendwann werden Sie ungeduldig und sehen dann Chancen, die aber ausschließlich in Ihrer Phantasie existieren. Beobachten Sie die Märkte kontinuierlich ohne Erwartungsdruck. Die Gelegenheiten werden auch ohne Ihr Zutun auftauchen.

5 Versuchen Sie, über einen von Ihnen selbst gewählten Zeitraum Investmententscheidungen nur noch allein zu treffen. Wenn Sie sich bisher bei anderen rückversichert haben, geben Sie dieses Spiel auf. Ist Ihnen dabei unwohl zumute, reduzieren Sie die in Frage kommenden Anlagebeträge auf ein für Sie erträgliches Maß. Ihr Wohlfühlniveau können Sie relativ einfach ermitteln. Vor dem Aufbau einer Position legen Sie im Rahmen der Risikokontrolle die Größe des von Ihnen maximal akzeptablen Verlustes fest. Die Verlustgrenze muss in einem sinnvollen Verhältnis zur Volatilität der jeweiligen Aktie stehen. Es hat keinen Sinn, bei einer stark schwankenden Aktie einen Verluststopp von 5% zuwählen. Die Möglichkeit einer schnellen Verlustrealisierung ist dann sehr groß. Muss der Verluststopp auf 20% des Einstiegskurses gewählt werden und ist Ihnen der daraufhin möglicherweise entstehende Nominalverlust zu hoch, sollten Sie das Engagement reduzieren. Und zwar so lange, bis der potenzielle Nominalverlust für Sie akzeptabel ist.

6 Während Ihrer aktiven Handelszeit sprechen Sie grundsätzlich mit niemandem über Ihre offenen Positionen. Dies mag Ihnen zunächst unerträglich vorkommen, ist aber letztlich reine Übungssache. Die Gefahr, in belastende Diskussionen verwickelt zu werden, ist viel zu groß. Es geht ja darum, Ihre Selbstsicherheit zu stärken. Ihre offenen Positionen sind daher ein Tabuthema.

7 Während offener Engagements befinden Sie sich in der Rolle des Beobachters. Stimmen Sie Ihre Beobachtung mit dem Anlagehorizont Ihrer Investments ab. Investieren Sie auf Basis eines Jahres, verfolgen Sie nicht stündlich die Kursentwicklung Ihrer Aktien. Die Permanentbeobachtung hat den Nachteil, dass längerfristige Anlageperspektiven unterlaufen werden, und lässt sich zudem nur mit großer Mühe wieder abtrainieren.

8 Vor dem Hintergrund offener Engagements treten gelegentlich Phasen der Unsicherheit auf. Sie spüren dies in erster Linie daran, dass Meinungen Dritter wieder ein überproportionales Gewicht im Rahmen Ihrer Marktbeobachtungen erhalten. In solchen Momenten sind Sie geneigt, anderen das Zepter in die Hand zu geben. Versuchen Sie, die Ursachen für die Unsicherheit herauszufinden. Läuft irgend etwas gegen Ihre Investments, weil neue Aspekte aufgetreten sind? Verlangt dies eine Änderung Ihrer Anlagestrategie? Versuchen Sie auch diesbezüglich, sich selbst eine Antwort zu geben.

9 Jeder macht Fehler. An der Börse werden täglich Tausende von falschen Anlageentscheidungen getroffen. Eine Fehlentscheidung ist unter Berücksichtigung der Prinzipien des Money Managements keine Katastrophe, sondern nur ein Resultat unter vielen. Verlangen Sie von sich selbst nicht Dinge, die nicht einmal Top-Trader garantieren können. Es gibt keine hundertprozentig perfekte Gewinnstrategie.

10 Im Rahmen Ihres Tradings auf der Basis Ihrer eigenen Einschätzung wird Ihnen eine Fülle neuer Erfahrungen begegnen. Setzen Sie sich mit den einzelnen Aspekten fortwährend auseinander. Halten Sie Ihre Einsichten nach Möglichkeit schriftlich fest. Nicht auf jede Gegebenheit gibt es prompt eine Antwort, nicht für jedes Problem gleich eine Lösung. Dokumentieren Sie auch offene Fragen, lassen Sie diese eine Zeitlang ruhen und versuchen Sie zu einem späteren Zeitpunkt eine erneute Auseinandersetzung.

Der Entschluss, Handelsentscheidungen autonom zu treffen, bedeutet in der Folgezeit zunächst einmal viel Arbeit. Suchen Sie sich erst einmal eine Börse, z. B. den deutschen Aktienmarkt, auf die Sie sich in der nächsten Zeit konzentrieren. Lassen Sie sämtliche Märkte, die keinen Einfluss auf die deutsche Börse haben, zunächst unberücksichtigt. Um andere Märkte können Sie sich später immer noch kümmern. Der Analyseaufwand wird Ihnen im Laufe der Zeit immer geringer vorkommen. Erwarten Sie also nicht, dass Sie sogleich das analytische Spektrum eines erfahrenen Börsianers besitzen. Auch wenn es Ihnen zunächst als unmöglich und viel zu aufwändig erscheint, so sollten Sie diese Arbeit nicht aus der Hand geben. Dies betrifft auch die Analyse laufender und abgeschlossener Positionen. Warum führte ein Investment zum Gewinn oder Verlust? Erst wenn Sie sich damit gründlich auseinander setzen, bekommen Sie ein Gespür für richtige oder falsche Entscheidungen. Dies ermöglicht es Ihnen, Börseninformationen effektiver und kritischer unter die Lupe zu nehmen. Auch dies wird Ihre Sicherheit fördern. Die Suche nach falscher Sicherheit und die Ausübung von Scheinkontrolle werden Ihnen dann zunehmend fremd. Sie können im Laufe der Zeit sogar so eigenständig und sicher werden, dass andere Anleger anfangen, sich an Ihre Sicherheit anzulehnen. Dann kann es passieren, dass man Sie nach Ihrer Markteinschätzung befragt. Das ist dann der Beweis, dass Sie sich als autonomer und kompetenter Anleger akzeptiert haben. Diese Haltung wird nunmehr auch von außen reflektiert.

5. Blockaden

Rationaler Umgang mit Verlusten

Auf eine Sache reagieren alle Akteure an den internationalen Finanzmärkten besonders allergisch: Verluste! Jeder Anleger will Geld verdienen, Gewinne realisieren. Zumindest ist dies bei den meisten Akteuren die vordergründige Auffassung. Dementsprechend konzentriert sich die Mehrheit der Anleger ausschließlich auf Gewinne. Diese Konzentration auf Gewinne führt so weit, dass vor dem Aufbau einer Investition den Verlustmöglichkeiten keine Aufmerksamkeit geschenkt wird. Die überwiegende Mehrheit der Anleger verhält sich so, als gäbe es nur Licht, aber keinen Schatten. Der Schatten ist in Form von Kursverlusten permanent präsent. Jeden Tag gibt es Kursgewinner ebenso wie Kursverlierer. Auf keinem anderen Gebiet finden im Börsenalltag dermaßen große Verdrängungsprozesse statt wie der, wenn ein Marktteilnehmer feststellen muss, dass sich eine von ihm gehaltene Position in die Verlustzone bewegt. Hatte er potenzielle Verluste nicht einkalkuliert, dann laufen die daraufhin einsetzenden Reaktionen immer nach einem typischen Muster ab, wie das folgende Beispiel zeigt.

Der Deutsche Aktienindex (DAX) befindet sich in einem beeindruckenden Aufwärtstrend. Von seinem im Zuge der Dollar-Krise markierten Tiefpunkt knapp unterhalb von 1900 Punkten konnte sich der DAX mit seinem Anstieg in Richtung 4500 Punkte innerhalb von zwei Jahren mehr als verdoppeln. So hatte auch Mark U. (39) von der Aufwärtsbewegung profitieren können. Allerdings wurde er skeptisch, als der DAX im Zuge der Aufwärtsbewegung die 3000er-Marke erfolgreich überwand. Für U. wäre es logisch gewesen, wenn der DAX an dieser Marke erst einmal mit einer deutlichen Korrektur aufgewartet hätte. Angesichts dieser Überlegungen reduzierte U. nahezu seinen gesamten Aktienbestand und realisierte umfangreiche Kursgewinne. Die erwartete Korrektur blieb allerdings aus. Der DAX setzte seinen Aufwärtstrend aber zunächst innerhalb von vier Monaten ohne Unterbrechung in Richtung 3500 Punkte fort. Nach einer kurzen Konsolidierung nahm der DAX zwei Monate später die nächste Tausendermarke in Angriff. Die Marke von 4000 Punkten sollte jedoch auch keine besondere Hürde darstellen. Der DAX konnte seinen Anstieg in Richtung 4500 Punkte fortsetzen.

Für U. war diese Entwicklung nicht nachvollziehbar. Natürlich ärgerte er sich, dass er seinen Aktienbestand so früh dezimiert hatte. Über 1000 Punkte Zugewinn beim DAX hatte er leichtfertig verpasst. Mit Absicherungsstrategien hätte er problemlos am weiteren Kursanstieg partizipieren können. Wenn, hätte. Die Gewinnchancen waren dahin. Sollte er jetzt noch einsteigen? Die großen Magazine und Illustrierten verkündeten bereits auf den Titelblättern, wie man jetzt noch an der Börse reich werden könne. Aus Erfahrung wusste U., dass die Korrektur nicht mehr weit entfernt sein konnte. Da kam ihm folgende Idee: Er hatte zwar den DAX-Anstieg um beinahe 1500 Punkte verpasst, aber er könnte nun von einer deutlichen Korrektur durch den Kauf von Index-Put-Optionsscheinen überdurchschnittlich profitieren.

Tagelang schlug er sich mit diesem Gedanken herum und wurde angesichts der Gewinnmöglichkeiten immer mutiger. Würde er eine mittlere fünfstellige Summe investieren, hätte er die verlorenen Gewinne schnell wieder aufgeholt. Nachdem er die für den erstmaligen Optionsscheinkauf erforderlichen Formalitäten bei seiner Bank abgewickelt hatte, bereitete er sich auf den Einstieg in die Put-Scheine vor. Der DAX geriet nach dem Hoch bei 4500 Punkten innerhalb von vier Wochen zunehmend unter Druck. So fiel der DAX knapp oberhalb von 4400 in Richtung 3800 Punkte. U. befürchtete bereits, die von ihm erwartete Korrektur verpasst zu haben. Nervös betrachtete er die weitere Entwicklung. Als sich der DAX wieder über 4000 Punkte erholte, kaufte U. Index-Put-Optionsscheine auf der Basis 4000 Punkte mit einer anderthalbjährigen Restlaufzeit. Der DAX setzte seinen Anstieg aber zunächst in Richtung 4200 Punkte fort. Dementsprechend fielen auch U.s Put-Optionsscheine geringfügig zurück. U. befürchtete nunmehr einen Anstieg des DAX in Richtung 4500 Punkte. Er nahm sich fest vor, in diesem Fall weitere Scheine zur Einstandsverbilligung zuzukaufen. Doch so weit kam es nicht mehr.

Der DAX geriet in den Sog einer Korrektur aller internationaler Finanzmärkte, die von den asiatischen Aktienmärkten ausging. So stürzte der DAX innerhalb weniger Wochen um nahezu 1000 Punkte, also unter 3200 Punkte, konnte aber innerhalb eines Tages wieder in der Nähe seines 200-Tage-Durchschnitts schließen. Damit war die größte Gefahr erst einmal gebannt. Einen Schlusskurs von mehr als 3% unterhalb der 200-Tage-Linie hätten viele Investoren als Verkaufssignal interpretiert. Der Wert von U.s Put-Optionsscheinen hatte sich inzwischen mehr als verdoppelt. Sollte er den Gewinn realisieren? U. war hin- und hergerissen. Er nahm sich vor, Kasse zu machen, wenn der DAX nochmals in Richtung 3200 Punkte fallen sollte. An die Möglichkeit, zumindest Teilgewinne mitzunehmen, dachte er nicht.

Der DAX erholte sich überraschend schnell und konnte seinen Aufwärtstrend wieder aufnehmen. U. blieb in der ganzen Zeit relativ gelassen. Er war fest davon überzeugt, dass der DAX bald wieder fallen würde. Als der DAX die Marke von 4000 Punkten neuerlich überschritt, gerieten seine Put-Scheine deutlich unter Druck. Die aufgelaufenen Buchgewinne waren fast vollständig ausradiert. U. wurde zunehmend nervös. Die Börse beherrschte längst seinen Alltag. Bei jeder Gelegenheit beobachtete er die DAX-Entwicklung. Manchmal verbrachte er ganze Nachmittage vor dem Fernseher. Die permanente Kursbeobachtung laugte ihn aus. Im Bereich um 4450 Punkte ging er fest davon aus, dass der DAX nun ein Top ausbilden und anschließend stark fallen würde. U. kaufte entschlossen weitere Put-Scheine. Doch bereits zu Beginn des nächsten Jahres, also gut vier Monate nach den ersten Put-Käufen, musste er beobachten, wie der DAX ohne besondere Mühe eine historische Rekordmarke nach der anderen erklomm. Der Anstieg auf ein neues Hoch wäre das Verkaufssignal für die Put-Scheine gewesen. Aber

U. wollte die Entwicklung nicht wahrhaben. Die Buchverluste beliefen sich bei einem DAX-Stand von 4700 Punkten auf durchschnittlich 45%. Resigniert gab er die Kursbeobachtung auf, weil er dem Druck nicht mehr standhielt.

Bereits kurz darauf las er in der Tageszeitung auf der ersten Seite, dass der DAX die 5000er-Marke überschritten hatte. Was sollte er tun? Im Grunde genommen waren seine Put-Engagements aussichtslos. Sollte er noch weitere Puts kaufen? Dazu fehlte ihm nicht nur der Mut, sondern auch jegliche Grundlage. Der DAX könnte ja auch noch auf 6000 Punkte steigen. Sollte er somit nicht wenigstens seine Scheine verkaufen und den Verlust hinnehmen? U. konnte sich dazu nicht durchringen. Erst als der DAX in Richtung 5500 Punkte abzog, gab er schließlich entnervt auf. Seine Verluste beliefen sich auf 65%. Die Höhe der Verluste war U. zunächst gleichgültig. Er wollte der Quälerei nur noch ein Ende bereiten und sich nicht jeden Tag aufs Neue mit der Misere befassen müssen, denn die DAX-Rekorde wurden ihm ja von allen Seiten unter die Nase gerieben.

Ausblenden von Verlustrisiken

Wie konnte es überhaupt zu dieser negativen Entwicklung kommen? Zunächst hatte U. an der historischen Hausse am deutschen Aktienmarkt partizipiert. Der extreme DAX-Anstieg wurde ihm jedoch zum Verhängnis, weil er versuchte, den Aufwärtstrend mit logischen Überlegungen nachzuvollziehen. Die Marke von 3000 Punkten schien für U. eine zunächst unüberwindliche Hürde darzustellen. Diese Hürde existierte aber nur in U.s Kopf. Der Markt hingegen hatte keinerlei Probleme damit und zog weiter an. Für U. war es erschreckend, wie schnell der DAX schließlich die 4000er-Marke in Angriff nehmen konnte. In relativ kurzer Zeit wurde ihm vorgeführt, wie viel Gewinnpotenzial er mit seinem frühen Aktienverkauf verschenkt hatte. Mit seinem Verkauf bei 3000 Punkten hielt er sich zunächst für besonders clever, jetzt hatte er aber größte Mühe, seinen Ärger im Zaum zu halten.

Die Überlegung, Versäumtes mit einer Spekulation auf eine DAX-Korrektur auszugleichen, war bereits im Ansatz falsch. Man kann versäumte Gewinne an der Börse nicht nachholen. Jede neue Chance birgt neue Gewinnmöglichkeiten. Verpasste Chancen sind als solche zu behandeln – also abhaken und auf die nächste Gelegenheit konzentrieren. Doch so einfach war die Sache für U. nicht zu handhaben. Sein Ego ließ eine derart schlichte Verarbeitung nicht zu. Überraschend war in diesem Zusammenhang allenfalls, dass er mit den Put-Käufen noch eine Zeitlang zuwartete. Da die Korrektur tatsächlich eintraf, sah er sich bestätigt, hatte aber auch gleichzeitig Angst, die Korrektur nunmehr vollständig zu verpassen. Also kaufte er in die DAX-Erholung hinein Put-Scheine. Bereits dieser Schritt barg die Gefahr in sich, dass der DAX anschließend seinen Kursanstieg hätte fortsetzen können. Woher sollte U. wissen, dass die Asien-Krise den DAX wenige Wochen später unter Druck setzen würde?

Der DAX hätte auch jenseits der Asien-Krise nur konsolidieren und anschließend seinen Anstieg fortsetzen können.

Dann überstürzten sich die Ereignisse: die rasanten Kursstürze, die Entwicklungen am 27. und 28. Oktober, als es in den internationalen Börsensälen förmlich nach einem

Crash roch. Die Wall Street konnte jedoch am 28. Oktober mit einer beeindruckenden Erholung aufwarten. Die Crash-Gefahr war damit weitestgehend gebannt. Warum U. angesichts seiner massiven Gewinne nicht verkaufte, konnte er im Nachhinein nicht plausibel begründen. Eine mögliche Erklärung wäre: U. hatte aus dem Gefühl heraus auf eine Korrektur gesetzt, massiv Index-Put-Optionsscheine gekauft, verfügte aber über keine Strategie. Wie sollte er also über einen Verkauf entscheiden? Mit dem Optionsscheinhandel hatte er überhaupt keine Erfahrung. Somit drehte er mit einer „mittleren fünfstelligen Summe" gleich zu Handelsbeginn ein viel zu großes Rad.

Wer in ein neues Marktsegment einsteigt, sollte seine Investitionen so niedrig wie möglich halten. Mit der Möglichkeit von Kursverlusten hatte U. sich nicht auseinander gesetzt, sondern sich einseitig auf Gewinne ausgerichtet. Das latente Verlustrisiko wurde von ihm einfach ausgeklammert. Auf diese Weise war er innerlich noch nicht einmal auf einen bruchteiligen Verlust vorbereitet. Er verfügte weder über eine Strategie noch über eine Handelsskizze für den negativen Fall. Dann aber geschah das Unerwartete: Seine Optionsscheine gerieten unter Druck. U. konnte in diesem frühen Verluststadium aber nicht verkaufen, war im Grunde genommen überhaupt nicht handlungsfähig. Sein Handelsspektrum war ausschließlich auf eine Wiederaufnahme der Korrektur ausgerichtet.

Unterinformation und einseitige Fixierung

Aufgrund zweier Komponenten wurde U. schließlich handlungsunfähig. Einerseits trug dazu seine *Unterinformation* bei, andererseits seine *einseitige Sicht* hinsichtlich seines Investments, durch die er nur die Möglichkeit von Kursgewinnen vorsah. Die erste übernervöse Reaktion hätte ihn zu einem sofortigen Verkauf seiner Optionsscheine veranlassen müssen. Wer bereits auf kleine Verluste nervös reagiert, ist entweder nicht in der Lage, die aktuelle Situation distanziert zu beurteilen, oder aber hat sich schlicht und einfach übernommen. Im Falle von U. war der Einsatz einer mittleren fünfstelligen Summe aufgrund seiner mangelnden Erfahrung einfach überzogen. Ob der Nachkauf auch ein taktischer Fehler war, sei einmal dahingestellt. Es hätte z.B. durchaus sein können, dass der DAX zwischen 4400 und 4500 Punkten ein Top ausgebildet hätte. Sein Anstieg auf immer neue Rekordmarken war aber nicht nur ein Warn-, sondern auch ein Verkaufssignal. Spätestens jetzt hätte U. alle Optionsscheine verkaufen müssen.

U. hatte alles auf eine Karte gesetzt. Eine akzeptable Diversifikation im Sinne des Money Managements fand somit nicht statt. Aufgrund dieser Tatsachen war bereits beim Kauf vorgezeichnet, dass die Investition von emotionalen Aspekten dominiert werden würde. Dazu hätte es keines größeren Auslösers bedurft. Die emotionalen Aspekte (Ungeduld etc.) hätten beispielsweise bereits bei einer Konsolidierung Oberhand gewinnen können. Grundsätzlich ist ein Handeln in Panik immer mit der Gefahr verbunden, dass eine falsche Entscheidung getroffen wird, weil es sich hier um eine rein emotional gesteuerte Reaktion handelt. Im Falle von U. beliefen sich die Verluste auf ca. 65%. Im Grunde genommen war er viel zu spät aus der Position ausgestiegen. Man muss U.

aber zugute halten, dass er überhaupt noch in der Lage war, die Schieflage zu beenden. Die meisten Optionsscheinkäufer, die mit Verlusten in ähnlichen Größenordnungen konfrontiert werden, lassen solche Engagements einfach laufen und erleiden schließlich einen Totalverlust.

Die alte Börsenregel „Verluste begrenzen, Gewinne laufen lassen" wird von der Mehrheit der Marktteilnehmer genau umgekehrt gehandhabt. Gewinne werden begrenzt, während einer Verlustentwicklung tatenlos zugesehen wird. Bei einem Börsenengagement ist es müßig, das mögliche Gewinnpotenzial genau zu definieren. Gewinne lässt man laufen. Dies bedeutet, dass die Haltedauer einer Position von einem intakten Gewinntrend abhängig ist. Wer eine Aktie ein gutes Jahr zu halten beabsichtigt, kann mit dieser Zeitvorgabe nur grob arbeiten. Befindet sich die Aktie nach einem Jahr in einem intakten Aufwärtstrend, hält man sie unverändert weiter. Warum sollte man auch verkaufen?

Maximale Verlusttoleranz

Vor dem Wertpapierkauf ist es wesentlich wichtiger, die *Verlusttoleranzgrenze* klar zu definieren. Die Verlusttoleranz misst sich im Rahmen des Risikomanagements an dem vorhandenen Einsatz und immer im Verhältnis zum Gesamtvermögen. Der maximal akzeptierte Verlust wird entweder prozentual oder nominal festgelegt.

Ein möglicher Verlust muss allerdings auch auf das Handelsinstrument selbst abgestimmt werden. Eine mindervolatile Aktie, die im letzten Jahr eine Schwankungsbreite, gemessen von Jahrestief zu Jahreshoch, von ca. 10% aufweist, bedarf einer ganz anderen Risikoeinschätzung als eine Aktie mit einer Jahresschwankung von 50%. Würde man in beiden Fällen einen Verlust von 10% akzeptieren, so wäre diese Quote im ersten Fall zu hoch, im zweiten hingegen zu niedrig angesetzt. Gerade der Bereich der supervolatilen Risikoaktien von Gesellschaften, die bereits mit einem Fuß in der Pleite stehen, erfordert andere Bewertungsmaßstäbe als solche, die für die Standardwerte (Aktien großer und solider Unternehmen) einer Börse gelten. So kann es durchaus vorkommen, dass sich eine Aktie im Kurs drittelt, um anschließend auf das Zehnfache des Einstiegsniveaus zu steigen.

Allerdings muss dieser Aspekt sehr kritisch betrachtet werden. Eine Aktie, die einen Buchverlust von 70% aufweist, muss diesen Verlust erst einmal wieder wettmachen. In ungünstigen Börsenzyklen kann sich das über Jahre hinziehen. So lange ist aber auch das Einstiegskapital gebunden. Außerdem besteht keine Garantie, dass die Aktie vor einem imposanten Kursanstieg steht. Es ist keine Seltenheit, dass Anleger Aktien im Depot halten, die seit mehr als zehn Jahren ihr Einstandsniveau nicht mehr gesehen haben.

Man kann es auch aus einem anderen Blickwinkel betrachten. Wir kaufen z. B. 500 Aktien bei einem Kurs von 10 US$, die Verlustbegrenzung wird auf 20%, somit bei einem Kurs von 8 US$ festgesetzt. Die Aktie soll verkauft werden, sobald sie auf 8 US$ oder darunter fällt. Die Aktie fällt dann tatsächlich um 20% auf 8 US$ und wird somit „bestens" verkauft. Nehmen wir einmal an, dass die Market-Order bei 8 US$ realisiert wurde. Vor Gebühren beläuft sich der Verlust somit exakt auf 20% bzw. 1000 US$. Der

Verlust ist zwar kein Anlass zur Freude, aber er wurde wenigstens begrenzt. Außerdem kann mit den freigesetzten Geldern in Höhe von 4000 US$ weitergearbeitet werden. Die Aktie fällt im darauf folgenden Jahr weiter. Ihren Tiefstkurs erreicht sie bei 1,75 US$. Um 2 US$ scheint sie einen Boden zu bilden. Unterschiedliche Faktoren sprechen für einen deutlichen Kursanstieg, weil die Aktie aktuell unterbewertet ist. Hätten wir die Aktie gehalten, würde sich der Buchverlust inzwischen auf 80% bzw. 4000 US$ belaufen.

Wir kaufen nunmehr 2000 Aktien mit Limit 2 US$ für 4000 US$ und setzen die Verlustbegrenzung wieder mit 20% fest, was einem Kurs von 1,60 US$ entspricht. Die Aktie testet ihr Jahrestief nicht mehr und zieht in den darauf folgenden zwei Jahren bis auf 10 US$ an. Da sie eine Top-Bildungs-Phase durchläuft, dabei den längerfristigen Aufwärtstrend verletzt, verkaufen wir schließlich bei 8 US$. Für unsere 2000 Aktien erhalten wir somit 16 000 US$. Ziehen wir den alten Verlust von 1000 US$ sowie den Kaufpreis von 4000 US$ ab, so verbleiben 11 000 US$ Gewinn. Hätten wir die Aktie einfach durchgehalten, so lägen wir unverändert im Verlust. Ein Einsatz von Verlustbegrenzungstechniken sollte daher vor jedem Engagement grundsätzlich abgewogen werden (siehe auch *Anhang B).*

Selbstverständlich hätte unser Beispiel auch ganz anders verlaufen können. Die Aktie wäre beim Verlustbegrenzungs-Stopp bei 8 US$ verkauft worden. Anschließend hätte sie ihren Kursanstieg fortgesetzt, und wir wären dann womöglich als Zuschauer dabeigewesen oder wir hätten die höheren Kurse für einen begründbaren Neueinstieg akzeptieren müssen. Jeder Marktteilnehmer, der mit Verlust Stopp-Techniken arbeitet, macht früher oder später die Erfahrung, dass er womöglich im Zuge einer markttechnischen Reaktion aus der Position ausscheidet und die Aktie danach einen steilen Kursanstieg verzeichnet. Er hat dann drei Reaktionsmöglichkeiten:

- **Reaktionsvariante 1:** Der Anleger regt sich auf und stellt die Verlustbegrenzung in Frage. Die Wahrscheinlichkeit, dass er künftig keine Verluste mehr begrenzt oder die entsprechenden Techniken nur halbherzig anwendet, ist vor diesem Hintergrund sehr groß.
- **Reaktionsvariante 2:** Der Anleger akzeptiert die Entwicklung und wartet auf die nächste Gelegenheit.
- **Reaktionsvariante 3:** Der Anleger überprüft die neue Situation und akzeptiert die höheren Kurse. Ein Verhalten, das sich besonders schwer umsetzen lässt.

Verlustgewöhnung

Kommen wir nochmals auf das Verhalten von Mark U. zurück. Von Erwägungen hinsichtlich möglicher Verlustbegrenzungen war er weit entfernt. Nachdem er im Zuge des DAX-Anstiegs über sein Einstandsniveau seine Put-Optionsscheine nicht verkauft hatte, kam es bei ihm zu einer „stillen Implosion". Das ist eine Verfassung, die nicht nur von Handlungsunfähigkeit, sondern außerdem vom Gefühl der Hoffnung geprägt ist. Man klammert sich an eine Hoffnung, weil die sachbezogenen Argumente fehlen. So verfügte U. über keine sachliche Begründung, die ihm ein Durchhalten nahe legte. Begleitet wird das Ganze von einer negativen Grundhaltung. Die trostlose Stimmung führt aber im Laufe der Zeit zur *Gewöhnung* und schließlich zu einer oberflächlichen *Gleichgültigkeit.* Dabei spielt die *Verdrängung* eine große Rolle. Je größer die Verluste anwachsen, desto größer ist auch die Verdrängungsbereitschaft. Dabei handelt es sich um eine destruktive Kompensationsvariante.

Der betroffene Anleger kann sich der Klammer des Verliererverhaltens nicht entziehen, solange er verdrängt. So macht er immer wieder gleiche und ähnliche Fehler, weil er an seiner Anlagemethode nichts ändern kann, selbst wenn er jede neue Anlage mit guten Vorsätzen tätigt. Entweder wird er von potenziellen Verlustsituationen geradezu „magisch" angezogen (die Anziehungskraft geht von einer hohen Sicherheit aus, die aber nur subjektiv als solche empfunden wird), oder er muss sich mit kleinen Gewinnen zufrieden geben, weil ihm einfach die Übersicht fehlt. In die Verdrängung fließt eine große Energiemenge, die aber unproduktiv ist und den Anleger in seiner verlustorientierten Position festhält. In diesem Zusammenhang ist die Frage von Bedeutung, ob dieser das ihm vertraute Terrain überhaupt verlassen will. Er hat seine Anlageprinzipien und ist davon überzeugt, dass er alles richtig macht. Im Falle von Verlusten kann er deshalb auch nicht verstehen, wie es so weit kommen konnte. Er hält sich für autonom und verdrängt die Tatsache, dass er vielen unterschwelligen, aber auch offensichtlichen Fremdbestimmungen ausgesetzt ist. Ein typisches Verhaltensmerkmal ist beispielsweise, dass Gewinne dem eigenen Können zugeschrieben werden und Verluste immer nur andere verursacht haben.

U. zog also die Verdrängung der Auseinandersetzung vor – eine teure Selbsttäuschung, die er mit einem Verbilligungskauf dokumentierte. Die Verbilligung war bereits ein Hinweis darauf, dass mit seinem Engagement irgend etwas schiefgelaufen war. Als der DAX seinen Rekordanstieg schließlich immer weiter ausbaute, wusste sich U. nicht mehr anders zu helfen und entschied sich schließlich für die denkbar schlechteste Variante: *Ignorieren.* Sein Verdrängungsverhalten ging sogar so weit, dass er die aktuelle Kursentwicklung nicht mehr zur Kenntnis nehmen wollte. Ein ausgesprochen naives und auch verantwortungsloses Verhalten, das insbesondere unter Privatanlegern bei ausgeprägten Schieflagen festzustellen ist (siehe Abb. 6, Seite 194). Man kann jedoch darauf wetten, dass etliche Börsenprofis sich nicht anders verhalten würden, nur ist ihnen diese Vorgehensweise in den meisten Fällen nicht möglich. Die professionellen Anleger müssen sich mit jeder Kursentwicklung auseinander setzen, ob sie ihnen nun ins Konzept passt oder nicht. Der Vorteil liegt darin, dass einen Profi irgendwann gar nichts mehr schockiert, weil er im Laufe vieler Jahre so ziemlich alles präsentiert bekommt, was an den volatilen Finanzmärkten möglich ist.

Der Konfrontationszwang härtet die Mehrheit der Profis ab, was aber nicht zwangsläufig bedeutet, dass diese Abhärtung bessere Resultate produziert. Die Privatanleger haben es da (leider) einfacher: Sie schauen einfach nicht mehr hin. Dieses Verhalten war insbesondere im Zuge der Aktienbaisse 2000 bis 2003 besonders ab dem Jahr 2002 bis zum Frühjahr 2003 zu beobachten. Viele Privatanleger wagten den Blick ins Depot erst wieder im Verlauf des Sommers 2003, nachdem die Börsenindizes spürbar gestiegen waren. Sie mussten aber feststellen, dass die Buchverluste immer noch überdurchschnitt-

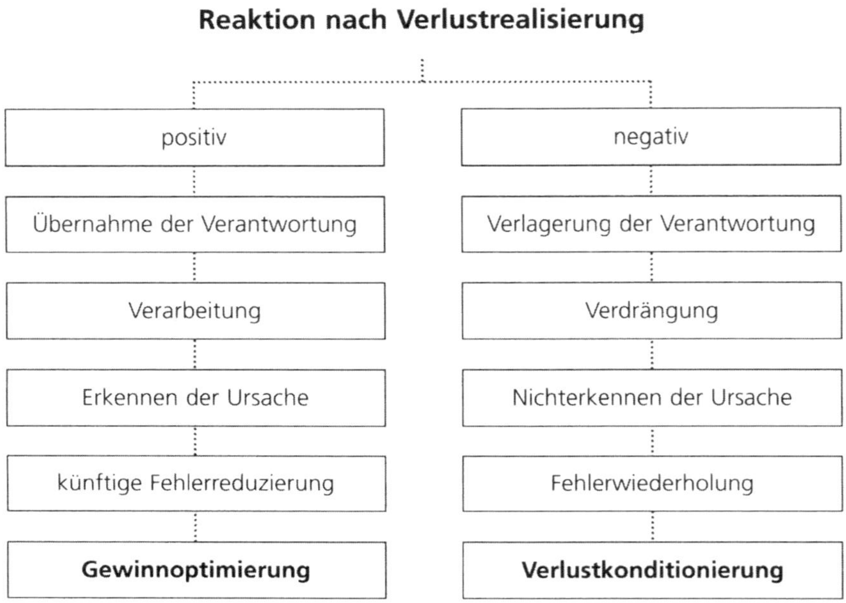

Abbildung 6

lich hoch waren. Die Mehrheit dieser „Konfrontationsvermeider“ war ja in den verlustträchtigen TMT-Sektoren engagiert.

Im Zuge einer Baisse fallen Aktien irgendwann auf ein für das Publikum nicht mehr akzeptables Niveau. Die einen räumen ihre Depots, andere hingegen, die bereits deutliche Verluste aufzuweisen haben, wenden den Blick vom Aktienmarkt ab. Sie halten dem Druck nicht mehr stand und ignorieren die Börse, obwohl sie voll engagiert sind. Wer sich so verhält, ist allein deshalb naiv, weil er unbewusst davon ausgeht, er befinde sich in einem schlechten Traum. Er hofft, dass eines schönen Tages der Spuk vorüber ist. Nur: So funktioniert es nicht.

Es gibt zwar Anleger, die sich auf Jahre hin nicht mehr um ihre Wertpapierdepots kümmern und erst wieder einen Blick auf die Kurse werfen, wenn allgemein von einem Börsenaufschwung die Rede ist (Sommer 2003). Mit einem erfolgsorientierten Börsenhandel hat dies freilich nichts zu tun. Eine negative Entwicklung erledigt sich nicht allein dadurch von selbst, dass man ihr keine Aufmerksamkeit mehr schenkt. Wer größere Kursverluste verzeichnet und diese ignoriert, indem er die Beobachtung aufgibt, entzieht sich selbst den Boden der Handlungsfähigkeit. Da er die Informationen nicht mehr aufnimmt, entstehen Informationslücken beträchtlichen Ausmaßes. Das Risiko dabei ist, dass einem durch einen Zufall die aktuelle Kursentwicklung dann doch unversehens präsentiert wird. So etwas kann einem Privatanleger z. B. beim Zappen durch diverse Fernsehkanäle passieren. Er wird dann mit Tatsachen konfrontiert, über deren Zusammenhänge er keinen Überblick mehr hat. Dies kann zu überstürzten Panikreaktionen führen.

Zu den sachlich nicht begründeten Handelsaktivitäten zählen auch die so genannten *Verleiderverkäufe*. Wer mitunter jahrelang mit einer Aktie im Buchverlust lag, der ist froh, wenn er eines Tages wieder heil aus seinem Investment aussteigen kann. Er ist nicht mehr bereit, das Risiko einzugehen, mit seiner Aktie nochmals eine ähnliche Durststrecke zu erleben. Überwiegt diese Frustration, ist es tatsächlich besser, wenn so eine Dauerposition aufgelöst wird. Der betroffene Anleger muss nur mit der Möglichkeit leben, dass die Aktie nun unvermutet steigt und steigt. Dies muss er akzeptieren können und sich nicht ein paar Jahre später vorhalten, dass ein weiteres Durchhalten zu einem enormen Gewinn geführt hätte. Verkauft ist verkauft. „Hätte ich dies doch ...“ oder „Wenn ich damals ...“ sind Gedanken, die die eigene Position torpedieren. Die Akzeptanz des eigenen Handelns praktiziert der gewinnorientierte Anleger. Diesem Akteur sollten Verleiderverkäufe eigentlich unbekannt sein, denn durch Berücksichtigung der Regeln des Money Managements können Frustverkäufe dieser Art weitestgehend ausgeschlossen werden.

Folgen des Verdrängungsverhaltens

Im vorangegangenen Beispiel von Mark U. resultierte das Fehlverhalten aus mangelnder Erfahrung im Rahmen der Anlagepraxis. Mit einem größeren Grundlagenwissen hätte er seine Position sicherlich verbessern können. Dies bedeutet aber nicht gleichzeitig, dass erfahrene Anleger automatisch vor Fehlverhaltensweisen im Umgang mit Verlusten geschützt sind. Generell gilt: Niemand will Verluste. Da ein entstehender Verlust zunächst immer ein Buchverlust ist, der sich ja theoretisch noch in einen Gewinn verwandeln kann, wird er nicht als Verlust akzeptiert, sondern von den meisten als Zwischenresultat betrachtet. Diese Einschätzung ist ausgesprochen dehnbar und kann sich auf Buchverluste zwischen 1% und 99% beziehen. Bei Aktieninvestments können sich entsprechend negative Entwicklungen durchaus über mehrere Jahre hinziehen, bei Optionen und Optionsscheinen hingegen setzt meist das Laufzeitende einen Schlussstrich unter die Schieflage.

Wird im Handel mit Derivaten ein Verlust nicht frühzeitig realisiert, setzt der gleiche Verdrängungseffekt ein wie bei allen anderen Schieflagen auch. Die Resultate sind hier nur wesentlich drastischer, da die Spekulationen oft mit einem Totalverlust enden. Die Häufigkeit der Totalverluste bestimmt dann darüber, wie lange man sich im Derivatehandel betätigen kann. Wie weit das Verdrängungsverhalten gehen kann, zeigt sich auch in Handelsaktivitäten, die extrem hohen Verlustrisiken ausgesetzt sind. Im Terminhandel können theoretisch unbegrenzte Verluste entstehen. Terminkontrakte werden nicht voll bezahlt, sondern mit einer Sicherheitsleistung (Margin) gedeckt. Wenn man so will, puffert diese Sicherheitsleistung einen potenziellen Verlust ab.

Beläuft sich beispielsweise der aktuelle Kontraktwert bei einem Kurs von 100 Punkten auf 100 000 US$, während die Margin 3000 US$ beträgt, ist eine Long-Position nur mit 3 Punkten bzw. bis 97 Punkte abgesichert. Fällt der Kontrakt unter die '97er-Marke, ist ein Nachschuss fallig. Wird dieser Nachschuss nicht geleistet, wird die Position „at the market“, also ohne Limit, glattgestellt. Im Rahmen eines volatilen Handelsablaufs kann der Totalverlust der Sicherheitsleistung (Margin) bereits binnen kürzester Zeit erfolgen. Eine Option kann während der Laufzeit vom Optionskäufer ausgesessen werden, da sich die Verluste auf maximal 100% belaufen. Bei einer Schieflage im Terminmarkt ist dies jedoch nicht möglich., es sei denn, man leistet einen Nachschuss nach dem anderen.

Befindet sich nun ein Trader in einer Schieflage, kann es dennoch sein, dass er eine ganze Reihe von Nachschüssen akzeptiert. Dies geht theoretisch so lange, bis sein Konto leergefegt ist. Praktiziert ein Termin-Trader kein Money Management – und davon gibt es nicht wenige –, ist es nur eine Frage der Zeit, wie lange er an den internationalen Terminmärkten mitmischen kann. Dasselbe gilt auch für alle Akteure im Handel mit Optionen oder Optionsscheinen. Untersuchungen zufolge ist der durchschnittliche Termin-Trader 14 Monate lang handelsaktiv, der durchschnittliche Options-Trader 18 Monate; d. h. im Klartext, dass nach Ablauf dieser Zeiträume die Mehrheit der Akteure pleite ist. Haben die etwa alle keine Ahnung? Sind das alle unbedarfte Anfänger? Oder hapert es an etwas anderem? Woran es durchweg mangelt, und dies betrifft ebenso alle Akteure an den Anleihen- und Aktienmärkten, sind die Anwendung des Money Managements sowie der rechte Umgang mit Verlusten.

Personifizierung von Anlageresultaten

Verluste werden von den meisten Anlegern persönlich genommen. Ein realisierter Verlust wird demzufolge als persönliche Niederlage empfunden. Die Abrechnung seitens der Bank oder Broker-Gesellschaft gilt als schriftlicher Beweis für das eigene Versagen. Wer will schon als Verlierer dastehen? Allein die Angst, von anderen für einen Verlierer gehalten zu werden, produziert an den Börsenplätzen Tag für Tag große Verlustsummen. Vor dem Hintergrund entstandener Verluste ist es vielen Anlegern beispielsweise nicht möglich, ihren Kundenberater anzurufen und eine im Buchverlust befindliche Position glattzustellen. Sie wollen vor dem Berater nicht als Verlierer dastehen. Setzt sich ein Anleger über solche Anwandlungen nicht selbstbewusst hinweg, so kann ihm eine Strategie vollständig aus den Händen gleiten. Umgekehrt gilt dies genauso, wenn der Berater eine bestimmte Position empfohlen hat und diese nun in den Verlust wandert. Der Kunde ruft an und will sich über die aktuelle Sachlage informieren. Anstatt die Schieflage frühzeitig einzugestehen, wird der Kunde mit Standardsprüchen vertröstet. Würde der Berater zur Glattstellung und somit zur Verlustrealisierung raten, könnte der Kunde ihm dies ja als Unfähigkeit ankreiden. Also wird der weiteren Verlustentwicklung tatenlos zugesehen. Dieses Risiko kann im Vorfeld durch die Festlegung eines Stopp-Kurses gemindert werden. Wird der Stopp-Kurs erreicht und ein Verlust realisiert, müssen seitens des Beraters keine besonderen Erklärungen mehr erfolgen, da die Strategie mit dem Kunden abgestimmt war.

Handeln Sie hingegen auf der Basis eigener Entscheidungen, können Sie die „Blamagebremse“ umgehen, indem Sie bei Auftragserteilung gleichzeitig eine Stopp-Loss-

Order erteilen. Heutzutage sollte jedes Geldinstitut in der Lage sein, Stopps zu berücksichtigen. Ist das bei Ihrem Institut nicht der Fall, dann dürfte dieses in technischer Hinsicht nicht auf dem neuesten Stand sein. In diesem Fall sollten Sie einen Wechsel in Erwägung ziehen. Die Angst vor Blamage soll als Randfaktor nicht heruntergespielt werden, aber man kann dieses Hindernis durchaus überwinden.

Die Angst vor dem eigenen Versagen kann Ihren Börsenhandel nachhaltig beeinflussen. Wie gehen Sie mit Gewinnen um? Fühlen Sie sich dann großartig, so, als hätte Ihnen jemand ein großes Kompliment gemacht? Natürlich können Sie sich über einen Gewinn freuen. Dies gilt insbesondere dann, wenn Sie sich an Ihre Strategie oder Taktik gehalten haben. Wenn Sie eine Strategie diszipliniert unter Berücksichtigung der Money Management-Regeln umsetzen und sich daraufhin Kursgewinne einstellen, wurde Ihre Strategie in positiver Hinsicht bestätigt. Der realisierte Gewinn ist letztlich aber ein Zwischenresultat. Genauso verhält es sich mit Verlusten. Nicht Buchverluste, sondern realisierte Verluste stellen Zwischenresultate dar. Wenn Sie Gewinne als persönliche Bestätigung oder womöglich sogar als Genugtuung empfinden, werden Sie auf Dauer Probleme bekommen.

Stellen Sie sich nun einmal vor, wie es ist, wenn Ihnen drei oder vier aufeinander folgende Verluste präsentiert werden. So etwas kann passieren. Vielleicht würden Sie den ersten Verlust noch realisieren. Möglich, dass Sie sich beim zweiten Verlust bereits überwinden müssen, die Glattstellung aber dennoch vollziehen. Dann der dritte Verlust. In Ihnen macht sich ein bleiernes Gefühl breit. Sie wollen tapfer sein. Vielleicht wird die Verlustbegrenzungsmarke doch nicht erreicht. Sie wird erreicht. Da es sich nicht um eine automatische Stopp-Loss-Order handelt, müssen Sie nun handeln. Aber nein, irgend etwas hält Sie zurück. Was sich da meldet, ist Ihr Ego. Es kann die Niederlage nicht akzeptieren. Würden Sie jetzt verkaufen, wäre das der dritte Verlust in Folge. Ihr Ego empfindet dies als Demonstration Ihrer Unfähigkeit. Ihr Ego lässt das nicht zu. Also wird nicht verkauft. Vielleicht dreht sich der Markt ja noch. Möglicherweise kommen Sie wieder zum Einstandskurs heraus. Sollte der Markt tatsächlich drehen, werden Sie bei den nachfolgenden Investitionen die Risikokontrolle und Verlustbegrenzung ignorieren. Es wird wahrscheinlich einer ganzen Reihe neuerlicher Verluste bedürfen, bevor Sie auf den gewinnorientierten Weg zurückkehren werden.

Egoitis

Der Chicagoer Pit-Trader und Aktienindex-Spezialist Edward Allen Toppel stellte in *Zen an der Börse* fest, dass der größte Feind eines jeden Traders die „Egoitis" ist.[14] Für das Verhalten Tausender Anleger gibt es keine bessere Charakterisierung. Das Ego geht nicht mit dem Markt, sondern befindet sich in einem permanenten Konflikt. Es ist einseitig auf Gewinne ausgerichtet und duldet keine Verluste. Da es sich bestätigt sehen will, werden Gewinne zügig realisiert. Wenn Verluste persönlich genommen werden, bleibt als Ausweg nur ihre Nichtrealisierung. Dabei handelt es sich aber um eine Selbsttäuschung, die zudem teuer ist. Die Unfähigkeit zur Verlustrealisierung führt zu immer größeren Verlusten. Selbst wenn es vorerst nur Buchverluste sind, das eingesetzte Geld ist gebunden. Aber das Ego hofft auf eine Trendwende und blendet alle rationalen Komponenten, die eine solche verneinen, vollständig aus.

Wenn das Ego der größte Feind eines jeden Anlegers ist, kann es letztlich nur darum gehen, dieses Ego so weit wie möglich in den Griff zu bekommen. Dies ist nur auf dem Weg einer dauerhaften Übung möglich. Das Ego ist vorhanden, spielt uns einen Streich nach dem anderen, weil es sich mit den Usancen der Finanzmärkte nicht verträgt. Das Ego baut auf Bestätigung. Wer im Alltag auf diese Bestätigung bereits konditioniert ist, wird es an den Finanzmärkten schwer haben. Nehmen wir einmal an, ein Mensch ist sich einer Sache aus diversen Gründen nicht sonderlich sicher. Er ist mit einem Projekt befasst, letztlich aber nicht völlig davon überzeugt. Aus seiner Unsicherheit heraus sucht er nun Bestätigung seitens Dritter. Unbewusst reflektieren diese die Unsicherheit des Betroffenen, indem sie sich zu einer Bestätigung nicht durchringen wollen. Die Folge: Der Betroffene ist noch mehr verunsichert. Möglicherweise befindet er sich aber in einer gesellschaftlichen Machtposition, die andere zu einer falschen Bestätigung animieren könnte. Dann folgen falsche Komplimente oder man lässt sich trotz unguter Gefühle zu einer Bejahung hinreißen.

Verhandlung

Eine andere Möglichkeit besteht noch in der *Verhandlung,* Man versucht hartnäckig, andere von seinen Ansichten zu überzeugen, bis diese klein beigeben und einen bestätigen. Im Grunde genommen will sich der Betroffene in solchen Momenten nur selbst überzeugen. Versuchen wir dies auf die Finanzmärkte zu übertragen: Diese Taktiken funktionieren hier einfach nicht. Da gibt es nichts zu verhandeln, weil es den Markt nicht eine Sekunde lang interessiert, weshalb man Aktie X oder Aktie Y gekauft hat. Der Markt gibt auch nicht klein bei, weil ihn die Belange eines einzelnen Anlegers nicht interessieren. Also sucht der Anleger nach Ersatzmöglichkeiten und verlagert diese auf die Beratungsebene, Kundenberater und Broker haben es mit Kunden zu tun, die sie nicht verärgern wollen. Geschäftsbeziehungen im Dienstleistungssektor bieten leider selten die Chance zur gleichberechtigten und offenen Kommunikation und schaffen daher nur in Ausnahmefällen einen Raum für konstruktive Kritik. Der Anleger präsentiert seinem Berater oder Broker eine Investment-Story und erfährt, im aus seiner Sicht günstigsten Fall, eine vermeintliche Bestätigung. Den Markt allerdings interessiert es überhaupt nicht, ob der Anleger in seinen Absichten von anderen bestätigt wurde. Letztlich steht er mit seinen Ambitionen wieder allein da und hat die entsprechenden Folgen zu tragen, die er im negativen Fall womöglich dann auf andere abzuwälzen versucht, weil sich sein Ego ein Fehlverhalten nicht eingestehen will.

Mit Blick auf die aktuelle Verlustposition setzt die Verhandlung an einem ganz anderen Punkt ein. Der Anleger war auf Verluste nicht vorbereitet. Zunächst versucht er, diese innerlich herunterzuspielen, und stuft die Angelegenheit als eine vorübergehende Phase ein. Doch die Position verbleibt entweder hartnäckig in der Verlustzone oder baut die Verluste gar noch aus. Je länger die Verlustphase anhält, desto mehr schmilzt die ursprüngliche Gewinnphantasie zusammen. Und zwar so lange, bis sie vollständig verschwunden ist. Stattdessen setzt jetzt der Verhandlungsprozess ein. Der Anleger glaubt, sich in Bescheidenheit zu üben, wenn er sich mit dem Wiedererreichen des Einstandsniveaus zufrieden gibt, und schwört, dass er in diesem Fall umgehend verkaufen wird. Doch die Kursentwicklung scheint mit ihm zu spielen.

Akzeptanz oder Ignoranz?

Der Markt konfrontiert den Anleger mitunter mit Entwicklungen, die dieser niemals für möglich gehalten hätte. Im normalen Alltag könnte er solchen Entwicklungen möglicherweise noch ausweichen. Die Börse hingegen läuft anders. Der Betroffene fühlt sich in die Enge getrieben. Genaugenommen ist es das Ego, das beleidigt und aggressiv reagiert. Gegen Verluste versucht es sich zu wehren. Da sie nicht akzeptiert werden, folgen andere Strategien, wie z. B. Verbilligungskäufe, obwohl diese nicht eingeplant waren. Wenn der Markt schon „gemein“ ist, will das Ego dies zu seinem vermeintlichen Vorteil ummünzen. Aber der Markt kann den Anleger weiter in die Enge treiben.

Verbilligungskäufe können ein Ausdruck der Aggression sein. Man wehrt sich gegen eine Entwicklung, die man als Angriff empfindet und abwehren will. Allerdings spürt jeder betroffene Anleger sehr schnell, dass die aktive Abwehr wirkungslos verpufft. Da sich sein Ego in die Enge getrieben fühlt, gibt es den aktiven Widerstand auf und hält still. Diese Phase wird vom Betroffenen als Kapitulation und damit negativ empfunden, tatsächlich handelt es sich aber um eine *Akzeptanz.* Folgt jetzt keine Glattstellung der Verlustposition seitens des Anlegers, schaltet er auf *Ignoranz um,* was ihm bei terminbezogenen Positionen entweder Totalverluste (Optionen, Optionsscheine) oder eine Zwangsliquidierung (Terminkontrakte) einbringt. Bei Aktien und Anleihen hingegen kann die Ignoranz zeitlich unbegrenzt sein. Die Positionen werden innerlich abgeschrieben. So manches Depot entwickelt sich auf diese Weise zu einem „Wertpapierfriedhof“.

Handelt es sich bei Verlusten um einen regelrechten Vermögensschaden, muss sich der Betroffene entweder für immer oder zumindest für einen unbestimmten Zeitraum aus dem Handel zurückziehen. Kann er den Verlust hingegen finanziell verkraften, ist die Ego-Schiene noch nicht beendet. Was nun folgt, ist das Streben nach Wiedergutmachung. Der große Verlust, ob realisiert oder nicht, bedarf einer *Heilung.* Diese Heilung wird nun unversehens mit der nächsten Investitionsmöglichkeit angestrebt. Sie soll schnell erfolgen. Die Grundlage für die neue Investition bildet somit der vorangegangene Verlust. Es bedarf keiner großen Phantasie, um sich auszumalen, was nun folgt. Die Wunde soll möglichst umgehend mit einem Pflaster versehen werden. Dieses „Pflaster“ soll ein realisierter Gewinn sein.

Da keine Zeit zu verlieren ist, drängt das Ego auf einen schnellen Gewinn. Aber da spielt die Börse wieder nicht mit. Sie bietet einem nicht eine schnelle Gewinnmöglichkeit, nur weil man diese dringend benötigt. Daher soll ein Gewinn erzwungen werden. Da die Ambitionen des Anlegers mit jener der Börse nicht kompatibel sind, endet die neue Investition mit hoher Wahrscheinlichkeit wieder mit der beschriebenen Verlustentwicklung.

Verlustkreislauf

Die Verlustentwicklung wird von *Paul & Moynihan*[15] mit fünf Phasen innerer Verluste beschrieben: *Negierung – Zorn – Feilschen – Depression – Akzeptanz.* In der Praxis trifft diese Abfolge sicherlich für viele Verlustsituationen zu, sie lässt sich jedoch je nach Einzelfall und individuellen Erfahrungswerten variieren. Die Einzelstufen werden nicht unbedingt in der angegebenen Reihenfolge durchlaufen, die jeweilige Entwicklungsdauer ist unterschiedlich. Problematisch erscheint die Phase „Akzeptanz". Soweit die Verlustentwicklung vollständig durchlaufen wurde, sind nur wenige Akteure überhaupt noch in der Lage, einen Verlust durch Realisierung zu akzeptieren.

Soweit es möglich ist, werden die Verluste ignoriert, das offene Engagement wird innerlich ausgeblendet. Das hat mit Akzeptanz nur indirekt etwas zu tun, es entspricht eher einer ignoranten Haltung. Wird einer Spekulation mittels Zwangsliquidierung ein Ende gesetzt, hat der Akteur den Verlust (noch) nicht akzeptiert. Paul & Moynihan nennen als erstrebenswertes Ziel, dass man die einzelnen Verlustphasen unmittelbar zu überspringen vermag: *Verlust-Akzeptanz.* Wer einen Verlust sogleich zu akzeptieren vermag, der ist auch in der Lage, eine negative Entwicklung zu beenden, sobald die Investition die ihr zugestandene Verlusttoleranz überschreitet.

Je nach finanzieller Verfassung des Anlegers können sich Ego-Spekulationen über viele Jahre hinziehen. Er fährt überwiegend Verluste ein, zieht seine Investitionen aber immer wieder nach dem gleichen Verhaltensmuster durch. Diese Erfahrungen kennen Tausende von Anlegern. Im Laufe der Jahre kommen etliche unter ihnen zu der Einsicht, dass diese Verhaltensweisen auf Dauer nur Verluste und Frustrationen produzieren. Aber erst die Erkenntnis führt zu einer positiven Verhaltensänderung.

Resultatbezogene Betrachtung

Wie kann dieser Änderungsprozess beschleunigt werden? Es geht zunächst einmal um Ihre Einstellung zu Ihren Handelsaktivitäten. Bevor wir auf die investmentbezogenen Aspekte näher eingehen, wechseln wir zum besseren Verständnis zunächst das Aktionsfeld und betrachten wir das Finale eines Grand-Slam-Turniers. Der derzeitige Weltranglisten-Erste A spielt gegen B, der auf der Liste auf dem siebten Platz gefuhrt wird. A ist zugleich Titelverteidiger. In einem „Best of 5"-Match hat er die beiden ersten Sätze verloren. B muss zum Turniergewinn nur noch einen Satz gewinnen, während A in den restlichen drei Sätzen siegen muss. A steht deshalb massiv unter Druck, mit dem er jetzt klarkommen muss. Er hat zwei Alternativen: 1. Er kann sich nun über die zwei verlorenen Sätze ärgern, sie rekapitulieren und sich einzelne Fehler vorwerfen. Dies wäre die destruktive Variante. Unter dieser Voraussetzung ist die Wahrscheinlichkeit hoch, dass er seinen Emotionen freien Lauf lässt, den dritten Satz nervös spielt und ihn verliert. 2. Er kann den Verlust der ersten beiden Sätze akzeptieren und die entscheidenden Fehler kurz rekapitulieren. Er erkennt, dass er seine Vorhand konsequenter durchziehen muss, und ist nunmehr gewillt, dies im dritten Satz umzusetzen. Er lässt die beiden ersten Sätze hinter sich, hakt sie innerlich ab und konzentriert sich nun vollkommen auf den dritten Satz. A gewinnt den dritten Satz. Er ist jetzt in seinem Fahrwasser. Er gewinnt auch den vierten Satz.

Im fünften und entscheidenden Satz steht es 4:4. Durch mehrere „Fehler ohne Not" *(unforced errors)* verliert A das neunte Spiel. Mit 5:4 geht B nun ins zehnte Spiel des fünften Satzes und schlägt zum Matchgewinn auf. Wieder steht A massiv unter Druck. Er könnte sich erneut über seine Fehler aufregen. Würde er sich in dieser Situation auch nur wenige Minuten über den Verlust des vorangegangenen Spiels ärgern, wäre das Match verloren. In einem Spiel voller Wut würde er mit Sicherheit erneut „Fehler ohne Not" produzieren. In so einem Moment, denn um mehr handelt es sich nicht, muss er in der Lage sein, sich zu sammeln und sich auf das nächste Spiel zu konzentrieren. Nach dem nächsten Ballwechsel bemerkt er, dass B hypernervös geworden ist. B hat noch nie ein Grand-Slam-Turnier gewonnen. A weiß aus Erfahrung, dass er seine Bälle nur im Spiel halten muss, weil die Wahrscheinlichkeit hoch ist, dass nun B seinerseits lauter „Fehler ohne Not" produzieren wird. So kommt es auch. Nachdem B das Turnier auf dem Racket hatte, das entscheidende Spiel aber verlor, brach er komplett ein. A gewinnt den letzten Satz mit 7:5 und verteidigt damit seinen Titel erfolgreich.

Selbst die Nr. 1 der Tennis-Weltrangliste, unabhängig davon, wer in der Vergangenheit diese Liste anführte und sie künftig anführen wird, hat, auf ein Tennisjahr bezogen, sowohl eine Gewinn- als auch eine Verlustbilanz hinsichtlich seiner Spiele. Er kann ein Match gewinnen, innerhalb dieses Matches aber mehrere Spiele oder in einem „Best of 5"-Match sogar zwei Sätze verloren haben. Ein Tennisspieler zieht in einem Turnier nach jedem Match Bilanz. Würde er nach jedem Spiel innerhalb eines Satzes Bilanz ziehen, dann wäre eine innere Berg- und Talfahrt das Ergebnis.

Es gibt auch eine ganze Reihe von Tennisspielern, die so verfahren und deshalb in ihrer Karriere nicht so recht vorankommen, entscheidende Matches deshalb immer wieder verlieren, weil sie dem einzelnen Spiel eine übergeordnete Bedeutung zumessen und darüber dann das Match verlieren.

Beim Börsenhandel verhält es sich ähnlich. Stufen Sie deshalb jeden einzelnen Gewinn oder Verlust als reines *Zwischenresultat* innerhalb einer größeren Bilanz ein. Das ist natürlich einfacher gesagt als getan. Einer der Fehler besteht darin, dass jedes einzelne Ergebnis in den Vordergrund gestellt wird. Einzelne Ergebnisse müssen aber immer in einem Gesamtzusammenhang gesehen werden. Es nützt Ihnen beispielsweise wenig, wenn Sie zwölf Positionen in Folge mit kleinen Gewinnen abschließen und dann ein großer Verlust entsteht, der sämtliche vorangegangenen Gewinne auf einen Schlag wieder ausradiert. Bei der Betrachtung im Gesamtzusammenhang ist der Anlagezeitraum entscheidend. Ein Daytrader, der an einem Börsentag viele Einzelpositionen handelt, wird am Ende seines Handelstages eine Bilanz ziehen. Entscheidend ist für ihn nicht, ob er nun 20 Positionen mit Gewinn und 15 Positionen mit Verlust abgeschlossen hat, sondern ob nach Handelsschluss unter dem Strich ein Gewinn oder Verlust erwirtschaftet wurde.

Die Bilanz

Kurzfristig orientierte Trader, die Positionen auch über den Handelstag hinaus halten, ziehen ihre Bilanz auf Wochenbasis, führen aber auch generell eine monatliche Betrachtung durch. Am Monatsende werden beispielsweise sämtliche Tages- oder Wochenresultate saldiert. In solchen Fällen steht dann das Monatsergebnis im Vordergrund. Bei einem Daytrader können hinter so einer Monatsbilanz Hunderte von einzelnen Trades stehen. Seine Verlust-Trades können die Gewinnpositionen überwiegen, dennoch kann das Endresultat positiv ausfallen, wenn die Gewinn-Trades nominal die Verluste übertreffen. Jetzt stellen Sie sich einmal vor, ein professioneller Daytrader würde jeden Verlust persönlich nehmen. Er käme überhaupt nicht mehr zum Handeln. Natürlich gibt es Daytrader, die vom Egotrip nicht wegkommen können, die bekommen die negativen Resultate dann aber auch umso schneller präsentiert.

Mittelfristig orientierte Anleger können die ergebnisbezogene Bilanz halbjährlich, längerfristig orientierte Anleger sollten sie nach Möglichkeit jährlich vornehmen. Entscheidend ist allein diese Bilanz. Die Zwischenresultate stellen einen Teil des Ganzen dar, nicht mehr, aber auch nicht weniger. Sie dürfen nicht überbewertet, aber auch nicht vollständig vernachlässigt werden. Sie können die Zwischenresultate daraufhin überprüfen, ob diese mit Ihrer Strategie unverändert im Einklang stehen. Ist dies nicht der Fall oder haben sich vermeidbare Anlagefehler eingeschlichen, geht es darum, sich darauf sofort einzustellen und die Fehler nach Möglichkeit auszuschalten. Dies ist vergleichbar mit einem Tennisspieler, der im Laufe eines Satzes viele „Fehler ohne Not" produziert.

Ignoriert er sein Fehlverhalten und zieht daraus nicht sogleich Konsequenzen, wird er aller Wahrscheinlichkeit nicht nur einzelne Spiele, sondern das gesamte Match verlieren. Genau darum geht es bei Ihren Handelsaktivitäten auch. Sie können Verluste nicht vollständig vermeiden, es geht vielmehr darum, sie in den Griff zu bekommen. Es kann sein, dass Sie Verluste in Serie hinnehmen müssen, ohne großartig dazu beigetragen zu haben. Es kann sein, dass sie einen Fehler gemacht haben. Dennoch ist es möglich, dass Sie keinen Fehler erkennen oder erst später dahinterkommen.

Einer Verlustentwicklung sind Sie aber nicht hilflos ausgeliefert. In diesem Fall rückt das aktive Verlustmanagement in den Vordergrund (siehe *Anhang B*). In einem liquiden Markt können Sie dies problemlos bewerkstelligen, weil Sie die Größe des Verlustes annähernd bestimmen können, und zwar *vor* dem Aufbau einer Position. Es ist viel schwieriger, mit einem Verlust nach dem Positionsaufbau zurechtzukommen. Sie sind dann geneigt, den Verlust einfach laufen zu lassen, weil Sie sich mit der Verlustmöglichkeit vorher nicht hinreichend auseinander gesetzt haben. In diesem Fall ist die Gefahr groß, dass Ihnen Ihr Ego dazwischenfunkt und Sie dazu verleitet, zuzuwarten und auf eine Trendwende zu hoffen.

Enttarnung des Egos

Wie können Sie feststellen, dass Ihr Börsenhandel vom Ego und nicht von einer Strategie gesteuert wird? Dazu bedarf es keiner besonderen Innenschau. Nehmen wir an, ein Aktienmarkt entwickelt sich nicht so, wie Sie sich dies vorgestellt haben. Sie sind vielleicht zu der Erkenntnis gelangt, dass beispielsweise ein Index bei 1200 Punkten ausreichend bewertet ist, der Markt demnach nicht wesentlich über dieses Niveau ansteigen sollte. Wie verhalten Sie sich, wenn der Index auf 1500 Punkte zieht? Regen Sie sich auf? Ärgern Sie sich über diese Entwicklung? Reagieren Sie innerlich wütend? Verfluchen Sie die Börse, die wohl wieder einmal dringend einen Dämpfer benötigt? Bitte – Ihr Ego hat völlig die Oberhand gewonnen. Haben Sie sich womöglich im Bereich von 1300 Punkten gegen den Markt gestellt? Oder haben Sie Ihre Aktienbestände weitestgehend glattgestellt? Konnten Sie sich nicht vorstellen, dass der Markt wesentlich höher steigen kann? Sind Sie aus der Short-Position ausgestiegen? Oder haben Sie diese gar noch ausgebaut? Wenn Sie Ihre Aktien verkauft haben, ärgern Sie sich jetzt über die entgangenen Gewinne? Sie sind vollständig von Ihrem Ego beherrscht.

Das Ego kann auch auf der Gewinnseite dominieren. Dies können Sie auf ganz einfache Weise feststellen. Haben Sie gerade einen schönen Profit erzielt? Fühlen Sie sich nun überlegen? Rechnen Sie Ihre Gewinne hoch („Hätte ich doch das Vielfache dessen investiert, dann wäre ich jetzt reicher")? Meinen Sie nun, der Börsenhandel ist ein Kinderspiel, der nächste Gewinn wartet bereits? Sind Sie nunmehr bereit, Ihre Risikobereitschaft zu erhöhen? Demonstrieren Sie gegenüber anderen, dass Sie die Börse voll im Griff haben? Ihr Ego hat Sie da voll im Griff und wird Sie nunmehr zu Handlungen verleiten, die Sie einige Monate früher noch nicht einmal ansatzweise in Erwägung gezogen hätten.

Wie können Sie andererseits feststellen, dass die Ego-bezogenen Anteile im Rahmen Ihrer Handelsaktivitäten auf ein Minimum beschränkt sind? Eine Aktie durchläuft eine vermeintliche Bodenbildungsphase. Die Fundamentals präsentieren sich in ausgezeichneter Verfassung. Sie kaufen die Aktie. Kurz darauf probt diese den Ausbruch nach oben. Eine Bestätigung Ihrer Strategie bahnt sich an. Doch nach dem Ausbruch fallt die Aktie wieder zurück. Wenige Tage später fällt sie durch die untere Unterstützung, eine Verkaufswelle setzt ein. Anhand verschiedener technischer Indikatoren stellen Sie fest, dass Art und Umfang des Kursrückschlags weitere Kursverluste erwarten lassen. Sie schreiten zur Tat und stellen Ihre Position sicherheitshalber glatt. Während dieses Prozesses haben Sie sich nicht geärgert oder aufgeregt. Ihre Analyse war soweit stimmig, gehapert hat es lediglich an dem letzten Quentchen. Sie konzentrieren sich auf die nächste Gelegenheit.

Ein anderes Beispiel: Ein Aktienindex befindet sich im Rahmen einer historischen Hausse auf einem kaum noch ausbaufähigen Überbewertungsniveau. Dennoch steigt er unverändert weiter. Wie reagieren Sie? Halten Sie einen weiteren Anstieg für denkbar? Verzichten Sie bewusst auf eine Gegenposition, weil Sie sich darüber im Klaren sind, dass ein Markt im Rahmen einer Euphorie auf Höhen schießen kann, die das aktuelle Fassungsvermögen sprengen? Ist es Ihnen gar möglich, sich mit einer abgesicherten Position sogar noch an dem Aufschwung zu beteiligen? Die Wahrscheinlichkeit, dass Ihr Ego innerhalb Ihrer Handelsaktivitäten keinen dominanten Part spielt, ist sehr hoch. Sie scheinen den Markt und seinen Trend zu akzeptieren. Wann haben Sie sich zum letzten Mal über eine Börsenentwicklung aufgeregt? Liegt das schon sehr lange zurück? Sie haben eingesehen und akzeptiert, dass Sie Ihr Ego und Ihre Verluste, aber nicht den Markt als solchen in den Griff bekommen können.

Das Unannehmbare annehmen

Sicherlich kann es passieren, dass Sie einmal einen schlechten Tag haben und Ihr Ego wieder Oberwasser bekommt. Es wäre eine Illusion zu glauben, dass man seine Ego-Anteile beim Börsenhandel vollständig und für immer auf Null herabsetzen kann. Ein völlig Ego-loses Trading gibt es nicht, im besten Fall aber eine Ego-reduzierte Handelsaktivität. Es kann sein, dass sich Ihr Ego monatelang überhaupt nicht meldet. Bleiben Sie diszipliniert bei der Sache, bleiben Sie im positiven Sinn ein Übender, dann besteht die Möglichkeit, dass sich die Ego-losen Phasen immer weiter ausdehnen werden. *Der Schlüssel besteht einfach darin, dass Sie jede Situation annehmen und in ihr eintreten, das Unannehmbare akzeptieren lernen.*[16] Ein Markt entwickelt sich nur selten so, wie Sie sich das vorgestellt hatten. Im Laufe eines Jahres werden Sie sicherlich häufiger mit Marktentwicklungen konfrontiert, die Sie nicht für möglich gehalten haben. Akzeptieren Sie grundsätzlich den bestehenden Markttrend. Sie können dann in Ruhe analysieren, wie beständig dieser Trend ist und ob er ihnen gar noch eine Einstiegsmöglichkeit bietet.

Erweitern Sie Ihren Horizont, denn der des Marktes scheint unbegrenzt zu sein. Haben Sie einen Verlust zu verzeichnen, nehmen Sie diesen Verlust an, und sei es auch nur für einen Moment. Sie ersparen sich einen qualvollen Weg. Wenn Sie sich noch über vergangene Verluste ärgern, blockieren Sie Ihre zukünftigen Handelsaktivitäten. Es kann sogar sein, dass sie lauter Gelegenheiten erkennen, diese aber nicht wahrnehmen können, weil Ihre Verlustängste übermächtig sind. Diese Ängste produziert Ihr Ego. Verfügen Sie über ein Konzept, eine Strategie, steht weiteren Investments nichts im Weg. Eine Akzeptanz früherer Verluste kann die Beseitigung einer inneren Blockade auslösen. Auf diese Weise ist eine konstruktive Aufarbeitung der Verluste möglich. Eine Aufarbeitung soll verhindern, dass ein ähnlicher Fehler später wiederholt wird.

Aus diesem Grunde sollten Verluste auch nicht auf die leichte Schulter genommen werden. Wer Verluste nicht aktiv managt und sie einfach verdrängt, schiebt die fällige Verarbeitung ins Unterbewusstsein ab. Das ist eine brisante Vorgehensweise, denn im Unterbewusstsein können die aus den Verlusten resultierenden Frustrationen ihr Unwesen treiben. Die Handelsaktivitäten werden einerseits von der *Verlustbeseitigung* (Gegenwartssituation) und andererseits von *Verlustängsten* (Vergangenheitsschatten) bestimmt. Dies kann schließlich so weit führen, dass der Anleger nicht mehr handelsfähig ist, weil sein Unterbewusstsein seine Handelsaktivitäten blockiert. Auf solche Handelsblockaden sollte man es nicht ankommen lassen, denn es ist ein mühseliger Prozess, sich daraus wieder zu befreien. In vielen Fällen ist dies dem Betroffenen mit eigenen Mitteln nicht möglich, sodass er in seiner passiven Haltung verharrt und den Börsenhandel schließlich aufgibt.

Auf den vorangegangenen Seiten wurden verschiedene Methoden aufgezeigt, wie Sie innerhalb Ihrer Handelsaktivitäten mit Verlusten umgehen und diese in den Griff bekommen können. Da das aktive Management offener Handelspositionen von großer Bedeutung ist, wurde dieser Thematik ein Sonderkapitel gewidmet (siehe *Anhang B).* Verluste sind das Pendant zu Gewinnen. Wären an der Börse alle Anleger Nettogewinner, könnte der Handel nicht funktionieren. Es geht also darum, dass Sie Ihr Anlageverhalten so weit wie möglich optimieren. Dies schließt aber Verluste nicht vollständig aus.

Wenn Sie finanzielle Verluste nicht ertragen können, dann sollten Sie von Investments in volatilen Märkten die Finger lassen. Wenn Sie aber in den Finanzmärkten mitmischen wollen, dann sollten Sie unbedingt lernen, mit Verlusten umzugehen. Verluste lassen sich in den sich ständig verändernden Finanzmärkten nun einmal nicht vermeiden. Wie groß diese Verluste im Einzelfall werden, das hängt ganz von Ihnen ab sowie davon, wie Sie auf Verluste reagieren. Wenn Sie Ihre Verluste in den Griff bekommen und Handelsresultate nicht mehr als Gradmesser für Ihre persönlichen Fähigkeiten, sondern einfach nur als Ergebnisse betrachten, werden Sie auch automatisch einen positiven Umgang mit Gewinnen erlernen.

Gefahrenzonen

Ihre Investments sind täglich einer Flut von kursbeeinflussenden Faktoren ausgesetzt. Im Rahmen Ihrer analytischen Tätigkeiten versuchen Sie, künftige Szenarien grob zu umreißen und weitestgehend vorwegzunehmen. Entscheidend ist in den meisten Fällen allein, ob die gewählte Richtung stimmt. Sie entscheiden sich für eine bestimmte Aktie, weil Ihre Analyseresultate auf eine Fortsetzung der positiven Geschäftsergebnisse auch in der Zukunft schließen lassen. Oder Ihre Analysen ergeben, dass eine Aktiengesellschaft nach langen Verlustjahren nunmehr die Chance zu einem Turnaround hat. Nachdem Sie gekauft haben, ist Ihr Investment den freien Marktkräften ausgeliefert.

Es ist möglich, dass Ihre Analysen Ihnen die korrekte Richtung aufgezeigt haben. Ebenso ist denkbar, dass der Markt bestimmte Sachverhalte anders interpretiert und sich die Aktie dementsprechend anders entwickelt als von Ihnen erwartet. Ein strategischer oder taktischer Plan kann sich zu einem späteren Zeitpunkt einfach als falsch erweisen. Solche Szenarien gehören zum Börsenalltag und lassen sich durch Sie nicht beeinflussen. Im Falle einer Schieflage betreiben Sie aktive Schadensbegrenzung. Entwickeln sich Ihre Investments hingegen profitabel, versuchen Sie, das größtmögliche Gewinnpotenzial auszuschöpfen.

Nun gibt es einige typische Verhaltensmuster, die mit der Anlage nur indirekt etwas zu tun haben, aber ursächlich für Verluste sind. Anhand verschiedener Verhaltensmuster soll im Folgenden dargestellt werden, wann Sie sich als Anleger in eine *vermeidbare Gefahrenzone* begeben. Bei sämtlichen 16 Fallbeispielen handelt es sich um Gefahrenzonen, die Sie sich selber schaffen oder an denen Sie maßgeblich beteiligt sind.

Versäumnisangst

Sie verfügen über einen hohen Bargeldbestand und beginnen fieberhaft nach Anlagemöglichkeiten zu suchen. Allein die Tatsache, dass Sie über Bargeld verfügen, versetzt Sie in Unruhe. Sie haben Angst, eine Gelegenheit zu verpassen.

Die krampfartige Suche nach einer Anlagemöglichkeit bereitet den Nährboden, aus dem große Fehler und damit Verluste erwachsen können. Wenn Sie sich bei der Angst ertappen, etwas zu verpassen, sollten Sie einmal kurz innehalten und sich vor Augen führen, dass sich in den internationalen Finanzmärkten ständig Gelegenheiten ergeben, auch wenn es im Augenblick nicht so aussieht. Diese Gelegenheiten können auch geballt auftreten. Binnen kürzester Zeit treten mehr Gelegenheiten in Erscheinung, als Sie überhaupt nutzen können. Es ist ärgerlich, aus lauter Ungeduld in ein Investment gehetzt zu sein, angetrieben von der Angst, etwas zu verpassen, um kurz darauf feststellen zu müssen, dass sich das Engagement nicht rechnet bzw. sogar Buchverluste entstanden sind. In der Zwischenzeit zieht ein Bündel an Gelegenheiten an Ihnen vorbei, die Sie nicht mehr nutzen können.

Man kann sich dieses Suchen nach der Chance wie ein Raster vorstellen, das von vornherein, aber unbewusst auf ein Objekt gerichtet ist, das entsprechend große Gewinnmöglichkeiten verspricht. So wird etwa eine Aktie gefunden, die entsprechend dem eingeschränkten und einseitigen Denken des Suchenden die Bedingungen als „Chance" schließlich erfüllt. Der Suchende merkt nicht, dass er bei der erfolgreichen Suche nicht wirklich auf eine Chance gestoßen ist, sondern es sich hier um eine bloß eingebildete Gelegenheit handelt. Dieses Verhalten gleicht einer Einbahnstraße, an deren Ende immer Verluste warten.

Die verbissene Suche nach der großen Chance bringt selten das tolle Geschäft. Man muss sich vielmehr umgekehrt von den Chancen finden lassen. Dies kann nur in einer Haltung geschehen, in der man auf Chancen dieser Art innerlich vorbereitet ist, um sie dann auch entsprechend wahrnehmen zu können. Dazu gehört die Erkenntnis, dass einem die großen Chancen nicht täglich oder wöchentlich in aller Regelmäßigkeit präsen tiert werden. Es können mitunter Jahre vergehen, bevor sich die große Gelegenheit bietet.

Ein Merkmal der großen Chancen ist, dass sie fast immer in einem Gewand auftreten, das man so nicht erwartet hätte. Sich von einer Gelegenheit finden zu lassen, setzt selbstverständlich auch *Offenheit* und *Unvoreingenommenheit* gegenüber den Börsen voraus. Das bedeutet nicht, keine Meinung zu haben, vielmehr wird die Bereitschaft gefordert, seine Anlagestrategie ständig einer Überprüfung zu unterziehen, sie fließen und sich entwickeln zu lassen.

Hohe und tiefe Märkte

Sie haben sich mit einem Investment gegen den Markt gestellt. Dieser entwickelt sich jedoch in der unerwünschten Richtung weiter. Sie wollen unbedingt Recht bekommen und vergrößern Ihr Engagement dementsprechend. Der Markt denkt aber nicht daran, sich so zu entwickeln, wie Sie sich das vorstellen.

Dieses Verhalten („Vergrößerung des Engagements") resultiert oft aus den Spekulationen, die in „zu hohen" oder „zu niedrigen" Märkten getätigt werden. Der Anleger analysiert die Situation – wenn überhaupt – nicht fortlaufend und stellt sich stur gegen die Marktentwicklung. Wenn Ihnen auffällt, dass Sie unsachlich und emotional gegen einen Markttrend handeln und es nur noch darum geht, Recht zu bekommen, dann sollten Sie sich vergegenwärtigen, was Ihnen dieses Verhalten außer möglichen Riesenverlusten überhaupt bringt. Das Gefühl der Genugtuung stellt sich bei derartigen Szenarien nur sehr selten ein. Und dem Markt ist es vollkommen gleichgültig, ob Sie mit Ihrer Einschätzung richtig oder daneben liegen.

Drehbuchstrategie

Sie wollen investieren und haben ein Idealszenario entworfen. Ein bestimmter Aktienindex muss nur auf ein bestimmtes Kursniveau fallen, damit Sie kaufen können. Der Markt muss sich lediglich nach Ihrem „Drehbuch" entwickeln.

Wenn Sie sich Ihr Leben unnötig spannend machen wollen, müssen Sie exakt so verfahren. Je nachdem, wie weit der Markt von dem anvisierten Kursniveau entfernt ist, befinden Sie sich in einer abwartenden Haltung. Sie sind auf dem Sprung, wissen aber nicht, ob oder wann Sie zum Zuge kommen. Die Tage gehen dahin, parallel dazu steigt Ihre innere Anspannung kontinuierlich an. Dieser Spannungsanstieg kann unerträglich werden. Sie schauen auf die Kursentwicklung und werden immer nervöser. Ab einem gewissen Zeitpunkt werden Sie von Zweifeln geplagt. Sie glauben nicht mehr, dass der Markt auf den anvisierten Kurs-Level fällt. Jetzt kommt zur unerträglich gewordenen inneren Anspannung auch noch die Versäumnisangst hinzu. In diesem Fall dauert es nicht lange, und sie akzeptieren das höhere Kursniveau, weil Sie sich unbewusst nur noch von der Anspannung befreien möchten. Sie kaufen, und tatsächlich – der innere Druck ist weg. Leider nur kurzfristig, im günstigsten Fall ein paar Tage. Dann beginnt sich der Druck wieder aufzubauen, weil Sie nun befürchten, etwas falsch gemacht zu haben. Möglich, dass der Markt auf das von Ihnen zunächst erhoffte Kursniveau fällt. Geschieht dies, fühlen Sie sich wie durch die Mangel gedreht. Sie machen sich Vorwürfe. Lesen Sie nun den übernächsten Absatz.

Vielleicht haben Sie es aber auch ausgehalten und gewartet, bis der Markt das Kursniveau erreicht. Endlich können Sie zur Tat schreiten. Sie haben einen bestimmten Kurs-Level anvisiert. Realisiert, gefreut, reagiert. Was ist in der Zwischenzeit geschehen? Hat sich etwas im Markt geändert? Haben Sie Vorsorge für den Fall getroffen, dass der Markt weiter fällt? Wahrscheinlich nicht. Wahrscheinlicher ist, dass sie nun vor dem Monitor oder Fernseher sitzen und auf die weitere Kursentwicklung starren. Haben Sie zunächst gehofft, dass der Markt fällt, so hoffen Sie nun, dass er steigt. Verkehrte Welt. In einem steigenden Markt erwarten Sie sinkende Kurse, um diese zu ihrem Vorteil zu nutzen. In einem fallenden Markt hingegen steigende Kurse, damit Sie mit Gewinn wieder herauskommen. Komplizierter geht es kaum noch.

Es spielt im Grunde genommen keine Rolle, ob der Markt nun fällt oder steigt, weil das Engagement emotional belastet ist. Die Wahrscheinlichkeit, dass Sie mit Ihrer Investition den gesamten emotionalen Prozess durchlaufen, ist sehr hoch. Das Gegenmittel besteht darin, keine Idealszenarien zu entwerfen. Idealszenarien liefert der Markt allenfalls selbst. Der Markt bestimmt das „Drehbuch", die Regie über Ihre Investments haben Sie im Rahmen Ihres Money Managements.

Zufällige Entdeckungen

Sie entdecken in einem Chart-Heft, dass eine Aktie auf einem sehr hohen bzw. sehr niedrigen Kursniveau tendiert. Daraufhin denken Sie unwillkürlich, dass diese Aktie kurzfristig fallen bzw. steigen müsse.

Doch reicht dieser Grund aus, um ein Investment zu rechtfertigen? Nur aufgrund der banalen Auffassung, ein Kurs sei „zu niedrig" oder „zu hoch", unternimmt ein umsichtiger Anleger noch lange nichts. Versuchen Sie in derartigen Fällen mehr Anhaltspunkte über die Aktie bzw. einen Markt herauszufinden. Vielleicht lässt sich ein hohes bzw. niedriges Kursniveau mit fundamentalen Daten bzw. der vorherrschenden Erwartungshaltung der Marktteilnehmer erklären. Es ist möglich, dass Sie dabei feststellen, dass die Aktie bzw. der Markt tatsächlich zu hoch bzw. zu niedrig notiert. In diesem Fall sind Sie auf ein interessantes und gewinnversprechendes Investment gestoßen. Sie untermauern Ihre Handelsstrategie mit den zusätzlichen und bestätigenden Informationen. Aber Vorsicht: Solange ein Trend intakt ist. stellen Sie sich mit einer Gegenposition vor einen fahrenden Zug. Warten Sie ab, ob sich in der folgenden Zeit ein Trendwechsel abzuzeichnen beginnt. Geben Sie den mühseligen Versuch auf, eine Aktie zum Tiefstkurs kaufen oder sie am Höchstkurs verkaufen bzw. shorten zu wollen. Das gelingt höchstens zufällig. Warten Sie einen Trendwechsel ab und engagieren Sie sich dann in Richtung des neuen Trends. Dies ist sicherer, als eine Trendwende festnageln zu wollen, bevor sich diese als solche herauskristallisiert.

Einseitige Betrachtung

Das Kurs-Gewinn-Verhältnis (KGV) einer Aktie ist zu niedrig (zu hoch) im Vergleich zu allen Aktien derselben Branche. Die Aktie müsste deshalb steigen (fallen).

Auch hier gilt: zu einseitig gedacht. Erforschen Sie die Gründe für das niedrige (hohe) KGV: Warum erfährt das Unternehmen eine Unter- bzw. Überbewertung? Möglich, dass Ihnen bei einer eingehenden Analyse noch weitere Aspekte auffallen, die Ihre Ansicht entweder verstärken oder aber auch in einem anderen Licht erscheinen lassen.

Markt im Leerlauf

Sie haben mehrere Leerverkaufspositionen (Short-Positionen) in Aktien aufgebaut, da Monate zuvor der Anleihenmarkt gestürzt ist. Die Aktien steigen zwar nicht, wollen aber auch nicht fallen. Mit jedem neuen Börsentag zweifeln Sie immer mehr an Ihrer Strategie.

Halten solche Marktphasen lange genug an, können Sie regelrecht zermürbt werden, bis Sie schließlich aufgeben. Dabei mag Ihre Strategie durchaus schlüssig sein. Die Finanzmärkte entwickeln sich aber nicht oder meist nur äußerst selten nach den Gesetzen der „Alltagslogik". Wenn, wie in diesem Fall, die Marktteilnehmer noch positiv gestimmt sind, können sich liquiditätsbedingte Kurseinbrüche verschieben. Ein Seitwärtstrend, der sich über etliche Monate hinzieht, kann für einen Leerverkäufer eine Ewigkeit darstellen. Sollten Sie derartige Phasen der inneren Zerrissenheit erleben, die Sie zu einem voreiligen Handeln veranlassen können, ist die Fähigkeit, sich von den Märkten zu distanzieren, von entscheidender Bedeutung. Überprüfen Sie deshalb in solchen Marktphasen Ihr Konzept. Wenn sich nichts Grundsätzliches an den für Ihre Strategie bestimmenden Faktoren geändert hat, können Sie ohne weiteres an Ihrem Engagement festhalten. Für erfahrene Börsianer hat es manchmal den Anschein, die Börsenwelt stehe Kopf, aber binnen kürzester Zeit kann sich eine Marktlage wieder „einrenken".

Grundlose Unruhe

Eine markttechnische Korrektur versetzt Sie unversehens in Unruhe – eigentlich grundlos, aber Sie machen sich Sorgen. Sie überprüfen wesentliche Aspekte Ihrer Investmentplanung, geändert hat sich eigentlich nichts.

In so einem Fall sind Sie höchstwahrscheinlich überinvestiert. Haben Sie sich an die Money Management-Regeln gehalten, sollte dies eigentlich ausgeschlossen sein. Ansonsten werden Sie angesichts einer Überinvestition von latenten Verlustängsten belastet. Reduzieren Sie in diesem Fall Ihre Positionen auf ein vertretbares Niveau und berücksichtigen Sie künftig von vornherein die Vermögenskontrolle. Stehen Ihre Investments aber mit dem Money Management in Einklang und liegt somit kein Überengagement vor, können Sie auch von einem Déjà-vu-Erlebnis überrascht worden sein. Es ist möglich, dass Sie vor Jahren in einer ähnlichen Situation überinvestiert waren, eine Korrektur falsch interpretierten und anschließend traumatische Verluste hinnehmen mussten. Ihr Unterbewusstsein wird durch die aktuelle Marktentwicklung an die vergessen geglaubte Erfahrung erinnert und löst eine Angstreaktion aus, die eine Wiederholung dieser Erfahrung verhindern soll.

Um solche Überraschungen künftig zu vermeiden, sollten Sie Verluste gleich innerlich verarbeiten. Aber: Wenn Sie die Money Management-Regeln beherzigen, wird es kaum noch zu extremen Verlusten kommen. Wenn Sie von Gefühlen ergriffen werden, die Sie in Unruhe versetzen, obwohl dies sachlich nicht begründet ist, nehmen Sie diese einfach hin oder versuchen Sie sich abzulenken. Eine Suche nach vergangenen Erlebnissen bringt in solchen Fällen nichts, sie könnte Ihnen in der aktuellen Situation nur eine unnötige zusätzliche Belastung bescheren.

Verletzte Eitelkeit

Sie mussten einen deutlichen Verlust realisieren. Dabei hatte alles derart gut ausgesehen, dass Sie das Investment im Rahmen Ihres Portfolios übergewichtet haben. In finanzieller Hinsicht stecken Sie den Verlust locker weg. Aber etwas nagt an Ihnen. Sie werden angriffslustig und wollen dem Markt nun zeigen, wo es langzugehen hat.

Häufig werden Ego-Phasen durch eine Verlustserie oder einen einzelnen, größeren Verlust eingeleitet. Die Verluste werden emotionalisiert und als persönliches Versagen empfunden. Sie suchen eine neue Investmentchance. In dieser Verfassung sollte es kein

Problem darstellen, eine solche auch umgehend zu finden. Aus verletzter Eitelkeit stellen Sie sich dann mit einer vermeintlichen Chance gegen eine Marktentwicklung. Sie wollen Recht bekommen, koste es, was es wolle. Das Besondere an dieser Situation ist, dass die Gewinnmotive in den Hintergrund treten. Das Engagement soll zwar mit einem Gewinn abschließen, dessen Höhe spielt aber keine wesentliche Rolle. Wichtiger ist der Gewinn als Beweis für die Richtigkeit Ihrer Ansichten, als Bestätigung dafür, dass Sie und nicht der Markt richtig gelegen haben. Solche Ego-Phasen enden fast immer mit Verlusten. Gelingt die Gewinnrealisierung, werden die nachfolgenden Handelsaktivitäten im Rahmen der persönlichen Bestätigung wesentlich stärker mit egoistischen Impulsen durchsetzt werden. Früher oder später kommt die Quittung des Marktes. Je später, desto größer die Verluste.

Das Gegenmittel besteht darin, dass Sie lernen, mit Verlusten effizient umzugehen, deren Höhe begrenzen und sich von der Vorstellung verabschieden, dass Sie Investmentresultate Ihren persönlichen Fähigkeiten zuschreiben können. Auf einen Gewinn brauchen Sie sich nichts einzubilden; Sie können ihn allenfalls als Bestätigung dafür betrachten, dass Sie eine Strategie, einen Investmentplan Ego-reduziert und diszipliniert umgesetzt haben. Da aber selbst der ausgefeilteste Investmentplan keine Gewinngarantie beinhaltet, gehören Verluste zum Börsenhandel wie Schatten zum Licht.

Handelsblockade

Sie haben einen größeren Verlust realisiert, wobei Sie die Money Management-Regeln nicht beachtet haben. Sie ergehen sich in Selbstvorwürfen. Im Zuge Ihrer Analysen entdecken Sie die nächste Investitionsmöglichkeit, aber Sie können nicht kaufen, weil Sie Angst vor einem weiteren Verlust haben.

Sie befinden sich in einer Handelsblockade, weil Sie den Verlust persönlich nehmen. Sie haben einen Fehler gemacht. Gut, Sie werden auch künftig den einen oder anderen Fehler begehen. Sie sind keine perfekte Maschine. Gewinnen Sie über eine Handelspause, deren Dauer Sie selbst bestimmen, Distanz zu den Märkten. Buchen Sie die Angelegenheit als Erfahrungswert. Berücksichtigen Sie bei der nächsten Investition die Money Management-Regeln. Einen weiteren Verlust können Sie nicht ausschließen, wohl aber dessen Höhe annähernd bestimmen. Dieses Wissen sollte Ihr Selbstvertrauen wiederherstellen können.

Zwischenbewegung oder Zwischenfall?

Ihre Long-Positionen befinden sich im Rahmen einer beeindruckenden Hausse weit im Gewinn. Ihre Indikatoren signalisieren Ihnen, dass der Markt stark übergekauft ist, sodass eine deutliche technische Korrektur längst überfällig ist. Sie ermitteln, dass man von der Korrekturbewegung zusätzlich profitieren könnte. Nach der Reaktion erwarten Sie eine Fortsetzung der Aufwärtsbewegung, Kurz entschlossen stellen Sie Ihre Long-Position glatt und gehen umgehend short, spekulieren jetzt auf einen fallenden Markt, weil Sie von der

Korrektur profitieren wollen. Doch der Markt korrigiert nicht, sondern steigt unverändert weiter. Ihre Short-Position gerät zügig in den Verlust. Sie fühlen sich wie paralysiert, weil Sie von dieser Entwicklung überrascht wurden. Statt zu verkaufen, warten Sie auf eine markttechnische Reaktion, die es Ihnen zumindest ermöglichen sollte, ohne Verlust aus der Shortposition herauszukommen. Die Korrektur setzt ein, Sie atmen durch, aber die markttechnische Reaktion ist ein Witz. Sie ist alles andere als ausgeprägt, wirkt wie eine kurze Verschnaufpause. Der Markt startet wieder durch, zieht auf neue Höhen. Ihre vorangegangenen Gewinne hat sich der Markt über die Verluste aus der Short-Position längst wieder zurückgeholt. Am liebsten würden Sie den Markt in die Luft sprengen.

Insbesondere Marktteilnehmer, die innerhalb ihrer Anlagestrategien auch Finanzinstrumente verwenden, die an den Termin- und Optionsbörsen angeboten werden, sind anfällig für Spekulationen *auf Zwischenbewegungen* (markttechnische Reaktionen bzw. Korrekturen in einer Auf- oder Abwärtsbewegung). Eine Spekulation auf Zwischenbewegungen gleicht einem Seiltanz in luftiger Höhe, natürlich ohne Netz. Nur wenige Marktteilnehmer beherrschen diese Kunst. Es ist das Aktionsfeld für die kurzfristig orientierten Taktiker, die auch kleine Kursbewegungen zu nutzen wissen. Sie bringen außerdem die Voraussetzung mit, einen Irrtum unmittelbar zu erkennen und entsprechend schnell zu reagieren. Diese extreme Beweglichkeit können die meisten Marktteilnehmer aus unterschiedlichen Gründen aber nicht vorweisen.

Wenn Sie dem Reiz erliegen, auch von Zwischenbewegungen profitieren zu wollen, riskieren Sie dabei die Zerstörung einer exzellenten Anlagestrategie. Ihre Planung lief auf einen mehrmonatigen Investmentzeitraum hinaus. Eine Spekulation auf eine Zwischenbewegung ist aber ein kurzfristiges Geschäft. Außerdem handelt es sich bei dieser Spekulation meistens um eine rein impulsive Angelegenheit. Ursprünglich dachten Sie nur an eine Long-Position. Jetzt sind Sie short, weil Sie ein paar Punkte Gewinn zusätzlich mitnehmen möchten. Mit der Spekulation auf eine Zwischenbewegung bringen Sie Ihr gesamtes Konzept durcheinander, weil sie ursprünglich überhaupt nicht eingeplant war.

Sie können die Angelegenheit natürlich auch noch von einer anderen Warte aus betrachten: Mit derartigen Spekulationen gehen Sie grundsätzlich ein doppeltes Risiko ein. Einerseits kann es sein, dass die technische Reaktion nicht im erwarteten Umfang oder auch gar nicht eintritt, andererseits können Sie in diesen Fällen den Anschluss an den Haupttrend verpassen. Bei der Analyse Ihrer bisherigen Handelsergebnisse sollten Sie die Erfahrungen mit dem Handel in Zwischenbewegungen besonders berücksichtigen, um daraus entsprechende Konsequenzen ziehen zu können. Eine solche Konsequenz könnte z. B. in dem Ziel definiert werden, auf Spekulationen in Zwischenbewegungen in Zukunft völlig zu verzichten und dieses Feld neidlos den wenigen Akteuren zu überlassen, die diese Kunst wirklich beherrschen.

Euphorie

Sie sind optimistisch für einen Markt bzw. eine Aktie gestimmt. Ihren Recherchen zufolge erwarten Sie einen entsprechenden Kurszuwachs. Tagelang befinden Sie sich bereits in

Siegerlaune. Sie verspüren geradezu Glücksgefühle, wenn Sie an Ihr Engagement denken. Doch dann kommt es nicht zu dem erwarteten Kursanstieg, sondern zu einem hohen Verlust. Sie sind regelrecht desorientiert. Dabei hatte doch alles ganz sicher ausgesehen.

Das einzig Sichere an diesem Handel wäre nur das innere Alarmsignal gewesen. Derartige Schieflagen haben immer eine bestimmte Einleitungsphase. Meist hatte der Betroffene mehrere größere Gewinne in Folge zu verzeichnen. Plötzlich scheint die Spekulation ein Kinderspiel zu sein. Genau dieses Gefühl verleiht dem Superman-Anwärter eine trügerische Sicherheit. Er beginnt nun, sich selbst zu überschätzen. Sein Selbstbewusstsein inflationiert. Er hat das Gefühl, die Märkte im Griff zu haben.

Jetzt soll der ganz große Coup kommen. Wie in einem Rauschzustand werden die Orders platziert, die Gewinne stehen eigentlich schon fest und müssen nur noch eingefahren werden.

Sollten Sie derartige Gefühle beim aktiven Handel feststellen, können Sie nahezu sicher sein, dass sich auf dem Höhepunkt Ihres Rauschzustandes bereits die ersten Verluste einzustellen beginnen. Da Ihr Handel extrem von Emotionen belastet ist, sind Sie zu einer rationalen Entscheidung nicht fähig. Das einzig Ernüchternde ist der nachfolgende Schock aufgrund hoher Verluste. Das Gegenmittel liegt in solchen Fällen in einer *Handelspause* – bis sich Ihr Superman-Gefühl wieder gelegt hat. Machen Sie sich diesbezüglich keine Sorgen. Ein euphorischer Rauschzustand löst sich meist binnen kurzer Zeit von selbst wieder auf.

Marktdominanz

Sie können nachts nicht mehr schlafen, weil Sie sich Gedanken über Ihre Engagements an den Finanzmärkten machen. Oder Sie werden zusehends reizbarer, wenn Sie an Ihre Börsenengagements denken. Die Börsenentwicklung legt sich wie ein Schatten auf Ihren Alltag.

Wenn die Finanzmärkte Ihr Nervenkostüm derartig ramponiert haben, hilft nur eine Maßnahme: der saubere Schnitt. Lösen Sie so rasch wie möglich alle oder zumindest die risikoreichsten Engagements auf. Wer nicht mehr ausgeglichen an den Börsen operieren kann, begibt sich auf die Verliererstraße. Dabei ist es völlig gleichgültig, ob Sie Ihre Strategie richtig gewählt haben. Machen Sie Kasse und ziehen Sie sich für eine Weile aus den Märkten zurück, und zwar so lange, bis Ihre innere Ruhe wieder eingekehrt ist. Beobachten Sie in dieser Zeit die Märkte, aber setzen Sie sich nicht mit ihnen auseinander. Betrachten Sie also nur die Marktentwicklung, mehr nicht. Erst wenn Sie in der Lage sind, die Ereignisse an den Finanzmärkten innerlich loszulassen, wird Ausgeglichenheit in Sie einziehen.

Gelegentliche Unruhe bzw. nervliche Anspannung ist nicht weiter schlimm. Diese Empfindungen hängen häufig auch von der Tagesform ab, die nun einmal Schwankungen unterworfen ist. Wenn diese Symptome aber überhand nehmen, Ihre negative und belastende Stimmung überwiegt und Sie dadurch beeinträchtigt werden, wird es brisant. Die beschriebene Gegenmaßnahme zur Behebung des negativen Erscheinungsbildes ist dann angezeigt.

Systemkonflikte

Sie arbeiten mit einem Handelssystem. Am liebsten wäre es Ihnen, wenn Ihnen das System ein Verkaufssignal für den Aktienmarkt liefern würde. Sie befinden sich deshalb bereits seit Tagen in einer angespannten Verfassung. Sie würden den Markt gerne shorten. Endlich kommt das Signal. Aber was ist das? Ein Kaufsignal! Sie fragen sich unwillkürlich, ob das System defekt ist. Irgend etwas sträubt sich in Ihnen, das Kaufsignal umzusetzen. Obwohl Sie in Verkaufsstimmung waren, müssen Sie jetzt kaufen. Nach einigem Hin und Her entschließen Sie sich, das Systemsignal zu ignorieren, und stellen sich auf die Verkaufsseite.

Es spielt keine Rolle, ob Sie nun richtig oder falsch liegen. Können Sie Systemsignale nicht oder nur sporadisch befolgen, dann löschen Sie das System besser gleich und nutzen Sie die Festplatte Ihres Computers anderweitig. Es gibt eine ganze Reihe von Akteuren, die Handelssysteme als reine Selbstbestätigungsmaschinen einsetzen. Stimmt das System mit der eigenen Auffassung überein, werden die Signale akzeptiert, falls nicht, werden die Signale ignoriert. Ähnlich verhält es sich auch im Umgang mit markttechnischen Analysen, wenn Indikatoren wahllos zur Rechtfertigung der eigenen Einschätzung missbraucht werden. Oder klare analytische Resultate werden einfach ignoriert, weil sie dem Nutzer nicht in seine Vorstellungswelt passen.

Solche Verhaltensweisen können insbesondere bei Markttechnikern beobachtet werden. Besonders prekär ist in diesem Zusammenhang die freie Interpretationsmöglichkeit von Indikatoren. Die Interpretation ist dann oftmals einseitig. Dahinter steht Selbstbetrug. Wenn Sie feststellen, dass Ihnen die Aussagen relevanter markttechnischer Indikatoren nicht passen, ist höchste Vorsicht geboten. Ihr Ego ist dabei, das Ruder zu übernehmen. Eine Fahrt in verlustreiches Gewässer steht bevor.

Sie können Konflikten dieser Art bereits im Vorfeld den Boden entziehen. Sobald Sie bemerken, dass Sie sich in einer Erwartungshaltung befinden, halten Sie inne und versuchen Sie Ihre Aufmerksamkeit von den Finanzmärkten abzuziehen und auf eine neutrale Sache zu richten. Je früher Sie damit beginnen, umso schneller wird sich Ihre Erwartungshaltung auflösen. Andernfalls besteht die Gefahr, dass Sie sich ungebrochen anheizen, Ihre Erwartung sich zu einer Spannung und schließlich zu einem unerträglichen Druck steigert, der Sie dann zu emotionalen Handelsaktivitäten verleitet.

Umsatzförderung

Ihr Broker ruft an und erklärt Ihnen, er habe da eine interessante Aktie fiir Sie. Die XY-Gesellschaft sei soeben von der hauseigenen Analyseabteilung mit „Outperformer" beurteilt worden. Der Aktienkurs habe bereits zugelegt. An Ihrer Stelle würde er kaufen, da Sie über einen ausreichenden Barmittelbestand verfügen.

Dieses Beispiel lässt sich vielfach variieren. Die Aktie könnte gerade als Übernahmekandidat im Gespräch sein. Oder ein Terminmarkt sieht vielversprechend aus. Selbstverständlich sind diese Informationen immer „brandaktuell" oder „gerade hereingekommen". Diese Verkaufsstrategien werden nicht ohne Grund eingesetzt. Der Anleger wird mit dieser psychologischen Taktik massiv unter Druck gesetzt. Wenn Sie ein Broker-Konto besitzen, sollten Ihnen Telefonate dieser Art bestens bekannt sein. Die angeführten Beispiele entstammen der Praxis des Telefonverkaufs. Ihnen wird suggeriert, dass Ihnen eine große Gelegenheit entgeht, wenn Sie nicht sofort handeln. In diesen Fällen wird Ihr Handeln hundertprozentig fremdbestimmt,

Ein umsatzmachender Broker hat unzählige „Gelegenheiten" für seine Kunden zur Hand – und das täglich! Wenn Sie unter Druck gesetzt werden sollen, machen Sie das einfach nicht mit. Lassen Sie sich niemals zu einer Handlung bewegen, die Sie selber nicht in Erwägung gezogen haben. Sagen Sie Ihrem Broker, dass Sie sich die Sache in Ruhe überlegen wollen und dass Sie in dieser Angelegenheit auf ihn zurückkommen werden. So gewinnen Sie die Oberhand. Es kann durchaus sein, dass Sie dadurch Chancen verpassen, die sich später als profitabel herausstellen. Dies gilt insbesondere dann, wenn Ihr Broker tatsächlich einen Spürsinn für gute Gelegenheiten hat. Wenn Sie deshalb geneigt sind, seine Empfehlungen aufzugreifen, sollten Sie sich nur darüber im Klaren sein, dass Sie sich in ein Abhängigkeitsverhältnis begeben. Sie müssen entscheiden, ob Sie damit leben können, denn schließlich ist ein Broker nicht dazu verpflichtet, Sie mit „guten Gelegenheiten" zu versorgen.

Wenn Sie unter *Handelszwang* geraten, ist die Situation hingegen völlig anders zu beurteilen. Sie halten beispielsweise Long-Positionen in einem Terminmarkt. Der entsprechende Markt gerät unter massiven Verkaufsdruck; es kommt zu einem Kurseinbruch. Ihr Broker ruft Sie an und fordert Sie zu einem Nachschuss auf, andernfalls müsse die Position unverzüglich liquidiert werden. Als Termin-Trader sind Sie zu einer umgehenden Entscheidung aufgefordert, ob Ihnen das nun passt oder nicht. Im Terminhandel müssen Sie auf solche Situationen eingestellt sein.

Börsen-Gurus

Mit Analysen Dritter und Prognosen bekannter Marktbeobachter gehen Sie normalerweise kritisch um. Sie sind müde und erschöpft, wollen sich vor dem Fernseher etwas entspannen. Beim Zappen landen Sie schließlich bei einer Börsensendung. Ein Börsen-Guru entwirft gerade ein apokalyptisches Szenario, weil er mit einem baldigen Crash an den internationalen Finanzmärkten rechnet. Plötzlich sind Sie hellwach und beunruhigt. Die Ausblicke des Gurus scheinen sich in Ihnen verbissen zu haben, weil Sie diese nicht mehr aus Ihrem Kopf bekommen. Was ist, wenn der Guru tatsächlich richtig liegt?

Was ist, wenn der Guru falsch liegt? Dieser Sachverhalt ist unter unterschiedlichen Blickwinkeln zu betrachten. In einer müden Verfassung sinkt Ihre Kritikfähigkeit. Entweder sind Sie überhaupt nicht mehr aufnahmebereit und damit vor äußeren Einflüssen weitestgehend geschützt, oder äußere Einflüsse halten nun – aufgrund einer mangelnden Bereitschaft zur Auseinandersetzung – erst recht in Ihnen Einzug, von denen Sie sich dann nur noch schwer befreien können. In einer erschöpften Verfassung sollten Sie wirklich abschalten und sich erholen. Dazu tragen Börsensendungen oder das Lesen von Börsenanalysen nicht gerade bei. Im Übrigen ist die Meinung des Börsen-Gurus dessen persönliche Ansicht.

Ein Markt richtet sich nicht nach dem, was ein bekannter Guru erwartet. Und warum sollten die Ansichten eines Börsengurus treffender sein als Ihre eigenen Analysen? Es kann sein, dass Ihre Analysen mit denen des Gurus übereinstimmen. Falls nicht, ist das auch kein Problem. Der beste Schutz gegenüber Fremdeinflüssen besteht darin, dass Sie sich von den Ansichten Dritter nicht berieseln lassen, sondern sich allenfalls mit jenen Meinungen auseinander setzen, bei denen Sie sichergehen können, das eine sorgfältige Recherche gewährleistet ist. Ihre eigenen Investmentkonzepte stehen jedoch immer im Vordergrund. Folgen Sie grundsätzlich Ihrer eigenen Linie und machen Sie nicht die Ansichten eines Börsen-Gurus zu Ihren eigenen Verlusten.

Börsentalk

Sie treffen sich mit einem Bekannten und diskutieren über einen bestimmten Markt. Sie sind der Ansicht, dass der Markt fallen wird. Ihr Bekannter hingegen ist der Überzeugung, dass ein Kursanstieg bevorsteht. Aus der Diskussion entwickelt sich jedoch ein Verkaufsgespräch. In einem langen Vortrag „verkauft" Ihnen Ihr Bekannter seine Sicht der Dinge. Er predigt einen Kursanstieg. Sie halten sich immer mehr zurück, weil Sie wissen, dass Ihr Bekannter in der Vergangenheit hervorragende Investmentresultate erzielen konnte. Vielleicht schätzt er den Markt wirklich richtig ein. Schließlich sagen Sie gar nichts mehr, haben Ihrem Bekannten nichts mehr entgegenzusetzen. Sie fühlen sich wie hypnotisiert. Am nächsten Tag haben Sie sich auf einen Kursanstieg eingestellt.

Gegen solche Manipulationen sind selbst autonome Anleger mit langer Börsenerfahrung nicht immun. Entscheidend ist, dass man die Leistung eines Dritten akzeptiert und anerkennt. Seinen Ansichten über einen bestimmten Markt sind dann Tür und Tor geöffnet. Auch ein exzellenter Akteur verzeichnet gelegentliche Schieflagen. Was er sagt und meint, ist nicht das letzte Wort. Der beste Schutz vor Fremdeinflüssen dieser Art besteht darin, sich erst gar nicht auf langatmige Diskussionen einzulassen. Will Ihnen jemand eine Idee „verkaufen", weil er Ihnen einen Gefallen tun will, dann funken Sie dazwischen. In Wirklichkeit will er nur sich selbst überzeugen. Sozusagen als Nebeneffekt können Sie von seinen Ansichten infiziert werden. Wenn Sie auf der Grundlage der Meinung eines Dritten kaufen oder verkaufen, kennen Sie noch nicht die Fortsetzung der Geschichte. Sie stehen allein da. Im schlimmsten Fall tritt eine Schieflage ein, mit der Ihr Bekannter nicht zurechtkommt. Sie werden dann mit in die Tiefe gezogen. Wenn Ihnen eine Investmentidee „verkauft" werden soll oder Sie mit einseitigen Darstellungen überzogen werden, halten Sie einmal versuchsweise dagegen: „Okay, ich kaufe. Aber dann möchte ich jetzt gleich eine schriftliche Erklärung, dass im Falle einer Schieftage sämtliche Verluste von dir übernommen werden."

Unter einigen Börsenprofis gibt es beispielsweise einen Kodex, untereinander nicht über Märkte oder Anlagesituationen zu diskutieren. Die meisten Profis wissen, dass diese Diskussionen nichts bringen, unergiebig sind und schlimmstenfalls das eigene Konzept negativ unterwandern. Profis befragen sich auch untereinander nicht, ob sie in einem bestimmten Markt long oder short sind. Wer hinhören kann, bekommt ohnehin schnell heraus, wie der andere positioniert ist. Was bringt es auch, wenn mir ein Top-

Trader an einem Donnerstagmorgen um kurz nach zehn Uhr mitteilt, dass er in einem bestimmten Aktienmarkt gerade long gegangen ist, also auf steigende Kurse setzt? Was soll man mit so einer Information schon groß anfangen? Man könnte jetzt ebenfalls long gehen. Wann soll man aus der Position aber wieder aussteigen?

Nehmen wir einmal an, wir treffen den Top-Trader ein paar Tage später wieder. „Ach so, die Long-Position im Aktienmarkt. Ja, die hab ich noch am selben Tag wieder glattgestellt." Die Frage nach der Markteinschätzung gilt unter vielen Börsenprofis zwar als unprofessionell, dabei handelt es sich aber nur um ein künstliches Tabu. Die meisten Profis fühlen sich nämlich geschmeichelt, wenn sie zu einer Stellungnahme aufgefordert werden. Die Frage nach der Markteinschätzung suggeriert Kompetenz. Das ist ja auch nicht weiter zu verurteilen, nur sollte dann in Profikreisen nicht so ein Schauspiel veranstaltet werden. Die meisten Profis fühlen sich in Wirklichkeit gut, wenn sie sich mit Bekannten über Marktentwicklungen austauschen können. Wer als professioneller oder privater Anleger auf Konversation nicht verzichten möchte, sollte sich kompetente Gesprächspartner auswählen, mit denen sachliche Dialoge möglich sind.

Die Inhalte der beschriebenen Handlungen und Reaktionsmuster sind persönliche Alarmsignale. Diese Verhaltensmuster lassen sich im Einzelfall entsprechend variieren. Ein Alarmsignal innerhalb einer börsenbezogenen Aktivität bedeutet, dass die Wahrscheinlichkeit, dass aus diesem Verhalten Verluste resultieren, höher ist, als dass dadurch Gewinnentwicklungen herbeigeführt werden. Es geht aber nicht darum, sich bei jeder persönlichen Reaktion auf das Börsengeschehen kleinlich wie ein Hypochonder selbst zu beobachten. Damit würden Sie sich binnen kürzester Zeit lähmen. Es geht vielmehr um eine gesunde Einstellung zu sich selbst. Die Finanzmärkte konfrontieren uns täglich mit unzähligen Gewinnchancen und Verlustrisiken. Wenn sich schon Verluste trotz ausgewogener Analysen und Anlagemethoden nicht vollständig umgehen lassen, so sollen im Rahmen der Verhaltensoptimierung zumindest die vermeidbaren Verlustquellen so weit wie möglich reduziert werden.

Handelsaktivitäten in Konfliktsituationen

Da sich die Finanzmärkte nicht nach den Bedürfnissen des Anlegers richten, muss dieser jederzeit auf die Entwicklungen der Märkte reagieren können. Je nach Handelsorientierung und -frequenz befindet er sich mitunter monatelang ausschließlich in der Situation des Beobachters, um sich dann in entsprechenden Marktphasen binnen weniger Stunden oder gar Minuten auf eine neue Entwicklung einzustellen, die seine persönlichen Anlagedispositionen betrifft. Eine Aktie kann aufgrund neuer fundamentaler Daten unter Druck geraten, sodass er umgehend eine Entscheidung zu treffen hat. Ein Unternehmen hat beispielsweise eine Gewinnwarnung ausgesprochen. In einer Pressemitteilung heißt es lediglich lakonisch: „Die Analystenschätzungen hinsichtlich des Gewinnausweises für das III. Quartal sind zu hoch." Daraufhin gerät die Aktie massiv unter Druck und eröffnet um mehr als 4% niedriger gegenüber Vortagesschluss.

Handelt es sich dabei um einen kurzfristigen Ausverkauf? Oder stellt der Kurseinbruch erst den Anfang einer längerfristigen Abwärtsbewegung dar? Da in diesem Fall unverzüglich eine Entscheidung getroffen werden muss, gerät der Akteur unter Druck, zumal er auf diese Lage nicht eingestellt war. Er muss sich, abhängig von seiner Situation, binnen kürzester Zeit für eine von drei möglichen Varianten entscheiden:

- *Variante 1:* Er stuft den Kurssturz als günstige Gelegenheit ein und kauft zu.
- *Variante 2:* Er ist unentschlossen und verhält sich passiv, will die weitere Entwicklung abwarten.
- *Variante 3:* Er verkauft seinen Bestand entweder ganz oder teilweise.

Jede dieser Varianten lässt sich weiter unterteilen. Wenn er z. B. hinzukauft, muss er entscheiden, zu welchem Kurs und in welchem Umfang. Wartet er die weitere Entwicklung ab, knüpft er daran eine Bedingung oder aber er schaltet auf das Hoffnungsprinzip und damit auf einen emotionalen Handel um. Verkauft er alle Aktien des Unternehmens oder sicherheitshalber erst nur einen Teilbestand? Hier ist noch zu unterscheiden, ob bei den Verkäufen eine Gewinnsicherung oder Verlustbegrenzung im Vordergrund steht. Wer binnen weniger Minuten Entscheidungen von finanzieller Tragweite zu treffen hat, gerät automatisch unter Stress. Der Akteur reflektiert kurz die Situation, trifft eine Entscheidung, führt diese aus. Damit könnte der Fall und somit der Stressauslöser erledigt sein. Leider ist er es in der Mehrheit aller Fälle nicht, da nach der Entscheidung die Überprüfung folgt, die wiederum stressauslösend wirken kann („Habe ich richtig oder falsch gehandelt?"). Wenn der Anleger eine Entscheidung zunächst vertagt hat und die Aktie weiter unter Druck steht, wird sich auch der Druck auf ihn verstärken.

Die Entscheidung zur Passivität ist ein offener Entschluss, weil das Engagement in voller Höhe bestehen bleibt, eine abschließende Entscheidung, gleich ob richtig oder falsch, noch nicht getroffen wurde. Da der im Falle einer negativen Kursentwicklung resultierende Druck auf den Anleger zusehends größer wird, empfindet dieser die Situation zunehmend als Belastung. Hat er nun kein Konzept, keinen Investmentplan als Orientierungshilfe zur Hand, dann ist er entsprechend geneigt, sich von dem Druck zu befreien, und wird das Engagement glattstellen. Dies gilt aber nur dann, wenn er die Kursverluste subjektiv noch nicht als sehr hoch einstuft. Gerade so hoch, dass es schmerzt, aber nicht in einer lähmenden Größenordnung.

Stressfaktoren

Der *Stressfaktor* spielt bei der Geldanlage eine nicht unwesentliche Rolle. Anleger, die unter einem hohen Stresseinfluss stehen, können nicht mehr gelassen und in Distanz zu den Börsenereignissen strategisch bzw. taktisch denken, entscheiden und handeln. Die potenziellen Fehlerquellen vergrößern sich analog und heben den Stresspegel, der den gesunden Bereich – das Basisstressniveau – verlassen hat. Der aktive Handel nährt dieses Basisstressniveau kontinuierlich, da jeder Marktteilnehmer sich in konstanter Handelsbereitschaft befindet oder zumindest befinden sollte. Eine offene Position zu halten bedeutet, dass früher oder später eine Entscheidung zu treffen ist. Erfolgt eine Positionsglattstellung nicht aus persönlichen Gründen (z. B. Liquiditätsbeschaffung), wird der Markt eine Entscheidung provozieren. Das Basisstressniveau ist eine zu akzeptierende Tatsache, die keiner weiteren Bewertung bedarf. Man könnte diesem Stressfaktor allenfalls in positiver Hinsicht zubilligen, dass er die Aufmerksamkeit des Anlegers fördert und ihm eine grundsätzliche Entscheidungsbereitschaft ermöglicht.

Nervosität

Aufgrund der von den Finanzmärkten ausgehenden Unsicherheiten verlassen viele Anleger das gesunde Basisstressniveau. Bei vielen spielt Nervosität überhaupt eine dominierende Rolle. Die Nervosität wird zunächst durch Verlust- und Versäumnisängste genährt und hat schließlich die Tendenz, sich zu verselbstständigen. Die auslösenden Momente können dem Grunde nach belangloser Natur sein, d. h. bereits unbedeutende Faktoren lösen massiv negativen Stress aus. Wer nervös und gereizt an den Finanzmärkten operiert, bezahlt nicht nur mit unnötigen Verlusten, sondern ebenso mit seiner Gesundheit und seiner persönlichen Energie, für die er keinen akzeptablen Gegenwert erhält. Wer sich bei seinen Börseninvestments ständig in einem nervösen Zustand befindet, der baut diese Nervosität selbst im Falle realisierter Gewinne nicht ab, sondern wird sie eher noch steigern. Da durch realisierte Gewinne Liquidität freigesetzt wird, macht sich der nervöse Anleger unmittelbar auf die Suche nach der nächsten Investitionsmöglichkeit. Selbst wenn er nicht sofort Anlagealternativen entdeckt, bleibt er in einer nervösen Grundstimmung, denn ständig begleitet ihn die Angst vor einer verpassten Gelegenheit. Hat er seine liquiden Mittel reinvestiert, wird er nervös die Kursentwicklung beobachten.

Nunmehr wird er mit Verlustängsten konfrontiert. Sein Handeln ist darauf ausgerichtet, dass seine Positionen unmittelbar in die Gewinnzone klettern, denn dies führt zunächst zu einer Beruhigung. Buchverluste, und seien sie noch so gering, beängstigen ihn und steigern seinen Stresspegel. Dann ist auch die Zeit für Selbstzweifel gekommen. Ständig schwankt der nervöse Anleger zwischen dem Zweifel an der Korrektheit seiner Investition und der Hoffnung, dass sich alles doch noch positiv entwickeln möge. Wendet sich das Blatt und wird aus einem Buchverlust ein Buchgewinn, so tritt die *Scheinberuhigungsphase* ein. Je höher die Buchgewinne nun steigen, desto schneller wird die Nervosität des Anlegers wieder zunehmen („Soll ich verkaufen oder soll ich doch noch warten?"). Es ist dabei völlig belanglos, ob er über ein Investmentkonzept verfügt oder nicht, denn auch bei Vorliegen einer Strategie wird er von Selbstzweifeln hin- und hergerissen. Dieses Verhaltensmuster lässt sich in Einzelfällen sogar umkehren.

Ein verlustkonditionierter Anleger kann sich im Laufe der Zeit daran gewöhnen, dass seine Investments überwiegend im Minus enden. Stellten Verluste zunächst eine große Stressquelle dar, kann der Anleger im Laufe der Zeit eine Desensibilisierung erfahren. Seine Handelsaktivitäten sind zwar vordergründig immer gewinnorientiert, letztlich ist er aber auf Verluste eingestellt. Entwickelt sich eine neue Anlage negativ, so ist der Stressmoment nur noch kurz. Dies kann in Einzelfällen sogar so weit gehen, dass der Anleger sich an Verluste gewöhnt, diese ihn daher nicht mehr beunruhigen, sondern von ihm unbewusst als positive Entwicklung erlebt werden. Im Falle eines Verlustes sieht er sich nicht zu Entscheidungen gezwungen, da er die Positionen einfach laufen lässt. Allerdings gibt es an der Börse keine Verlustkontinuität, sodass auch der verlustgewohnte Anleger zwangsläufig mit Buchgewinnen konfrontiert wird. Diese führen zu einer für ihn ungewohnten Situation und erzeugen allein deshalb Stress.

Symptomatisch für den nervösen Anleger ist auch die Haltung, ständig zu Tiefstkursen kaufen und zu Höchstkursen verkaufen zu wollen. Über realisierte Gewinne kann er sich nicht so recht freuen, weil seine Befürchtung, zu früh verkauft zu haben, die Freude über den entstandenen Gewinn überschattet. Nach einem realisierten Gewinn richtet sich sein Blick auf die weitere Kursentwicklung des verkauften Wertpapiers, da er wissen will, ob er tatsächlich zu früh verkauft hat. Steigen die Notierungen weiter, entsteht eine neue Stresssituation. Er wird sich ärgern und dazu neigen, sich Vorwürfe zu machen. So schließt sich der Teufelskreis. Ob engagiert oder nicht, der nervöse Anleger wird immer einen Anlass finden, sich selbst unter Druck zu setzen.

Perfektionismus

Worin sind die Ursachen für nervöses Anlageverhalten zu suchen? Der nervöse Anleger ist meist ein *Perfektionist.* Ob im Berufsleben oder bei seinen Investitionen – er will immer alles richtig und perfekt machen und gesteht sich niemals einen Fehler zu. Soweit er die Dinge ausschließlich selbst beeinflussen und steuern kann, wird er seinen Hang zur Perfektion stillen können und darin auch kurzfristig immer wieder einmal Erfüllung finden. Diese „Erfüllung", die für ihn eine *Bestätigung* ist, muss er aber teuer bezahlen. Er überträgt sein energieraubendes Verhalten zudem auf fast alle Lebensbereiche. Sobald in einer Konstellation von ihm unabhängige Einflussmöglichkeiten bestehen, gerät er in einen Konflikt. Er verwendet ungeheure Energien darauf, eine Konstellation herbeizuführen, in der sich alles so entwickeln möge, wie er es sich im Sinne seiner Perfektion vorstellt. Je nach Grad seines Perfektionseifers entwickeln sich dann die daraus für ihn resultierenden Belastungen zu einem aufzehrenden Dauerstress.

Die Finanzmärkte stehen unter vielfältigen Einflüssen und spiegeln in jedem Augenblick die Stimmung aller Marktteilnehmer in ihrer Konzentration als Anlegermasse wider. Der Perfektionist erfährt, dass seine Einflussmöglichkeiten auf ein absolutes Minimum beschränkt sind. Der perfekte Handel besteht in seiner Vorstellung nicht nur im Vermeiden von Verlusten und im Realisieren von Gewinnen, sondern vor allem im Kauf zu Tiefstkursen und Verkauf zu Höchstkursen. Er wird zwar irgendwann einsehen, dass sich dies nur mit viel Glück umsetzen lässt, dennoch will er es immer so haben und schafft sich auf diese Weise den Teufelskreis selbst, der ihn schließlich zum nervösen Anleger werden lässt. Ein konstruktiver Umgang mit Gewinnen und Verlusten ist ihm nicht möglich.

Gewinne setzt er einfach voraus, Verluste sind für ihn ein persönliches Unglück, ein Zeichen seiner mangelnden Perfektion. Aus diesem Teufelskreis kann er nur ausbrechen, wenn er zur *Selbsterkenntnis* kommt. Er muss einsehen, dass er mit diesem Anspruch auf Dauer nicht handeln kann, und er muss zu einem Kompromiss bereit sein. Im Moment seiner Einsicht hat er bereits den ersten Schritt getan, um den negativen Pfad zu verlassen.

Wenn bei einem Anleger der Börsenhandel nur noch aus nervösen Erscheinungsbildern besteht, sollte er sich einmal überlegen, mit welchen möglichen Folgen er dafür „bezahlt". Erst wenn er erkennt, dass er selbst derjenige ist, der sich durch eine unrealistische Erwartungshaltung immer wieder den Boden entzieht, kann sich das Blatt wenden. Es wird nichts nützen, wenn ihm jemand anders diese Situation vor Augen zu führen versucht. Solange er nicht einsichtig ist, kann er auch keine Bereitschaft entwickeln, sein Verhalten zu ändern und es in eine positive Richtung zu lenken. Ein praktischer Lösungsschritt wäre eine längere Abstinenz vom Börsenhandel – keine offenen Positionen, keine Analysen, kein Gedanke an die Entwicklung der Finanzmärkte. Bereits nach ein paar Wochen kann seine Nervosität nachlassen. Hat er sich sehr lange in einer Anspannung befunden, so dürfte er sich erschöpft und ständig müde fühlen. Dies ist kein negatives Zeichen, sondern eine natürliche Begleiterscheinung. Da die innere Anspannung weicht, drückt sich die beginnende Entspannung zunächst in Erschöpfungszuständen aus, die dann einer allmählich einsetzenden Erholungsphase weichen. Diese Erholung setzt aber nur dann ein, wenn der Betreffende seine Abstinenz von den Finanzmärkten aufrechterhält. Nach einigen Monaten wird er feststellen, dass auch seine innere Distanz zur Börse gewachsen ist.

Dies ist aber noch nicht der Zeitpunkt, den aktiven Börsenhandel wieder aufzunehmen. Erst jetzt sollte sich der Anleger mit seinem früheren Anlageverhalten auseinander setzen. Das macht er am besten in schriftlicher Form mittels eines Handelsbuches. Dazu notiert er zunächst die wichtigsten Erfahrungen, die er in der vorangegangenen aktiven Handelsphase gemacht hat. Im nächsten Schritt sollte er sich fragen, welche persönlichen Merkmale ihn zu diesem Verhalten veranlasst haben könnten. Je ehrlicher er dabei zu sich selbst ist, desto gravierender wird dies sein Anlageverhalten ändern. Die Dauer dieses Auseinandersetzungsprozesses ist vom Einzelfall abhängig. Ob sie ein halbes Jahr oder zwei Jahre beträgt, ist unerheblich. Die Befürchtung, nach einer längeren Abstinenz den Draht zu den Märkten zu verlieren, ist unbegründet. Das wird jeder Anleger bestätigen können, der nach einer längeren Pause frisch und nervlich gestärkt seinen Börsenhandel wieder aufnimmt. Allerdings sollte man berücksichtigen, dass man ein „Anfänger" ist. Ein Anfänger deshalb, weil sich das Anlageverhalten geändert hat. Die Arbeit an sich selbst muss der Anleger beständig fortsetzen, sonst besteht die Gefahr, dass sich sein früheres Verhalten wieder einschleicht und er so in den Teufelskreis des nervösen Anlegers zurückfällt.

Doch so weit muss es nicht immer oder überhaupt erst gar nicht kommen. Die Ursache für hektischen Börsenhandel liegt durchweg in Verlusten, die als traumatisch erfahren wurden. Haben Sie ein paar Mal Verluste in großer Höhe erfahren, können Sie handelsblockiert sein. Sie wollen sich mit den jeweils neuen Engagements darüber hinwegsetzen, was aber nur teilweise gelingt. Sie brauchten dringend einen großen Gewinn zur Bestätigung, der sich dann aber nicht unbedingt einstellt. Bei jedem neuen Engagement schwingt die Angst mit, einen neuerlichen großen Verlust zu erfahren. Dies kann auch so weit gehen, dass Verluste, egal ob in einer Größenordnung von 1 % oder

50% der Investition, von Ihnen generell als traumatisierend empfunden werden. Die Grundlage für dieses Verhalten bilden grundsätzlich frühere Verluste in einer Größenordnung, die das Normalmaß übersteigt.

Wenn nun Verluste generell vermieden werden sollen, versteht es sich fast von selbst, dass Sie sich mit dieser Einstellung blockieren und zudem nicht in der Lage sind, ein Engagement entsprechend zu steuern. Daraus resultiert ein erheblicher Stress, der Ihre Handelsbereitschaft negativ beeinflusst und in finanzieller Hinsicht ausgerechnet die Verlustorientierung fördert. Da Verluste vermieden werden sollen, sind Sie in einer entsprechenden Situation geneigt, diese laufen zu lassen, anstatt sie zu begrenzen. Wenn Sie in der Vergangenheit einige herbe Verluste wegstecken mussten und nun vor jedem neuen Engagement neue Verluste fürchten, können Sie die Altverluste als Erfahrungswert abschreiben. Die künftigen Engagements sollten Sie unter Berücksichtigung der Money Management-Regeln aufbauen und entsprechend steuern.

Die Anwendung des Money Managements kann den durch den Börsenhandel bedingten Stress auf ein akzeptables Normalmaß reduzieren. Was auf viele Akteure zutreffen mag, kann im Einzelfall dennoch nicht die gewünschte Wirkung zeigen. Das Money Management schließt Stressquellen, die aus der Anlage direkt resultieren, weitestgehend aus, dennoch kann übermäßiger Stress aus persönlichen Verhaltensweisen resultieren, die mit der Geldanlage nicht in einem direkten Zusammenhang stehen. Entsprechende Methoden zur Stressreduzierung werden am Ende dieses Kapitels aufgezeigt.

Selbstverständlich hofft jeder Anleger auf Gewinne und wird seine Investitionen in der richtigen Art und Weise aufziehen wollen. Das ist eine korrekte Ausgangssituation, denn sonst bräuchte er keine Kursrisiken auf sich zu nehmen. Wenn sich seine Absichten jedoch verselbstständigen und seine Erwartungen immer unrealistischer werden, so wird ihn das auf unproduktive Wege bringen. Seine Unsicherheit und Nervosität kann ein Anleger jedoch nicht nur aus Verlust- und Versäumnisängsten oder falsch verstandenem Perfektionismus beziehen, sondern auch aus *Ungeduld* und *Gier.*

Ungeduld

Der *ungeduldige Anleger* will grundsätzlich alles immer möglichst sofort. Sofortiges Handeln, sofortige Gewinne. Auch hier gilt, wie beim Perfektionisten, dass die Ungeduld nahezu alle Lebensbereiche des Betroffenen beherrscht. Der Ungeduldige kann alles sofort erledigen, soweit es sich um Sachverhalte handelt, die keinerlei Fremdeinflüssen ausgesetzt sind und die der Betroffene selbst bestimmen kann. An den Finanzmärkten versucht er es aber vergeblich. Da er keine Geduld hat, hält er Investments nicht durch, unabhängig davon, ob sie vielversprechend sind oder nicht. Unter großen Selbstzweifeln leidet er aber nur selten. Er versteht nur nicht, warum beispielsweise eine Aktie, die er vor ein paar Tagen gekauft hat, nicht unmittelbar darauf zu steigen beginnt. Der ungeduldige Anleger ist kursorientiert. Fallen Buchverluste an, ärgert ihn das zwar, er wartet jedoch nicht auf eine Trendwende, selbst wenn die Wahrscheinlichkeit dafür sehr hoch ist.

Unabhängig davon, wie hoch die Buchverluste auch ausfallen, er ist dazu geneigt, seine Bestände blitzartig zu räumen. In der Praxis verhält es sich so, dass die meisten Marktteilnehmer Buchverluste nicht in Realverluste umwandeln können und sie so immer größer werden lassen. Sie zwingen sich selbst dazu, Wertpapierpositionen mitunter jahrelang als Buchverlustposten zu halten. Die schnelle Verkaufsbereitschaft des ungeduldigen Anlegers wirkt nur auf den ersten Blick positiv. Seine Bereitschaft zur Realisierung von Buchverlusten besitzt kein analytisches Fundament, da er sich nur selten Zeit für strategische Überlegungen nimmt. Eine Position, die einen geringfügigen Buchverlust aufweist, hält er grundsätzlich für einen Flop. Umgehend macht er sich auf die Suche nach einer lukrativeren Anlagealternative. Der Ungeduldige ist selbstverständlich auch besonders empfänglich für „heiße Tipps". Analysen interessieren ihn nicht sonderlich, weil ihm inhaltliche Auseinandersetzungen und Recherchen zu zeitaufwändig sind.

Kritisch wird es besonders dann, wenn der ungeduldige Anleger eine vermeintlich großartige Anlageidee hat. Er fühlt sich in solchen Momenten absolut sicher und ist unter entsprechenden Voraussetzungen auch bereit, eine hohe Summe auf ein Investment zu konzentrieren. Er ist dann auch dazu geneigt, Kredite aufzunehmen, um den erwarteten positiven Effekt zu multiplizieren. Laufen diese Spekulationen aber nicht nach seinem „Drehbuch", wird er in diesem Fall überstürzt handeln und bereits bei einem kleinen Kursrückgang alles verkaufen. Unter den Ungeduldigen sind in erster Linie die Marktteilnehmer auszumachen, die sich bei jeder kleinen Kursbewegung sofort mit dem Markt drehen. Steigen die Aktien, springen sie ohne zu zögern auf die Käuferseite. Fällt ein Markt kurzfristig, verkaufen sie sogleich wieder und tätigen zusätzlich Leerverkäufe, soweit ihnen dies möglich ist.

Der Ungeduldige glaubt, dass er trendfolgeorientiert handelt, und versucht sich deshalb häufig als Taktiker. Er ist davon überzeugt, dass man auch mit Daytradings ein Vermögen machen kann. Theoretisch ist dies sicherlich möglich, aber er relativiert den dafür erforderlichen Background – sowohl in persönlicher als auch in technischer Hinsicht – und stimmt ihn auf seine Verhältnisse willkürlich ab. Es ist erstaunlich, wie viele Tagesspekulanten sich erfolglos als Taktiker versuchen. Sie haben stets zahllose plausible Argumente für ihre Fehlspekulationen zur Hand. Die Verantwortung wird vorzugsweise unter Zuhilfenahme selbst fadenscheinigster Argumente nach außen verlagert. Ein ungeduldiger Anleger schafft sich seine Konfliktsituationen selbst, indem er sich selbst die erforderliche Substanz für große Gewinne entzieht. Auch das ist ein Teufelskreis, aus dem er nur herauskommt, wenn er lernt, mit seiner Ungeduld umzugehen, sie in Schach zu halten.

Sollten Sie feststellen, dass Ihre Handelsaktivitäten von einer ungeduldigen Haltung negativ beeinflusst werden, dann sollten Sie in einen Dialog mit sich selbst eintreten. Wenn Sie feststellen, dass Sie von einer ungeduldigen Haltung beherrscht werden, bekommen Sie die Situation in den Griff, indem Sie ihre Ungeduld zunächst akzeptieren. Es bringt nichts, gegen dieses Gefühl einfach anzugehen. Nehmen Sie Ihre ungeduldige Haltung zunächst an. Sie werden sicherlich bestätigen können, dass Ihre Ungeduld häufig stressverursachend ist. Um sich vom Stress zu befreien, suchen Sie unbewusst nach Lösungen, um Ihre Ungeduld zu befriedigen, was aber immer nur kurzfristig gelingt. Bei dieser Charaktereigenschaft gibt es so etwas wie Aussichtslosigkeit nicht. Werden Sie von Ungeduld ergriffen und regelrecht mitgerissen, so sollten Sie die Notbremse ziehen, indem Sie sich bewusst entspannen. Damit entsprechende Übungen aber nicht nur die reinen Symptome behandeln, ist ein weiterer Schritt sinnvoll.

Ungeduld basiert in der Regel auf „kurzsichtigem" Handeln. Ihnen fehlt möglicherweise ein größeres Ziel, ein längerfristiger Plan. Eine Investmentstrategie ist für Sie daher besonders wichtig, damit Sie eine längerfristige Orientierung erhalten. Ihre Strategien und Vorstellungen sollten Sie deshalb auch unbedingt schriftlich dokumentieren. Auf diese Weise können Sie schrittweise lernen, mit Ihrer ungeduldigen Haltung umzugehen, weil Sie Ihr kurzfristiges Zeitempfinden ausdehnen. Zur Realisierung eines größeren Handelsziels setzen Sie sich viele kleine, realisierbare Ziele. Mit einer Handelsstrategie, die Sie auf die Regeln des Money Managements abstimmen, haben Sie in ungeduldigen Phasen ein Arbeitsmittel zur Hand, das Ihnen die erforderliche Orientierung verschafft und Sie von affektgesteuerten Handelsaktivitäten abhalten kann. Um nicht mit Blick auf ihre persönliche Entwicklung wieder in Ungeduld zu verfallen, planen Sie für die Umstellung bzw. Umorientierung einen ausreichenden Zeitraum ein. Sie können z. B. als persönliche Zielsetzung wählen, dass Sie innerhalb der nächsten zwölf Monate Ihre Handelsaktivitäten auf Basis des Money Managements und unter Berücksichtigung längerfristiger Anlageziele durchführen.

Gier

Wesentlich schwerer sind Impulse in den Griff zu bekommen, die aus Gier resultieren. Ein *gieriger Anleger* hat immer das Gefühl, zu wenig zu bekommen. Wie groß seine Börsengewinne auch ausfallen mögen, er ist niemals zufrieden zu stellen. Seine Gier bildet einen finanziellen Horizont, den er stets vor Augen hat, aber nie erreichen kann. Diese Gier löst sich selbst bei Börsengewinnen der Superlative nicht auf. Ob ein Anleger nun Wertpapiere für eine oder fünf Millionen US-Dollar in seinem Depot hat, spielt für ihn keine Rolle, da es sich nur um numerische Größen handelt. Er denkt in Ziffern, die für ihn ein Machtsymbol darstellen. Grundsätzlich muss dieser Impuls zunächst wertfrei betrachtet werden. Die Gier kann für einen Anleger eine unerschöpfliche Handelsmotivation darstellen, aus der er extreme Energiemengen mobilisieren kann.

Paaren sich Gierimpulse mit einer geduldigen Grundhaltung und der Bereitschaft zum Money Management, kann dies einen Anleger durchaus auf die Erfolgsschiene bringen. Gier ist nicht automatisch gleichzusetzen mit Übereifer und hektischem Handel. Im Gegenteil, sie kann den Anleger dazu antreiben, eine besonders gründliche Markt- und Aktienanalyse vorzunehmen, um sich einen Vorteil gegenüber anderen Marktteilnehmern zu sichern. Er wählt die nach seiner Meinung besten Anlagen aus und erwartet dann sozusagen als Bestätigung für seinen Arbeitsaufwand auch entsprechend hohe Börsengewinne. Diesem Anlegertyp sind frühzeitige Gewinnmitnahmen unbekannt. Er kann Wertpapierpositionen bedenkenlos über längere Zeiträume laufen lassen. Sein Handicap besteht vielmehr darin, dass er den Ausstiegspunkt verpasst, weil er immer noch mehr will.

Eine Konfliktsituation besteht insbesondere dann, wenn sämtliche Investments nur aufgrund von Gierimpulsen gesteuert und ohne jeglichen analytischen Background aufgezogen werden. Das ist bei diesem Anlegertyp am häufigsten zu beobachten. Kursgewinne werden einfach vorausgesetzt. Um die unersättliche Gier zu stillen, werden Anlageinstrumente mit einer großen Hebelwirkung eingeschaltet, wie Optionen und Optionsscheine. Ohne analytischen Background manövrieren Gierimpulse den Anleger aber in die Verlustzone, weil er viel zu hohe Risiken fährt und außerdem den Ausstiegszeitpunkt nicht erfasst. Er weiß einfach nicht, wann er aufzuhören hat und seine Positionen glattstellen muss.

Bei diesem Anleger kommt es sehr häufig vor, dass er zulässt, dass sich hohe Buchgewinne in große Buchverluste verwandeln. Besonders kritisch entwickelt sich dies, wenn zur Gier auch noch Ungeduld als Antrieb hinzukommt. Mit dieser Mischung ist ein finanzielles Desaster vorprogrammiert, weil sich beide Antriebsmomente gegenseitig im Weg stehen. Sie wirken wie zwei Gegenspieler, die den Anleger in einen Zustand konstanter innerer Zerrissenheit treiben können. Beide Komponenten lassen sich in ihrer Kombination auch nur schwer auflösen. Der Gierimpuls kann für sich allein genommen in die richtige Bahn gelenkt werden, wenn Investitionen auf der Grundlage einer Handelsstrategie aufgezogen werden. Ein idealer Ausstiegszeitpunkt lässt sich ohnehin immer erst rückblickend ermitteln, ein akzeptabler Ausstieg hingegen über Gewinnsicherungstechniken in den Griff bekommen.

Burnout: Fallgrube der Profis

Wie verhält es sich mit Konfliktsituationen, die mit der Investition nicht direkt verbunden sind, sich aber dennoch auf sie auswirken? Gerade auf professioneller Ebene gibt es vielfältige Sachverhalte, die sich indirekt auf Anlageentscheidungen auswirken können. Es handelt sich hier um einen äußerst komplexen Bereich, sodass an dieser Stelle nur ein Thema schwerpunktmäßig erörtert werden soll: das *Burnout-Syndrom.* Im Verlauf einer langjährigen Investmenttätigkeit als *Entscheidungsträger* gerät nahezu jeder Profi einmal an den berüchtigten Punkt, an dem scheinbar nichts mehr geht. Er hat womöglich eine akzeptable Tätigkeit, ein sehr hohes Einkommen und auch entsprechende Erfolge an den Finanzmärkten vorzuweisen. Aber plötzlich scheint die Batterie leer zu sein. Er fühlt sich nicht mehr motiviert, muss sich immer öfter zur Arbeit zwingen und wird zudem krankheitsanfälliger (z. B. Häufung leichterer Infektionskrankheiten). Montags denkt er bereits an das kommende Wochenende.

In einer solchen motivationslosen Situation besteht üblicherweise die erste Reaktion darin, dass der Betroffene sich zu einem größeren Engagement zwingt. Dies ist jedoch keine Lösung, denn die Effekte sind meist nur kurzfristiger Natur. Sich gegen ein Gefühl der inneren Leere zu stemmen bewirkt eher das Gegenteil, nämlich weitere Energieverluste. Der Betroffene ist schlicht und einfach ausgebrannt. Seine Tätigkeiten liefern keine Impulse mehr, die zu einem Aufladen seiner aufgebrauchten Energiereserven führen würden, sondern das Ganze hat sich über einen längeren Zeitraum ins Gegenteil gekehrt.

Die Ursachen des Burnout-Syndroms liegen in einem jahrelangen Überengagement, übermäßigem, langanhaltendem Stress, einem mangelnden Ausgleich, Konzentration auf nur eine einzige Sache, z. B. eine ausschließlich berufliche Orientierung unter Vernachlässigung anderer, ausgleichender, privater Lebensbereiche. Aber nicht alle diese Faktoren müssen vorliegen, um bereits das Gefühl des Ausgebranntseins auszulösen. Es reicht beispielsweise schon aus, wenn ein Entscheidungsträger sich jahrelang außerordentlich engagiert und Erfolge an den Finanzmärkten erzielt, aber sich nie die Zeit und den Raum für ausgleichende Inhalte genommen hat.

Wer über einen längeren Zeitraum unter hohem Erfolgsdruck steht, gehört ebenfalls zu den potenziellen Burnout-Kandidaten. Sofern es sich nicht um selbstständig tätige Akteure handelt, werden sie weder bei ihren Arbeitgebern noch bei ihren Kollegen Verständnis finden. Das Risiko, innerhalb einer Firma vorzeitig als „auffällig" zu gelten, ist viel zu groß. Angesichts der riesigen Geldumwälzungen will es sich keine Bank, Broker- oder Fondsgesellschaft leisten, hochdotierte Mitarbeiter zu beschäftigen, die womöglich nicht hundertprozentig „funktionieren". Denn genau darum geht es: hundertprozentiger Einsatz jenseits möglicher Schwächephasen, die im Grunde genommen nicht außergewöhnlich sind, in dieser Branche aber nicht geduldet werden. Wer sich in die Maschinerie nicht perfekt integriert, wird kurzerhand ausgemustert, denn um hochdotierte Posten stehen die Bewerber Schlange. Kleinere Investmentfirmen gehen diesbezüglich längst andere Wege, wenn auch nicht aus einer besonderen sozialen Einstellung, sondern aus anderen Notwendigkeiten heraus, etwa weil keine Extremgehälter gezahlt werden können.

Ein Burnout kann bereits eintreten, wenn der Betroffene das Gefühl hat, dass seine Leistungen finanziell nicht entsprechend honoriert werden. Ist es ihm nicht möglich, ein höheres Gehalt durchzusetzen, muss er zwangsläufig zu einem anderen Arbeitgeber wechseln. Reicht dieser Schritt zur Frustverarbeitung aus und wird er vom Betroffenen als solcher akzeptiert, bedarf dies keiner weiteren Erörterung. Problematisch wird es erst dann, wenn ihm aus dem einen oder anderen Grund ein Wechsel nicht möglich ist. Aber reichen die finanziellen Aspekte auf Dauer aus, um bestimmte Defizite auszugleichen? Eine Verallgemeinerung ist nicht möglieh, es steht immer der Einzelfall im Vordergrund, und daher muss eine individuelle Einschätzung erfolgen.

In der Börsen- und Finanzszene, selbstverständlich auch in jeder anderen Branche, gibt es diese Menschen, die über viele Jahre hinweg rund um die Uhr beschäftigt sind, sich im Rahmen ihrer Tätigkeit erfüllt und zufrieden fühlen und keinerlei persönliche Defizite verspüren. Ein „Workaholic" ist nicht automatisch ein Burnout-Kandidat, wenn er den beruflichen Stress positiv empfindet. Allerdings sind das nur Einzelfälle, denn nur wenige finden eine berufliche Situation vor, die ihre Bedürfnisse und Wünsche hundertprozentig reflektiert und erfüllt. Es ist durchaus möglich, dass man sich über lange Zeiträume überaktiv und überengagiert seinen beruflichen Zielen widmen kann. Wer sich aber permanent verausgabt, steigert damit automatisch die Wahrscheinlichkeit, dass sich seine energetischen Batterien eines Tages erschöpfen.

Generell sind diejenigen, die sich übermäßig engagieren, sich sehr hohe Ziele setzen und glauben, durchweg zu wenig zu leisten, besonders gefährdet. Das Gefühl des Ausgebranntseins lässt sich nicht mit ein paar Tricks oder auf die Schnelle abschalten. Ist es erst einmal da, breitet es sich mit allen möglichen Erscheinungen aus und kann den Betroffenen über einen längeren Zeitraum erheblich belasten. Mit Blick auf die Finanzmärkte kann sich diese Belastung destruktiv auswirken. Die Entscheidungsfähigkeit nimmt rapide ab, der Betroffene fühlt sich zusehends überfordert. Diese Situation begünstigt Schieflagen, die unter anderen Voraussetzungen normalerweise nicht entstehen würden. So weit muss es aber gar nicht erst kommen.

Die Finanzmärkte üben auf alle Beteiligten einen starken Sog aus. Von Montag bis Freitag sind die Märkte tatsächlich rund um die Uhr aktiv. Dies gilt insbesondere für den Devisenhandel. Durch die zunehmende Globalisierung der Finanzmärkte betrifft dies aber inzwischen nahezu alle internationalen Börsenplätze, also auch die Anleihen- und Aktienmärkte. Die konstante Sogwirkung zwingt jeden Profi, der auf Entscheidungsebene tätig ist, ständig in der Welt der Zahlen und Kurse zu leben. Dies hat zur Folge, dass selbst die Schlussglocke an einem bestimmten Finanzmarkt für den jeweiligen Handelstag keinen wirklichen Schlusspunkt setzt. Oft gibt es überhaupt kein Privatleben. Die Freizeit wird als leere, wenn nicht gar als vergeudete Zeit empfunden. Hohe Fluktuationen innerhalb der Branche bedeuten auch, dass die Bildung sozialer Kontakte an den jeweils neuen Wohnorten nur unter erschwerten Bedingungen möglich ist. Die sozialen Kontakte bestehen dann in erster Linie in Meetings mit Kollegen, bei denen wiederum berufsbezogene Themen im Vordergrund stehen. Wer dies nicht als Defizit erlebt, kann damit dauerhaft zurechtkommen. Wer allerdings feststellt, dass diese Situation Wünsche offen lässt, muss sich um Alternativen bemühen und kann die Angelegenheit nicht einfach auf sich beruhen lassen. Je länger man sich in einer unbefriedigenden Situation befindet, desto schwieriger wird es, diese zu ändern. Ein Ausgleich kann über viele verschiedene Freizeitinteressen hergestellt werden. Dazu zählen auch Maßnahmen zur Entspannung und Stressreduzierung.

Wichtig ist, dass diese Interessen einen inneren Abstand zum Beruf herstellen, denn erst dann ist eine Erholung möglich, die einem wieder die nötige Energie verschafft, um den Beruf optimal ausüben zu können. Wer das Gefühl hat, ständig zu wenig zu leisten bzw. seine Leistungen permanent steigern zu müssen, sollte seine Ansprüche einer kritischen Überprüfung unterziehen. Hinter der allgemeinen und übertriebenen Geschäftigkeit können sich Unsicherheiten verbergen, z. B. die Angst, dass andere einen für nicht leistungsfähig halten könnten. Dabei wird übersehen, dass letztlich immer die Ergebnisse im Vordergrund stehen. Hinter einem übertriebenen Einsatz können sich auch Ängste vor einer inneren Leere verbergen. Es gibt viele Menschen, die sich selbst nicht aushalten können und sich allein deshalb in vielerlei Tätigkeiten flüchten. Berufliche Spannung soll mit Freizeitspannung kompensiert werden, was auf Dauer nicht funktioniert. Sind die Energiereserven erschöpft, werden die Betroffenen auf eine nicht gerade elegante Art auf sich selbst zurückgeworfen und haben dann große Probleme, die Situation auf einen erträglichen Nenner zu bringen.

Es dürfte sich von selbst verstehen, dass in einer solchen Verfassung ein distanzierter und effizienter Börsenhandel praktisch nicht mehr möglich ist. Auf so eine Entwicklung sollte es niemand anlegen, man sollte vielmehr bereits im Vorfeld Änderungen herbeiführen. Dies gelingt durchweg mit der Einsicht, dass ein entsprechender Ausgleich zum Börsenhandel die Qualität der Handelsentscheidungen verbessert. So sollten Sie bestimmen, in welchen Zeiträumen die Märkte in Ihrem Leben nichts verloren haben. Wenn Sie eine Zwischenbilanz über Ihre Aktivitäten an den Finanzmärkten ziehen, berücksichtigen Sie nicht nur Ihren finanziellen, sondern auch Ihren persönlichen Einsatz und beurteilen Sie die Ergebnisse unter diesem Aspekt. Die Finanzmärkte mögen jeden Akteur zeitweilig über ein Normalmaß hinaus beanspruchen, dennoch sind Sie als Profi sich selbst gegenüber verantwortlich und verpflichtet.

Koordination von Beruf und Handelsaktivitäten

Ein privater Anleger, der berufsbedingt unter extremer Belastung steht, wird kaum noch über große Energien verfügen, die ihm aber die Handelsaktivitäten an den Finanzmärkten abverlangen können. Dabei muss selbstverständlich unterschieden werden, ob der Anleger kurzfristige oder langfristige Investmentziele verfolgt. Wer unter einer permanent großen beruflichen Belastung steht und dabei langfristig investiert, dürfte beide Komponenten miteinander verbinden können. Entscheidend ist, ob seine knapp bemessene Freizeit ihm noch ausreichenden Spielraum bietet, um sich mit anlagebezogenen Entscheidungen auseinander zu setzen. Eine Konfliktsituation wird er sich aber garantiert schaffen, wenn er gleichzeitig kurzfristig an den Finanzmärkten handelt.

Der kurzfristige Börsenhandel verlangt eine tägliche Auseinandersetzung mit dem Börsengeschehen. Der beruflich überbeanspruchte Anleger wird diese Zeit jedoch nicht kontinuierlich aufbringen können, sodass seine Handelsaktivitäten zu einer Angelegenheit verkommen, die den Prinzipien von Lust und Laune ausgeliefert ist. In Zeiten, in denen die berufliche Beanspruchung etwas nachlässt, wird er sehr viel Energie aufbringen, um seine Informationsdefizite an den Finanzmärkten auszugleichen. Dann kommt wieder eine Phase, in der er dazu einfach nicht in der Lage ist, weil die berufliche Situation seine Zeit und seine Energien beansprucht. Die börsenbezogenen Themen werden dann völlig vernachlässigt. Mit diesem Auf und Ab wird jedoch kein Anleger auf Dauer zurechtkommen. Solche Situationen sind immer eine weitere – unnötige – potenzielle Verlustquelle.

Es gibt in energetischer Hinsicht überdurchschnittlich beanspruchende Berufe, die eine aktive Teilnahme am Börsenhandel nicht zulassen. Manche versuchen dennoch, die offensichtlichen Hürden zu überspringen. So wird z. B. ein Arzt während der Sprechstunden von seinem Broker angerufen. Mitten in einer ärztlichen Behandlung sollen Börsenentscheidungen getroffen werden. Möglicherweise steht der Arzt mit einer bestimmten Position unter Druck, Verluste drohen. Unter diesen Umständen soll er sich dann auf die Behandlung eines Patienten konzentrieren. Eine Situation, die Fehler und Fehlentscheidungen in beiderlei Hinsicht (ärztliche und börsenbezogene) geradezu provoziert.

Ein mittelständischer Unternehmer, der gerade einige schwierige Entscheidungen zur Markteinführung eines neuen Produkts zu treffen hat, konnte sich deshalb seit einiger Zeit nicht mehr mit seinen Aktien befassen. Nun erfährt er nebenbei, dass die Aktienmärkte massiv unter Druck stehen. Zu einer Entscheidung ist er nicht fähig, weil ihm die Übersicht fehlt. Also vertagt er die Angelegenheit. Diese Entwicklung stellt für ihn dennoch eine Belastung dar, eine Belastung, die er in einer Phase, in der wichtige unternehmerische Entscheidungen zu treffen sind, überhaupt nicht gebrauchen kann. Beide Gegebenheiten können sich unter Umständen sogar gegenseitig blockieren, sodass sich die Anlagedispositionen negativ auf unternehmerische Entscheidungen auswirken, weil der Akteur den Kopf nicht frei hat.

Vor der Aufnahme des aktiven Börsenhandels sollte jeder Anleger sondieren, ob sich seine Lebensumstände mit seinen Börsenaktivitäten vereinbaren lassen. Er muss sich darüber im Klaren sein, dass er hier sozusagen sein eigener Maßschneider ist. Harmonieren die Lebensumstände und die Börsenaktivitäten nicht miteinander, schafft man sich eine Basis für unnötige Verluste. Lässt die berufliche Situation eine aktive Teilnahme an den Finanzmärkten nicht zu, muss der Betroffene daraus wohl oder übel seine Konsequenzen ziehen, wie sehr er auch vom Börsenhandel fasziniert sein mag. Er würde von vornherein auf einen entscheidenden *Vorteil* verzichten, den andere Marktteilnehmer besitzen, nämlich, sich den Märkten ganz widmen zu können. Ihm bleibt gar keine andere Wahl, als sich einen Vermögensverwalter zu suchen, der an seiner Stelle die Anlagedispositionen vornimmt. Die einzige Herausforderung besteht in solchen Fällen darin, einen wirklich guten Verwalter zu finden.[17]

Finanzsupermärkte: die Qual der Wahl

Die Finanzmärkte haben sich seit den 70er-Jahren zu regelrechten Finanzsupermärkten entwickelt. Es gibt praktisch nichts, was man an den Märkten nicht handeln kann. Entsprechend groß ist das Angebot an Handelsinstrumenten. Der Einzelne mag dies zunächst als undurchdringliches Dickicht erleben, dennoch steht ihm eine riesige Auswahlpalette zur Verfügung. Er kann beispielsweise ein Indexzertifikat kaufen, aber auch Optionen oder Optionsscheine auf verschiedene Indizes erwerben oder einen Index via Terminkontrakte handeln. Die Entscheidung liegt allein bei ihm. Er kann mit allen Finanzprodukten handeln, ob diese Instrumente aber zu ihm passen, ist ein anderes Thema. Wer in einen Supermarkt geht, kauft auch nicht alles ein. Bestimmte Nahrungsmittel verträgt der eine, einem anderen wird schlecht davon. Hat dieser eine gesunde Einstellung zu sich selbst, wird er künftig auf unverträgliche Nahrungsmittel verzichten. Aber ebenso, wie es Leute gibt, die wider besseres Wissen unverträgliche Nahrungsmittel zu sich nehmen, gibt es auch – nicht gerade wenige – Anleger, die mit Finanzprodukten handeln, mit denen sie im Grunde genommen nicht zurechtkommen. Die Quittung wird ihnen in Form von Verlusten präsentiert.

Der überwiegende Teil der Akteure an den Termin- und Optionsmärkten ist für diesen Handel überhaupt nicht qualifiziert. Es spricht nichts dagegen, sich in diesen Märkten zu versuchen, zu probieren. Lässt sich der Terminhandel mit den persönlichen Lebensumständen vereinbaren, z. B. mit mittel- bis längerfristigen Strategien, und hat der Akteur ein Talent für dieses Marktsegment, dann ist selbstverständlich nichts dagegen einzuwenden. Bemerkt man aber nach kurzer Zeit, dass sich die persönlichen Lebensumstände mit dem Termin- oder Optionshandel nicht vereinbaren lassen, sollte man daraus die entsprechenden Konsequenzen ziehen. Dass z. B. der Handel mit Optionen möglich ist und enorme Gewinnperspektiven bietet, bedeutet noch lange nicht, dass man mit Optionen auch handeln muss.

Wer ständig erreichbar und beruflich bzw. familiär keiner Überbeanspruchung ausgesetzt ist, kann nahezu das gesamte Spektrum der Finanzmarktinstrumente nutzen. Ob er damit aber auch umzugehen versteht, ist eine andere Frage. Es gibt immer wieder Fälle, in denen Anleger auf die Anwendung bestimmter Finanzinstrumente verzichten müssen, weil ihre Lebensumstände dies nicht erlauben. Statt sich ständig darüber zu ärgern, ist es geschickter, diesen Sachverhalt einfach zu akzeptieren und sich auf die Anlagevarianten zu konzentrieren, die zur persönlichen Lebenssituation passen und deren Handhabung für den Anleger unproblematisch ist. So wird ein Gleichgewicht hergestellt.

Finanzielle Sicherheit

Eine börsenfremde Berufstätigkeit kann man auch als finanzielle Sicherheit betrachten. Das kann bei der persönlichen Investmentstrategie eine große Rolle spielen. Wer um ein geregeltes Einkommen weiß, der spekuliert auf einer anderen Basis als jemand, der von seinen Spekulationsergebnissen leben muss. Ein selbstständiger Börsenprofi muss daher immer ein guter Taktiker sein, der mit kurzfristigen Spekulationen umzugehen versteht, es sei denn, er verfügt über ein so großes Vermögen, dass er von seinen Zinseinkünften leben und daher auch langfristige Anlagestrategien verfolgen kann.

Wer beispielsweise in eine finanzielle Notlage gerät, weil er vorübergehend arbeitslos wird, kann sich gezwungen sehen, sämtliche Börseninvestments glattzustellen, da er sich Risikoanlagen erst einmal nicht leisten kann. Der Jobverlust nimmt ihm gleichzeitig eine finanzielle Sicherheit, die von dieser Seite her seine Investmentstrategie aushöhlen könnte. Der daraus resultierende Lebenskonflikt lässt sich nicht in allen Fällen umgehend lösen. Probleme entstünden, sobald der Betroffene versuchen würde, seine finanziellen Einbußen über den Börsenhandel wettzumachen. Die entsprechenden Investitionen würden dann nicht auf Marktgegebenheiten abgestimmt, sondern auf die Notwendigkeiten des Anlegers. Verluste sind in solchen Fällen nahezu hundertprozentig programmiert.

Es ist daher in einer solchen Situation besser, die Börsenaktivitäten zurückzuschrauben oder vorübergehend auszusetzen. Der Betroffene hegt die Zuversicht, dass er seinen Börsenhandel wieder aufnehmen kann, sobald er einen neuen Arbeitsplatz erhält. Dies ist insbesondere für kurzfristig orientierte Taktiker von Bedeutung. Wer ohnehin nur längerfristig operiert, kann seine Positionen ohne weiteres laufen lassen, sollte aber der Versuchung widerstehen, aktuelle Finanzdefizite über den Börsenhandel wettmachen zu wollen.

Änderung der Lebenssituation

Eine Änderung der persönlichen Lebensumstände kann immer zu einer Konfliktsituation führen. Ein Alleinstehender hat beispielsweise ein anderes Risikoniveau als jemand, der eine Familie zu versorgen hat. Wer für die finanzielle Lage einer Familie einstehen muss, dem verbieten sich automatisch extrem riskante Geldanlagen, vor allem dann, wenn sich ein möglicher Verlust schlagartig auf die an der Spekulation unbeteiligten Familienmitglieder auswirken würde. Setzt sich ein Anleger über sein familiäres Verantwortungsbewusstsein hinweg, so kann ihn dies unbewusst so unter Druck setzen, dass sich negative Auswirkungen auf seine Investments ergeben. Wenn jemand als Single hochspekulative Investments aufzieht, muss er für mögliche negative Folgen allein gerade stehen (obwohl hier das Verantwortungsgefühl des Einzelnen sich selbst gegenüber nicht unerwähnt bleiben soll). Lebt er oder sie mit einer Partnerin bzw. einem Partner zusammen, verhält sich dies bereits anders. Eine finanzielle Pleite kann dann den Partner mitbeanspruchen, obwohl dieser mit den Investments überhaupt nichts zu tun hatte. Hier kann nur an das Verantwortungsgefühl des Einzelnen appelliert werden. Mit der Anwendung der Money Management-Regeln lassen sich solche Konflikte aber bereits von vornherein fast vollständig ausschließen.

Wie verhält es sich aber, wenn die persönliche Faszination am Börsenhandel durch Dritte torpediert wird? In der Praxis ist immer wieder zu beobachten, dass innerhalb von Lebensgemeinschaften kontroverse Diskussionen darüber geführt werden, wie gemeinsame Gelder investiert werden sollen. Grundsätzlich lassen sich solche Debatten positiv beeinflussen, wenn man seine Position vertritt und die möglichen Ertragsperspektiven aufzeigt, die sich aus börsenbezogenen Investitionen ergeben können. Ist man selber mit Begeisterung bei der Sache, dürfte es nicht schwer fallen, einen anderen zu überzeugen. In den meisten Fällen werden die risikobehafteten Investments aber einseitig positiv dargestellt. Damit wird ein Grundstein für spätere Unsicherheiten gelegt. Ein Engagement entwickelt sich beispielsweise nicht positiv, worauf der Partner möglicherweise mit Vorwürfen reagiert. Dieses Beispiel lässt sich vielfach variieren. Die Auswirkung: Der Anleger wird verunsichert; er muss sich nun mit seinen Investments beweisen, was in den meisten Fällen unter Druck überhaupt nicht möglich ist. Wie lassen sich solche Situationen umgehen?

In einer Lebensgemeinschaft sollten die finanziellen Verhältnisse beidseitig geregelt werden. Über die Verwendung des gemeinsamen Vermögens sollte Klarheit herrschen. Wenn etwa hinsichtlich der Anlage in risikobehafteten Wertpapieren kein Einvernehmen erzielt werden kann, muss ein Kompromiss gefunden werden. So können bestimmte Vermögensteile von börsenbezogenen Investitionen ausgeschlossen werden. Diese Gelder bleiben dann im Rahmen des Money Managements unberücksichtigt. Kommt es diesbezüglich zu keiner Einigung, bleibt noch die Möglichkeit, auf die Bildung eines gemeinsamen Vermögens zu verzichten, sodass jeder über sein eigenes Vermögen verfügen kann.

Bei einer Änderung der Lebenssituation muss sich ein Anleger also konsequent damit auseinander setzen, welchen Einfluss diese auf sein Anlageverhalten und seine Investmentmöglichkeiten hat bzw. haben könnte. Geht er dieser Auseinandersetzung aus dem Weg, so verdrängt er Konfliktsituationen, die zu einem späteren Zeitpunkt nur schwer in den Griff zu bekommen sind. Diese Konfliktsituationen würden sich in seinen Investmentstrategien niederschlagen und könnten zu an sich vermeidbaren Verlusten führen.

Alltagskonflikte

Welchen Einfluss haben Alltagskonflikte auf das Anlageverhalten? Beruflich bedingter Ärger oder Niederlagen, die nur kurzfristiger Natur sind, haben in den meisten Fällen keine Auswirkung auf Börseninvestitionen. Erst wenn sie sich häufen und zu einem Dauerzustand werden, können sie sich einerseits auf das Anlageverhalten negativ auswirken, andererseits aber auch das Gegenteil herbeiführen. Wer etwa immer wieder frustrierende Erfahrungen mit seinem Beruf macht, könnte sich seine Erfolge an der Börse suchen, umso einen Ausgleich herzustellen. In diesem Fall würde die negative berufliche Situation eine positive Motivation bilden. Sie setzt aber voraus, dass die negativen Erlebnisse den Anleger nicht überbeanspruchen bzw. ihm derart zusetzen, dass er an den Finanzmärkten nicht mehr frei handeln kann, sondern nur noch aus einem Dauerstress heraus agiert und unbewusst versucht, seine beruflichen Frustrationen mit seinen Investments abzureagieren.

Alltagskonflikte stellen eher einen wunden Punkt für den Taktiker dar. Da seine Investitionen nur über einen kurzfristigen Zeitraum angelegt sind, haben Alltagskonflikte auf sein Anlageverhalten einen wesentlich größeren Einfluss als auf das des langfristig orientierten Strategen. Taktiker müssen daher lernen, sich mit Alltagskonflikten umgehend und konstruktiv auseinander zu setzen. Werden diese verdrängt, dann entsteht ein Konfliktstau, der den Stresspegel des Betroffenen erhöht. Ein hoher Stresspegel hat einen direkten Einfluss auf das Anlageverhalten. Auf verdrängte Konflikte hat der Betroffene meist keinen direkten Zugriff mehr, da er sie in sein Unterbewusstsein abgeschoben hat. Dort können sie unheilvoll weiterwirken. Diese Situation kann mit der Verlustverdrängung verglichen werden. Die ständige Problemverlagerung sorgt dafür, dass der Anleger unbewusste Negativ-Impulse erhält, die sich in resignativem Verhalten ausdrücken können („Ich mache ja doch nur Verluste"). Dies würde die Bildung neuer Verlustsituationen nur begünstigen.

Es können hier keine Patentrezepte geliefert werden, wie sich Konflikte und Stresssituationen auf die Schnelle lösen lassen. Man kann sich jedoch in einer Haltung üben, mit der es möglich wird, mit diesen Situationen konstruktiv umzugehen. Wer in den Finanzmärkten aktiv ist, handelt sich je nach Handelsfrequenz einen zusätzlichen Stressverstärker ein. Das kann im negativen Fall dazu führen, dass schon kleine finanzielle Verluste dem Selbstvertrauen ganz erhebliche Schläge versetzen können, weil der „natürliche Schutzmantel" in Stressphasen ohnehin ziemlich dünn ist.

Kompensationsmöglichkeiten

Dem Stress sind Sie aber als kurzfristig orientierter Akteur nicht hilflos ausgeliefert. Sie können selbst dafür sorgen, dass Sie nicht in Dauerstress geraten. Die folgenden Tipps bieten Ihnen eine Auswahl von Kompensationsmöglichkeiten. Bei der Zusammenstellung der zur Verfügung stehenden Methoden wurde ein Schwerpunkt auf jene gelegt, die sich ohne besonderen Aufwand in Ihren Alltag integrieren lassen.

Körperliche Fitness

Sorgen Sie zunächst für Ihre körperliche Fitness, diese führt zu einer wesentlichen Stressreduzierung. Dazu brauchen Sie keinen großen Aufwand zu betreiben. Um spürbare Effekte herbeizuführen, sollten Sie ein- bis dreimal wöchentlich ein *Fitnesstraining* (*z.* B. Cardiotraining auf einem Ergometer oder Stepper, leichtes Krafttraining, Rudern, Schwimmen oder Jogging) praktizieren (Dauer: 30 bis 60 Minuten einschließlich Ruhepausen). Wenn Sie dazu bisher überhaupt keine Lust hatten, können Sie zumindest über einen bestimmten Zeitraum zunächst einmal pro Woche eine beliebige Sportart ausüben und Ihren Trainingseinsatz dann langsam steigern.

Um es klar auszusprechen: Es geht hier um Fitness und nicht um sportliche Höchstleistungen. Einige Zeitgenossen, die ihre Fitness jahrelang vernachlässigt haben, erliegen dem Irrtum, dass sie nun alles nachholen müssten. Sie verlangen sich dann sportliche Höchstleistungen ab, die zu erbringen sie überhaupt nicht mehr in der Lage sind, oder betreiben eine für sie ungeeignete Extremsportart. Es reicht aus, wenn man meint, sich bereits in einem Bereich beweisen zu müssen. Sportliche Aktivitäten sollten als Ausgleich, als Erholung und nicht als weitere Herausforderung verstanden werden, weil sonst das Ziel, nämlich die Stressreduzierung, nicht erreicht wird. So wirkt z. B. ein übertriebenes Krafttraining eher stressfördernd, weil es körperlich auslaugt. Die einzige Herausforderung besteht allenfalls darin, sich überhaupt dazu durchzuringen, zumindest ein kleines Fitnessprogramm *regelmäßig* durchzuführen.

Entspannung

Praktizieren Sie täglich eine Übung zur *inneren Ruhe.* Sie können *autogenes Training oder progressive Muskelentspannung* anwenden, doch hat nicht jeder einen wirklichen Zugang zu diesen Entspannungsmethoden. Der Einfachheit halber können Sie auch Kassetten abhören und mit dieser Methode autogenes Training oder *Tiefenentspannung* praktizieren. Diese Kassetten sind in den meisten Fällen so bespielt, dass Sie am Ende der Übung geweckt werden. Bei diesen Methoden liegt die ideale Übungszeit in den Morgen- bis in die späten Nachmittagsstunden. Werden sie in den Abendstunden praktiziert, besteht die Gefahr, dass sich die Entspannung auf die Qualität der Nachtruhe negativ auswirkt (Einschlafstörungen). Dies können Sie aber problemlos herausfinden. Ist es Ihnen nicht möglich, eine passive Entspannungsübung tagsüber durchzuführen, oder sind Ihnen diese Methoden nicht zugänglich, so können Sie auch aktive Entspannungsmethoden praktizieren, wie z. B. *Tai Chi* oder die *Feldenkrais-Methode.*

Regelmäßige Entspannungsübungen haben zudem einen unschätzbaren Vorteil. Im Rahmen akuter Stresssituationen sind Sie in der Lage, rechtzeitig zu reagieren, bevor Sie von Stresssymptomen beherrscht werden. Mit einfachen Übungen können Sie sich unbemerkt von Ihrer Umgebung entspannen, z. B. durch *Atemkontrolle*, *Selbstsuggestion* oder einfache Übungen aus dem Bereich des *Qi Gong*. Sie können sich zunächst in den zur Verfügung stehenden Schriften informieren, in denen Methoden wie Feldenkrais oder der komplexe Bereich des Qi Gong ausführlich vorgestellt werden. Wenn Sie eine der erwähnten Praktiken erlernen möchten, wählen Sie Lehrer, die Ihre persönlichen Voraussetzungen berücksichtigen und anhand eines individuellen Konzeptes in die Arbeit integrieren. Mit Blick auf Atemübungen ist es weder sinnvoll noch ratsam, diese im „Do it yourself"-Verfahren zu erlernen.

Die aktiven oder passiven Entspannungsmethoden sollten Sie regelmäßig zu einer festgelegten Tageszeit praktizieren, da ansonsten die positiven Effekte nicht voll greifen werden. In der Praxis ist immer wieder festzustellen, dass viele Personen derartige Programme nicht durchhalten. Probieren Sie es, und Sie werden sehr schnell merken, wie schwierig es ist, sich Tag für Tag die erforderliche Zeit für eine Entspannungsübung zu nehmen. Oft hört man von den Praktizierenden Sätze wie „Ich hatte keine Zeit" oder „Ich hatte keine Lust". Entsprechende Übungen sind daher auch immer eine Schulung der Disziplin. Es geht darum, dass Sie etwas für Ihr Wohlbefinden tun und diese Bereitschaft auch in Ihren Alltag integrieren. Sie können die vorgeschlagenen Entspannungsübungen zunächst eine Woche lang testen und die Übungsdauer auf wenige Minuten täglich beschränken. Aber halten Sie dann auch wenigstens über diesen kurzen Zeitraum durch. Später können Sie die Übungszeiträume Schritt für Schritt ausweiten, bis die von Ihnen bevorzugte Entspannungsmethode für Sie ein unverzichtbarer Lebensbestandteil wird.

Ernährung

Ernährung hat einen wesentlichen Einfluss auf die persönliche Fitness. Wer seine persönlichen Ernährungsbedürfnisse außer Acht lässt, nimmt möglicherweise eine Leistungseinschränkung in Kauf. Die Frage, ob sich jemand gut oder schlecht ernährt bzw. welche Nahrungsmittel für ihn geeignet sind, lässt sich nicht pauschal beantworten. Leider ist immer wieder festzustellen, dass bestimmte Ernährungsweisen als „gesund" propagiert werden (z. B. Vollwertkost, völliger Verzicht auf Fleisch), die dann aber im Einzelfall zu Unverträglichkeitsreaktionen mit unterschiedlich negativen Auswirkungen führen können. Auch hier handelt es sich um ein komplexes Thema. Die individuell richtige Ernährung kann von Ihnen in Zusammenarbeit mit einem Ernährungsberater ermittelt werden.

Mentales Cooldown

Tageseindrücke, Alltagserlebnisse. Im Grunde genommen bedürfen sie keiner besonderen Beachtung, weil das Unterbewusstsein diese Ereignisse Nacht für Nacht in den Traumphasen verarbeitet. Wenn Sie jedoch reizüberflutet sind oder bestimmte Dinge

Ihre Aufmerksamkeit extrem beanspruchen, können Sie in den geistigen Reinigungsprozess aktiv eingreifen und ihn zusätzlich unterstützen. Schreiben Sie am späten Abend auf ein Blatt, was Ihnen so in den Sinn kommt. Es spielt keine Rolle, ob es sich dabei um Tagesereignisse handelt oder um Probleme, die Sie seit einiger Zeit belasten. Setzen Sie sich einfach hin und fangen Sie an zu schreiben. Achten Sie nicht auf besondere Formulierungen und Ausschmückungen, schreiben Sie einfach nieder, was Ihnen gerade durch den Kopf schießt. Begrenzen Sie die Niederschrift auf etwa 15 Minuten. Diese Übung trägt zu einer mentalen Klärung bei und kann Sie von unnötigem „Ballast" befreien.[18]

Suchen Sie sich unter den vorgestellten Kompensationsmöglichkeiten zunächst nur eine Methode aus, mit der Sie experimentieren. Bedenken Sie, dass es um Stresskompensationen geht, die sozusagen den Nebeneffekt haben, dass Sie zu Ihrer eigenen Mitte geführt werden können, ins Gleichgewicht kommen. Aber machen Sie aus diesen Praktiken nicht gleich eine neue Stressquelle. Finden Sie auf spielerische Weise heraus, was Ihnen gut bekommt und Sie unterstützt. Im Einzelfall steht dahinter ein längerer Erkenntnisprozess, der Ihnen selbstverständlich zugestanden werden soll. Es kann mitunter Jahre dauern, um herauszufinden, was und in welchem Umfang für einen persönlich förderlich ist.

Haben solche Programme für einen privaten Anleger dieselbe Bedeutung wie für einen Investmentprofi? Natürlich gibt es hier Unterschiede, es soll aber kein Trennstrich gezogen werden, da entscheidend ist, inwieweit der Einzelne hinsichtlich seiner Finanzmarktaktivitäten involviert ist. Die positiven Auswirkungen bleiben schließlich nicht nur auf Ihre Handelsaktivitäten begrenzt. Wählen Sie eine Methode, experimentieren Sie, probieren Sie auch eine andere aus, seien Sie diesbezüglich einfach kreativ. Wenn Sie sich z. B. für eine Entspannungsmethode entschieden haben, sollten Sie diese über einen längeren Zeitraum praktizieren und somit in Ihren Alltag integrieren. Die vorgestellten Methoden sind auf typische Alltagsabläufe abgestimmt, sodass sie in zeitlicher Hinsicht keine Überforderung bedeuten und Sie nicht nur bei Ihren Börsenaktivitäten, sondern auch in persönlicher Hinsicht unterstützen.

6. Intuition und Ausrichtung

Intutiver Handel

Die Grundlagen für einen erfolgreichen Börsenhandel sind im Wesentlichen persönliche Fähigkeiten, Markt- und Unternehmensanalysen bzw. effiziente Informationsverarbeitung und Money Management im Rahmen eines individuellen Handelsstils. Erfüllt ein Anleger diese Voraussetzungen, so verfügt er dennoch über keinerlei Garantien, dass seine Handelsaktivitaten durchwegs mit Gewinnen abschließen. Da der Börsenhandel ein ewiger Lernprozess ist, wird jeder Anleger im Laufe der Jahre mit unterschiedlichen Erfahrungen konfrontiert. Steht er seinen Handelsaktivitäten einerseits aufgeschlossen und unvoreingenommen, andererseits distanziert gegenüber, wird er diese offene Distanz auch auf die jeweiligen Finanzmärkte übertragen können. Es ist auch möglich, dass er eines schönen Tages den Kampf gegen den Markt aufgibt und lernt, mit dem Markt zu schwingen. Man muss sich vergegenwärtigen, dass nahezu alle Börsianer irgendwann einmal eine aktive Konfliktphase durchlaufen, die ausschließlich durch die Gegensätzlichkeit zwischen dem, was der Markt vorgibt, und dem, was der Anleger durchzusetzen beabsichtigt, gekennzeichnet ist. Im Mittelpunkt dieser Auseinandersetzung stehen die egoistischen Ambitionen des Anlegers. Statt die Vorgaben des Marktes zu *akzeptieren,* agiert er gemäß seinen Wunschvorstellungen gegen den Markt. In einer solchen Verfassung kann er weder positive noch negative Warnsignale, die etwa aufgrund einer langjährigen Markterfahrung auftauchen können, wahrnehmen.

Geht ein Anleger hingegen seinen Handelsaktivitäten unvoreingenommen nach und akzeptiert er das aktuelle Marktgeschehen als Tatsache, auf die er nur einen verschwindend kleinen Einfluss hat, wird er im Laufe der Zeit ein Gespür für besondere Marktentwicklungen ausbilden. Er wird Untertöne vernehmen, für die er keinen großen analytischen Aufwand betreiben muss, die aber einen wesentlichen Einfluss auf seine Handelsaktivitäten ausüben können. Fast jeder Börsianer wird mit diesen Untertönen irgendwann einmal konfrontiert.

So berichtet ein Vermögensverwalter: „Seit längerer Zeit wollte ich eine bestimmte Aktie kaufen. Allerdings war sie mir nicht preiswert genug. Eines Tages erfüllte sie nicht nur die fundamentalen Voraussetzungen für den Kauf, auch markttechnische Indikatoren gaben grünes Licht. Ich wollte eine größere Order platzieren, aber ein innerer Widerstand hielt mich zurück. Mein gutes Gefühl hatte sich plötzlich, aber offensichtlich grundlos in Luft aufgelöst. Kurz darauf meldete das Unternehmen eine überraschende Negativentwicklung in einem relevanten Sektor. Die Aktie brach binnen kürzester Zeit um mehr als 40% ein."

Hendrik J. (32), seit acht Jahren als Wertpapierhändler tätig, sollte für seine Bank einen größeren Aktienbestand eines mittleren ausländischen Maschinenbauunternehmens verkaufen. Besondere Gründe für den Verkauf lagen nicht vor; man war lediglich mit der bisherigen Ertragsentwicklung unzufrieden und wollte die Gelder in Aktien eines größeren Maschinenbauherstellers umschichten. Zur Auftragsabwicklung hatte J. mehrere Tage Zeit. Zu seiner Aufgabe gehörte es, den Verkauf marktkonform vorzunehmen, sodass der Verkauf keinen wesentlichen Einfluss auf die Kursentwicklung hatte: „Von dem Auftrag war ich nicht besonders begeistert. Der Verkaufsbestand stand in keinem realistischen Verhältnis zum durchschnittlichen Handelsvolumen der Aktie in den letzten Wochen. Es war praktisch unmöglich, unseren Bestand ohne größeren Verlust zu verkaufen. Ich war auch darüber informiert, dass unser Institut die Aktien anderen Investmentbanken im Rahmen eines OTC-Geschäftes angeboten hatte. Aber niemand war ernsthaft interessiert. Also blieb nur die Möglichkeit eines Verkaufs über die Börse. Zunächst habe ich den Markt getestet und eine kleinere Stückzahl mit Limit verkauft. Das ging erstaunlich problemlos über die Bühne. Daraufhin der nächste Test mit einem größeren Verkaufsvolumen. Das lief wiederum perfekt. Am nächsten Tag habe ich in mehreren Schüben verkauft. Alle Stücke gingen jeweils zu einem höheren Limit weg. Inzwischen lag das Verkaufsvolumen bereits über dem mehrwöchigen Durchschnitt. Zwei Drittel des Bestandes hatte ich noch. Ich war drauf und dran, davon jetzt die Hälfte limitiert anzubieten. Das Ganze hatte eben einen besonderen Reiz. Wie würde der Markt auf eine Verkaufsposition reagieren, die deutlich über dem in den letzten Wochen rzielten Tagesdurchschnitt lag? Ich griff zum Telefonhörer, wurde aber durch einen inneren Impuls gebremst. Plötzlich stellte ich den ganzen Verkauf in Frage, hatte dafür aber keine Erklärung. Da dieser Impuls so stark war, stellte ich meine Handelsaktivitäten in diesem Papier tagelang ein. Zwei Wochen später lief dann nach Börsenschluss die Meldung über den Ticker, dass der Maschinenbauhersteller von einem Konkurrenzunternehmen übernommen werden sollte. Die Sache war damit klar. Die Konkurrenz hatte die Aktien aufgekauft. Am nächsten Tag explodierte der Aktienkurs dann um mehr als 40%."

Intuitive Signale

Die Ereignisse, von denen der Vermögensverwalter und Hendrik J. berichten, waren nichts weiter als intuitive Erlebnisse. *Intuition* ist ein unmittelbares Wissen ohne bewusste Verwendung des Verstandes. Wenn Sie die für den Börsenhandel relevanten Tätigkeiten verinnerlicht haben, dann können Sie sich auf Ihre Intuition ganz und gar verlassen, darauf, dass Sie im richtigen Moment genau das Richtige tun. Ein Anleger kann auf Basis intuitiver Eingaben handeln, solange er die volle Handelsfreiheit besitzt. Einem Profi, der nicht auf eigene Rechnung handelt und dessen Handelsfreiheit sich deshalb in engen Grenzen bewegt, kann keine seiner Aktionen mit intuitiven Eingaben begründen. In solchen Fällen muss er Argumente finden, mit denen er seine Handlungen nach außen hin rechtfertigen kann, vorausgesetzt, er ist zur Rechenschaft verpflichtet.

Befragt man Börsianer nach rein intuitiven Handelsentscheidungen, so kommt man hier auf eine erstaunlich hohe Anzahl richtiger Urteile, die die Betroffenen im Nachhinein durchweg erstaunen lassen. Woher hat man gewusst, dass man ausgerechnet diese eine Aktie jetzt kaufen sollte? Die innere Entscheidung ist einfach und auch klar nachvollziehbar. Ein Anleger befasst sich seit Wochen mit der Frage, ob er nun diese oder jene Aktie kaufen soll. Er hat Argumente, die dafür, aber auch solche, die gegen eine Investition sprechen. Entnervt gibt er seine Gedankenspielereien auf, da sie ihn zusehends belasten. Er lässt seine Überlegungen los und schafft damit Distanz. Plötzlich wird er auf eine ganz andere Aktie aufmerksam. Er hat das Gefühl, kaufen zu müssen, weil in diesem Moment alles zu stimmen scheint.

Die Untertöne eines Marktes wahrzunehmen kann einerseits über intuitive Erlebnisse erfolgen, andererseits ebenso über das *Fingerspitzengefühl.* Handelt es sich bei der Intuition um einen rational nicht erklärbaren Impuls aus dem Unterbewusstsein, resultiert das Fingerspitzengefühl in erster Linie aus einer Vielzahl von Erfahrungen. Fast immer gehört eine jahrelange Börsenerfahrung dazu, um diese Wesensmerkmale ausbilden zu können. Diese Merkmale lassen sich auch nicht mit rationalen Methoden antrainieren. Es gibt Akteure in den Finanzmärkten, die auf eine jahrzehntelange Markterfahrung zurückblicken können, aber kein Fingerspitzengefühl besitzen. Die beiden Wesensmerkmale können sich nur schwer entwickeln, wenn man sich distanzlos im Trubel der Börsenereignisse befindet. Damit sie sich überhaupt ausbilden können, ist ein *innerer Abstand* zu den äußeren Eindrücken die erste Voraussetzung. Nur derjenige, der sich von Geschehnissen distanzieren kann, wird schließlich frei reagieren können. Den meisten Marktteilnehmern gelingt dies aber vor allem deshalb nicht, weil sie einerseits reizüberflutet sind und andererseits Angst vor Kontrollverlust haben. Sie meinen, mit der Distanz bleibe die Börse sich selbst überlassen und sie hätten in diesem Fall keinen Einfluss mehr. Dieser Eindruck resultiert in erster Linie aus mangelndem Selbstvertrauen. Mangelndes Selbstvertrauen bildet aber einen idealen Nährboden für Ängste. Diese wiederum vernebeln oder versperren den intuitiven Weg.

Von der vorherrschenden Krampfhaltung der Scheinkontrolle können sich aber viele Anleger nicht lösen. Sie verhindert einerseits die Bildung einer gesunden Distanz zu den Börsenereignissen, andererseits beschert sie dem Anleger eine konstante innere Anspannung und somit das Gegenteil von Gelassenheit. Gelassen ist nur der, der sich und die Märkte lassen kann; derjenige, der auf seine Fähigkeiten vertraut und sich dem Leben in einer zuversichtlichen Haltung überlässt, sich im Fluss hält und nicht festhalten oder klammern will. Viele Marktteilnehmer verhalten sich selbst in einer Baisse so, als gelte für Aktienkurse nur die Richtung nach oben. Unabhängig davon, wie sich das fundamentale und markttechnische Umfeld präsentiert, sie haben immer Kaufargumente parat. Ihnen stehen die Dauerpessimisten gegenüber, die täglich auf den Untergang des Finanzsystems warten und alle konjunkturellen und fiskalpolitischen Nachrichten negativ interpretieren. Die Börse befindet sich aber ständig im Fluss. Sie ist in Bewegung, in einem stetigen Auf und Ab, und spiegelt damit auch den normalen Lebensalltag wider. Im Leben gibt es keine permanenten Höhenflüge oder ausschließlich Niederlagen. Selbst im Falle eines persönlichen Unglücks, in völlig perspektivlosen Momenten, kann unversehens eine innere Wandlung eintreten, die die Ereignisse in einem anderen Licht erscheinen lässt. Wer die Wellenbewegungen des Lebens nicht akzeptieren kann, der kommt mit ähnlichen Strukturen, wie sie in den Finanzmärkten festzustellen sind, nur mit großen Energieverlusten oder überhaupt nicht zurecht.

Sicherlich kann man einwenden, dass die Börse lediglich aus Geld und Daten bestehe. Sie wird von eher unlebendigen Fakten geprägt. Dahinter steht aber immer der Mensch, letztlich die Stimmung einer Masse. Ein Börsenplatz kann mit Liquidität überspült werden. Zieht die Masse nicht mit, befinden sich die Marktteilnehmer nicht in Kaufbereitschaft, dann bewegen sich die Aktienkurse auch nicht nach oben. Nur derjenige, der die Börsenkräfte wirken lassen kann, wird auch Intuition und Fingerspitzengefühl im Umgang mit den Finanzmärkten entwickeln können. Anleger, die auf diese Wesensmerkmale vertrauen können, behalten selbst in größeren Börsenkrisen die Übersicht und lassen sich nicht von der allgemeinen Panik anstecken. Aber auch in euphorischen Marktphasen erweisen sie sich als resistent. Sie sind es, die bereit sind, in einer Euphorie ihre Bestände sukzessive abzubauen oder aber in einer auslaufenden Baisse zu kaufen. Sie *spüren* die nahende Trendwende.

Auf dem Höhepunkt einer Hausse befinden sich die kurstreibenden Momente in einer Idealsituation und suggerieren der Masse, dass die Party ewig andauern wird. Im Falle eines längerfristigen Tiefpunktes hingegen scheinen sich die negativen Ereignisse auf immer und ewig fortzusetzen. Ein Anleger, der Zugang zu seinen intuitiven Fähigkeiten hat, handelt nicht nur aufgrund bestimmter Fakten, sondern vertraut auf seine Vorahnungen. Deshalb kann sich eine langjährige Börsenerfahrung für die Entwicklung dieses Wesensmerkmals positiv auswirken. Die Praxis zeigt, dass jeder Anleger zumindest einmal in seiner aktiven Handelszeit eine großartige Idee, eine vielversprechende Ahnung hat, die er rational nicht begründen kann. Dazu ein Beispiel:

Jürgen A. (55) investiert seit 20 Jahren an den internationalen Finanzmärkten, wobei er sowohl auf der Grundlage von technischen Markt- als auch Fundamentalanalysen handelt. „Ich kann mich noch sehr gut an eine meiner besten Investitionsentscheidungen erinnern, für die ich eine inhaltlichen Argumente vorweisen konnte. Ende 1992 war ich in Aktien eindeutig unterinvestiert und wartete auf eine Einstiegsgelegenheit. Ich wollte indexbezogene Aktien kaufen, war mit diesen Überlegungen aber nicht sonderlich zufrieden, da ich mir nicht allzuviel davon versprach. Irgendwie fehlten an der ganzen Sache dynamische Aspekte. So zogen sich meine Recherchen hin; ich konnte mich nicht zu einer Kaufentscheidung durchringen. An einem Dezember-Wochenende wollte ich einmal Abstand gewinnen und mich mehrere Tage lang nicht mehr mit den Märkten befassen. Nach langer Zeit besuchte ich ein Museum für moderne Kunst in einer nahe gelegenen Großstadt. Ich wanderte dort von Bild zu Bild, vergaß darüber die Zeit. Es war eine ausgesprochen ruhige Atmosphäre. Plötzlich schoss mir der Gedanke durch den Kopf, dass ich Gold-Aktien kaufen sollte. Mir lief dabei ein Schauer über den Rücken. Mit meiner unmittelbaren Umgebung hatte das in diesem Moment nichts zu tun. Ich versuchte den Gedanken zu verdrängen, zumal ich mich mit Gold-Aktien schon jahrelang nicht mehr intensiv befasst hatte und den Einfall für eine Schnapsidee hielt. Aber der Gedanke hatte sich festgesetzt.

Am nächsten Tag schaute ich mir diverse Gold-Aktien und deren Charts an. Die Aktien befanden sich in der Nähe ihrer mehrjährigen Tiefstände. In dieser Hinsicht konnte ich also nicht viel falsch machen und kaufte letztlich mehrere Anfangspositionen. Anfang 1993 fingen die Aktien an, gemächlich zu steigen. Das sah alles sehr gut aus. Also habe ich die Positionen dann noch aufgestockt und die Engagements damit abgeschlossen. Im Grunde genommen war ich in Gold-Aktien überinvestiert. Im Frühjahr 1993 setzten dann regelrechte Kursexplosionen ein, die sich bis zum Sommer hinzogen. Gewinne in diesem Ausmaß in solch kurzer Zeit hatte ich mit Aktien noch nie gemacht. Irgendwann lief der Markt heiß. Im Spätsommer 1993 habe ich sämtliche Positionen verkauft, was sich im Nachhinein als richtig erwies. Ich sollte vielleicht häufiger ins Museum gehen, aber was da im Dezember 1992 genau passiert ist, kann ich nicht erklären. Wenn ich wenigstens wüsste, ob der Impuls durch ein bestimmtes Bild ausgelöst wurde. Aber daran kann ich mich einfach nicht erinnern."

Freie Entfaltung

Nehmen wir einmal an, A. hätte sein intuitives Erlebnis vor einem bestimmten Kunstwerk erfahren. Er könnte nun jederzeit wieder ins Museum gehen, sich vor dem Bild postieren und auf eine neue Eingebung warten. Die Wahrscheinlichkeit, dass – in Erwartung eines weiteren intuitiven Impulses – gar nichts geschehen würde, wäre sehr hoch. Intuition lässt sich nicht erzwingen. A. könnte regelmäßig ins Museum gehen, um sich dort zu entspannen oder sich vor Kunstwerken in stiller Betrachtung zu üben. Durch eine solche stille Betrachtung könnte er Abstand zu seinem Alltag und damit auch zu seinen Handelsaktivitäten gewinnen. Es gibt eine Vielzahl passiver Tätigkeiten, die ähnliche Effekte auslösen können. Mit Hilfe der „passiven Aktivität", die einer Meditationsübung entspricht, können sowohl innere Ruhe als auch Abstand zu äußeren Dingen hergestellt werden. Allein aus dieser Haltung heraus könnten auch börsenbezogene Handelsaktivitäten positiv beeinflusst werden. Mit Intuition hat das aber nichts zu tun. Die passive Aktivität kann, wenn sie absichtslos geschieht, den Boden für intuitive Eingaben bereiten. Ob dann tatsächlich intuitive Erlebnisse eintreten, bleibt dann mehr oder weniger dem Zufall überlassen. Mischt man sich in diesen Prozess ein, stellt einem das Ego eine Falle nach der anderen.

Anleger, die hervorragende Entscheidungen auf intuitiver Basis getroffen haben, erliegen verständlicherweise der Versuchung, weitere Eingaben erzwingen zu wollen. Wenn jemand aufgrund eines entspannten und wahllosen Durchblätterns von Aktiencharts scheinbar grundlos auf eine Kaufentscheidung gestoßen wird, ist er verständlicherweise geneigt, dieses Erlebnis wiederholen zu wollen. Dazu ein Anleger: „Bei der Betrachtung eines Chartheftes fiel mir plötzlich eine Aktie auf. Ich sah regelrecht den kommenden Aufschwung vor meinen Augen, hatte dafür aber keine charttechnischen Argumente. Es gab keine Ausbruchssignale bzw. besonderen charttechnischen Formationen. Das Chart wirkte geradezu magisch auf mich. Mein Verstand sagte mir nein, lass die Finger davon. Ich habe dann einen Kompromiss gefunden, indem ich nur eine kleine Anzahl dieser Aktie kaufte. Wenige Tage später explodierte der Aktienkurs. Ich dachte, so ein Mist, hätte ich doch bloß mehr davon gekauft. Also versuchte ich das Erlebnis zu wiederholen, was mir aber nicht gelang. Ich kaufte später lauter eingebildete „Gelegenheiten", die mir eine Serie realer Verluste bescherten. Mein Erlebnis stellte sich somit im Nachhinein als kostspielige Angelegenheit heraus."

Der intuitive Kaufhinweis war in diesem Fall nicht das Problem, sondern der Umgang des Anlegers mit dem inneren Wink. Die Weichen für künftige Verluste stellte er bereits in dem Moment, als er anfing, sich über sein kleines Engagement zu ärgern. Alle weiteren Verluste entstanden dann auf diesem emotionalen Boden. Die beiden Beispiele sollen verdeutlichen, dass es sich bei der Intuition um eine Eingebung handelt, die der Mensch nicht selber fabrizieren kann. Sie kommt unerwartet und tritt entweder nie wieder oder aber nur gelegentlich auf.

Es soll jedoch nicht der Anschein erweckt werden, als handle es sich bei der Intuition nur um eine Laune des Unterbewusstseins. Wir werden häufiger mit inneren Eingaben konfrontiert, als uns bewusst ist. Die meisten intuitiven Impulse werden nämlich sogleich mit rationalem Denken torpediert. Beobachten Sie einmal eine Woche lang Ihre inneren Reaktionen. Sie werden feststellen, dass Sie eine ganze Reihe von inneren Impulsen wahrnehmen, die Sie gleich wieder abblocken (wollen). Die meisten Entscheidungen werden nicht auf der Basis dessen, was Sie wirklich wollen, getroffen, sondern auf der Grundlage dessen, was Sie zu wollen meinen.

Ein Beispiel: Sie bemerken, dass Sie mit irgendeiner Auftragstätigkeit ins Leere laufen. Das Vorhaben müsste neu überdacht werden. Jetzt kommt das „Ja, aber": „Kann ich das den Auftraggebern wirklich sagen? Bestimmt nicht, es gibt Diskussionen, ich werde sicherlich kritisiert und für unfähig gehalten." Also machen Sie weiter, quälen sich durch. Dem entspricht auch die Qualität Ihrer Arbeit, verbunden mit einem unbefriedigenden Gefühl.

Ein anderes Beispiel: Sie spüren, dass der richtige Zeitpunkt gekommen ist, Ihren Chef auf eine Gehaltserhöhung anzusprechen. Dieses Gefühl war plötzlich da. Sie stellen sogar fest, dass Ihr Chef jetzt Zeit für Sie hätte. Sie denken einen Moment nach und werden zusehends nervös. Das „Ja, aber" hat sie überfallen. Ihnen fallen lauter Anhaltspunkte ein, mit denen Ihr Chef womöglich gegen eine Gehaltserhöhung argumentieren könnte. Ihr Mut ist wie weggeblasen, sie nehmen die Gelegenheit nicht wahr. Die Chance ist nunmehr sehr groß, dass man Sie schmollend und unzufrieden an Ihrem Arbeitsplatz antreffen wird, aber extrem gering, dass Ihr Chef auf Sie aufmerksam wird und Sie vielleicht fragt, ob eine Gehaltserhöhung Ihre Laune wieder anheben könnte.

Abschließend ein börsenbezogenes Beispiel: Plötzlich „wissen" Sie, dass Sie aus einem Engagement aussteigen müssen. Handeln Sie? Je länger Sie zögern, desto sicherer kommt das „Ja, aber", Sie denken möglicherweise: „Gut, eigentlich muss ich aus der Sache aussteigen, aber was, wenn die Aktie dennoch steigt? Was soll ich mit den frei werdenden Geldern machen? Ach, ich belasse lieber alles so wie es ist." Jeder, der solche Situationen erfahren hat, kann das schale Gefühl beschreiben, das in den Wochen nach dem Fall eines Aktienkurses entsteht. Und wenn die Aktie gar nicht fällt? Es geht ausschließlich darum, dass Sie sich mit Ihren Engagements gut fühlen, unabhängig davon, ob die intuitiven Signale eine hohe Trefferquote haben.

Annehmen der inneren Signale

Intuition lässt sich zwar nicht erzwingen, aber besteht nicht die Möglichkeit, ihr ein bisschen auf die Sprünge zu helfen? Dies ist in erster Linie möglich, wenn Sie innere Signale, Ihre innere Stimme als unterstützende Kraft *annehmen*. In diesem Fall wird die Möglichkeit gesteigert, sich auf intuitive Signale zu sensibilisieren. Dieser Faktor ist jedoch nicht allein auf den Börsenhandel beschränkt, sondern betrifft alle Situationen, mit denen Sie tagtäglich konfrontiert werden. Das Annehmen der inneren Signale muss also ganzheitlich erfolgen. Wenn Sie den nächsten Impuls vernehmen und das „Ja, aber" zulassen, sollten Sie nicht den Impuls, sondern die innere Blockade hinterfragen.

Aber besteht nicht die Gefahr, dass die innere Stimme das Leben komplizierter macht, weil sie einem dauernd dazwischenredet? Diese Bedenken sind unbegründet. Es gibt beispielsweise Anleger, die angesichts ihrer Transaktionen dauernd hadern und zweifeln: „Soll ich kaufen, soll ich halten, soll ich verkaufen?" Diese Konfusion entsteht, wenn sich beispielsweise eine Aktie nicht mehr im strategischen Rahmen bewegt. Sie kann ebenfalls auf dem Boden überzogener Erwartungen aufblühen (z. B. Wunsch, Verluste völlig zu vermeiden) und immer dann, wenn man nicht persönlich hinter seinen Engagements steht, z. B. weil man auf der Grundlage eines oberflächlichen Tipps gekauft hat. In solchen Fällen ist es kein Wunder, wenn sich die innere Stimme warnend einschaltet. Durchweg ist der Anleger dann aber geneigt, diesen Selbstschutz rational zu unterdrücken, wodurch er freilich im Gegenzug die immer größer werdende Konfusion fördert.

Handelsentscheidungen und Integrität

Intuitive Signale weisen nicht nur auf mögliche Börsengewinne, sondern wesentlich häufiger auf potenzielle Verluste hin. Wenn Sie sich nicht zu den hundertprozentigen Pragmatikern zahlen, dürften Sie schon mehrfach mit derartigen Situationen konfrontiert gewesen sein. Beispiel: Im Zuge einer Analyse sind Sie von einer Aktie überzeugt und erwarten entsprechend hohe Kursgewinne. Einem Kauf steht im Grunde genommen nichts mehr im Wege. Dennoch spüren Sie einen inneren Widerstand, den Sie nicht ignorieren, andererseits aber auch nicht erklären können. Die von der Aktie ausgehende Faszination nimmt rapide ab. Sie können nun die Angelegenheit akzeptieren und die Investitionsentscheidung bis auf weiteres verschieben. Gelassen warten Sie nun auf die nächste Gelegenheit. Sie können aber auch hadern und die Argumente gegeneinander abwägen. Prompt befinden Sie sich in einem Konflikt. Pragmatisch betrachtet spricht alles für die Aktie, aus intuitiver Sicht alles dagegen.

Wenn Sie nun von einem Engagement absehen, kann es tatsächlich sein, dass kurze Zeit später Nachrichten veröffentlicht werden, die den Aktienkurs nachhaltig negativ beeinflussen. Möglicherweise geschieht aber auch gar nichts. Es tritt weder eine positive noch eine negative Entwicklung ein; der Aktienkurs dümpelt seitwärts vor sich hin. Vielleicht entwickelt sich die Aktie aber tatsächlich so positiv, wie Sie es ursprünglich erwartet hatten. In den ersten beiden Fällen wären Sie zufrieden, im letzteren Fall würden Sie sich höchstwahrscheinlich über die entgangenen Gewinne ärgern. Hätten Sie sich allerdings über die innere Warnung hinweggesetzt, wäre Ihnen nicht nur das ungute Gefühl geblieben, sondern dieses hätte das Engagement begleitet und zudem eine Grundlage für einen emotionalisierten Handel gebildet. In solchen Fällen ist es einfach besser, die Angelegenheit als erledigt abzuhaken. Sie sollen sich bei einem Engagement zwar nicht euphorisch, aber doch gut fühlen. Wäre da irgendein blockierendes Hindernis, dann wäre Ihre Zuversicht dahin, und damit wäre möglichen Fremdeinflüssen Tür und Tor geöffnet. Wie ein vermeintlicher Anlagekandidat dann später abschneidet, spielt angesichts künftiger neuer Gelegenheiten keine Rolle mehr.

Pseudo-Eingebungen

Wie kann ein Anleger aber Pseudo-Eingebungen von intuitiven Eingebungen unterscheiden? Wer hinsichtlich bevorstehender Investments bereits im Vorfeld unsicher, ängstlich oder nervös ist, produziert automatisch ungute Gefühle, die sich während des Engagements fortsetzen können. Mit Intuition hat das wiederum nichts zu tun. Soweit sich ungute Gefühle bzw. Eindrücke unmittelbar begründen lassen, bewegen sie sich niemals im Rahmen der Intuition. Ein Anleger hat beispielsweise mehrere Verluste in Folge einstecken müssen und hat nunmehr im Rahmen seiner Analysen einen neuen Kaufkandidaten gefunden. Im Grunde genommen könnte er kaufen, etwas hält ihn aber davon ab. Dieses „Etwas“ ist nichts weiter als Angst. Angst vor weiteren Verlusten. Angst vor einer Niederlage, die sein Selbstvertrauen noch mehr schmälern würde. Er steht allein deshalb unter Druck. In so einem Umfeld ist kein Platz für Intuition. Negative Gefühle sind eine emotionale Reaktion auf bestimmte Gedankenmuster. Eine intuitive Warnung hingegen taucht blitzartig auf und lässt sich rational nicht erklären. Sie kann auf Gewinnmöglichkeiten hinweisen, aber auch wie eine schlagartige Ernüchterung wirken.

Ein unsicherer Anleger kann jedoch nur sehr schwer auf der Grundlage seiner Intuition handeln, da er bereits emotional vorbelastet ist. Dies gilt insbesondere dann, wenn eine Anlage sich bereits vollkommen gegen ihn entwickelt, also auf die Verlustschiene geraten ist.

Quellen des Unterbewusstseins

Manchmal sucht sich das Unterbewusstsein auch seine eigenen Wege, um das bewusste Handeln zu beeinflussen. Simon D. (28) erinnert sich in diesem Zusammenhang an ein besonderes Erlebnis: „Von einem Bekannten wurde ich bei meinen Aktienkäufen ständig beeinflusst, und zwar deshalb, weil er mir früher mal ein paar richtige Tipps gegeben hatte. Irgendwann befreite ich mich schließlich aus dieser Lage, indem ich in Gesprächen meine Käufe nicht mehr erwähnte und mich neutral verhielt. Das funktionierte auch ganz gut. Ich ließ mich von ihm nicht mehr beeinflussen. Das dachte ich zumindest. Auf irgendeiner Party erzählte er den ganzen Abend diversen Leuten immer wieder von einer Auto-Aktie. Die Leute wurden auf diese Aktie regelrecht eingeschworen. Ich amüsierte mich zunächst, doch meine Bedenken hielten dem Reiz nicht stand. Am nächsten Morgen kaufte ich die Aktie, weil ich bereits seit längerer Zeit nach einem lukrativen Investment Ausschau gehalten hatte. Der Kurs stieg tatsächlich, ich kaufte permanent hinzu. Irgendwann hatte ich mich mit den Aktien restlos übernommen. Ich stellte fest, dass ich im Grunde genommen alles auf eine Karte gesetzt und praktisch keine Barmittel mehr hatte. Längst stellte ich Überlegungen an, ob ich nicht noch zusätzlich Kreditkäufe tätigen sollte. Dann brach der Aktienkurs aufgrund einer Gewinnwarnung an einem Tag um mehr als 5% ein. Das wäre das Verkaufssignal gewesen, aber nein, ich wollte davon nichts wissen. Meinen Bekannten mochte ich auch nicht um Rat fragen. Die Abwärtsbewegung setzte sich in den nächsten Tagen in immer größerem Umfang fort. In mir drin schrie es förmlich: „Verkauf endlich“. Aber dem widersetzte ich mich. Dann, eines Nachts, hatte ich einen merkwürdigen Traum. Ich sah mir beim Autofahren zu. Plötzlich raste ich auf eine Mauer zu. Ein regelrechter Alpträum, aus dem ich schließlich hochschreckte. In den folgenden Nächten wiederholte sich dieser Traum. Als ich die Bedeutung des Traumes erkannte, zögerte ich nicht mehr lange und warf meinen gesamten Bestand der Auto-Aktie auf den Markt. Damit hörten auch die Alptraume auf. In den darauf folgenden Wochen setzte die Aktie ihren deutlichen Abwärtstrend fort. Hätte ich die Aktien nicht verkauft, meine Verluste wären immens gewesen.“

Das Unterbewusstsein kann sich also auf verschiedenen Wegen einschalten, wenn man sich auf einem Irrweg befindet, allerdings hat man keine Garantie, dass dies auf jeden Fall geschieht. Signale innerhalb von Träumen können symbolisch dermaßen verschlüsselt sein, dass sie auf den ersten Blick nicht klar zu erkennen und zuzuordnen sind. Dies gilt insbesondere dann, wenn der Betroffene reizüberflutet ist. Das Unterbewusstsein verarbeitet während der Nachtruhe sämtliche Eindrücke des Alltags. Man kann sich dies wie einen Kompensationsfilter vorstellen. Ist ein Mensch aber permanent einer Reizüberflutung ausgesetzt, womöglich noch aus den unterschiedlichsten Quellen, hat dies nicht nur einen Einfluss auf die Schlaf-, sondern ebenso auch auf die Traumqualität. Die Zuordnung und Entschlüsselung der Traumsymbole wird dann entsprechend komplizierter.

Aber geht die Anwendung von Traumsymbolik auf den aktiven Börsenhandel nicht zu weit? Muss man sich auch noch mit seinen Träumen herumschlagen? Es ist verständlich, wenn hier zunächst ein Widerstand besteht. Niemand muss ein Traumtagebuch führen bzw. sich überhaupt mit seinen Träumen auseinander setzen, wenn er dies nicht möchte. Es bringt auch gar nichts, jeden Morgen seine Träume auf ihre Bedeutung für mögliche Handelsentscheidungen zu filtern. Einerseits gibt es angesichts der Vieldeutigkeit von Traumsymbolen pragmatischere und effizientere Methoden, andererseits soll Traumverarbeitung auch nicht leichtfertig als psychologischer Budenzauber abgetan werden. Träume und deren Verarbeitung hatten beispielsweise für *Albert Einstein* einen hohen Stellenwert. Seine Relativitätstheorie war auf ein Traumerlebnis zurückzuführen. Andere bedeutende Wissenschaftler machten im hohen Alter kein Hehl daraus, dass sie entscheidende Entdeckungen im Traum gemacht hatten, nachdem sie sich über lange Zeit rational mit dem jeweiligen Forschungsobjekt auseinander gesetzt hatten, ab einem bestimmten Punkt jedoch nicht mehr weitergekommen waren. Dies deutet aber auch darauf hin, dass die Verarbeitung des Unbewussten immer im Zusammenhang mit einer laufenden Auseinandersetzung gesehen werden muss. Das Unterbewusstsein kann da ungefiltert einsetzen, wo die Ratio mit ihren Beschränkungen nicht mehr weiterkommt.

Traumsignale, die beispielsweise hinsichtlich klarer Kaufentscheidungen wie intuitive Hinweise wirken („Plötzlich wusste ich, dass ich XY-Aktien kaufen musste"), entstehen niemals aus sich selbst heraus, sondern stellen allenfalls ein Ergebnis innerhalb eines Konfliktes dar („Soll ich kaufen oder noch warten?"). Ein Konflikt bedarf einer Lösung. Ist diese nicht gleich zur Hand, geht es darum, erst einmal Abstand zu gewinnen. Im Idealfall ist man in der Lage, den Konflikt aus unterschiedlichen Blickwinkeln zu betrachten. „Erst einmal eine Nacht darüber schlafen" ist daher nicht abwegig, sondern ein bewährtes Mittel innerhalb einer Konfliktstrategie. Wer hinsichtlich einer Entscheidung – dies betrifft ebenso Investitionsentscheidungen – unschlüssig ist und darüber eine Nacht oder ein paar Nächte schläft, kann Distanz herstellen. Oftmals verhält es sich dann tatsächlich so, dass man eine Angelegenheit wesentlich klarer sieht und möglicherweise zu einer Lösung oder einem Lösungsansatz bereit ist bzw. eine Entscheidung treffen kann.

Im Wesentlichen geht es darum, die unterschwelligen Signale zu akzeptieren, unabhängig davon, welcher Quelle sie entstammen. Aus der Erfahrung mit intuitiven Signalen lässt sich entnehmen, dass diese sich immer dann verflüchtigen, wenn sie eingegrenzt oder rational bis ins letzte Detail erklärt werden sollen. Innere Eingebungen entstehen zudem auf dem Boden der Distanz, des Loslassens oder der Akzeptanz (z. B. wenn ein Anleger eine festgefahrene Situation annimmt, anstatt sich gegen sie zu wehren). Offen bleibt die Frage, ob rein intuitives Trading überhaupt möglich ist.[19]

Fingerspitzengefühl

Einen inneren Draht zu einem bestimmten Markt zu haben dürfte sich mit *Fingerspitzengefühl* wesentlich einfacher realisieren lassen. Mit dem Fingerspitzengefühl verhält es sich ähnlich wie mit unterschwelligen Signalen, nur mit dem Unterschied, dass es im Gegensatz zur Intuition ständig präsent sein kann. Im Fingerspitzengefühl vereinigen sich das Gespür für die Marktstimmung und die Einschätzung des Markttrends. Ohne besonderen analytischen Aufwand kann der Signalempfänger den Grad einer Entwicklung an einer Börse bzw. an mehreren Finanzmärkten spüren. Ein Anleger, der sich auf sein Fingerspitzengefühl verlassen kann, wird die Art und Weise, wie sich dieses Gespür definiert, nicht exakt beschreiben, geschweige denn messen können. Rationalisierungsversuche würden das Fingerspitzengefühl auslöschen.

Das Einfühlungsvermögen in einen Markt bedarf einer längeren Erfahrung. Anleger, die Marktbewegungen wertfrei auf sich einwirken lassen und als Erfahrungswert innerlich abspeichern können, besitzen die besten Voraussetzungen, innerhalb ihres Tradings dem Fingerspitzengefühl einen großen Raum zuzumessen. Am wirkungsvollsten kann das Fingerspitzengefühl im freien Handel auf dem Börsenparkett eingesetzt werden. Je höher die Handelsintensität, desto stärker kann es auf das Feingefühl ankommen. Dies gilt insbesondere in den Pits (Handelszonen) an den Terminmärkten, in denen im Auktionsstil gehandelt wird. Dies ist beispielsweise an allen nordamerikanischen Terminbörsen der Fall. In den Pits der jeweiligen Märkte bzw. Marktsegmente gibt es eine ganze Reihe erfahrener Trader, die ausschließlich auf der Grundlage ihres Fingerspitzengefühls handeln. Dies ist allein deshalb möglich, weil Emotionen in den teilweise völlig überfüllten Handelszonen direkt spürbar sind. Anhand der Lautstärke in den Pits können erfahrene Trader die aktuelle Marktverfassung bestimmen. Die Kurse spielen in diesem Zusammenhang nur eine untergeordnete Rolle. Nimmt z. B. innerhalb einer Aufwärtsbewegung die Lautstärke zu, weil immer mehr Käufe in den Markt gelangen und es nur noch darum geht, den nächsten Deal zu machen, kann man *spüren*, dass sich der Markt seinem Höhepunkt nähert. Ähnliches gilt auch für Abwärtsbewegungen. Es ist möglich, dass man gerade den Eindruck erhalten hat, als tobte in einem bestimmten Pit ein Hurrikan, während im nächsten Moment bereits wieder Totenstille herrscht. Die Meute belauert sich. Alles starrt auf die Locals der großen Brokerhäuser. Kommt neues Angebot oder neue Nachfrage in den Markt? Die Spannung kann sich bis ins Unerträgliche steigern, dann im nächsten Moment im Zuge einer rasanten Kursbewegung entladen. In solchen Momenten kommt man mit analytischen Methoden nicht weiter.

In den Pits wird zeitweilig nur eines gehandelt: *Lärm*. Dies sollte diejenigen nachdenklich stimmen, die vor dem Monitor versuchen, in den Terminmärkten im Tageshandel mitzumischen. Ihnen entgeht ein entscheidender Faktor. Für sie wäre es ideal, wenn sie neben dem Kursmonitor noch über einen zweiten verfügten, der ihnen eine Live-Bild- und Tonschaltung aus dem Pit liefern würde. Bei bedeutenden Bewegungen lässt sich Lärm auch datenmäßig darstellen, z. B. anhand großer Kursbewegungen bei gleichzeitig explosiven Umsätzen.[20] In diesem Fall kann sich jeder vorstellen, was auf dem Handelsparkett los ist. Auf dem Monitor ist allerdings nicht ersichtlich, von welcher Ecke, von welchen Tradern die Aufträge hereinkommen. Ein Pit-Trader kann diese Informationen direkt in sein Fingerspitzengefühl einfließen lassen und auf dieser Ebene durchaus erfolgreich handeln.

Das Fingerspitzengefühl setzt beispielsweise am Aktienmarkt auf einer ganz anderen Ebene ein. Der Aktienhandel ist in der Öffentlichkeit und den Medien wesentlich präsenter als etwa der Handel mit Sojabohnen. Dementsprechend aufgefächerter ist auch die Marktstimmung. Das Fingerspitzengefühl kann als ein Barometer für die aktuelle Marktstimmung verstanden werden. Diese Marktstimmung kann sich auf den Gesamtmarkt, aber ebenso auf einzelne Branchen oder Aktien beschränken. Als besonders hilfreich erweist sich das Fingerspitzengefühl in Phasen der Über- bzw. Untertreibung. Im Zusammenhang mit ausgeprägten Aufwärtsbewegungen steigert sich die Marktstimmung allmählich in eine Euphorie, die auf vielfältige Weise erfasst werden kann, etwa durch die so genannten sentimenttechnische Indikatoren (z. B. Anzahl der optimistisch gestimmten Börsendienste oder Berater). Im Falle einer Börseneuphorie bedarf es aber keiner sonderlich exakten Messinstrumente. Ein Anleger kann, wenn er sich vom Marktgeschehen distanziert, die allgemeine Jubelstimmung spüren. Abhängig davon, wie erfahren er ist, kann er mitunter sogar die drohende Trendwende erahnen. Dies geschieht allein aufgrund seines Fingerspitzengefühls. Als beispielsweise im Frühjahr 2000 sowohl der DAX als auch der Nemax 50 katapultartig nach oben schossen, überschlugen sich Wirtschaftspresse und Massenmedien in ihrer Stimmungsmache für den Aktienmarkt. Sämtliche Titelstorys hatten den „So werden Sie mit Aktien reich"-Tenor. Es bedurfte keiner besonderen Analyse, um erahnen zu können, was dem Aktienmarkt angesichts dieser Euphorie bevorstand: eine deutliche Korrektur, die sich im Verlauf der folgenden Monate denn auch tatsächlich einstellen sollte.

Ob man von seinem Fingerspitzengefühl profitieren kann, hängt ganz davon ab, ob man gegen die herrschende Marktstimmung resistent ist. Diese Resistenz darf aber nicht mit einer gegenläufigen Einschätzung auf eine Stufe gestellt werden. Die gegenläufige Einschätzung kann das spiegelbildliche Verhalten einer Euphorie auslösen. Der Anleger stemmt sich gegen einen Markt, obwohl noch keineswegs sicher ist, ob der Markt die Trendwende tatsächlich vollzieht. Anleger, die so vorgehen, handeln grundsätzlich mit einem hohen Risiko. Meist hat dieses Anlageverhalten eine rein emotionale Ursache. Deshalb ist es spiegelbildlich zur Euphorie zu interpretieren, mit ähnlichen Folgen. Der Unterschied besteht lediglich darin, dass die Masse die Verluste erst später zu spüren bekommt als der Antizykliker.

Auf dem Höhepunkt einer Auf- oder Abwärtsbewegung vernehmen selbst erfahrene Börsenprofis das Fingerspitzengefühl, aber sie verdrängen es und lassen sich vom allgemeinen Rausch bzw. der Katerstimmung der Anlegermasse mitreißen. Mit der Ratio wird dann das Fingerspitzengefühl ausgelöscht, sozusagen stillgelegt. Wird ein privater Anleger mehrfach mit Erfahrungen konfrontiert, die aus der Nichtbeachtung des Fingerspitzengefühls resultieren, so kann ihn dies im positiven Fall dazu veranlassen, sich mehr auf seine eigene Sicht der Dinge und seine eigenen Fähigkeiten zu verlassen. Es wird ihm dann auch möglich sein, die Signale aus dem Unbewussten als unterstützende Kraft anzunehmen und zu seinem Vorteil zu nutzen.

Gelassenheit beim Börsenhandel

Ineffiziente Kontrollbedürfnisse sowie An- und Verspannungen sind verwandte Eigenschaften, die für jeden Marktteilnehmer auf dem Weg zum Börsenerfolg große Hindernisse darstellen. Sie sind nichts weiter als Unkraut, das auf dem Boden negativer Gefühle wie Angst oder Unsicherheit sprießt. Da ein unsicherer Anleger stets Sicherheit außerhalb seiner selbst sucht, klammert er sich fortwährend an Prognosen von Börsen-Gurus, Vorgaben seitens dritter Personen oder dubiose Anlagemethoden, die ihm eine absolute Sicherheit suggerieren, letztlich aber nichts anderes als eine Krücke darstellen, die sich alsbald als morsch herausstellen dürfte. Sein Klammerverhalten ist nur eine Folge negativer Konditionierungen. Und das ist so ziemlich das Gegenteil von dem, was einen gelassenen Handel ausmacht.

Börsenhandel in einer gelassenen Atmosphäre – kann so etwas, sowohl beim aktiven als auch beim passiven Börsenhandel, überhaupt realisiert werden? Ist Gelassenheit in einer Umgebung möglich, die als ein Paradebeispiel für absolute Hektik gilt? Selbstverständlich, aber Gelassenheit innerhalb des Handels an den Finanzmärkten erfordert eine andere Einstellung zu den Dingen und setzt einen Umdenkprozess voraus. Eine gelassene Haltung kann nicht erzwungen werden. Wer diesen Zustand festhalten will, verkrampft sich bereits wieder, und die besonnene Stimmung löst sich gleich wieder auf. Ein Mensch kann zwar aktiv Stress bewältigen und die innere Ruhe fordern, aber er kann sich nicht vornehmen, gelassen zu sein. Unter großem Energieeinsatz kann er allenfalls den Gelassenen spielen.

Hierbei handelt es sich aber lediglich um eine Rolle, die vorhandene Energien vergeudet und daher negativ strukturiert ist. Ein Mensch, der sich in einer gelassenen Stimmung befindet, erlebt dies nicht nur als wohltuend, sondern auch als einen Moment der absoluten Freiheit. Ihm geht alles wesentlich leichter von der Hand. *Die innere wie auch die äußere Welt befinden sich im Einklang.* Bevor ein Mensch diesen Zustand aber bewusst wahrnimmt, ist ihm die Gelassenheit bereits wieder entglitten. Wer ihn bewusst herbeiführen oder festhalten will, vertreibt ihn ausgerechnet mit diesem Vorgehen, weil der Versuch des Festhalten-Wollens eine absichtliche Klammerhaltung darstellt und somit das Gegenteil von Gelassenheit ist.

Anleger, die gelegentlich eine Handelsphase in einer gelassenen Stimmung genießen konnten, haben einen Eindruck davon bekommen, wie unkompliziert der Börsenhandel sein kann. Sieht man sich unter den Marktteilnehmern aber um, so ist festzustellen, dass sie von dem, was man als Gelassenheit bezeichnen kann, sehr weit entfernt sind, ja noch nicht einmal etwas davon kennen. Wie ist aber ein gelassener Börsenhandel möglich, wenn dieser Zustand nicht bewusst herbeizuführen ist? Man kann dem gelassenen Handel einen Schritt näher kommen, indem man sich in einer Haltung übt, in die Gelassenheit Einzug halten kann, aber nicht unbedingt Einzug halten muss. Diese Haltung entspricht dem Weg des Übenden, der die Bereitschaft mitbringt, konstant dazuzulernen.

Sie können sich also durch Verarbeitung von Geschehnissen, Übungen zur Stille, Tiefenentspannungsübungen und eine bewusste Haltung zur Wahrnehmung intuitiver Impulse ein Klima schaffen, in dem sich Gelassenheit einstellen kann. Sollten Sie sich zu den eher pragmatisch eingestellten Naturen zählen, ist die Versuchung selbstverständlich groß, dass Sie Zweifel bekommen, weil Sie hinsichtlich der Haltung des Übenden keine Garantie für Gelassenheit haben. Sie halten in diesem Fall sämtliche Übungen zur inneren Balance für reine Zeitverschwendung. Betrachten Sie es aber einmal aus einem anderen Blickwinkel: Als aktiver Börsianer sind sie bereits ein Übender im positiven Sinn. Sie versuchen – im Idealfall – aus Ihren Anlageerfolgen, aber auch den Fehlinvestments zu lernen und sind ständig darum bemüht, Ihren Handelsstil zu verfeinern. Zwangsläufig wird sich dabei ein Gespür für potenzielle Gewinnsituationen einstellen. Doch auch mit diesem Background haben Sie niemals eine Garantie für Gewinne. Sie riskieren bei jedem Handel ebenso einen möglichen Verlust. Aber deshalb hören Sie nicht mit dem Börsenhandel auf. Wenn Sie nun durch Übungen Ihre Gelassenheit bei der Durchführung Ihrer Finanztransaktionen fördern, die Ihnen außerdem ein neues Spektrum für Gewinnsituationen eröffnen wird, können Sie im Grunde in persönlicher Hinsicht nur gewinnen. Mit dieser Haltung riskieren Sie weder persönliche noch finanzielle Verluste.

Ganzheitliche Orientierung

Innerhalb einer Idealkonstellation richtet sich ein Börsianer ganzheitlich aus, d. h. er unternimmt nicht nur alles, um sein Trading zu fördern, sondern auch alles, um sich persönlich in eine Position zu bringen, die ihm eine effiziente Handelstätigkeit ermöglicht. Hier ist dann zu unterscheiden, in welchen Bereichen er tätig ist. Handelt es sich um einen Trader auf dem Handelsparkett einer Terminbörse, dann sind die an ihn gerichteten Ansprüche wesentlich höher als bei einem privaten Anleger. Dies geht neben der persönlichen Förderung in ganzheitlicher Hinsicht auch so weit, dass er sich auch mit Ernährungsplänen befassen muss, da schlechte Ernährung nicht nur seine Fitness, sondern auch seine mentale Haltung negativ beeinflussen kann. Ein Pit-Trader sollte, wenn er auf Dauer erfolgreich sein will, seinen Alltag ganzheitlich auf seine Handelsaktivitäten ausrichten. Dann folgen weitere Abstufungen innerhalb des professionellen Handels, die durch vielfältige Facetten bis hin zu sehr individuellen Faktoren gekennzeichnet sind, sodass diese hier nicht alle im Einzelnen erörtert werden können.

Aber weichen wir einmal vom Idealfall des Anlegers ab, der sich in einer ständigen Lernbereitschaft befindet und ganzheitlich orientiert ist. Ein Händler in einem Anstellungsverhältnis, der auf seinen Arbeitsplatz nur einen sehr geringen Einfluss hat, zieht sich den stabilisierenden Boden unter den Füßen weg, wenn er sich ausschließlich auf seine energieraubende Tätigkeit konzentriert. Er sitzt den ganzen Tag, oft zehn bis zwölf Stunden vor seinen Monitoren, steht permanent unter Entscheidungs- und Erfolgsdruck, befindet sich zudem in einer Konkurrenzsituation und hat am Arbeitsplatz praktisch keine Möglichkeiten zur Stresskompensation. Dabei hat er sich nach außen hin noch unter Kontrolle zu halten. Die Coolness der meisten Händler ist jedoch nur aufgesetzt, weil es sich nicht um wirkliche Gelassenheit handelt. Als Kompensationsfläche dient dann oftmals reiner Sarkasmus, der den Betroffenen aber so gut wie nichts bringt. Nach einem langen Arbeitstag geht man im günstigsten Fall noch in ein Fitness-Studio, um den aufgestauten Stress zu kompensieren. Dagegen ist nichts einzuwenden, weil es sich um einen aktiven Stressabbau handelt. Betrachtet man die Sache aber näher, gewinnt man den Eindruck, dass selbst diese Kompensation mechanisiert durchgezogen wird und daher auf Dauer nicht die gewünschten Resultate bringen kann. Die meisten Akteure wären besser beraten, sich ganzheitlich zu orientieren, also physische Stresskompensation mit mentaler Stabilisierung zu verbinden. Hohe Gehälter bieten zwar auch gewisse Kompensationsmöglichkeiten; diese Effekte wirken allerdings immer nur kurzfristig, weil sie keine grundlegende Zufriedenheit schaffen. Ist eine Gehalts- oder Prämienerhöhung durchgesetzt, stellt sich bereits nach wenigen Monaten wieder Unzufriedenheit ein.

Überwindung von Hindernissen

Ein Börsianer mit einer verlustorientierten Mentalität wird es schwer haben, sich in die Haltung des Übenden zu begeben. Die Schwierigkeit liegt nicht so sehr in einer mangelnden Einsicht, sondern vielmehr in der Disziplin, sich Tag für Tag entsprechenden Übungen zu widmen. Es geht hier nicht um Dinge, die den Auswirkungen von Lust und Laune ausgeliefert sind. Wer sich beispielsweise vornimmt, täglich zu einer festgelegten Zeit autogenes Training zu praktizieren, der muss auch die Disziplin aufbringen, dies zu tun, selbst dann, wenn ihm nicht danach zumute ist. Er wird erst dann auf dem Weg des Erfolgreichen vorankommen, wenn ihm Sätze wie „Ich hatte keine Lust" oder „Ich kam einfach nicht dazu" vollkommen fremd werden. Erst in dem Moment, wenn ein Mensch sich überwindet, etwas zu tun, was ihn tatsächlich positiv fördert, macht er auch einen bedeutenden Schritt vorwärts.

Ein auf Verluste konditionierter Anleger will aber erst gar nicht dazulernen und hat selten eine Vorstellung davon, welche Faktoren zu einem Gewinn oder Verlust beigetragen haben. Entsprechend sehen seine Handelsaktivitäten aus. Wenn er überhaupt ein Konzept vorweisen kann, eine persönliche Handelsgrundlage, hält er sich im aktiven Handel nur selten an seinen Plan. Seine Handelsaktivitäten sind vornehmlich stimmungsbelastet. Es fehlt ihm auch jegliches Verständnis dafür, dass eine positive *Lebensführung* sozusagen als Bonus auch materielle Zugewinne bringt. Er will den zweiten Schritt vor dem ersten machen. Er glaubt, erst dann positiv leben zu können, wenn er ein bestimmtes finanzielles Niveau erreicht hat. Sein Wohlbefinden koppelt er an eine feste Vermögensgröße. Da er über diesen Status aktuell nicht verfügt, ist er frustriert. Diese Unzufriedenheit ist von ihm aber bewusst gewollt und wird ständig genährt, denn er kommt nicht auf die Idee, seine Lebensperspektive einmal auf den Prüfstand zu stellen, sie von einem anderen Blickwinkel aus zu betrachten. Gelegentlich tritt der seltene Fall ein, und der frustrierte Anleger erreicht das gesteckte Vermögensziel, und sei es auch nur vorübergehend. Doch dann macht er mit hoher Wahrscheinlichkeit eine besondere Erfahrung: Da er sein Wohlbefinden nur über materielle Werte definiert, wird sein Leben selbst dann inhaltsleer bleiben, wenn er den für notwendig erachteten Güterstand erreicht hat. Er wird sich daraufhin neue materielle Ziele stecken, aber niemals persönliche Freiheit erlangen, sondern eine immer größere Frustration. Flankiert wird diese Entwicklung von einer beständigen Angst, die erreichten materiellen Werte wieder zu verlieren. Man muss sich vergegenwärtigen, dass dieser Mensch sich über Statussymbole definiert. Werden sie ihm entzogen, erfährt er dies als Verlust seiner Persönlichkeit. Dadurch nimmt seine Anfälligkeit für große Fehlentscheidungen entsprechend zu.

Innere Haltung

Diesem Verhalten soll nun nicht nach einem Schwarz-Weiß-Schema der so genannte „Gewinnertyp" gegenübergestellt werden. Absolute Verlierer und Gewinner sind durchweg Phantome, die im realen Leben praktisch nicht anzutreffen sind. Gewinnertypen sind reine Kunstprodukte, die allenfalls in der Welt der Medien (Fernsehen, Spielfilme,

Werbung) existieren. „Gewinnertyp" würde bedeuten, dass dieser Mensch alle gewinnbezogenen Eigenschaften nicht nur in sich verankert hat, sondern in allen Lebensbereichen gewinnt bzw. auf der Siegerseite anzutreffen ist. Vor dem Hintergrund, dass sich jedes Leben in unterschiedlichen Zyklen abspielt, würde diese Annahme lebendigen Lebensläufen widersprechen. Dies kann auch als Aufforderung verstanden werden, jede Ideologie, die nur den guten oder perfekten Menschen in den Vordergrund stellt, zu hinterfragen.

Entscheidend ist vielmehr, ob negative oder positive Charaktereigenschaften überwiegen. Sprechen wir daher besser vom gewinnorientierten Anleger. Er verfügt über eine völlig andersgeartete Mentalität als der verlustorientierte Anleger. Er richtet sich in dem, über das er momentan verfügt, positiv ein. Der materielle Aspekt spielt für ihn in seiner Funktion als Börsianer eine Rolle, sonst würde er nicht mit Wertpapieren handeln. Von Bedeutung ist aber in diesem Zusammenhang, dass der materielle Aspekt in seinem Leben keine dominierende Rolle einnimmt. Seine Zufriedenheit ist nach innen gerichtet und richtet sich nicht nach äußeren Umstanden. Für ihn stellen die Aussichten, die ihm finanzielle Erfolge ermöglichen, eine Motivation zur Verbesserung seiner Lebensqualität dar, sind aber nicht eine unbedingte Voraussetzung für ein besseres Leben. Der gewinnorientierte Anleger hat vor dem finanziellen Erfolg immer bereits mentalpsychisch gewonnen.

Wenn Sie Ihre Zufriedenheit also nicht von Ihrer finanziellen Situation bzw. Ihrem Lebensstandard abhängig machen, sind Sie in Richtung Gelassenheit bereits einen großen Schritt vorangekommen. Auf Ihre Dispositionen an den Finanzmärkten wirkt sich dieser Schritt gleich mehrfach positiv aus. Sie sind einerseits gewinnorientiert, entziehen sich aber andererseits dem Gewinnzwang. Sie rennen angeblichen Chancen nicht mehr hinterher, sondern warten sie gelassen ab. Warten können und darauf vertrauen, profitable Spekulationschancen zu entdecken, das würde Ihnen eine negative Spannung nehmen, nämlich die Angst, etwas zu verpassen. Versäumnisangst ist im Grunde genommen eine Mixtur verschiedener Ängste. Sie umfasst die Angst vor Zeitverlust („Eigentlich wollte ich in diesem Jahr so weit sein"), die Angst, ein Ziel nicht mehr erreichen zu können („Wenn das so weitergeht, werde ich es nie mehr schaffen"), und schließlich die Angst davor, dass eine aussichtsreiche Investmentmöglichkeit niemals wieder eintreten wird („So eine Gelegenheit bekomme ich nie wieder"). Um diese Angst zu parieren, wird dagegen angehandelt. Eine aktive Handelsaktivität dient in diesem Fall dazu, die aus den Ängsten resultierenden Ohnmachtsgefühle auszulöschen. Da es sich um gefühlsbezogene Investments handelt, kann eine echte Bewältigung der Ängste nicht stattfinden.

Die Versäumnisangst wird ständig genährt und wird deshalb immer wieder aufflammen. Besonders kritisch wird dies in Situationen, in denen der Anleger Chancen sieht, seine Mittel jedoch in anderen Investments gebunden hat. Prompt entsteht eine Konfliktsituation, in der der Betroffene nicht mehr Herr der Lage ist. Nimmt er in solchen Momenten eine Chance nicht wahr, indem er beispielsweise ein anderes Investment auflöst, wird er fortan die Entwicklung der vermeintlichen Chance mit höchster Spannung verfolgen. Entwickelt sich das chancenreiche Investment erwartungsgemäß positiv, so wird ihn dies bei künftigen Investments noch mehr unter Druck setzen. Entpuppt sich die Chance aber als Flop, so wird er froh sein, sie nicht wahrgenommen zu haben.

Im Idealfall bemerkt er schließlich die Absurdität seines Verhaltens. Ein Börsianer ist nur dann souverän, wenn er eine Chance erkennt, sich aber nicht weiter mit ihr auseinander setzt oder ihr gar nachtrauert, wenn er diese Chance zum gegebenen Zeitpunkt – aus welchen Gründen auch immer – nicht nutzen kann. Er vertraut in solchen Momenten folgerichtig darauf, dass vielleicht schon morgen oder auch erst in ein paar Monaten eine neue Chance auftauchen wird.

Kann man eine Investmentchance nicht wahrnehmen, dann sollte aber folgender Grund niemals vorliegen: mangelnder Cash-Bestand bzw. Vollinvestition. Ein Anleger sollte im Rahmen seiner Vermögenskontrolle immer so viele Barmittel halten, dass er außergewöhnliche Gelegenheiten jederzeit wahrnehmen kann. Anderenfalls muss er neu selektieren und entscheiden, welche Wertpapiere veräußert werden, um den Cash-Bestand wieder zu erhöhen. Dies betrifft in einem Depot Papiere, deren Performance zu wünschen übrig lässt. Kommt die vermeintliche Chance selbst gegen den rangschlechtesten Wert in einem Portfolio nicht an, dann kann die Gelegenheit so toll nicht sein. Bei Ausverkaufsszenarien an den Finanzmärkten können mehrere Chancen gleichzeitig auftreten. Es können so viele sein, dass der gewinnorientierte Anleger sie nicht alle wahrnehmen kann, und auch dies wird von ihm akzeptiert.

Gelassenheit darf nicht mit Gleichgültigkeit verwechselt werden. Viele Menschen setzen das eine mit dem anderen gleich. Doch diese Auffassung ist schlichtweg falsch; diese beiden Haltungen haben nichts miteinander zu tun. Gleichgültigkeit ist eine subjektiv durchaus berechtigte Einstellung zu bestimmten Bereichen des Lebens. Auf die Finanzmärkte übertragen, bedeutet dies, dass es einem Anleger, der sich auf US-Aktien spezialisiert hat, völlig gleichgültig sein kann, wie sich italienische Anleihen entwickeln. Weshalb sollte er sich auch mit einem Markt befassen, an dem er grundsätzlich nicht interessiert ist und der auch keinen direkten bzw. indirekten Einfluss auf seinen „eigenen" Markt hat? Gleichgültigkeit kann aber auch ein Ausdruck der Negation gegenüber bestimmten Ereignissen oder gar dem Leben selbst sein. Ein gleichgültiger Mensch spart aus, wirkt oberflächlich passiv, praktiziert dennoch eine aktive Abwehr. Ein gelassener Mensch ist hingegen von Offenheit gekennzeichnet. Er stellt bestenfalls eine Art neutrale „Durchgangsstation" dar. Auf den Börsenhandel bezogen bedeutet dies, dass sich Gleichgültigkeit unter anderem darin ausdrücken kann, dass ein Anleger bestimmte marktbeeinflussende Faktoren einfach nicht wahrhaben will, wenn sie nicht in seine Handelsstrategie passen. Geschehnisse werden nur selektiv wahrgenommen.

Diese Einstellung führt zu den erwähnten fokussierten Anlagen und Investmentschablonen. Mit dieser Vorgehensweise klammert man sich letztlich an Illusionen und läuft ständig Gefahr, sich gegen laufende Marktentwicklungen zu stellen. Selektiv wahrnehmende und fokussiert operierende Anleger können sich bei der Bildung großer Verluste nicht erklären, wie es so weit kommen konnte, da sie sich an verschiedene Komponenten, die bereits vor der Investition bekannt waren, beim besten Willen nicht erinnern können. Da sie nur selektiv vorgehen, können sie auch Warnsignale, die vor einer Investition oder während des laufenden Investments auftreten, nicht wahrnehmen und somit auch nicht befolgen. Schließlich bescheinigen sie sich selbst, dass eine verlustreiche Entwicklung völlig unabsehbar war, und sind außerdem geneigt, die Verantwortung nach außen zu verlagern.

Der Schlüssel: die richtige Umsetzung der Strategie

Gelassenheit bedeutet Offensein für alles. Wer aufgeschlossen ist, kann sich eine Klammerhaltung nicht erlauben, da Anklammern zu einer inneren Sperre und damit zu Konflikten und Leiden führt. In der Börsenpraxis bedeutet dies, dass ein Anleger bereit ist, seine Strategie beim Auftauchen neuer Einflüsse wieder in Frage zu stellen und sie gegebenenfalls auf die neuen Faktoren hin zu ändern oder sie möglicherweise ganz aufzugeben. Das ist natürlich einfacher gesagt als getan, denn schließlich geht es nicht darum, dass man bei mittel- bis längerfristiger Orientierung auf jede Konjunkturnachricht reagiert, sondern Veränderungen in den Schlüsselfaktoren, auf denen die Strategie basiert, rechtzeitig wahrnimmt, akzeptiert und umgehend reagiert. Selbstverständlich ist es nicht leicht, eine Handelsstrategie, deren Komponenten zunächst miteinander harmonierten, zu verändern oder völlig zu verwerfen. Dies gilt besonders dann, wenn die Konzeption der Strategie mit einem hohen Zeitaufwand verbunden war („Alles hat so gut ausgesehen, jetzt soll ich das alles verwerfen?"). Eine unerwartete Leitzinserhöhung kann beispielsweise eine Strategie von einem Tag auf den anderen unbrauchbar machen.

Bei jeder Handelsstrategie ist die *Umsetzung* der Schlüssel zum Erfolg. Im Moment ihrer Umsetzung wird die Strategie den Marktkräften ausgesetzt. Der Anleger nimmt gleichzeitig die Rolle des aktiven Beobachters ein. Verkrampft er sich nun durch falsch verstandene Kontrolltechniken in seiner Strategie, führt dies zu einer Handelsblockade. In diesem Moment ist er nicht mehr frei, sondern durch seine Klammerhaltung in seinen Reaktionen eingeschränkt. Dies kann er von vornherein verhindern, wenn er sich dessen bewusst ist, dass eine Handelsstrategie in ihrer Logik durchaus korrekt erscheinen mag, aber schon kurze Zeit später durch sich ändernde Faktoren in Frage gestellt werden kann. In einer solchen Entwicklung liegt noch kein Misserfolg begründet. Wenn beispielsweise eine Leitzinserhöhung beschlossen wurde, hatte der Anleger darauf ja keinen Einfluss. Es mag sein, dass diese Maßnahme seine Strategie durchkreuzt, aber da hilft kein Lamentieren, sondern ausschließlich Reagieren. Eine offene Haltung ermöglicht dem Anleger zudem eine Mängelanalyse, bei der er feststellen kann, ob er investitionsrelevante Faktoren (z. B. die Gewinnentwicklung eines Unternehmens) unberücksichtigt ließ bzw. diese einfach nicht beachten konnte, weil es sich um unvorhergesehene Sonderfaktoren (z. B. unerwarteter Absatzrückgang) handelt. Hat er einen relevanten Schlüsselindikator übersehen, nimmt er sich vor, künftig umsichtiger zu handeln. Im Falle einer unerwarteten und unabsehbaren Entwicklung handelt er korrekt, wenn er seine Strategie umgehend überprüft und gegebenenfalls die erforderlichen Konsequenzen zieht.

Der Markt als Wegweiser

Die offene und gelassene Haltung bewirkt gleichzeitig eine gesunde Distanz sowohl zu den eigenen Handelsstrategien als auch zu den Marktentwicklungen. Mit dieser Distanz können unterschwellige Richtungswechsel bei Finanzmarkttrends, aber auch Warnsignale rechtzeitig wahrgenommen werden. Dadurch wird ein optimaler Raum für flexibles Reagieren geschaffen. Gelassen kann ein Anleger werden, wenn er auf Marktereignisse reagiert und nicht agiert. Das Handeln des erfolgreichen Börsianers ist durch *Reaktion,* nicht durch *Aktion* bestimmt.

Bei der Aktion stellt sich der Anleger gegen den Markt. Und das fußt stets auf einer Konflikthaltung. Der Anleger will Recht bekommen und stemmt sich mit dieser Einstellung gegen den Markt. An die Stelle von Gelassenheit tritt Kampf. Emotionen gewinnen wieder die Oberhand. Deren Ausmaß bestimmt nun darüber, inwieweit sich der Anleger emotional und finanziell verausgabt. In einer solchen Phase ist er von einer gelassenen Haltung extrem weit entfernt.

Eine Reaktion hingegen knüpft an den Rhythmus einer Börse an. Der Anleger folgt in diesem Fall dem Markt. Er akzeptiert den *Markt als Wegweiser* und versucht nicht, sich gegen ihn zu stellen. Somit bleibt er im Fluss, weil er seine Markteinschätzungen jederzeit loslassen kann. Er muss sich nicht den Kopf darüber zerbrechen, was der Markt morgen machen wird. Er kann wirklich gelassen sein, weil der Markt ihm die Richtung zeigt.

7. Ausblick

Börsenerfolg als Herausforderung

Nichts ist subjektiver als die Definition von „Erfolg". Börsenerfolg im Sinne dieses Buches konzentriert sich auf die beiden Varianten *Einzelerfolg* und *finanzielle Unabhängigkeit.* Jeder realisierte Gewinn ist für sich genommen ein Einzelerfolg und stellt einen Meilenstein auf dem Weg zur finanziellen Unabhängigkeit dar. Die Einzelerfolge fallen naturgemäß unterschiedlich aus, und ihre Wirkung ist von der jeweiligen Gewinnhöhe im Verhältnis zum Gesamtvermögen abhängig. Die finanzielle Unabhängigkeit bemisst sich wiederum nach der Vermögenszunahme. Sie ist zwar vermögensabhängig, aber nicht vermögensfixiert, sondern ertragsorientiert. Dies gilt umso mehr im Hinblick darauf, dass finanzielle Unabhängigkeit dauerhaft sein und nicht nur als „Eintagsfliege" daherkommen sollte. Es gibt keine Garantie, dass, wenn man es an den Finanzmärkten in finanzieller Hinsicht geschafft hat, dies auch künftig so bleiben wird. An der Börse wurden schon große Vermögen gewonnen und in einem rasanten Tempo wieder verloren. „Eine Million gewinnen und wieder verlieren" ist vor diesem Hintergrund auch kein unbekannter Börsianerspruch, stellt aber letztlich nur das Leitmotiv für Hasardeure dar. In der internationalen Finanzgeschichte gibt es viele berühmte Beispiele, so auch *Jesse Livermore* (1877–1940), der einer der größten Spekulanten seiner Zeit war und einen Investmentklassiker schrieb, dessen Aussagen bis heute nichts an Gültigkeit verloren haben.[21] Livermore bildete mehrfach große Vermögen, verlor diese jeweils nicht nur vollständig, sondern ließ auch zu, dass er über längere Zeiträume extrem verschuldet war. Er konnte seine Risikobereitschaft nicht effizient kontrollieren. Er versuchte sich immer wieder in einer Art Money Management. Eine der wichtigsten Überlebensregeln in den Finanzmärkten, die dem Money Management zuzuordnen ist („Immer so viel an Barbeständen halten, dass man selbst im schlimmsten Fall weiterhin am Handel teilnehmen kann"), versuchte er mit allerlei Tricks zu realisieren. Doch selbst in Tresoren hinterlegte „Notgroschen" waren vor ihm nicht sicher. Packte ihn das Spekulationsfieber, dann verlor er auch gleichzeitig die Kontrolle. Innere wie äußere Sicherungsmechanismen gerieten bei ihm in entscheidenden Momenten offensichtlich aus den Fugen.

Zunächst ein Vermögen erwirtschaften und dieses dann mit riskanten Handelsaktivitäten ohne Berücksichtigung der Money Management-Regeln wieder verlieren? Es gibt Erfahrungen, auf die man gut und gerne verzichten kann. Börsianer, die diesen Weg gegangen sind, z. B. eine Million US-Dollar gewonnen, verloren und wieder gewonnen haben, sind alles andere als Vorbilder. Praxisbeispiele dieser Art nähren vielmehr die Hoffnung der verlustorientierten Anleger, letztlich doch noch „irgendwie" gewinnen zu können. Die Hoffnung wird in märchenhaften Träumen kanalisiert, ohne dass diese inhaltlich mit einer gewinnorientierten Verhaltensänderung gefüllt werden.

Es versteht sich von selbst, dass viele Marktteilnehmer mit dem „Problem", eine erste Million zu erwirtschaften, erst gar nicht konfrontiert werden. Was ursprünglich als klares Ziel definiert wird (z. B. finanzielle Unabhängigkeit), schleift sich im Laufe des aktiven Börsenhandels ab und verblasst fast unmerklich. Für einen verlustorientierten Anleger mag es absurd erscheinen, dass finanzielle Unabhängigkeit hier überhaupt eine eingehende Betrachtung erfährt. Das gilt vor allem dann, wenn er sich über einen sehr langen Zeitraum vergeblich bemüht hat, der finanziellen Unabhängigkeit auch nur einige wenige Schritte näher zu kommen und sich stattdessen mit Blick auf seine Handelsaktivitäten in einem konzeptlosen Investmentsumpf immer weiter nach unten gestrampelt hat.

Haben Sie sich einmal vorgestellt, wie Ihr persönlicher Börsenerfolg aussehen könnte? Haben Sie auch nur eine Minute lang überlegt, wie sich dieser Erfolg *anfühlen* würde? Wenn nicht, beginnen Sie gleich damit. Malen Sie sich Ihren Börsenerfolg in den schillerndsten Farben aus. Was ist dabei für Sie von Bedeutung? Wie würde und sollte sich eine finanzielle Unabhängigkeit auf Ihre Lebenssituation auswirken? Wenn Sie so zu phantasieren beginnen, konzentrieren Sie sich – durch diese Tagträume – auf den Erfolg.[22] Okay, die Phantasien allein bringen ihn noch nicht zustande. Aber sie enthalten einen wertvollen *Wegweiser* bzw. auch gleich mehrere davon. Schreiben Sie Ihre Vorstellungen ohne jede innere Zensur in Ihr Handelsbuch nieder und legen sie es für ein paar Tage beiseite. Wenn Sie dann die richtige Distanz zu Ihrer börsenbezogenen Phantasiereise gewonnen haben, können Sie Ihre Aufzeichnungen nochmals durchlesen. Anhand Ihrer Erfolgsskizzierung wird Ihnen auffallen, was Sie *wirklich* wollen.

Selbst wenn sich Ihre Wünsche jenseits aller Realitäten befinden und Ihnen im Nachhinein reichlich überzogen erscheinen, tragen sie doch den Kern dessen in sich, was man als *Ziel* bezeichnen kann. Genau daraus lassen sich Rückschlüsse auf Ihre *Motivation* ziehen. Wenn Sie wirklich finanziell unabhängig werden wollen, um ein Leben im Überfluss führen zu können, so gestehen Sie sich dies ruhig ein. Sie brauchen deswegen kein schlechtes Gewissen zu haben. Jede Form der Selbstbeschränkung, wie etwa der Gedanke „Ich verdiene das nicht", hilft niemandem, sondern schadet nur Ihnen selbst. Genau diese eingrenzenden Gedanken, die zahlreiche Facetten tragen können, würden Ihre tatsächlichen Absichten vernebeln.

Viele Anleger besitzen vom Börsenerfolg keine konkrete Vorstellung, ja vergessen sogar im Laufe der Zeit ihre ursprünglichen Wünsche und Ziele und wissen schließlich nicht einmal mehr, warum sie überhaupt noch aktiv handeln. Sie wirken nicht nur wie Marionetten, sondern sind es im Grunde genommen auch. Wie steht es mit Ihren Handelsaktivitäten? Sind sie erfolgsorientiert oder ohne jedes Ziel? Falls Sie börsenbezogene Ziele haben, wie sehen diese Ziele aus? *Zielen* Sie auf das ab, was Sie persönlich als finanzielle Unabhängigkeit bezeichnen?

Wenn Sie an der Börse erfolgreich handeln möchten, müssen Sie dies auch wirklich *wollen.* Wenn Ihnen der Erfolg wirklich am Herzen liegt, werden Sie auch erfolgreich sein. Wenn Sie sich Erfolg wünschen und diesen Wunsch beharrlich, aber nicht verbissen im Auge behalten und Ihre Ziele darauf ausrichten, sind Sie auch bereit, die dafür erforderlichen Komponenten beizusteuern bzw. bestimmte, in diesem Buch beschriebene Faktoren zu beachten. Dies schließt die Bereitschaft ein, den damit verbundenen Arbeitsaufwand zu leisten. Auf diese Weise nähern Sie sich der finanziellen Unabhängigkeit Schritt für Schritt.

Erfahrungen auf dem Weg

Sitzen Sie nicht den in diversen Zirkeln vertretenen Thesen auf, dass man das, was man sich wirklich wünscht, früher oder später auch exakt so erhält. Das Gewünschte soll dann wie von selbst eintreten, sozusagen wie von Zauberhand herbeigeführt. Selbstverständlich geht es so nicht. Dem beständigen Ziel liegt aber die *Essenz der Klarheit* zugrunde. Was Sie klar sehen (wollen), können Sie auch leichter angehen. Sie können sich auf das, was Ihnen klar ist, besser und intensiver konzentrieren. Sie finden dann auch in einer kürzeren Zeit die für Sie richtigen Methoden, die Ihnen das Gewünschte näher bringen werden. Deswegen hat es manchmal auch den *Anschein,* als flöge erfolgreichen Menschen alles Gewünschte ohne besondere Kraftanstrengungen zu. Doch ohne eigene Aktivitäten herrscht Stillstand.

Gehen wir einmal davon aus, dass Sie Ihre persönliche Stellung als Börsianer einerseits und Ihre Handelsaktivitäten andererseits optimal meistern. Sie sind voller Willenskraft, verfügen über die erforderliche Geduld, erfüllen alle persönlichen Voraussetzungen, befinden sich überwiegend in einem Zustand der Gelassenheit, richten sich nach den Regeln des Money Managements und konzentrieren sich auf Gewinnfaktoren. Trotz unvermeidbarer Verluste, aus denen Sie lernen, nimmt Ihr Vermögen kontinuierlich zu. Mit zunehmendem Vermögen werden Sie bestimmte Änderungen in Ihrem Verhalten beobachten können. Es ist schließlich ein Unterschied, ob Sie über 50 000 oder 500 000 US-Dollar verfügen können. Auf Ihr Anlageverhalten kann dies einen wesentlichen Einfluss ausüben. So können Sie gegenüber früheren Zeiten zunehmend defensiver vorgehen oder aber wesentlich aggressiver. Defensiv deshalb, weil Sie Ihr Ziel der finanziellen Unabhängigkeit nicht gefährden wollen, aggressiv, weil Sie es nun so schnell wie möglich erreichen möchten. Beide Verhaltensweisen können sich auf die Vermögensentwicklung negativ auswirken, wenn sie überhand nehmen.

Hinter der defensiven Vorgehensweise können sich beispielsweise alte und längst vergessen geglaubte Verlustängste verbergen. Diese beeinflussen dann die aktuellen Investitionen, die prompt über Verluste definiert werden und diese wieder vermehrt entstehen lassen. Hinter einer aggressiveren Handelsaktivität stehen Ungeduld oder Versäumnisangst. Es ist durchaus möglich, dass Sie sich jahrelang in Geduld geübt haben und plötzlich, sozusagen aus heiterem Himmel, von einer großen, übermächtig erscheinenden Ungeduld erfasst werden. Jetzt wollen Sie es so schnell wie möglich wissen und Ihre finanzielle Unabhängigkeit erzwingen. Dieser ungeduldigen Haltung können unterschiedliche Ursachen zugrunde liegen. Es ist denkbar, dass Sie plötzlich befürchten, (Lebens-)Zeit zu verlieren. Dies kann mit einer persönlichen Krisensituation zusammenhängen, die möglicherweise mit Ihren Handelsaktivitäten nicht unmittelbar in Verbindung steht. Wichtig ist, dass Sie derartigen Entwicklungen auf den Grund gehen, sich also aktiv mit ihnen auseinander setzen und sie nicht einfach verdrängen, bloß weil Letzteres auf den ersten Blick bequemer erscheint.

Damit soll betont werden, dass die erfolgreiche Umsetzung von persönlichen und handelsbezogenen Komponenten in der Gegenwart keine Garantie dafür bietet, dass dies auch in Zukunft der Fall sein wird. Gerade dann, wenn man sich an die erfolgreiche Umsetzung positiver Praktiken gewöhnt hat und sie als eine Selbstverständlichkeit betrachtet, drohen Rückschläge von einer unerwarteten Seite. Dies sind Erfahrungen auf dem Weg zur finanziellen Unabhängigkeit, die sich nie ganz vermeiden lassen. Sie sollten als Fingerzeig dahingehend gewertet werden, sich immer wieder darauf zu besinnen, dass die Erfolgsfaktoren letztlich auch *Übungen* darstellen, deren Substanz aus einer *beständigen Wiederholung,* nicht aber aus reiner Selbstgefälligkeit besteht. Der Weg zur finanziellen Unabhängigkeit unterliegt einem ständigen Wechsel. Dies wird umso verständlicher, wenn man berücksichtigt, dass das Hauptmerkmal aller Börsenbewegungen Wechselhaftigkeit ist. Es gibt deshalb auch nicht *den einen Weg* zum Börsenerfolg, sondern viele Varianten. Sie können aber Ihre Aufmerksamkeit darauf richten, dass die Wechselhaftigkeit der Börsenbewegungen in Ihren Anlagedispositionen unter Berücksichtigung des Money Managements in einem positiven Umfeld stattfindet und sich nicht in drastischen Depotschwankungen ausdrückt.

Erfolg aus der Sicht des Wachstums

So unterschiedlich die Bezeichnung „Börsenerfolg“ interpretiert wird, so differenziert fallen auch die Vorurteile aus, die an ihn geknüpft sind. Es ist aber auffällig, dass eine landläufige Auffassung über Erfolg auf die Vermutung hinausläuft, dass alle persönlichen und materiellen Probleme verschwunden sind, sobald sich finanzielle Unabhängigkeit erst einmal eingestellt hat. Finanzielle Autonomie wird in diesem Fall als feststehende Größe mit schnellen Resultaten betrachtet, die sich auf alle Lebensbereiche positiv auswirken werden. Wenn Sie sich Ihren persönlichen Erfolg an den Finanzmärkten in diesem Sinne vorstellen, bescheinigen Sie sich, dass Sie momentan in einer *Mangelposition* leben. Wenn Sie der Auffassung sind, dass sich Ihr Leben erst durch den großen Börsenerfolg positiv entwickeln wird, gestehen Sie sich ein, dass Sie mit Ihrer aktuellen Lage nicht zufrieden sind und sich eine Befreiung von diesen negativen Umständen durch Ihre Handelsaktivitäten an den Finanzmärkten erhoffen. Abgesehen davon, dass Ihr Erfolgsdenken in diesem Fall mangelorientiert und damit negativ strukturiert ist, haben Sie vom Erfolg eine verzerrte Vorstellung.

Wenn ein großer Erfolg als Erfüllungsgehilfe für ein angenehmeres Leben dienen soll, dann ist dies durchaus in Ordnung. Wenn er allerdings bestehende Mangelzustände sowohl in persönlicher als auch in materieller Hinsicht beseitigen soll, die sich auch anderweitig, z. B. mit einer anderen Lebenseinstellung, bewerkstelligen ließen, ist dies von vornherein zum Scheitern verurteilt. Dies gilt umso mehr, als es einen bestimmten Erfolgsweg eben nicht gibt. Wer mangelorientiert an den Börsenplätzen handelt, wird es schwer haben, finanzielle Unabhängigkeit zu realisieren. In diesem Fall würde jeder Verlust nicht als Resultat, sondern materiell interpretiert. Aber, und dies muss an dieser Stelle eingeräumt werden, es ist in einzelnen Fällen durchaus möglich, auch vor diesem negativen Hintergrund blendende Erfolge zu erzielen. Entsprechend disponierte Anleger werden von ihrer persönlichen Mangelsituation energetisch dermaßen aufgeladen, dass sie diese Energien in fast schon übermenschliche Willenskräfte umsetzen, um ihr Ziel der finanziellen Unabhängigkeit zu erreichen. Sie scheinen ihre gesamte Energie auf eine Sache zu konzentrieren. Es findet praktisch kein energetischer Ausgleich mit nicht börsenbezogenen Interessen statt. Ist das Ziel erst einmal realisiert, dann fehlt ihnen die Motivation, aus der sie ihre Energie bezogen haben. Und eben dies führt dazu, dass solche Erfolge inhaltsleer sind und deshalb sinnlos wirken.

Versuchen Sie daher, Ihren Weg zum Börsenerfolg nicht aus einer Mangelposition heraus zu beschreiten, sondern auf der Grundlage eines persönlichen Wachstums, verbunden mit dem Ziel der finanziellen Unabhängigkeit. Akzeptieren Sie Ihre momentane Lebenssituation und betrachten Sie diese so positiv, wie Ihnen dies möglich ist. So wird von Ihnen ein immenser Druck abfallen, der Sie ansonsten mitten auf dem Erfolgsweg als psychologische Falle, z. B. in Form einer plötzlich auftretenden und scheinbar unbeherrschbaren Ungeduld, überraschen kann. Eine positive Sicht der Dinge bedeutet aber noch nicht, dass damit alles problemlos laufen kann. Spätestens dann, wenn Sie der finanziellen Unabhängigkeit nahe kommen oder diese schließlich erreichen, werden Sie feststellen, dass der Börsenerfolg eine Herausforderung darstellt, die bewältigt werden will. Unter bestimmten Voraussetzungen ist dies relativ einfach zu bewerkstelligen, unter anderen Bedingungen hingegen äußerst schwierig. Betrachten wir daher zunächst jene Faktoren, mit denen Sie konfrontiert werden können.

Erfolgsbalance

Die finanzielle Unabhängigkeit kann sich *zu schnell* einstellen. Das ist am häufigsten bei erfolgreichen Tradern in den Termin- und Optionsmärkten zu beobachten. Wird viel Geld in einem kurzen Zeitraum gewonnen, dann fehlt zu diesem Gewinn oft der innere Bezug, der letztlich nichts anderes als eine Gewöhnung darstellt. Dies darf allerdings nicht mit großen Vermögen verglichen werden, die beispielsweise durch Erbschaften oder Lotteriegewinne entstanden sind, zu denen die Empfänger nichts oder nur wenig beigetragen haben. Deshalb muss sich die schnelle Liquiditätszunahme nicht automatisch negativ auswirken. Freilich bleibt den betroffenen Tradern ein Härtetest nicht erspart. Da eine Gewöhnung fehlt und auf dem Konto binnen kürzester Zeit eine Riesensumme erwirtschaftet wurde, die sich lediglich in ein paar Ziffern ausdrückt, entsteht automatisch ein Gefühl der Leichtigkeit. Da ist der Leichtsinn nicht weit. Ein Trader kann nun den Eindruck bekommen, der Börsenhandel an und für sich sei ein Kinderspiel. Sein Selbstbewusstsein beginnt zu inflationieren, und er befindet sich binnen kürzester Zeit in einem rauschartigen Zustand. Was bisher relativ mühelos vonstatten ging, muss sich doch ebenso mühelos fortsetzen lassen.

Ein solcher Mensch ist auf die finanzielle Unabhängigkeit nicht ausreichend vorbereitet, sodass er nun von der sensationellen Entwicklung seines Vermögens überwältigt wird. Er ist mit der Situation emotional überfordert. Das Superman-Gefühl verschwindet bei der Realisierung von Einzelerfolgen meist binnen weniger Tage, wenn der Anleger die Situation erfasst und sich umsichtig bzw. passiv verhält. Tritt es jedoch im Zusammenhang mit einem aus dem Gesamtvermögen motivierten Machtrausch auf, ist die Lage des Akteurs wesentlich komplizierter. Er kann mit neuen Spekulationen ein so großes Rad drehen, dass er am Ende dieses Prozesses mit leergefegten Konten dasteht („Wie gewonnen, so zerronnen"). Diese Situation ist sehr schwer in den Griff zu bekommen, und deshalb muss ihr rechtzeitig vorgebeugt werden.

Selten basiert ein zu schneller Reichtum auf der Anwendung von Money Management-Regeln, sondern eher auf einem aggressiven und extrem riskanten Trading. Dies bedeutet, dass eine Vorbeugung nur darin bestehen kann, mit den Regeln des Money Managements zu arbeiten. Bei einer ausreichenden Diversifikation stellen sich riesige Vermögenssprünge binnen kürzester Zeit nur selten ein. Dies gilt auch für alle Sparten des Termin- und Optionshandels. Kurzfristig orientiertes Trading bedeutet nicht unbedingt, dass sich auch finanzielle Unabhängigkeit kurzfristig einstellen muss. Allerdings sind große Erfolge innerhalb kurzer Zeiträume an den Termin- und Optionsmärkten häufiger zu verzeichnen als an den Aktienmärkten. Man mag jetzt einwenden, dass doch eigentlich nichts gegen schnelle Erfolge der Superlative spricht. Es besteht jedoch die Gefahr, dass der Erfolgreiche diesen Vermögenssprung nicht verkraftet, sich dann mit neuen Positionen hemmungslos übernimmt und alles schnell wieder verliert. Man muss diese Erfahrung nicht machen, nicht jeder erholt sich von solchen Rückschlägen.

Glück oder Glücksmanipulation?

Ein Anleger kann bei der Realisierung seiner finanziellen Unabhängigkeit auch *zu viel Glück* haben. Ein Quäntchen Glück gehört beim aktiven Börsenhandel einfach dazu. Dies beweisen die zahlreichen Anlagekonzepte, die eine Zeitlang brillant aussehen, denen aber dann das letzte Quäntchen fehlt. Je riskanter eine Spekulation ist, desto größer wird die Bedeutung des letzten Quäntchens. Alles kann stimmig sein, aber dann platzt eine unerwartete Zinserhöhung in den Markt. Die Strategie ist entweder unbrauchbar geworden oder muss geändert werden. Mit einem Aktienengagement kann eine derartige Phase unter gewissen Voraussetzungen durchgestanden werden, doch bei einer zeitlich befristeten Optionsspekulation kann sich eine solche Entwicklung katastrophal auswirken. Gerade an den Termin- und Optionsmärkten können sich ansehnliche Buchgewinne quasi über Nacht in schmerzhafte Buchverluste verwandeln, wenn man nicht auf der Hut ist. Gelegentlich kommt es an diesen Märkten aber auch zu Ereignissen, die sich so gravierend niederschlagen, dass ein Trader praktisch keine Möglichkeit mehr hat, ohne Verluste aus seinen Engagements herauszukommen.

Hat ein Anleger aber zu viel Glück, ja kommt der überwiegende Teil seines Erfolges lediglich durch die Gunst des Schicksals zustande, so wird sich dies früher oder später in sein Gegenteil kehren. Der Anleger mit zu viel Glück ist aufgrund der eingefahrenen Gewinne grundsätzlich der Ansicht, richtig gehandelt zu haben. Also wird er an seinem Anlageverhalten auch nichts ändern. Im Grunde genommen ist er dazu auch nicht in der Lage, da er den Glücksüberschuss nicht zu erkennen vermag. Meist verfügt der Anleger über kein Handelskonzept, spekuliert hochriskant und hat dabei eine Zeitlang Fortuna auf seiner Seite. Eigentlich ist dagegen nichts einzuwenden, denn warum sollte ein Anleger nicht zu viel Glück haben, zumal dann, wenn damit große Gewinne verbunden sind? Alles gut und schön, wenn da nicht die Psyche wäre, die ihm in solchen Situationen einen Streich spielt, ja regelrecht dazu herausgefordert wird.

Wenn etwas praktisch wie von selbst läuft, nimmt parallel dazu die Tendenz zur Leichtfertigkeit zu. Dies muss nicht zwingend so sein, betrifft aber in erster Linie Investoren, die ohne Handelskonzept an den Finanzmärkten aktiv sind und die Tragweite ihrer Aktivitäten nicht erkennen. Zunehmende Leichtfertigkeit erhöht aber auch die Risikofreude. Wie auch beim schnellen Erfolg ist der Anleger geneigt, ein zu großes Rad zu drehen. Warum sollte ihm nicht auch morgen und übermorgen Fortuna behilflich sein? Solche Entwicklungen enden meist mit herben Verlusten, und die stehen ihrerseits am Anfang einer Entwicklung, die der Anleger dann als Pechsträhne empfindet. Börsenspekulationen, deren Resultate aus subjektiver Sicht ständig als Glücks- oder Pechsträhnen erlebt werden, sind denn auch eher dem Glücksspiel zuzuordnen und nicht dem strategischen oder taktischen Handel. Wo viel Glück ist, da gibt es auch viel Pech. Für den Anleger gibt es auf Dauer nichts Unsichereres, als sich hauptsächlich auf sein Glück zu verlassen und einfach drauflos zu handeln. Ohne Handelskonzept ist er ja auch auf sehr viel Glück angewiesen. Erwischt er eine Glückssträhne, bildet er sich schließlich ein, dass sich diese Entwicklung unendlich fortsetzen wird. Und wenn sie eines schönen Tages zu Ende ist, dann hofft er eben auf die nächste Glückssträhne. Ob das Vermögen die Durststrecke übersteht, ist allerdings fraglich.

Anleger, die ihre Investitionen auf der Basis eines Handelskonzeptes realisieren, betreiben immer auch eine Art „Glücksmanipulation“. Eine Strategie, die nicht alle, aber wesentliche Eventualitäten aus der gegenwärtigen Sicht mit einbezieht, hinter der eine zündende Idee steckt, steht dem Erfolg automatisch einen Schritt näher bzw. reduziert den Glücksanteil beträchtlich. Übrig bleibt dann das unbeeinflussbare letzte Quäntchen, ohne das keine erfolgreiche Spekulation auskommt.

Pseudo-Erfolge

Ein anderer Erfolgsbereich kann auch auf einer Ebene eingeleitet werden, die dem Anleger selbst nur indirekt zugänglich ist. Gemeint sind die *guten Connections*, die dann sozusagen in bare Münze umgewandelt werden können. In solchen Fällen fußt die gesamte Handelsaktivität auf Tipps und Empfehlungen Dritter. Der Anleger setzt nur das an der Börse um, was ihm vorgegeben wird, und entwickelt keine eigene Kreativität, verzichtet schließlich auf jegliche kritische Auseinandersetzung mit den ihm empfohlenen Investments. Das allein ist noch keine Besonderheit, viele Anleger sind tippfixiert. Allerdings zerplatzen in der Börsenrealität die mit den Tipps verbundenen Hoffnungen so schnell wie Seifenblasen. Nun kann es aber dennoch sein, dass ein Anleger auf einen Profi trifft, der etwas von seinem Geschäft versteht, und dann dank dieser Connection in finanzieller Hinsicht auf die Gewinnerschiene gelangt. Wer z. B. in der zweiten Hälfte der 80er-Jahre über Kontakte zu einem japanischen Brokerhaus verfügte, musste sich schon sehr dumm anstellen, um daraus keinen finanziellen Nutzen zu ziehen. Nahezu alle Empfehlungen, die von einem japanischen Broker gegeben wurden, entwickelten sich zumeist binnen kürzester Zeit zu profitablen Anlagen. Empfehlungen flossen zwar spärlich, aber wenn ein japanischer Broker der Ansicht war, dass eine bestimmte Aktie auf die Kaufliste gehöre, konnte man auf eine positive Kursentwicklung gefasst sein. Kontakte dieser Art waren wie ein Pseudo-System mit einer gigantischen Trefferquote. Nicht umsonst gab es in den 80er-Jahren für japanische institutionelle Anleger eine verdeckte und unrechtmäßige Verlustausgleichs-Garantie seitens einiger japanischer Brokergesellschaften. Fiel eine von einem Japan-Broker empfohlene Aktie entgegen allen Erwartungen, so wurden bestimmten institutionellen Kunden die daraufhin entstandenen Verluste erstattet.

Einige Akteure profitierten dermaßen von den Kontakten zu Japan-Brokern, dass sie binnen weniger Jahre beträchtliche Vermögen erwirtschafteten und teilweise ins „Profilager" wechselten. Selbstverständlich geschah dies in der Annahme, dass sich dieses Spiel in seiner Systematik auf ewig fortsetzen würde. Doch mit Beginn der 90er-Jahre und dem Auftakt der großen Baisse am japanischen Aktienmarkt war es mit der „sicheren Bank" vorbei. Was die Akteure und Profiteure nun erlebten, waren Verlustserien ohne schnelles Ende. Viele erkannten dies erst viel zu spät und hatten zudem durch die vorangegangenen Erfolge den Bezug zur Realität verloren. Wer sich seiner Abhängigkeit von den profitablen Broker-Tipps nicht bewusst war, wurde von dieser Entwicklung gnadenlos überrollt. Es ist außerdem zu erwarten, dass im Zuge der seit 2003 neuen Hausse in Japan sich die alte Systematik nicht wieder einstellen wird, da sich entscheidende Sachverhalte im Gegensatz zur letzten großen Hausse bis Ende 1989 nicht wiederholen werden (wie z. B. die Verlusterstattung im Rahmen von Empfehlungs-Flops seitens der Investmentbanken).

Anleger, deren Börsenerfolge hauptsächlich auf guten Connections basieren, befinden sich in einem eklatanten Abhängigkeitsverhältnis. Ist der Kontakt dahin, löst sich die Erfolgssituation gleichsam in Luft auf. Aber wie unser Beispiel zeigt, bietet selbst ein dauerhafter Kontakt zur empfehlenden Quelle keine Garantie für beständige Gewinne. Es bedarf zudem keinerlei Sonderentwicklungen der vorgenannten Art, um mit dieser Möglichkeit der Abhängigkeit Erfahrungen sammeln zu können. Man kann als Anleger das Glück haben und z. B. auf einen Kundenberater treffen, der sich nicht nur als Effektenverkäufer versteht, sondern auch seine Klientel mit überwiegend profitablen Investmentvorschlägen durch die Finanzmärkte begleitet. Das sind allerdings absolute Ausnahmeerscheinungen.

Außerdem sollte immer bedacht werden, dass selbst Empfehlungsquellen, die sich in ihrer Performance besonders positiv abheben, auf Dauer kein Erfolgsabonnement haben. Sicherlich ist es bequemer, sich auf eine gute Empfehlungsquelle zu stützen, um das ungeprüft umzusetzen, was ein Dritter empfiehlt. Das ist jedoch ein destruktiver Weg, der einem Anleger früher oder später zum Verhängnis werden kann. Entweder lässt die Empfehlungsquelle in ihrer Performance nach oder aber sie versiegt gänzlich. Ein Anleger, der sich in einer entsprechenden Abhängigkeit befindet, steht dann völlig orientierungslos da und wird prompt auf sich selbst zurückgeworfen. Hat er seine Einzelerfolge aber hauptsächlich auf der Basis von Empfehlungen Dritter erzielt, ja damit sogar seine finanzielle Unabhängigkeit realisieren können, ist die Wahrscheinlichkeit groß, dass sich die Dinge nunmehr rückwärts entwickeln werden. Wer seinen Börsenerfolg nicht primär aus eigener Kraft erzielt hat, der wird ihn auf Dauer nur schwer halten können.

Die Verlockungen, die von der beschriebenen bequemen Umsetzung des Erfolgs ausgehen, sind groß. Da der Weg des Pseudo-Erfolgs aber über keinerlei persönliche Substanz verfügt, entpuppen sich diese Verlockungen zu einem späteren Zeitpunkt als Bumerang. Ein Anleger unterstreicht seine autonome Position, wenn er aus sich selbst heraus zu handeln lernt. Er kann mit Einzelerfolgen nicht nur besser umgehen, sie stärken zudem sein Selbstvertrauen. Finanzielle Unabhängigkeit kann er auf dieser Basis weiterhin ausbauen. Da er als autonomer Anleger auf Empfehlungen Dritter nicht unbedingt angewiesen ist und diese ohnehin mit seinen eigenen Methoden überprüfen wird, kommt sein Erfolg auch unabhängig von der Außenwelt zustande. Dieser Weg mag zwar auf den ersten Blick mühsamer erscheinen, bei näherer Betrachtung sollte er jedoch vollen Zuspruch genießen. Es gibt nichts Befriedigenderes im Börsenhandel, als sich persönlich und mit seinen eigenen Methoden im Markt bewiesen zu haben. Unter dieser Voraussetzung wird ein individueller Wachstumsprozess nicht nur eingeleitet, sondern auch gefordert.

Ganzheitliche Auswirkungen

Letzteres bleibt jedoch mit seinen Auswirkungen nicht nur auf Ihre finanzielle Situation beschränkt, sondern wird auch auf Ihre gesamte Lebenssituation ausstrahlen. Der große Erfolg lässt sich nicht nur allein deshalb auf die Börse begrenzen, weil er dort realisiert wurde. Wo auf dem Erfolgsweg Gefahren lauern, existieren auch entsprechend viele Chancen, die Ihre persönliche Situation betreffen. Nichts verändert einen Menschen mehr als Erfolge der Superlative. Selbstgeschaffene finanzielle Unabhängigkeit ist immer ein Superlativ, da sie auch in den reichen Ländern nur von einer Minderheit erfahren wird. Die positiven Seiten des Erfolgs drücken sich in persönlicher Hinsicht in einer Stärkung des Selbstbewusstseins und Selbstvertrauens aus, was wiederum nie zuvor erlebte Freiheitsgefühle auslösen kann. Der materielle Wohlstand nimmt zu und erfährt dann meist auch eine entsprechende Gewichtung.

Hierin besteht allerdings eine Herausforderung, die einer Gratwanderung gleichkommt. Selbstbewusstsein und Freiheitsgefühle können außer Kontrolle geraten. Das muss nicht auf den Börsenhandel beschränkt bleiben. Wer es an der Börse geschafft hat, kann sich einbilden, auf anderen Gebieten ebenso erfolgreich zu sein. Das kann praktisch alle Lebensbereiche erfassen. In der Vergangenheit hat es immer wieder solche Beispiele gegeben. Eine Persönlichkeit wird in einem bestimmten Bereich nach langer und zäher Arbeit an sich selbst erfolgreich. Der Erfolg entpuppt sich nicht als Eintagsfliege, sondern weist eine bemerkenswerte Beständigkeit auf, sodass auf Dauer fast schon zwangsläufig ein Gewöhnungseffekt eintritt.

Eben dies kann dann dazu führen, dass sich der Betroffene schließlich einbildet, auch auf einem anderen, für ihn zunächst fremden Gebiet erfolgreich sein zu können. Nochmals ganz unten anfangen, Aufbau- und Grundlagenarbeit leisten, das ist zu mühselig, also warum nicht gleich auf einer höheren Ebene quer einsteigen? Das gleicht einem ungesicherten Seiltanz über einem Abgrund ohne jegliche Übung. Der Sturz aus der Höhe hat negative Auswirkungen nicht nur auf das neue Aktionsfeld, sondern auch auf den Bereich, in dem sich der Akteur bereits erfolgreich bewährt hat. Beispiele dafür gibt es genug, etwa wenn ein erfolgreicher Anleger an den Aktienmärkten davon ausgeht, *automatisch* auch ein exzellenter Termin-Trader zu sein, dann aber einen Verlust nach dem anderen produziert. Sicherlich kann, wer sich in einem Bereich bewährt hat, ohne weiteres auch in einem anderen, verwandten Sektor erfolgreich sein – vorausgesetzt, er überblickt die Situation und fängt tatsächlich von vorn an, indem er hart an sich arbeitet. Dann ist ein weiterer Erfolg möglich. Es gibt keinen Erfolgsautomatismus in dem Sinne, dass ein Erfolg in Bereich A automatisch einen Erfolg in Bereich B garantiert. Der energiegeladene Einsatz und diverse Arbeitsleistungen bleiben dem Akteur bei einem Sektorenwechsel nicht erspart.

Kommen wir nun abschließend zu der materiellen Seite des Erfolgs. Ein frustrierter Anleger erlangt selbst dann keine Zufriedenheit, wenn sich der von ihm ersehnte Wohlstand einstellt. Dient der Wohlstand nur dazu, materielle Dinge anzuhäufen, wird er in nicht allzu langer Zeit als sinnleer empfunden. Es ist mit dieser Einstellung nicht nur extrem mühselig, erfolgreich zu werden, sondern noch viel schwieriger, auf dieser Basis erfolgreich zu bleiben. Wo Unzufriedenheit durch Materialismus aufgehoben werden soll, entsteht ein Treibsatz, der die Gefühle der inneren Leere noch verstärkt. Das sinnentleerte Materielle wendet sich gegen den Eigentümer. Da er eine Befreiung über den Materialismus gesucht, aber letztlich doch nicht gefunden hat, richten sich seine negativen Gefühle zunehmend gegen die materiellen Dinge. Diese scheinen sich ihrerseits dann im Gegenzug gegen den Eigentümer zu wenden. Doch tatsächlich schafft dieser sich selbst eine Situation, in der er entweder seinen Reichtum wieder verliert oder aber bei zunehmender Unzufriedenheit seine unmittelbare Umgebung zu tyrannisieren beginnt.

Es ist kein Zufall, dass viele erfolgreiche Investoren sich in sozialen Bereichen engagieren. Mit diesen Engagements wollen sie ihrer persönlichen Situation und ihrem Erfolg einen Sinn verleihen, der über bloße Geldspenden hinausreicht. Einige der Stars der Finanzszene sind mit ihren Tätigkeiten in sozialen Bereichen in Erscheinung getreten und haben ihre durch die immense Finanzkraft herbeigeführte Machtposition in positive Bahnen gelenkt, um damit soziale Projekte ins Leben zu rufen oder zu fördern. Es gibt aber auch zahlreiche weniger bekannte Akteure oder solche, die ihr soziales Engagement nicht an die große Glocke hängen wollen. Sie stellen nicht nur finanzielle Mittel zur Verfügung, sondern engagieren sich auch persönlich in hohem Maß. Soweit es sich nicht um maskierte politische Ziele oder nach außen getragene Gewissensberuhigung handelt, ist dies auch ein Zeichen ihrer persönlichen Demut, verbunden mit der Dankbarkeit dafür, selbst so reichlich beschenkt worden zu sein. Auf diese Weise wird es auch einfacher, *im Erfolg erfolgreich zu bleiben,* weil dadurch zahlreiche positive Rückkoppelungseffekte ausgelöst werden. So können auch die Handelsaktivitäten an den internationalen Finanzmärkten einen tieferen persönlichen Sinn bekommen, der weit über das Finanzielle hinausreicht.

Anhang A

Konstruktive Unterstützung: Einsatz von mechanischen Handelssystemen

Wer träumt nicht von einem Börsensystem, das möglichst immer verlustfrei arbeitet und kontinuierliche Gewinne beschert? Allein die Bezeichnung *System* fasziniert viele Anleger und inspiriert sie zu den kühnsten Träumen. Wie lässt sich das erklären? Was lässt Anleger vermuten, dass es irgend etwas gibt, das eine Gewinnserie nach der anderen beschert?

Die Suche nach einem Supersystem fußt bei vielen Anlegern auf der Basis überwiegender Verlusterwirtschaftung bzw. einer unbefriedigenden Gewinnentwicklung. Es spielt dabei lediglich eine untergeordnete Rolle, ob man zunächst methodisch vorgegangen ist oder ob man wahllos und gefühlsorientiert herumspekuliert hat. Die Verluste rufen ein Ohnmachtsgefühl hervor, der Anleger fühlt sich den Märkten schutzlos ausgeliefert. Basierten seine Anlagen bisher auf keinem Konzept, so wird er im positiven Fall über seine Verluste dazu angeregt, künftig nach einer selbst gewählten Anlagemethode vorzugehen. Die mit potenziellen Verlusten einhergehende Unsicherheit bleibt allerdings bestehen.

Nehmen wir wiederum zunächst den günstigsten Fall an: Ein Anleger akzeptiert, dass ihn keine Methode und auch keine Kombination verschiedener Methoden vor Verlusten schützen kann, dass aber jede Methode seine Möglichkeiten, überdurchschnittliche Gewinne zu erwirtschaften, durchaus erweitern kann. Vor diesem Hintergrund wägt er verschiedene Anlagekonzepte untereinander ab und entscheidet sich für eine Strategie, die er sowohl in anlagepolitischer als auch in persönlicher Hinsicht vertreten kann. Aufgrund der realen Anlageresultate wird er an seiner Methode feilen, sie je nach Anspruch verbessern. Im Idealfall geht es ihm darum, Verluste zu minimieren und Gewinne weitestgehend abzusichern. Die Chance, dass er Handelssysteme realistisch betrachtet und sie nicht als Gewinnautomaten, sondern als rein mechanische Unterstützung im Rahmen eines Anlagekonzeptes einstuft, ist sehr groß.

Betrachten wir nun den ungünstigen Fall. Ein Anleger lehnt Verluste grundsätzlich ab und sucht nun nach einer Methode, mit der er Verluste künftig hundertprozentig vermeiden kann. Anstatt Methoden daraufhin zu filtern, ob sie Verluste zu minimieren helfen, verlangt er vollständigen Verlustausschluss. Man braucht nicht viel Phantasie, um zu erkennen, dass er diesen Anspruch niemals wird befriedigen können. Man kann diese überzogene Erwartung auch auf die Gewinnseite übertragen. Der Anleger verlangt von einem Anlagekonzept eine ebenso hundertprozentige Gewinngarantie. Betrachtet man das Verhalten dieses Akteurs genauer, so wird offensichtlich, dass er nach einem perfekten Kontrollinstrument sucht, mit dem er vordergründig die Märkte, unbewusst aber seine Verlustängste beherrschen möchte. Da er nicht fündig wird, müsste er bei unverändert hohem Anspruch seine Handelsaktivitäten einstellen. In der Praxis sind solche Reaktionen tatsächlich zu beobachten.

Das Wissen um die Möglichkeit von Verlusten, die sich mit keiner Methode vollständig ausschließen lassen, führt zur Desillusion. Kann sich ein Anleger damit nicht abfinden und bemüht er sich auch nicht um realistische Alternativen, kann dies zu einer dauerhaften Handelsblockade fuhren. Oder er wechselt auf die „Verhandlungsebene" und fällt prompt auf dubiose Angebote herein, die ihm extreme Gewinne suggerieren. Dies geschieht unabhängig davon, welche Methode dahintersteckt und wie diese Methode offeriert wird (z. B. als Telefonansage, Mail oder Fax). Man sollte meinen, dass jemand, der einmal auf eine dubiose Methode hereingefallen ist, aufgrund seiner Erfahrung künftig vor ähnlichen Angeboten geschützt ist. Doch der Traum des Unmöglichen präsentiert sich mit einer unvorstellbaren Hartnäckigkeit.

Die Suche verlagert sich daher immer mehr auf den Supergewinn, der für alles entschädigen soll. Aber der will und will nicht kommen. Parallel dazu steigt auch die Risikobereitschaft, obwohl dies zunächst widersprüchlich wirkt. Damit die bisher entstandenen Verluste möglichst schnell wieder eliminiert werden können, wächst die Bereitschaft, sich jener Finanzinstrumente zu bedienen, die sehr große Gewinne in relativ kurzer Zeit ermöglichen (Optionen). Ohne ausreichende Vorbereitung auf diese Geschäfte ist ein solches Vorgehen jedoch zum Scheitern verurteilt.

Automatisierte Handelssysteme

Sollte das Kapital nach dem Test mehrerer dubioser Methoden noch ausreichen, führt die Suche früher oder später zu automatisierten Handelssystemen. Der Anbieter eines entsprechenden Systems stellt z. B. hohe Erträge anhand einer Trefferquote von 70% in Aussicht. Die hohe Trefferquote suggeriert, dass von zehn Trades sieben mit Gewinn abschließen werden. 70% Treffer sind auf den ersten Blick durchaus akzeptabel. Nehmen wir einmal an, es handelt sich um ein universell einsetzbares Handelssystem, ein System, das ohne weiteres bis zu 20 verschiedene Märkte auf Schlusskursbasis handelt. Die Trefferquote von 70% bezieht sich auf den Terminhandel mit US-Staatsanleihen (US-Treasury-Bonds bzw. TBonds) und ist unter allen 20 getesteten Märkten die höchste. Der Anleger hat zwar noch nie mit T-Bonds gehandelt, aber bei der hohen Trefferquote, so denkt er, dürfte das kein Manko darstellen. Schließlich verfügt er ja über eine ausreichende Erfahrung in anderen Märkten.

Also wird das System kurzerhand erworben, auf die Festplatte geladen, und gespannt wartet man auf das erste Handelssignal. Der Kunde muss nicht lange warten: Kaufsignal! Er kauft sogleich einen T-Bond-Terminkontrakt. Zwei Tage später befindet sich die Position bereits deutlich im Gewinn, das System empfiehlt den Ausstieg. Die Gewinne werden realisiert, und frohen Mutes wartet der Anwender auf das nächste Signal. Wieder ein Kaufsignal. Na, da das erste Resultat so hervorragend war, kauft er nun gleich zwei Terminkontrakte. Bereits einen Tag später fallen die T-Bonds deutlich zurück. Der Anwender wird nervös, sein Handelssystem gibt keine Signale. Am nächsten Tag eröffnet der Markt wieder tiefer. Erst nach Handelsschluss erhält er ein Ausstiegssignal. Die Verluste überbieten den vorangegangenen Gewinn deutlich. Zähneknirschend wird glattgestellt. Fünf Tage später gibt es wieder ein Kaufsignal usw.

Die Probleme, die bereits vor dem Erwerb des Handelssystems vorhanden waren, treten nun wieder in den Vordergrund. Die Wahrscheinlichkeit, dass der Anleger bereits jetzt in einen Konflikt gerät, ist sehr hoch. Soll er nun einfach nach den Systemvorgaben wieder kaufen? Und falls ja, wie viele Kontrakte? Was ist, wenn wieder Verluste entstehen? Die letzte Frage ist noch die intelligenteste, weil sie die Möglichkeit beinhaltet, dass der Anleger unbewusst Risikokontrolle betreibt. Geht er impulsiv an die Sache heran, kann er auch ohne weitere Rückfragen seinen Handel zunächst fortsetzen und wiederum den Einsatz erhöhen, um nunmehr die vorangegangenen Verluste aufzuholen. Mit jedem weiteren Verlust wird der potenzielle Konflikt aber weiter heraufbeschworen. Das Auftreten der nachfolgenden Handelsblockade ist nur eine Frage der Zeit. Fünf Verluste hintereinander sind bei Handelssystemen nichts Ungewöhnliches. Die Verluste können auch permanent die Gewinn-Trades überwiegen.

Was besagt schon eine Trefferquote von 70%? Eigentlich nur, dass von 100 Trades 70 mit Gewinn und 30 mit Verlust abgeschlossen haben. Betrachtet man die Resultate genauer, so stellt man möglicherweise fest, dass die Verlust-Trades die Gewinne deutlich überboten haben. Sollte dies nicht der Fall sein, kann das System den Anwender auch vor eine andere Herausforderung stellen: Wenn von 100 Trades durchschnittlich 30 Verlierer zu verzeichnen sind, so kann im ungünstigen Fall der Anwender mit einer regelrechten Verlustserie konfrontiert werden. Es reichen nicht einmal zehn Verlust-Trades in Folge, um den Anwender verzweifeln zu lassen. In einem solchen Fall würde der durchschnittliche Anwender ein System aufgeben. Aber dazu bedarf es nicht einmal der Produktion von Verlustserien. Irgendwann gerät der Anwender an den Punkt, an dem er nicht mehr in der Lage ist, einem Handelssystem zu folgen, weil er auf Dauer mit dem Verlustrisiko nicht zurechtkommt.

Symbiose zwischen Anwender und System

Dabei ist es nicht einmal wichtig, dass es einfach keine Systeme gibt, die eine hundertprozentige Trefferquote bieten. Selbst mit Systemen, die zeitweilig eine Trefferquote von über 90% erreichen, kann man große Verluste produzieren. Im Grunde spielt es nur eine untergeordnete Rolle, ob ein System tatsächlich nur Spitzenleistungen bringt. Entscheidend ist lediglich, dass auf Dauer die Nettogewinne überwiegen. Außerdem müssen System und Anleger zusammenpassen und sozusagen eine Einheit bilden. Erst dann kann eine Gewinnstruktur hergestellt werden. Die Erfolgsgrundlage wird in diesem Fall vom Anleger *und* vom System gebildet. Anleger, die beispielsweise erfolgreich mit Handelssoftware arbeiten, haben sich ein auf ihre Erfordernisse abgestimmtes System zugelegt, wissen um die Möglichkeit von Verlusten und nehmen diese Gegebenheit an. Wenn das System auf einer strukturierten Basis Entscheidungen trifft, die sich dem Anwender erschließt, ist er auch in der Lage, die Signale zu akzeptieren.

Anders verhält es sich mit Anlegern, die vergleichsweise erfolglos an den Finanzmärkten operieren und dann ihr ganzes Wunschdenken und ihre Hoffnungen auf Gewinne der Superlative auf ein Börsensystem projizieren. Ein Anleger, der aufgrund seiner eigenen Handelsentscheidungen deutliche Verluste realisiert und zunehmend sein Selbstvertrauen verliert, klammert sich nunmehr an ein System, das seinen Mangel wettmachen soll. Oder er befindet sich mit seinen Handelsaktivitäten in einem andauernden Wettkampf mit dem Markt. Im Laufe der Zeit erscheint der Markt letztlich unbezwingbar, in solch einer Phase hat sich ein Anleger seine untergeordnete Stellung weitestgehend eingestanden. Anstatt darauf mit einer Arbeit an sich selbst und seinem Handelsstil zu antworten, lenkt er seine Energien in Illusionen. Es besteht ebenso die Möglichkeit, dass ihm die analytischen Tätigkeiten zu aufwändig sind und er deshalb aus reiner Bequemlichkeit ein Handelssystem einsetzt.

Handelsfrequenz

Aus den angeführten Auslösungsfaktoren kann der eine oder andere Aspekt herausgenommen bzw. können mehrere Komponenten gekoppelt werden. Sie alle aber animieren den Anleger zu einem Wunschdenken und machen anfällig für Illusionen, die auf ein Handelssystem gelenkt werden können. Es ist produktiver, sich auf ein realistischeres Niveau zu begeben. Mit ein und demselben Handelssystem kann ein Anwender überwiegend Gewinne realisieren, ein anderer hingegen pleite gehen. Auf eine ernüchternde Tatsache muss an dieser Stelle hingewiesen werden: Mit kommerziellen Handelssystemen hat noch niemand einen Reichtum der Superlative erlangen können,

Kritiker weisen darauf hin, dass die Anbieter die von ihnen entwickelten Systeme nur für sich nutzen würden, wenn diese tatsächlich hervorragende Ergebnisse produzierten. Dies mag für das eine oder andere Angebot durchaus zutreffen, die Kritik besitzt aber keine Allgemeingültigkeit. Die meisten kommerziellen Handelssysteme haben vielmehr noch ein ganz anderes Manko: Sie produzieren einfach zu viele Signale, sodass die Anwender mit entsprechend hohen Gebühren kalkulieren müssen. Sagt schon die Trefferquote wenig aus, so besagen auch nominale Testergebnisse nicht viel, wenn sie die durchschnittlichen Transaktionskosten nicht berücksichtigen. Vor diesem Hintergrund würde sich so mancher nominale Gewinnausweis gebührenbereinigt in einen Nettoverlust verwandeln.

Warum werden auf dem Markt aber nur wenige Systeme angeboten, deren Signale auf Mittel- und Langfristigkeit abgestimmt sind? Mit Systemanbietern wurde diese Thematik mehrfach erörtert. Das Resultat: Solche Systeme haben angeblich keinen Markt. Die Nutzer wollten kurzfristige Signale. Wer mitunter monatelang auf ein Signal warten müsse, sei angesichts täglicher Datenpflege schnell frustriert. Diese Frustration würde sich noch steigern, wenn dann noch Fehlsignale produziert würden, die auch bei längerfristiger Orientierung nicht ausgeschlossen werden können. So ein Fehlsignal wiege dann schwerer als eines auf kurzfristiger Basis. Das mag sicherlich zutreffen, dennoch machen es sich die Anbieter zu einfach, wenn sie das mittel- bis längerfristige Marktsegment erst gar nicht bedienen und Handelssysteme unter quantitativen Aspekten anbieten, weil die Signalhäufigkeit als Funktionsbeweis des Systems fehlinterpretiert wird.

Systemkategorien

Im Bereich der automatisierten Handelssysteme werden die weitaus meisten Programme für den Einsatz im Termin- und Optionshandel angeboten. Deshalb gibt es auch sehr viele „Spielarten" dieser Systeme, angefangen von solchen, bei denen die Entscheidung über Handelsaktivitäten ausschließlich beim Trader verbleibt, bis hin zu Methoden, die diesem sämtliche Entscheidungen abnehmen und von ihm eine passive Rolle verlangen. Die Handelssysteme liefern z. B. Timing-Hinweise für das direkte Trading, zeigen dem Trader auf, ob und inwiefern er eine Handelsposition aufnehmen kann. Diese Timing-Hinweise erfolgen durch klare Kauf- oder Verkaufssignale. Die Ermittlung möglichst exakter Ein- und Ausstiegszeitpunkte ist in den Termin- und Optionsmärkten überlebenswichtig.

Die meisten Anleger scheitern z. B. in den Optionsmärkten weniger an grundsätzlich falschen Handelsentscheidungen als vielmehr daran, dass sie den richtigen Zeitpunkt für die Glattstellung verpassen. Bei dem enormen Handelstempo in den Termin- oder Optionsmärkten kann ein kurzfristig orientierter Trader auf den computerisierten Systemeinsatz kaum verzichten. Handelssysteme können Fehleinschätzungen hinsichtlich des Timings im Rahmen des taktischen Tradings reduzieren. Dabei spielt natürlich eine wichtige Rolle, um welche der folgenden Systemkategorien es sich genau handelt:

- *Trendfolgesysteme,*
- *Oszillatoren-Systeme,*
- *Zyklen-Systeme.*
- *Charttechnische Systeme* sowie
- *Systeme auf Basis künstlicher Intelligenz.*

Trendfolgesysteme

Trendfolgesysteme sind so verbreitet, dass dadurch in der Vergangenheit ganze Terminmarktsektionen beeinflusst wurden. Anfang der 80er-Jahre sprach es sich unter den Marktteilnehmern zunehmend herum, dass man mit Trendfolgesystemen relativ problemlos ansehnliche Gewinne erwirtschaften könne. Das führte dann im Verlauf der 80er-Jahre dazu, dass die Gewinnchancen mit einem kommerziellen Trendfolgesystem rapide abnahmen. Viele unterschiedliche Systeme wurden angeboten, doch alle folgten ähnlichen Parametern, sodass die Trendfolge sich schließlich in etlichen Märkten trendglättend auswirkte. Die Gewinnerwirtschaftung wurde damit wesentlich erschwert. Wer nicht frühzeitig einen zumindest kurzfristigen Trend erkannte, hatte das Nachsehen. Das führte dazu, dass viele Trader vom Einsatz dieser Systeme absahen, was Anfang der 90er-Jahre allmählich wieder zu besseren Performance-Ergebnissen der meisten Trendfolger führte. Mitte der 90er-Jahre erlebte die Trendfolge-Theorie einen regelrechten Boom. Prompt traten erneut die bekannten Probleme aus den 80er-Jahren auf.

Trendfolgesysteme können in engen Märkten tendenzbildend wirken. Die Betonung liegt auf Tendenz. Regelrechte Trends können sie zwar nicht entfachen, diese aber bis zu einem gewissen Grad durchaus verstärken. Die Trendglättung entsteht, wenn zu viele Trendfolger ähnliche Einstiegspunkte ermitteln, anschließend mit paralleler Handelsaktivität einen sehr kurzfristigen Kursschub oder -einbruch verursachen und Anschlussorders zur Trendverstärkung ausbleiben. Dies gilt insbesondere dann, wenn es sich um eine künstlich initiierte Marktbewegung handelte (z. B. durch aggressive Käufe eines institutionellen Anlegers). In solchen Fällen lässt die Gegenbewegung meist nicht lange auf sich warten.

Die Trendfolgesysteme beruhen auf einem im Grunde genommen einfachen Konzept. Sobald sich ein Markt in eine klare Richtung zu entwickeln beginnt, wird in diese Bewegung möglichst frühzeitig eingeklinkt. Die zügige Trenderkennung erfolgt anhand unterschiedlicher Faktoren, z. B. charttechnische Signale, Volumenentwicklung, Kursbildungsmuster. Die Position wird so lange gehalten, bis sich der Trend verlangsamt bzw. umkehrt. Die Herausforderung besteht darin, einen Trend möglichst frühzeitig zu erkennen, damit eine Position nicht den größten Teil des bereits erzielten Buchgewinns wieder hergibt.

Es ist auch möglich, ein Trendfolgesystem mit einem Money Management-System zu koppeln. In den Trendphasen übernimmt dann das Money Management-System die Risikokontrolle bzw. Gewinnsicherung. Mit Trendfolgesystemen ist es praktisch ausgeschlossen, dass sich der Anwender auf konträre Marktpositionen einlässt. Für den Anwender ist es von entscheidender Bedeutung, was ein Trendfolgesystem unter einem „Trend" versteht. So muss berücksichtigt werden, dass Trendfolgemodelle sowohl für das Intraday-Trading als auch für Zeiträume, die wenige Wochen umfassen, angeboten werden. Einige der auf dem Markt befindlichen Trendfolgesysteme lassen sich aber auf die Ansprüche des Anwenders individuell einstellen.

Oszillatoren-Systeme

Hierbei handelt es sich um Systeme, die ihre Signale aus antizyklischen Komponenten beziehen. Sie reagieren insbesondere auf übergekaufte bzw. überverkaufte Märkte, geben bereits Einstiegs- bzw. Ausstiegssignale, wenn die Trendfolgesysteme noch engagiert sind bzw. neutrale Werte liefern. Der Einsatz von Oszillatoren-Systemen ist nicht unproblematisch, da insbesondere bei anspruchslosen Konstruktionen eine nicht unerhebliche Fehlsignalhäufigkeit zu verzeichnen ist. Dies resultiert aus der Tatsache, dass die Märkte auf überkaufte bzw. überverkaufte Situationen nicht grundsätzlich mit einer Gegenbewegung antworten. Ein überkaufter Markt kann diesen Status noch ausbauen, eine erwartete Korrektur ausbleiben und stattdessen eine Konsolidierung einsetzen.

Systeme, die sich dieser Kategorie zuordnen lassen, produzieren im Gegensatz zu den Trendfolgern sehr häufig konträre Signale und sind in erster Linie darauf abgestimmt, von Übertreibungsspitzen in beiden Marktrichtungen mit gegenläufigen Positionen zu profitieren.

Zyklen-Systeme

Anhand von historischen Datenreihen ermittelt das System relevante Tief- und Hochpunkte bestimmter Märkte. Eben daraus lassen sich dann Preisbewegungen ermitteln, die einer bestimmten Zyklik unterliegen. So kann z. B. errechnet werden, dass die Goldpreise aus mittelfristiger Sicht alle dreieinhalb Jahre relevante Tiefpunkte erreichen, aus kurzfristiger Sicht alle neun Monate. Das System versucht, die unterschiedlichen Preiszyklen zu kombinieren und mit Handelsaktivitäten zu nutzen. Gegenüber den Trendfolge- und Oszillatoren-Systemen nehmen Zyklus-Systeme jedoch eine untergeordnete Stellung ein und werden auch nicht als automatisierte Handelssysteme angeboten, weil sie dem Anwender weitestgehende Entscheidungsfreiheit lassen. Sie sind eher als frei interpretierbare Systeme einzustufen.

Charttechnische Systeme

Systeme, die auf der Basis von Charts Signale ermitteln, lassen sich den so genannten „Expertensystemen" zuordnen. Sie erkennen und filtern charttechnische Formationen nach dem „Wenn-Dann"-Prinzip (z. B. Doppelhoch, Bodenbildungsabschluss, Unterstützungen und Widerstände). Die Umsetzung in der Praxis lässt allerdings etliche Wünsche offen. Es ist nicht allein damit getan, z. B. ein Doppelhoch zu erkennen, wenn weitere Kriterien erfüllt werden müssen, die diese Systeme oft nicht erkennen (können), weil sie darauf nicht programmiert werden (können). Beispiel: Vor welchem Markthintergrund entstand das Doppelhoch? Werden Faktoren wie z. B. die Volumenentwicklung berücksichtigt? Und falls ja, erfolgt hier ein Datenabgleich mit der Entwicklung in der Vergangenheit? Lässt sich diese „Vergangenheit" nicht nur quantitativ, sondern auch qualitativ erfassen, sodass aktuelle Rückschlüsse auch tatsächlich möglich sind?

Es gibt daher in diesem Bereich in erster Linie Systeme, die ausschließlich auf Basis der „Candle-Sticks" (Kerzen-Charts) Signale ermitteln, weil deren Erkennung und qualitative Auswertung einfacher ist als die Signalermittlung der klassischen Charts. Wer Handelsentscheidungen ohnehin überwiegend oder ausschließlich auf der Grundlage der Charttechnik trifft, sollte sich die entsprechenden Programme näher ansehen, weil sie zu einer Entlastung bei der analytischen Tätigkeit beitragen können. Das bedeutet aber, dass auf eine automatisierte Signalermittlung verzichtet wird. Die Programme filtern dann lediglich charttechnische Signale nach den Vorgaben des Anwenders in quantitativer Hinsicht (Auswahlprogramme). Die abschließende Beurteilung und Interpretation trifft ausschließlich der Anwender.

Systeme auf Basis künstlicher Intelligenz

Bei den vorgestellten Systemkategorien kann es sich sowohl um manuelle Systeme handeln als auch um solche, die auf Basis künstlicher Intelligenz (KI) entwickelt werden. Kl-Systeme (siehe Abb. 7) sollen in erster Linie aus komplexen Informationen Handelsentscheidungen ableiten und gegebenenfalls auch selbstständig umsetzen. Bei Letzterem wird unterschieden nach *Expertensystemen, Fuzzy-Logic-Systemen, neuronalen Netzwerken* und *genetischen Algorithmen.*

Expertensysteme basieren auf Wissen und fest definierten Regeln. Wie bereits anhand der charttechnischen Systeme aufgezeigt, lassen sich „Spielregeln" an den Finanzmärkten nach dem „Wenn-Dann"-Prinzip nicht oder nur mit erheblichen Abstrichen festlegen. Expertensysteme lassen sich daher im aktiven Börscnhandel nur sehr bedingt einsetzen.

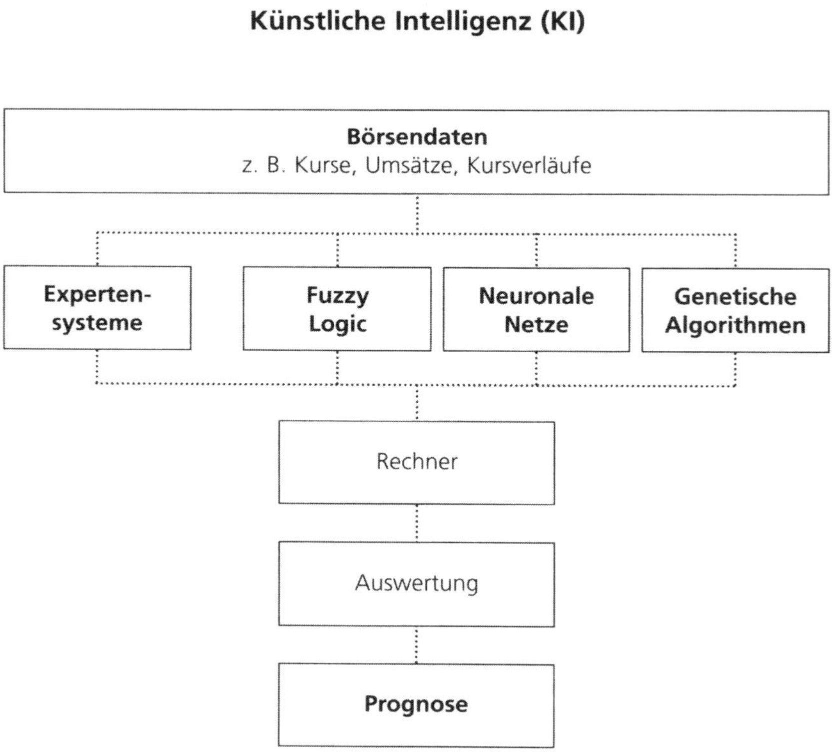

Abbildung 7

Dieser Bereich wurde demzufolge von den Programmentwicklem in den letzten Jahren zunehmend vernachlässigt. Er bietet andererseits jedoch Möglichkeiten auf dem Gebiet des Money Managements, z. B. hinsichtlich der Entwicklung von Money Management (MM)-Systemen, die sich ohne weiteres mit einer „Wenn-Dann"-Befehlsebene auftauen lassen. Hinsichtlich der Vermögenskontrolle können beispielsweise Einzelpositionen mit Blick auf die gesamte Vermögensentwicklung kontrolliert werden. Was einem privaten Anleger mit einem übersichtlich strukturierten Portfolio im Rahmen einer „manuellen" MM-Kontrolle möglich ist, verursacht im Bereich der Vermögensverwaltung und des Fondsmanagements einen erheblichen Arbeitsaufwand. Dieser lässt sich mit MM-Systemen deutlich reduzieren.

Fuzzy Logic kann bei Problemlösungen, die ein gewisses Maß an Urteilsfähigkeit erfordern, das menschliche Denken nachvollziehen. Auf den Börsenhandel bezogen bedeutet dies, dass Wahrscheinlichkeitsberechnungen auf der Basis von Erfahrungswerten im Vordergrund stehen. Zur Konzeption eines Fuzzy-Logic-Systems ist Experten- und Erfahrungswissen erforderlich, das in Formeln definiert werden muss. So ließe sich theoretisch das Wissen eines erfolgreichen Fondsmanagers in Formeln umschreiben. Es besteht dann aber der Nachteil, dass sich das System den sich ändernden Bedingungen nicht anpassen kann, die Formeln also nur statisch anwendet. Dies würde eine ständige Anpassung des Systems erfordern.

Neuronale Netzwerke hingegen sind in der Lage, auch unklare Kursbildungsmuster zu erkennen, die sich nicht in Formeln fassen lassen. Sie können Unmengen von Daten integrieren und verarbeiten. Außerdem, und das ist entscheidend, sind sie in der Lage zu lernen. Sie bedürfen daher keiner Formeln, die auf einem hervorragenden Expertenwissen basieren. Das neuronale Netzwerk muss vielmehr mit Trainingsbeispielen versorgt werden, die relevante Markt- bzw. Kursmuster auf der Basis von Vergangenheitsdaten darstellen und von denen es dann lernen kann.

Genetische Algorithmen lassen sich so ausarbeiten, dass sie sich nach Bedingungen, wie sie in der Natur selbst vorkommen, weiterentwickeln können. Im Klartext bedeutet dies: Ein börsenbezogenes Handelsprogramm kann von sich aus weitere Programme entwickeln, verwerfen und ersetzen, wobei auch die Ausgangsvariablen Entwicklungs- und somit Änderungsprozessen unterworfen sind. Es handelt sich dabei sozusagen um eine künstliche Evolution, deren Ziel darin besteht, sich selbst anpassen zu können, d. h. die bestehenden Programme entweder immer weiter zu verbessern und/oder durch neue Programme zu ersetzen.

Systemgruppen

Zur weiteren Vertiefung können mehrere *Systemgruppen* unterschieden werden:

- *Systeme, die selbsttätig handeln (Trading-Roboter),*
- *Systeme, die eindeutige Signale geben (Signalsysteme),*
- *Systeme, die interpretierbar sind (Indikatorensysteme)* sowie
- *Systeme, die ein Anleger selbst konstruiert hat (Individualsysteme).*

Trading-Roboter

Trading-Roboter sind Systeme, die hauptsächlich auf KI-Basis arbeiten und im professionellen Einsatz zum Zuge kommen. Diese Systeme ermitteln eigenständige Handelssignale und setzen diese sogleich um. Dem Anwender kann zwar die letzte Entscheidung überlassen werden, dies ist aber nicht erwünscht und entspricht auch nicht dem Sinn der Automatisierung. Trading-Roboter werden beispielsweise im Bereich der Arbitrage (Programmhandel) eingesetzt, wobei es sich dann um Experten- oder Fuzzy-Logic-Systeme handelt.

Da der Programmhandel an etlichen Börsenplätzen einer starken Konkurrenz unterworfen ist, stehen Entscheidungs- und Handelstempo an erster Stelle. Aus diesem Grunde haben Trading-Roboter gegenüber dem manuellen Handel einen entscheidenden Vorteil. Dies gilt insbesondere dann, wenn der Handel selbst wiederum computerisiert erfolgt. Im Programmhandel kauft ein Computer selbstständig Indexaktien bzw. Indexzertifikate oder einen fest definierten Aktienkorb über den Computerhandel an der Börse und verkauft in der Gegenposition Terminkontrakte am Terminmarkt und umgekehrt. So werden vom Trading-Roboter beispielsweise an der Wall Street im dortigen Computerhandel, dem *DOT-System,* Aktien gekauft und an der Chicago Mercantile Exchange gleichzeitig Terminkontrakte über den Computerhandel für die *S&P-500-Mini-Futures* verkauft. Aufgrund der großen Konkurrenz in diesem Bereich arbeiten aber nur wenige Programmhändler wirklich profitabel. An Börsenplätzen, an denen der Programmhandel (noch) keine bedeutende Stellung einnimmt, ist gleichzeitig auch die Wahrscheinlichkeit größer, dass der Einsatz wirtschaftlich ist.

Signalsysteme

Bei *Systemen, die eindeutige Signale* geben, hat der Anwender praktisch *keine Handelsfreiheit.* Der Unterschied zu den Trading-Robotern besteht darin, dass der Anwender die Signale umsetzt, indem er die entsprechenden Aufträge selbst weiterleitet. Jegliche Interpretation entfällt, da dem Anwender seine Handelsaktivitäten in klaren Anweisungen vorgegeben werden. So erscheint beispielsweise auf dem Bildschirm die Order „Kaufe Markt X". Dieses Signal muss nur noch in Form einer Market-Order an das Geldinstitut bzw. an den Broker ausgeführt werden. Das hört sich einfach an, dennoch haben viele Systemanwender damit große Probleme. Die Herausforderung durch potenzielle Verlust-Trades wurde bereits geschildert. Aber es existieren noch andere Aspekte, mit denen ein Systemanwender konfrontiert werden kann.

Konfliktstrukturen

Anwender von Signalsystemen treten ihre Entscheidungskraft und Entscheidungsfähigkeit sozusagen an einen Computer ab, müssen aber dennoch die volle Verantwortung für die Handelsentscheidungen übernehmen, die der Computer trifft. Damit ist zwangsläufig ein Konflikt vorprogrammiert. Hinzu kommt, dass ein Anwender solcher Systeme sich freiwillig aus dem erforderlichen Erfahrungsprozess ausklinkt. Er sammelt zwar Erfahrungen mit diversen Systemen, aber nicht mehr mit Entscheidungen, die er auf der Basis eigener Analysen getroffen hat. Die Ausbildung persönlicher Fähigkeiten im Rahmen der Spekulation werden so verhindert. Dies resultiert aus der Tatsache, dass ein Signalsystem Entscheidungen treffen kann, die sich dem Anwender nicht unbedingt erschließen. Seine Handelsaktivitäten basieren nicht auf seinen mentalen und analytischen Rückschlüssen, sondern auf einem programmierten Ablauf seiner Börsensoftware. Er verlagert den Entscheidungsprozess nach außen.

Andererseits können Handelssysteme aber auch zu einer Erweiterung des Horizonts beitragen. Ein System generiert z. B. ein Kaufsignal in einem Markt, der Anwender hätte hingegen auf diesem Kursniveau niemals aus freien Stücken gekauft, weil ihm die Kurse subjektiv als „zu hoch" erscheinen. Das kann nun dazu führen, dass sich der Anwender gezwungen sieht, seine Auffassungen über Marktbewegungen zu überdenken und gegebenenfalls zu korrigieren. Er wird in diesem Fall künftig nicht mehr Märkte als optisch zu hoch oder zu niedrig einstufen bzw., falls er einen Markt spontan als „zu hoch" oder „zu niedrig" beurteilt, bei seinen Überlegungen bemerken, dass dieses Urteil zu relativieren ist und weiterer Anhaltspunkte bedarf, um daraus etwaige Handelsaktivitäten ableiten zu können.

Handelssysteme können beim Anwender auch Kontrollillusionen auslösen. So kann er der Auffassung erliegen, mit einem hochtechnisierten System einen Markt kontrollieren zu können. Ein Trugschluss: Selbst Hochleistungsrechner, die beispielsweise im Bereich der Chaosforschung eingesetzt werden, oder ausgefeilte neuronale Netze können einen Markt nicht kontrollieren. Man könnte jetzt sicherlich einwenden, dass der Anwender Kontrolle über seinen Computer besitzt. Stimmt, er kann den Computer jederzeit ausschalten. Und dann? Prompt ist er wieder auf sich selbst zurückgeworfen und hat – je nach Abhängigkeit vom System – keine bzw. nur vage Vorstellungen davon, wie er aus sich selbst heraus eine Handelsstrategie aufziehen soll.

Setzt sich ein Anleger auch weiterhin mit dem Marktgeschehen auseinander und schätzt die jeweiligen Märkte ein, so wird früher oder später eine Interessenkollision zwischen ihm und seinem System entstehen. Ein Anleger ist beispielsweise nach einer Analyse der Auffassung, dass er nun Goldkontrakte kaufen müsse. Sein Handelssystem überrascht ihn kurz darauf aber mit einem Verkaufssignal für Gold. Er befindet sich nun automatisch in einer Konfliktsituation und wird sich hin- und hergerissen fühlen.

Die Wahrscheinlichkeit ist sehr hoch, dass der Anwender in dieser Situation überhaupt nicht handelt, da er blockiert ist. Von entscheidender Bedeutung ist aber auch, ob das von ihm eingesetzte Handelssystem bisher profitabel gearbeitet hat. Wenn ja, dürfte der Anwender dem Systemsignal folgen. Wird auch dieser Handel mit einem Gewinn abgeschlossen, so dürfte der Respekt des Anwenders vor seinem System weiter steigen. Dies kann selbstverständlich auch zu einer totalen Unterwerfung führen. Kritisch wird dies insbesondere dann, wenn er bei der Umsetzung von Systemsignalen auf ein Money Management verzichtet.

Eine weitere Konfliktsituation entsteht, wenn man versucht, gegen das eigene Handelssystem zu spielen. Wenn ein System nacheinander etwa mehrere kleinere Verluste produziert, während der Anwender jedes Mal mit seiner eigenen Einschätzung Gewinne erzielt hatte, kann dies den Respekt vor dem System drastisch reduzieren. Dann kommt meist kurze Zeit später ein Kaufsignal, der Anwender setzt dieses jedoch aus Trotz nicht um, weil er inzwischen zu der Auffassung gekommen ist, dass sein System ein Kontraindikator ist und Gewinne immer dann entstehen, wenn das Gegenteil von dem gemacht wird, was das System vorgibt. Statt zu kaufen, macht der Anwender dann das genaue Gegenteil, um später einen großen Verlust hinnehmen zu müssen. Die Vorgehensweise *Anleger gegen Computer* entbehrt jeder Grundlage. Ein solches Spiel kann zwischen zwei Anlegern funktionieren, deren Wettstreit ein Ansporn zu einer besseren Handelsleistung bilden kann. Einen Computer interessiert es aber überhaupt nicht, ob er nun richtige oder falsche Signale liefert. Er lässt sich nicht in das emotionsgeladene Gewinner- und Verliererspiel einbinden. Der Anwender erreicht mit diesem mühseligen Konkurrenzverhalten allenfalls, dass er sich verzettelt und ihn das auch noch eine Menge Geld kostet.

Eine Variante besteht darin, dass Systemsignale beispielsweise nur dann umgesetzt werden, wenn der Anwender gleichfalls der Meinung ist, dass man in einem bestimmten Markt auf der Kaufseite aktiv werden sollte. Ein Signalsystem nimmt in diesem Fall die Rolle einer „Handelskrücke" ein, da sich der Anwender ansonsten zu unsicher fühlen wurde. Er ist also auf eine Rückenstärkung angewiesen. Diese Vorgehensweise führt jedoch auf Dauer zu einem unübersichtlichen Börsenhandel. Ein Anwender, der so vorgeht, hat seine bestimmten Vorstellungen über einen Markt und will kaufen, doch das System entscheidet davon unabhängig, dass man verkaufen solle. Setzt sich der Anwender nun über das Systemsignal hinweg, so ist seine Handelsaktivität negativ belastet, da ein ungutes Gefühl mitschwingt. Es ist nicht auszuschließen, dass einzelne Anleger mit einer solchen Vorgehensweise zurechtkommen, generell empfohlen werden kann sie aber nicht (siehe auch Abschnitt *Pragmatische Umsetzung*, Seite 281).

Ein Signalsystem kann auch dazu verleiten, in einem Markt aktiv zu werden, in den Sie sich nicht ausreichend eingearbeitet haben. Ohne Vorbereitung würden Sie sich auf ein Terrain begeben, das Ihnen nicht vertraut ist. Dieses Unterfangen wäre mit zusätzlichen Risiken belastet, die im Grunde genommen komplett vermieden werden könnten. In den Terminmärkten operieren viele Trader mit Signalsystemen, ja sind regelrecht auf sie angewiesen, weil sie ohne deren Einsatz nicht mithalten könnten. Sitzen Sie aber nicht dem Trugschluss auf, dass Ihnen der aktive Terminmarkthandel ohne besondere Marktkenntnisse erst durch den Einsatz eines Signalsystems ermöglicht wird und sich Gewinne mühelos einstellen werden. Hierzu ist eine Vielzahl anderer Kriterien erforderlich, die Sie erfüllen sollten.

Anforderungskatalog

Bevor Sie sich ein teures Handelssystem kaufen (teuer in doppelter Hinsicht) bzw. damit zu arbeiten beginnen, sollten Sie sich darüber Klarheit verschaffen, warum Sie es überhaupt benötigen und was Sie von einem Handelssystem grundsätzlich erwarten. Stellen Sie einen Anforderungskatalog zusammen, in dem Sie Ihre Ansprüche an ein Handelssystem festlegen. Setzen Sie zunächst keinen „inneren Filter" ein. Schreiben Sie Ihre Vorstellungen vollständig nieder. Ein solcher Anforderungskatalog könnte wie folgt aussehen:

- Abstimmung des Systems auf den zu handelnden Markt;
- Adaption des Systems auf zu handelnde Finanzinstrumente, z. B. Aktien, Optionen, Optionsscheine oder Terminkontrakte;
- Erklärung der Systeminhalte;
- Spezialsystem (ein Markt bzw. verwandte Märkte) oder Universalsystem (Aktien, Anleihen, aber auch Devisen und/oder Rohstoffe);
- Überdurchschnittlich hohe Trefferquote oder Gewinn-Trades überwiegen die Verlust-Trades;
- Durchschnittliche Anzahl der Signale;
- Intraday-Signale oder Signale auf Schlusskursbasis;
- Berücksichtigung von Money Management. Falls nicht vom System leistbar, so sollte sich die Handelsfrequenz darauf abstimmen lassen; Möglichkeit von Handelspausen, sodass ein Einstieg jederzeit wieder möglich ist; Anpassungsmöglichkeiten durch den Anbieter (regelmäßiger Update-Service); Demo-Version im Angebot.

Strikte Auswahlkriterien

Es werden Handelssysteme für unterschiedliche Märkte und ebenso für diverse Handelsaktivitäten angeboten. Die meisten beziehen sich auf den Terminhandel, wobei hier wiederum mehr als 90% der Systeme auf den kurzfristigen Handel abgestimmt sind. Daytrading-Systeme eignen sich praktisch nur für professionelle Trader bzw. für solche Anleger, deren berufliche Tätigkeit einen Intraday-Handel in bestimmten Märkten zulässt. Handelssysteme auf Intraday-Basis erfordern einen hohen Datenpflegeaufwand, der, je nach Anzahl der zu handelnden Märkte, unterschiedlich hohe laufende Kosten produziert (Kosten für den Datenanbieter, Börsengebühren bei Realtime-Kursen, Leitungskosten). Bei Handelssystemen auf Intraday-Basis sind Sie gezwungen, während einer ganzen Börsensitzung ununterbrochen vor dem Monitor zu sitzen, um auf Signale zu warten. Auch hier müssen Sie abklären, ob es Ihnen möglich ist, einen derartigen finanziellen und zeitlichen Aufwand zu betreiben, und ob Sie überhaupt bereit sind, die erforderliche Zeit zu investieren, die mit der durchschnittlichen Arbeitszeit im Rahmen einer beruflichen Vollbeschäftigung zu vergleichen ist.

Aber selbst Handelssysteme, die auf Schlusskursbasis abgestimmt sind, können monatlich eine Vielzahl von Signalen liefern, die erst einmal alle umgesetzt werden wollen. Sie sollten abklären, ob Sie mit einer hohen Signalhäufigkeit überhaupt zurechtkommen und ob Ihrerseits eine derart hohe Handelsfrequenz überhaupt erwünscht ist. Sie können sich auch ein Handelssystem suchen, das auf größere Marktbewegungen abgestellt ist bzw. sich abstimmen lässt und dessen Signalanzahl entsprechend gering ausfällt.

Bei der Auswahl eines Handelssystems sollten Sie sich keinesfalls auf die Hochglanzbroschüren verlassen, in denen die (vornehmlich nordamerikanischen) Systemanbieter besonders gern einzelne Ergebnisse der Superlative anpreisen bzw. nur mit Ideal-Szenarien werben. In zahlreichen Werbeprospekten sind die Systemsignale in beispielhaften Charts unmittelbar vor entscheidenden Marktumschwüngen eingetragen. Die Kauf- und Verkaufssignale werden schlüssig und nachvollziehbar erläutert, sodass die Anwendung unproblematisch wirkt. Bei einem Chart ist rückblickend immer klar, wann man hatte kaufen und verkaufen sollen. Außerdem kann man mit dem Hinweis „ohne Gewähr" viel versprechen.

Die Zauberformel lautet: Gute Ergebnisse in der Vergangenheit garantieren noch keine guten Ergebnisse in der Zukunft. Mit einem ausführlichen Test anhand von *Demo-Versionen* können Sie sich herbe Enttäuschungen ersparen. Gehen aus so einer Werbebroschüre die aufgezeigten Kriterien (durchschnittliche Signalhäufigkeit, Startkapital, Datenversorgung, Aktualisierungs- und Anpassungsservice etc.) nicht hervor, so scheuen Sie sich nicht, den Anbieter anzuschreiben und ihn um ausführlichere Informationen zu bitten. Sie sollten in diesem Fall grundsätzlich nach einer Demo-Version fragen, die in der Regel kostengünstig angeboten wird. In den meisten Fällen handelt es sich dabei um Vollversionen, deren Nutzungsdauer zeitlich befristet ist (durchschnittlich auf 30 Tage).

Vor dem Handel der Test

Wenn Sie ein System anhand einer Demo-Version testen, treffen Sie bereits im Vorfeld die erforderlichen Vorbereitungen und ziehen Sie den Test dann auch gründlich durch. Gerade in diesem Bereich wird viel zu nachlässig verfahren. Ungeduld bei der Systemauswahl würde Sie nur auf die Verlustschiene ziehen. Verdeutlichen Sie sich immer wieder, dass Sie in den Märkten nichts verpassen, denn diese werden auch künftig eine Fülle von Gelegenheiten bieten. Ein Systemtest ist nicht unnütz, da das Handelssystem einen großen Einfluss auf die Entwicklung Ihres Vermögens haben wird. Jedes Handelssystem muss in einem Anwenderhandbuch erläutert werden. Das ist eine zwingende Voraussetzung. Im Anwenderhandbuch muss ein Hinweis enthalten sein, auf welche Komponenten sich das System stützt. Andernfalls arbeiten Sie mit einer *Blackbox,* die Sie in eine Lage bringen wird, in der Sie sich erst recht ausgeliefert fühlen werden.

Auf den Kauf einer Blackbox – und sei das System noch so vielversprechend – sollten Sie daher generell verzichten.

Anpassung von kommerziellen Handelssystemen

Außerdem spielt es eine Rolle, ob sich ein System selbst anpassen, d. h. auf sich ändernde Marktgegebenheiten einstellen kann bzw. vom Anbieter ein Optimierungs- bzw. Update-Service angeboten wird. Wird diese Voraussetzung nicht erfüllt, so können Sie davon ausgehen, dass Sie das System über kurz oder lang wegen Erfolglosigkeit zum Müll geben können. Bedenken Sie, dass alle Systeme ihre Signale auf der Basis von Vergangenheitsdaten und somit auf der Basis alter Markt- und Kursentwicklungsmuster geben. Diese Muster sind mitunter starken Schwankungen unterworfen, außerdem lassen sich diese Änderungen in periodischer Hinsicht nicht fest zuordnen. Es existiert daher praktisch kein System, egal ob manuell oder elektronisch erstellt, das auf Dauer ohne jede Anpassung an die sich ändernden Marktgegebenheiten auskommt.

Vorsicht ist aber auch in jenen Fällen angebracht, in denen Sie gezwungen sind, ein kommerzielles Handelssystem selbst anzupassen. In diesem Fall besteht immer die Gefahr der Überoptimierung und – als logische Konsequenz daraus – der Zerstörung des Systems.

Pragmatische Umsetzung

Sollten Sie unter realistischer Einschätzung von keinem angebotenen Handelssystem vollkommen überzeugt sein, gibt es selbst nach einem ausführlichen Test noch Zweifel, dann sehen Sie in diesem Fall unbedingt von einer Anschaffung und erst recht von einem realen Einsatz ab. In diesem Fall bietet Ihnen der Softwaremarkt aktuell einfach nicht das, was Sie benötigen.

Wenn Sie mit Handelssystemen arbeiten, müssen Sie die Signale voll und ganz akzeptieren und sie genauestens ausführen. Welche Signale Ihr System zu welchem Zeitpunkt liefert, ist dann nicht Ihr Problem. Ihre Leistung besteht ausschließlich in der aktuellen Datenversorgung, der kontinuierlichen Anwendung und der ausnahmslosen Ausführung aller Systemsignale. Sie sollten auf alle Interpretationen dieser Systemsignale verzichten, da Sie damit nur Irritationen und innere Konflikte provozieren würden (siehe auch Abschnitt *Konfliktstrukturen,* Seite 276). Ihnen fällt beispielsweise auf, dass ein Markt bzw. eine Aktie nach einem Kaufsignal immer nochmals um ein paar Punkte fällt, bevor die Handelsposition in den Gewinn läuft.

Dies kann Sie dazu verleiten, künftig zuzuwarten und bei einem Systemsignal nicht sofort zu reagieren. Dann kommt wieder ein Kaufsignal. Sie limitieren bewusst etwas tiefer, aber der Markt bzw. die Aktie erreicht dieses Kauflimit nicht, sondern zieht nach oben ab: In diesem Fall bleibt Ihnen nichts anderes übrig, als dieser Bewegung zuzuschauen. Daraus resultieren dann wiederum Gefahren emotionaler Natur. Sie ärgern sich möglicherweise über den verpassten Einstieg bzw. steigen viel zu spät in die Position ein. Neben an sich vermeidbaren Verlusten gibt es nichts Schlimmeres, als einer großen Marktbewegung zuschauen zu müssen, weil man zuvor zu anspruchsvoll limitiert hatte.

Die konsequente Ausführung von Systemsignalen ist nicht gerade sonderlich interessant und kann ziemlich langweilig sein. Wenn Ihre Handelsmotivation darin besteht, an den Finanzmärkten gewinnen zu wollen, so sollten Sie diesen „Nachteil" hinnehmen. Tag für Tag Bilanzen und Analysen zu studieren ist schließlich auch nicht aufregender. Bei einem gewinnorientierten Handel geht es um Gewinnerzielung und nicht darum, sich Aufregungen zu verschaffen.

Indikatorensysteme

Sollten Sie feststellen, dass Sie mit der reinen Signalausführung Schwierigkeiten haben, weil Ihnen sämtliche Handelsentscheidungen abgenommen werden, dann können Sie mit einem System arbeiten, dessen Signale im weitesten Sinn *interpretierbar* sind. Hierbei handelt es sich um Systeme, die eher eine *Hilfsmittelfunktion* erfüllen und den Anwender bei seinen Börsentransaktionen unterstützen, ihm die Anlageentscheidungen aber nicht abnehmen. Solche Systeme signalisieren, ob ein Markt überkauft bzw. überverkauft ist. Sie können u. a. auch aufzeigen, ob ein Markttrend über eine solide Struktur verfügt oder sich auf sehr brüchigem Eis befindet. Die Interpretierbarkeit erhöht selbstverständlich auch die potenzielle Fehlerquote, da das System nur einen indirekten Einfluss auf das Handeln des Anwenders besitzt. Die Entscheidungen liegen also ausschließlich beim Anwender selbst. Seine Markteinschätzung bleibt subjektiv. Die interpretierbaren Systeme sind aber dazu geeignet, die Meinungsbildung zu unterstützen. Das Gefühl, seinem System ausgeliefert zu sein, stellt sich meist nicht ein.

Sie können mit Systemen dieser Kategorie strategisch oder taktisch arbeiten und darauf einen eigenen Handelsstil aufbauen. Auf diese Weise können Sie sich besser in „Ihrem" Markt zurechtfinden. Beachten Sie aber folgende Einschränkung: Die ist nur dann möglich, wenn Sie bereit sind, einen entsprechenden Zeitaufwand zu betreiben, sich kontinuierlich mit den Finanzmärkten zu befassen und Ihren Trading-Stil ständig zu verfeinern. Aus diesem Grund ist es auch so wichtig, dass Sie über Ihre gesamte Handelsmotivation Bescheid wissen.

Die Ansprüche an interpretierbare Handelssysteme sind nicht minder relevant als diejenigen, die an ein automatisiertes Handelssystem gestellt werden: Erstellen Sie auch hier einen Anforderungskatalog, um das System zu ermitteln, welches Sie als Handwerkszeug für Ihre Anlagen bzw. Ihr Trading benötigen.

Geht es beispielsweise darum, dass Sie bestimmte Indikatorenläufe nicht mehr manuell ermitteln wollen, da eine automatisierte Datenerfassung und -darstellung wesentlich zügiger vor sich geht, können Sie gezielt nach der entsprechenden Software suchen. Die Angebotspalette der Hersteller ist vielfältig. Im Bereich der markttechnischen Analyse sind heute nahezu alle bekannten Börsenindikatoren und deren unterschiedliche Varianten und selbst exotische Indikatoren in umfangreichen Softwarepaketen erhältlich.

Individualsysteme

Was aber veranlasst einen Anleger dazu, ein *individuelles Handelssystem* zu konstruieren? Er ist beispielsweise damit überfordert, Einstiegspunkte aufgrund eigener Recherchen oder mit seinem Fingerspitzengefühl zu ermitteln. So kann er auch der Auffassung sein, nicht jeden Aspekt berücksichtigt zu haben, und versteht nicht, warum einzelne Spekulationen aufgehen und andere, die eine ähnliche Entscheidungsgrundlage haben, nicht. Bei dem Fingerspitzengefühl bzw. der Intuition handelt es sich um eine Besonderheit, über die ein Anleger nicht beliebig verfügen kann.

Hinter diesen Eingebungen stehen häufig eine harte Lehrzeit, schmerzvolle Verluste und die Fähigkeit, aus der Distanz heraus am Puls der Märkte zu sein. Ob nun gründliche und umfassende Analysen, pragmatische Berücksichtigung aller Fakten oder der Bereich der Intuition, diese Methoden garantieren keine hundertprozentige Prognosesicherheit. Bei jedem Handel bleibt das Gefühl: Es kann auch alles ganz anders kommen. Dieses undefinierbare Gefühl kann ein Anleger akzeptieren, aber es kann ihn auch so sehr belasten, dass es zum Auslöser für die Entwicklung eines eigenen Handelssystems werden kann. Oder aber der Anleger wird auf dem Softwaremarkt nicht fündig und sieht sich gezwungen, ein System zu entwickeln, das auf seine Erfordernisse zugeschnitten ist.

Bei der Entwicklung eines eigenen Handelssystems gibt es eine ganze Reihe von Fallstricken, mit denen Sie konfrontiert werden können. Versuchen Sie, Ihr persönliches System zu finden, aber nicht das „System der Systeme". Die meisten Systemkonstrukteure befinden sich mit ihren eigenen Konstruktionen in einem Dauerkonflikt. In der Praxis kann daher immer wieder beobachtet werden, dass Erfinder eines Börsensystems häufig mit dem eigenen System am schlechtesten umgehen können, wenn sie bestimmte „Spielregeln" nicht beherrschen. Die Betroffenen haben eine eigene Auffassung zu den Marktentwicklungen und sind dann regelmäßig überrascht, wenn ihr System gegenteilige Signale oder, wenn sie eine Entscheidung erwarten, kein Signal produziert. Diese Situation ist noch kritischer als bei einem Fremdprodukt.

Schließlich geht es um eine Sache, die der Anwender selbst entwickelt hat. Sie entstammt seinen Gedankengängen und sollte letztlich so „denken" wie der Konstrukteur selbst. Also ist, wenn sich das System nicht so verhält wie vom Anwender erwartet, die Versuchung groß, dass dieser einem Signal nicht traut und dann auf dessen Umsetzung verzichtet. Liegt er mit seinen eigenen Einschätzungen richtig, dann wird er die Funktionstüchtigkeit des von ihm entwickelten Systems anzweifeln und es für nicht praxistauglich halten. Bekommt das System Recht, dann hat er zu lange gewartet und rennt so möglicherweise einem abgefahrenen Zug hinterher, reagiert aber umgehend auf das nächste Signal, wobei die Skepsis bestehen bleibt.

Eine weitere Variante dieses Schöpferkampfes bildet das endlose Interpretieren von Systemsignalen. Der Konflikt besteht in diesem Fall darin, dass das System unabhängig vom Konstrukteur arbeitet, sich also selbst überlassen ist. Es reagiert nur emotionslos auf Marktdaten. Gerade daran, dass er es mit einem *Selbstläufer* zu tun hat, denkt der Konstrukteur jedoch nicht. Der Reiz ist groß, immer wieder in die Systembasis einzugreifen. In der Praxis konnte schon häufiger beobachtet werden, dass so lange an einem System herumgebastelt wurde, bis es schließlich völlig unbrauchbar war. Wenn ein System sich selbst optimieren kann (z. B. KI-Systeme), ist das umso vorteilhafter, weil der Konstrukteur dann nicht mehr zum Eingriff animiert wird. Je häufiger ein System angepasst werden muss, desto größer ist auch die Gefahr, dass es damit vollends demontiert wird.

In der Praxis gibt es aber selbstverständlich auch den Fall, dass ein Systemerfinder ganz einfach exzellent mit seinem System arbeiten kann, weil er sich über die Gewinn- und Verlustentwicklung nichts vormacht und sich auf dem Boden der Börsenrealität bewegt. Er benutzt sein System als Impulsgeber für seine Handelsaktivitäten und weiß, in welchem Stadium sich ein Markttrend befindet. Er ist sich der Bedeutung dieses Wissens bewusst. Selbstverständlich gibt es Marktteilnehmer, die ein Supersystem konstruiert haben und damit nicht an die Öffentlichkeit gehen. Aber die Existenz eines „Systems der Systeme", das ein einzelner Anleger oder eine Finanzgruppe in einer Hinterstube einsetzt und das risikolos die Millionen aus den Finanzmärkten abzieht, kann in den Bereich der Illusion verwiesen werden. In den Vereinigten Staaten operieren einige Vermögensverwaltungsgesellschaften und Fondsgruppen auch ohne diese fehlerlosen Supersysteme bereits so erfolgreich, dass sie große Mühe haben, in bestimmten Märkten und Marktsegmenten Gelder zu investieren, ohne gegen sich selbst spielen zu müssen.

Die Entwicklung eines eigenen Handelssystems verschlingt nicht nur viel Zeit, sondern belastet auch finanziell. Die Konstruktion eines Systems erfordert ein Höchstmaß an Disziplin und Geduld. Von Systemkonstrukteuren ist immer wieder zu erfahren, dass die ursprüngliche Idee nicht in die Praxis umgesetzt werden konnte, weil der Anspruch zu hoch gesteckt war. Über Umwege kam man dann dennoch zu einem zufrieden stellenden Ergebnis kommen. Selbst in den Fällen, in denen kein Handelssystem geschaffen wurde, bezogen die Forscher eine Flut neuer Erkenntnisse, die fortan zu einer deutlichen Verbesserung der Handelsergebnisse beitrugen. Ohnehin wird nur äußerst selten ein neues Handelssystem bzw. ein neuer Börsenindikator entwickelt. In den meisten Fällen handelt es sich um eine Variante eines bereits bestehenden.

Wenn Sie zu den kreativen Marktteilnehmern gehören und eine Idee für einen Indikator bzw. ein Handelssystem haben, sollten Sie nicht zögern und mit der Forschungsarbeit beginnen. Dies lässt sich aber nicht eben mal auf die Schnelle machen, sondern verlangt die Bereitschaft, entsprechend kontinuierlich zu arbeiten und auch den entsprechenden Zeitaufwand zu betreiben. Auch hier sollten Sie sich über Ihre Motive im Klaren sein. Ist es ein schönes Gefühl, selbst etwas zu entwickeln, zu erforschen? Haben Sie Spaß an der Tüftelei? Suchen Sie eine Möglichkeit, Ihre Handelsergebnisse zu verbessern? All das sind mögliche Motivationen zur Erstellung eines eigenen Handelssystems bzw. Börsenindikators.

Bevor Sie sich in die Forschungsarbeit stürzen, sollten Sie sich dennoch ausführlich über die Angebote der Systemanbieter, die sich vornehmlich in den Vereinigten Staaten tummeln, informieren. Es ist möglich, dass das, was Ihnen vorschwebt, sich bereits in der Angebotspalette einer Vertriebsfirma befindet. Auf diese Weise können Sie vermeiden, dass Sie nach langer und mühevoller Arbeit feststellen müssen, dass bereits ein anderer vor Ihnen eine ähnliche Idee hatte. Es ist aber ziemlich sinnlos, von vornherein abschätzen zu wollen, ob Ihre Idee realistisch ist und sich praktisch umsetzen lässt. Das sollten Sie erforschen.

Abschließend noch zwei Hinweise, um Ihnen die Arbeit bei der Erstellung eines eigenen Systems zu erleichtern bzw. Ihnen hier auf die Sprünge zu helfen. Das Buch *Börsenanalyse mit dem Computer*[23] ist ein Grundlagenwerk für Systemkonstrukteure. Es kann Ihnen eine praktische Hilfestellung bieten, weil Sie darin eine Fülle an Details zur Erstellung eines mechanisierten Handelssystems erhalten. Im Rahmen der praktischen Umsetzung wird von diversen Anbietern Software vermarktet, mit deren Hilfe Sie

Ihr eigenes Handelssystem zusammenstellen können. Ein System-Konstruktionsprogramm muss jedoch in jedem Fall eine Testmöglichkeit von Handelsstrategien in zurückliegenden Zeiträumen beinhalten. Nur so können Sie eine Eigenentwicklung auf ihre Verlässlichkeit hin überprüfen.

Beobachtungs- und Kontrollsysteme

Beim Einsatz eines kommerziellen Handels- oder Indikatorensystems bleibt für den Anwender die Frage offen, ob das System tatsächlich auch das hält, was der Hersteller verspricht. Da dies eines der größten Probleme im Systemhandel überhaupt darstellt, wurden wiederum Systeme entwickelt, die Signalsysteme testen und überwachen können. Durch Zuhilfenahme dieser *Beobachtungs- und Kontrollsysteme* soll der Unsicherheit des Anwenders begegnet werden. In der Praxis stellt sich dies dann etwa wie folgt dar: Börsianer Z. handelt auf der Grundlage von zwei verschiedenen Handelssystemen. System A ist ein Trendfolgesystem, während System B volumen- und liquiditätsorientiert arbeitet. Beide Signalsysteme liefern unterschiedliche Trefferquoten, die zwischen 50% und 70% schwanken. Verluste lassen sich mit keinem der beiden Systeme vollständig ausschließen. Da Z. hinsichtlich der Leistungsfähigkeit seiner Systeme unsicher ist, setzt er außerdem ein Beobachtungssystem ein, das die Handelssysteme A und B kontrolliert und zudem die Profitabilität der einzelnen Signale im Voraus kalkuliert.

Das hört sich phantastisch an, aber Verluste lassen sich auch damit nicht vermeiden, denn es handelt sich bei der Profitermittlung um eine reine *Wahrscheinlichkeitsgröße,* die dem unsicheren Bereich der Prognose zuzuordnen ist. Die zugrunde liegende Idee ist leicht zu verstehen. Sämtliche Signale werden mit Blick auf das jeweils zu erwartende Resultat gefiltert. Im Falle eines zu erwartenden Verlustes werden die Signale ignoriert, im Falle niedriger Gewinne ebenfalls. Nur bei hohen Gewinnerwartungen wird gehandelt. Das klingt plausibel, die Kontrollsysteme haben jedoch einen Nachteil: Die Ermittlungsgrößen basieren, wie Handelssignale auch, auf Vergangenheitsdaten. Allein auf dieser Grundlage lässt sich der Verlauf eines künftigen Engagements nicht ermitteln. Die Resultate können durchaus mit jenen verglichen werden, die zustande kommen, wenn ein Anwender Signale nur dann befolgt, wenn er ebenfalls persönlich der Auffassung ist, dass diese „richtig" sind.

Die Messbarkeit künftiger Erträge anhand von Wahrscheinlichkeitsgrößen und nicht auf der Basis von Garantiegrößen hat sicherlich dazu beigetragen, dass sich die Kontrollsysteme bislang nicht wirklich durchsetzen konnten. Vielleicht gelangt Z. eines schönen Tages an ein System, das seinerseits das Kontrollsystem kontrolliert. Es wäre in diesem Fall denkbar, dass es zu einer technischen Handelsblockade kommt, da jedes System dem anderen im Weg steht und Handelssignale auf diese Weise eliminiert werden. Angesichts des Aufwands besteht eine Alternative allenfalls in einem neuronalen Netz, das zudem die Regeln des Money Managements berücksichtigt. Es ist mit Sicherheit effektiver, sich von einem Computer bei der Risiko- und Vermögenskontrolle unterstützen zu lassen, als sich von ihm hypothetische Gewinne berechnen zu lassen, die zu einer Verzerrung der Perspektive führen können.

Mensch und neuronale Netze: lernfähige Systeme

Dieses Kapitel soll nicht ohne eine kritische Erörterung abgeschlossen werden, zumal sich fast schon zwangsläufig die Frage stellt, ob der Einsatz von mechanischen Handelssystemen erforderlich ist, um heutzutage erfolgreich in den Finanzmärkten bestehen zu können. Wer im Intraday-Trading bzw. kurzfristig orientierten Handel an den Termin- und Optionsmärkten mitmischen möchte, kommt an einem mechanischen Handelssystem nicht vorbei. Insbesondere private Akteure, und dies sei hier nachdrücklich wiederholt, stellen sich ins Abseits, wenn sie dem Irrtum erliegen, sie könnten in diesen temporeichen Märkten ohne besondere Konzepte, zu denen auch der Einsatz von Handelssystemen zählt, mithalten. Der Termin- und Optionshandel ist ein Nullsummenspiel, d. h. was der eine verliert, gewinnt ein anderer. Es dürfte sich von selbst verstehen, dass die Locals und die professionellen Trader bzw. Trading-Gesellschaften, die über eine ausgeklügelte Technik verfügen, nur schwer zu schlagen sind und die Orders unbedarfter Anleger als reines Kanonenfutter betrachten. Aber mit dem Erwerb eines Computers und dem Einsatz eines entsprechenden Handelssystems ist es noch nicht getan. Wer beispielsweise ein kommerzielles Neuro-System ersteht, sollte sich dessen bewusst sein, dass dieses System erst einmal auf die Marktgegebenheiten hin „trainiert" werden muss. Einfach eine Diskette oder CD-ROM in den Computer schieben, Programm laden und munter drauflos handeln, so funktioniert es nicht. Wer sich in die Arbeitsweise der KI-Systeme weder eindenken noch einarbeiten kann, steht im Abseits und wird viele frustreiche Stunden vor seinem Computer verbringen.

Im Bereich der Expertensysteme steht zudem der Wettbewerb an erster Stelle. Gemeint ist hier nicht der Wettbewerb der kommerziellen Anbieter, sondern der Wettbewerb hinsichtlich der Leistungsfähigkeit der Systeme. Um mithalten zu können, muss das eingesetzte System den gängigen Systemen einen Schritt voraus sein. Da es sich um einen konstanten Wettbewerb der Systeme untereinander handelt, kann es einem Anwender passieren, dass sein System im Augenblick hervorragende Ergebnisse produziert, in einigen Monaten aber mangels Anpassungsmöglichkeiten ins Hintertreffen gerät. Da sich die Märkte konstant verändern, muss ein Handelssystem mit diesen Änderungen Schritt halten können. Dies ist nicht in jedem Fall gewährleistet. So lässt sich auch erklären, dass z. B. Systeme, die noch vor wenigen Jahren zur Spitzenklasse zählten, schon lange nicht mehr auf dem Markt sind, u. a. deshalb, weil Optimierungsversuche scheiterten.

Künstliche Intelligenz und Neuro-Computer mögen für etliche professionelle und private Akteure phantasiefördernde Begriffe sein. Die Leistungsfähigkeit von Systemen, die auf KI basieren, wird jedoch durchweg überschätzt. Ein Neuro-Computer, der im Devisenhandelsbereich auf Daytrading-Basis eine Jahresrendite von 10% bis 12% erwirtschaftet (Fünf-Jahres-Durchschnitt), wird bereits als ausgesprochen erfolgreich eingestuft. Es gibt nicht gerade wenige internationale Fondsmanager, die mit konservativen Strategien in den Aktienmärkten ähnlich hohe oder bessere Ergebnisse in einem 20-Jahres-Durchschnitt erzielen. Dies sollte die Phantasie derer dämpfen, die meinen, KI und Neuro-Systeme seien reine Geldmaschinen mit unbegrenzter Gewinnschöpfung.

Welche Möglichkeiten KI bietet, haben Lederman/Klein in ihrem praxisorientierten Buch *Börsenhandel mit künstlicher Intelligenz*[24] erörtert. Sie machen kein Hehl daraus, dass harte Arbeit, Kreativität und Marktgefühl für den Börsenerfolg unerlässlich sind. Lederman/Klein sind Befürworter der Neuraltechnologie, holen jedoch jeden Illusionisten auf den Boden der (Börsen-)Realität zurück:

Ihr freundliches Gesicht zeigt sie (Anm.: die Neuraltechnologie) *in der Regel dem blutigen Anfänger, der sich, frohlockend dem sagenhaften Potenzial, Wunschträumen hingibt, er könnte mit ein paar Tastenschlägen auf seinem Computer leicht und schnell an der Börse gewinnen. Doch wenn man aus diesem Wunschtraum aufwacht und sich mit der Aufgabe konfrontiert sieht, ein erfolgreichen computerassistiertes Börsensystem zu entwickeln, zeigt die Neuraltechnologie ihr grimmiges Gesicht. ... Nur zu viele Händler lassen sich davon abschrecken und geben auf. Kurzum: Die Realität hält dem Mythos nicht stand.*[25]

Betrachten wir in diesem Zusammenhang noch einen anderen Aspekt. Bei einem neuronalen Netz handelt es sich um ein selbstständig lernfähiges System. Neuro-Computern werden nicht nur Lernfähigkeit und Trainingszeiträume, sondern auch Verlustproduktionen zugestanden. Das Neuro-System soll aus Fehlern lernen. Wie verhält es sich mit dem Menschen? Er ist ebenfalls ein lernfähiges „System". Er kann ebenso trainieren und aus positiven und negativen Erfahrungen lernen. Wenn man Neuro-Systemen Lernfähigkeit zugesteht, kann man das wohl auch jedem einzelnen Anleger zugestehen, der auf der Basis des Einsatzes seines Gehirns Entscheidungen trifft.

Der Mensch verfügt bereits über all das – und noch viel mehr –, was Neuro-Computer können bzw. eines Tages noch alles können sollen. Er muss nicht unbedingt Millionen von Daten verarbeiten, denn er kann, wenn er will, aus seinen Fehlern lernen, Wissen speichern, intuitive Signale wahrnehmen, ein Fingerspitzengefühl für Marktsituationen entwickeln. Kurzum, er verfügt bereits über die Bedingungen bzw. kann die individuellen Umstände schaffen, die zu einem erfolgreichen Börsenhandel führen. Er ist nur dazu aufgerufen, diese Entwicklung zu forcieren.

Ein Handelssystem kann vorhandene individuelle Anlayse- und Handelsdefizite nicht ersetzen. Gegen den Einsatz von Computern und somit von Handelssystemen und in der Folge auch von Neuraltechnologien bei aktiven Entscheidungsprozessen in den Finanzmärkten spricht aber nichts, soweit sie als unterstützende und handelsbegleitende Instrumente eingesetzt werden. So kann der einzelne Erfahrungswissen aus seinen Systemen beziehen und darauf aufbauende neue Erfahrungen in einer Art Rückkoppelungseffekt in seine Systeme integrieren. In diesem Fall besteht die eingangs beschriebene Symbiose zwischen Anwender und System, die die Grundlage für die Erwirtschaftung von Gewinnen bildet.

Anhang B

Management offener Handelspositionen durch Stopp-Techniken

Es empfiehlt sich, vor jedem Investment die möglichen Verluste nicht in den schwärzesten Farben auszumalen, sondern eine *Risikokontrolle* im Sinne des Money Managements zu praktizieren. Mit einer *Risikoeinschätzung* können Sie sich auf den negativen Fall einstellen. Kommt es dann tatsächlich zu einer Verlustentwicklung, so sind Sie in der Lage, aktiv zu handeln, und werden nicht zum ohnmächtigen Zuschauer, der sich nur noch an Hoffnungen klammert. Eine Strategie, die sich an der Börsenrealität orientiert, beinhaltet grundsätzlich eine Risikoabwägung. Indem Sie das Risikopotenzial einer Anlage ermitteln, können Sie feststellen, welchen Verlust Sie gegebenenfalls hinzunehmen bereit sind.

Eine Unterstützung dazu bietet die automatische Verlustbegrenzung, die so genannte *Stopp-Loss-Order.* Sobald eine Aktie (oder ein sonstiges Wertpapier) gekauft wird, kann eine automatische Verlustbegrenzung eingeschaltet werden, die im Grunde genommen nichts anderes als eine Order ohne Limit ist. Ein Stopp bedeutet immer das Ende einer Investition. Er kann eine Strategie schnell und unerwartet platzen lassen. Er konfrontiert den Anleger mit einer neuen Situation, da seine Strategie nicht aufgegangen ist. Es gibt in der Börsenszene viele Befürworter, aber auch Gegner dieser Methode.

Die Befürworter verweisen auf die Konsequenz eines Stopp-Loss-Auftrages. Er begrenzt einen Verlust und setzt einer schlechten Investition ein knallhartes Ende. Andererseits dienen Stopps auch der Gewinnsicherung. Eine mögliche Trendwende soll nicht den gesamten aufgelaufenen Gewinn wieder ausradieren. Also sichert man einen Teil der Buchgewinne mit einem Stopp ab, der im Gegensatz zum Verlust-Stopp permanent anzupassen ist, solange die Aktie steigt.

Die Gegner weisen auf die Möglichkeit hin, dass ein Stopp ein Engagement zu früh lösen könnte. Nach erfolgter Stopp-Ausführung würden die Kurse häufig wieder anziehen, und der Anleger hätte dann das Nachsehen. Dies ist sicherlich richtig, wenn Stopps zu knapp gesetzt werden. Wer eine Aktie für 20 US$ kauft und den Stopp bei 18 US$ setzt, für den ist die Wahrscheinlichkeit hoch, dass sein Engagement sehr bald aufgelöst wird. Setzt er den Stopp bei 16 US$, so kann unter bestimmten charttechnischen Voraussetzungen bereits eine Trendwende vorliegen; der Aktienkurs könnte in diesem Fall noch wesentlich tiefer fallen.

Die unterschiedlichen Stopps

Es stehen Ihnen unterschiedliche Stopp-Techniken zur Verfügung (siehe Abb. 8, Seite 291). Vorab kann festgestellt werden, dass es den idealen Stopp nicht gibt. Der lässt sich grundsätzlich erst im Nachhinein ermitteln. Bevor Sie sich für eine Stopp-Methode entscheiden, sind einige Punkte zu klären. Arbeiten Sie mit einem mechanisierten Handelssystem? Trifft ausschließlich das System Kaufentscheidungen, so sollte es auch über einen Ausstiegsautomatismus verfügen. In diesem Fall brauchen Sie sich nicht um Stopp-Techniken zu kümmern, sondern müssen lediglich die vorgegebenen Ausstiegssignale konsequent umsetzen.

Welche Aktie oder welchen Markt handeln Sie? Es versteht sich von selbst, dass Sie Stopps bei einer volatilen Aktie oder in einem volatilen Markt großzügiger setzen müssen als bei Aktien oder Märkten mit einer geringen Volatilität. Bei der Volatilität handelt es sich um keine feststehende Größe. Sie ist mehr oder weniger starken Schwankungen unterworfen. Es kann sein, dass ein Markt monatelang vor sich hindümpelt, die Kurse dann aber explodieren. Dementsprechend müssen dann auch die Stopps angepasst werden. Wie lange halten Sie Ihre Positionen durchschnittlich? Bei der Stopp-Festlegung besteht ein großer Unterschied dahingehend, ob Sie nur kurzfristig oder längerfristig engagiert sind. Je länger Sie engagiert sind, desto größer muss der Spielraum sein, den Sie einem Markt einräumen. Einen Stopp sollten Sie grundsätzlich an einem Punkt definieren, der eine komplette Änderung des Aktien- oder Markttrends signalisieren und damit auch Ihre Anlagestrategie unterlaufen würde. Nachfolgend werden relevante und nachvollziehbare Stopp-Techniken vorgestellt.

Chart-Stopp

Viele Anleger ermitteln Stopps unter Verwendung der charttechnischen Analyse (Chart-Stopp). An bestimmten Unterstützungen wird ein Stopp festgesetzt. Eine Aktie ist beispielsweise mehrfach in den Bereich um 45 US$ gefallen, doch jedes Mal hielt diese Marke. Daraus hat sich dann eine charttechnische Unterstützung gebildet. Die Aktie notiert aktuell bei 50 US$. Sie kaufen und legen die Stopp-Loss-Order bei 45 US$ fest. Chart-Stopps lassen sich relativ einfach ermitteln und sind deshalb auch entsprechend beliebt. Die Sache hat nur einen großen Nachteil: Da sich Chart-Stopps unproblematisch anwenden lassen, werden Sie bestimmt nicht der Einzige sein, der bei 45 US$ einen Stopp festgesetzt hat, sondern unzählige andere Anleger werden das ebenso getan haben.

Nehmen wir einmal an, die Aktie fällt auf 46 US$ zurück. Der Market Maker hat sein Orderbuch mit Stopp-Orders bei 45 US$ randvoll. Ihn interessiert nicht die Kurs-, sondern nur die Umsatzentwicklung. Kommen weitere Verkaufsaufträge herein, wird er den Kurs nach Möglichkeit auf 45 US$ festsetzen. Die Stopp-Lawine wird ausgelöst. Befindet sich also bei 45 USS ein relevanter Stopp-Punkt, sollten Sie Ihren Stopp etwas höher setzen, z. B. bei 46 US$. Ihre Chance, dass Sie im negativen Fall noch vor der Stopp-Lawine aus dem Markt sind, ist dann sehr groß. Werden Sie hingegen von einer Stopp-Lawine erfasst, kann es sein, dass Ihre Aktien erst bei 43 US$ verkauft werden, denn Ihre Stopp-Loss-Order stellt nicht mehr dar als eine Verkaufsorder ohne Limit.

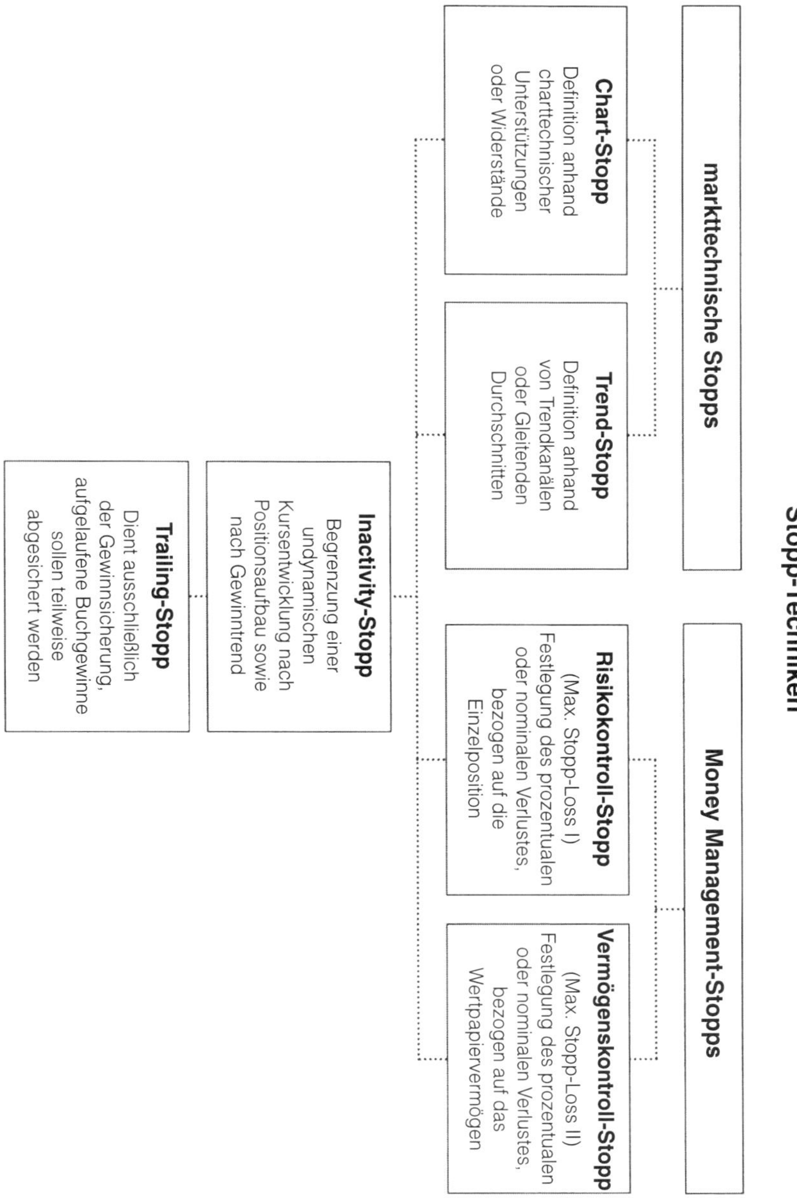
Stopp-Techniken
markttechnische Stopps
Money Management-Stopps
Chart-Stopp
Definition anhand charttechnischer Unterstützungen oder Widerstände
Trend-Stopp
Definition anhand von Trendkanälen oder Gleitenden Durchschnitten
Risikokontroll-Stopp
(Max. Stopp-Loss I)
Festlegung des prozentualen oder nominalen Verlustes, bezogen auf die Einzelposition
Vermögenskontroll-Stopp
(Max. Stopp-Loss II)
Festlegung des prozentualen oder nominalen Verlustes, bezogen auf das Wertpapiervermögen
Inactivity-Stopp
Begrenzung einer undynamischen Kursentwicklung nach Positionsaufbau sowie nach Gewinntrend
Trailing-Stopp
Dient ausschließlich der Gewinnsicherung, aufgelaufene Buchgewinne sollen teilweise abgesichert werden

Abbildung 8

Die Nachteile eines Chart-Stopps lassen sich also minimieren, dennoch ist dies nicht immer möglich.

Trend-Stopp

Eine Alternative bietet der Stopp, der sich an Trendlinien oder Trendkanälen orientiert (Trend-Stopp). In den Terminmärkten sind Trend-Stopp-Techniken wesentlich häufiger anzutreffen als am Aktienmarkt. Bei einer Aktie können Sie sich beispielsweise an der *200-Tage-Linie* orientieren. Wird diese unterschritten, wird die Position aufgelöst. Entfernt sich eine Aktie zu weit von ihrer 200-Tage-Linie, eignet sich diese Methode allerdings weniger. Eine Aktie kann ohne weiteres 30% oberhalb dieser Linie tendieren. Würden Sie in diesem Fall einen Stopp auf die 200-Tage-Linie abstimmen, nähmen Sie einen gewaltigen Abschlag auf Ihre entstandenen Gewinne in Kauf.

Alternativ bieten sich auch Stopps auf Basis einer 100-Tage-Linie oder solche an, die auf den Trendkanal abgestimmt sind. Entscheidend ist hier aber die Definition des Trendkanals. Bei einer längerfristigen Anlage ist ein solcher ideal, der einen zwölf- bis 16-monatigen Zeitraum berücksichtigt. Trendkanäle, die auf mehreren Jahren basieren, beinhalten oftmals einen zu großen Kursspielraum, sodass diese für eine Stopp-Technik nicht anwendbar sind. Wird die untere Trendlinie verletzt, wird die Position wiederum verkauft, weil sich ein Trendwechsel abzeichnet. Aber auch hier gilt: Überprüfen Sie, ob sich der Aktienkurs möglicherweise zu weit von der unteren Trendkanallinie entfernt hat. In diesem Fall ist eine andere Stopp-Methode zu wählen.

Außerdem muss unterschieden werden, ob sich ein Markt in einem sekundären, also langfristigen Auf- oder Abwärtstrend befindet. Im Rahmen einer Hausse sind Stopp-Marken, die sich an der 200-Tage-Linie orientieren, nicht praktikabel, da sich an dieser Marke bzw. leicht darunter oftmals Einstiegspunkte ergeben. Da sich in einer Hausse in den Aufwärtsphasen viele Aktien oftmals deutlich von der 200-Tage-Linie entfernen, sind die Stopp-Marken höher anzusetzen, beispielweise 15% bis 20% unter dem jeweiligen Höchstkurs. Hier steht generell nicht die Verlustvermeidung, sondern die Gewinnsicherung im Vordergrund (siehe dazu auch *Trailing-Stopp,* Seite 295).

Money Management-Stopp

Es gibt selbstverständlich auch Stopp-Techniken, die sich nicht auf den direkten Kursverlauf der Aktie oder eines Marktes beziehen. Dazu zählen die Money Management-Stopps. Im Rahmen der *Risikokontrolle* legen Sie beispielsweise fest, wie hoch der maximale Verlust eines einzelnen Engagements ausfallen darf. Wenn Sie beispielsweise für 10 000 € Aktien kaufen und in dieser Position einen Verlust von höchstens 1500 € akzeptieren, definieren Sie den Stopp anhand des Aktienkurses. Sie haben beispielsweise bei einem Aktienkurs für 30 € gekauft. 1500 € von 10 000 € entsprechen einem Verlust von 15%. Vom Kaufkurs (30 €) ziehen Sie nunmehr 15% ab (4,50 €) und legen somit den Stopp-Kurs bei 25,50 € fest.

Eine Alternative besteht darin, den Stopp-Kurs im Rahmen der *Vermögenskontrolle* festzulegen. Ihr Aktienportfolio beläuft sich beispielsweise auf ein Gesamtvolumen von 100 000 €. Für das neue Engagement sind Sie bereit, maximal 2% dieses Volumens zu riskieren, was 2000 € entspricht. Kaufen Sie nun für 10 000 € Aktien, so beläuft sich der akzeptable Verlust auf maximal 2000 €, somit 20%. Vom Kaufkurs der Aktie sind 20% zur Stopp-Ermittlung abzuziehen (z. B. Kaufkurs 100 €, Stopp-Kurs 80 €). Kaufen Sie hingegen fiir 20 000 € Aktien, bleibt die Verlustgröße von 2000 € unverändert. Sie entspricht jetzt aber nur noch einer Verlusttoleranz von 10% (z. B. Kaufkurs 100 €, Stopp-Kurs 90 €). Sie müssen in diesem Fall überprüfen, ob der Stopp-Kurs überhaupt sinnvoll ist. Dies gilt auch, wenn Sie für 5000 € kaufen. Bei 2000 € würde dies einer Verlusttoleranz von immerhin 40% entsprechen.

Money Management-Stopps auf Basis der Risikokontrolle (Maximaler Stopp-Loss I) werden von vielen professionellen Marktteilnehmern praktiziert. Das Verlustrisiko wird auf das Einzelengagement abgestellt. Stopps auf Basis der Vermögenskontrolle (Maximaler Stopp-Loss II) sind meist unflexibel, weil sie kleineren Investments ein viel zu großes Risikopotenzial zugestehen.

Dazu bietet sich aber eine Alternative an. Sie können beispielsweise anhand der Vermögenskontrolle festlegen, dass alle offenen Positionen ein bestimmtes Verlustniveau auf Basis des Depotwertes nicht überschreiten dürfen. Bei einem aktuellen Depotwert von 100 000 € können Sie hier beispielsweise 5 % bzw. 5000 € festlegen. Die Einzelpositionen werden dann mit Stopps im Sinne der Risikokontrolle abgesichert. Position A gestehen Sie einen maximalen Verlust von l000 € zu, Position B ebenfalls l000 €, Position C 2000 €. Zusammengenommen beläuft sich die Stopp-Quote der drei Positionen auf 4000 €. Ihre Stopp-Reserve beträgt noch 1000 €. Nun wollen Sie noch eine weitere Position D aufbauen, bei der das maximale Verlustvolumen 1.500 € entspricht. Der Gesamt-Stopp-Level würde in diesem Fall aber um 500 € überschritten. Handeln Sie trotzdem? Nein, denn Sie müssen in diesem Fall auf einen Positionsaufbau verzichten. Es hat auch keinen Sinn, den Stopp um 500 € zu reduzieren, wenn damit die Wahrscheinlichkeit steigt, dass die Position zügig ausgestoppt wird. Mit dieser Vorgehensweise soll ja verhindert werden, dass das vorhandene Vermögen einem zu hohen Risiko ausgesetzt wird.

Bei der Festlegung eines Stopps im Sinne der Risikokontrolle sollten Sie grundsätzlich die charttechnischen Voraussetzungen überprüfen. Beispiel: Sie kaufen eine Aktie für 80 € und legen den Stopp mit 15%, somit bei 68 € fest. Es ist nun möglich, dass 68 € einen relevanten charttechnischen Widerstand bilden. Ist dies der Fall, setzen Sie den Stopp auf 69,50 oder auf 71 € fest. 70 € scheidet in jedem Fall aus. Vermeiden Sie bei der Stopp-Festlegung unbedingt runde Zahlen, weil sich diese ähnlich wie charttechnische Unterstützungen bei vielen Marktteilnehmern einer großen Beliebtheit erfreuen. Sie sehen also, dass die Anwendung von Stopp-Techniken keine rigide Angelegenheit ist. sondern immer auf den Einzelfall abgestimmt werden muss.

Inactivity-Stopp

Der Inactivity-Stopp dient weder der Verlustbegrenzung noch der Gewinnsicherung, sondern soll einzig und allein eine allzu lange Kapitalbindung an eine undynamische Aktie verhindern. Es ist möglich, dass Sie eine Aktie kaufen, die anschließend mit einem ausgeprägten Seitwärtstrend aufwartet. Der Kurs kommt weder voran noch fällt er besonders zurück. Beispiel: Sie wollen eine Aktie mit Limit 50 € kaufen. Vorher legen Sie die Verlustbegrenzung im Rahmen der Risikokontrolle fest. Hier wählen Sie unter den drei beschriebenen Varianten Chart-, Trend- oder Money Management-Stopp. Nehmen wir an, Sie entscheiden sich für den Chart-Stopp. Eine relevante Unterstützung befindet sich bei 45 €. Sie legen als Stopp-Marke 46 € fest. Für den Fall, dass sich die Aktie zu einer „Schnecke" entwickelt, legen Sie als Trading-Range 5% (2,50 €) nach oben und unten fest, was einer Fluktuationszone von 47,50 € bis 52,50 € entspricht. Nunmehr entscheiden Sie, wie lange sich die Aktie allenfalls in der Fluktuationszone befinden darf. Nehmen wir an, Sie legen zwei Monate fest. Das bedeutet: Sollte die Aktie länger als zwei Monate innerhalb einer Trading-Range von 47,50 € bis 52,50 € pendeln, wird sie aufgrund mangelnder Aktivität wieder verkauft.

Wie Sie sehen, stellt ein Inactivity-Stopp immer nur eine begleitende Stopp-Technik dar, die indirekt den Money Management-Stopp-Techniken zuzuordnen ist. Er ist ausschließlich an die Aktivität der Aktie gekoppelt. Steigt im vorgenannten Beispiel die Aktie innerhalb von zwei Monaten auf 53 € oder fällt sie auf 47 €, würde die von Ihnen festgelegte Fluktuationszone verlassen. Der Inactivity-Stopp wäre damit aufgehoben. Im Vordergrund steht dann im Fall der positiven Entwicklung der Trailing-Stopp, bei einem negativen Verlauf der bei 46 € festgelegte Chart-Stopp zur Verlustbegrenzung. Der Trailing-Stopp kann zu einem späteren Zeitpunkt wieder vom Inactivity-Stopp begleitet werden. So kann sich an einen Kursanstieg eine längere Seitwärtsphase anschließen. Der Inactivity-Stopp dient in diesem Fall dazu, eine undynamische Entwicklung der Gewinnposition zu verhindern.

Mittels dieser Stopp-Technik soll dem Depot insgesamt mehr Dynamik verliehen werden. Allerdings handelt es sich dabei um eine sehr anspruchsvolle Vorgehensweise, die zudem den Depotverwaltungsaufwand zusätzlich steigert. Es ist kein Einzelfall, wenn eine Aktie nach stärkeren Kursanstiegen monatelang in einer engen Trading-Range konsolidiert, bevor sie ihren Kursanstieg fortsetzt. Ähnliches gilt im Zuge größerer Kursrückgänge. Diese können nach einer Konsolidierung wieder aufgenommen werden, eine Trendumkehr ist aber ebenso möglich. Eine Bodenbildung nach einem Kurssturz kann sich über etliche Monate hinziehen. Wenn Sie also den maximalen Zeitraum der Inaktivität einer Aktie festlegen, können Sie daher zu anspruchsvoll vorgehen.

Vor dem Aufbau einer Position hätten Sie gleich zwei kritische Punkte zu klären. Zunächst die Definition des Verlustbegrenzungs-Stopps. Hier kann jede Methode zugleich richtig und falsch gewählt sein. Jeder Stopp muss zudem eigens definiert werden. Nun kommt die Definition der Fluktuationszone und des Zeitrahmens hinzu. Hier besteht wiederum eine potenzielle Fehlerquelle, da sowohl die Fluktuationszone als auch der Zeitrahmen falsch festgelegt werden kann. Mit Computerprogrammen ließe sich sicherlich durchchecken, wie es um die Schwankung der Aktie in der Vergangenheit bestellt war. So kann beispielsweise von vornherein geklärt werden, ob eine bestimmte Schwankungsbreite der Aktie sich überhaupt sinnvoll bestimmen lässt.

Da vor dem Positionsaufbau zunächst die Verlustbegrenzung im Vordergrund steht, kann das Inaktivitätsproblem vernachlässigt werden, wenn Sie wirklich diszipliniert bei der Sache sind. Die Entwicklung der einzelnen Positionen ist von Ihnen ohnehin ständig zu beobachten. Im Rahmen dieser Beobachtung werden Sie feststellen, ob sich ein Aktienengagement zu einer langweiligen Angelegenheit entwickelt. Ist dies der Fall, stellen Sie die Position wieder glatt. Meistens erfolgen diese Glattstellungen aber im Zuge von Neudispositionen. Im Zuge neuer Käufe werden undynamische Positionen aufgelöst. Lässt sich diese Vorgehensweise mit dem Handelskonzept vereinbaren, dann steht ihr nichts im Weg.

In vielen Fällen erfolgen Umschichtungen aber unter rein kurzfristigen Gesichtspunkten. Eine Aktie marschiert nicht sofort nach oben, also raus damit. Heute hier, morgen da engagiert. Wenn Inaktivität der Aktie mit ungeduldigem Anlageverhalten verwechselt wird, muss das Problem von einer anderen Seite aus in Angriff genommen werden. Im Gegensatz dazu steht das unentschlossene Anlageverhalten. Man hat eine Aktie gekauft, warum soll diese nach ein paar Monaten inaktiver Kursentwicklung wieder verkauft werden? Möglicherweise kommt die Aktie ja noch in Fahrt. Ein Blick in das Handelskonzept sollte hier mehr Aufschluss bringen. Entwickelt sich die Aktie tatsächlich so, wie Sie dies erwartet hatten? Deutet der Seitwärtstrend möglicherweise auf Probleme hin? Sind im Verlauf der undynamischen Entwicklung Besonderheiten festzustellen? Eine Position sollte auf keinen Fall sich selbst überlassen werden. Halten und mal sehen was wird, so geht es nicht. Genau das kann durch den Inactivity-Stopp verhindert werden. Im Grunde genommen verhindert diese Stopp-Technik sowohl die undynamische Bindung des Kapitals als auch eine passive Haltung des Anlegers.

Der Inactivity-Stopp kann deshalb als Instrument zur Unterstützung der Anlagedisziplin eingesetzt werden, um einer Aktie einen Mindestanlagezeitraum zuzugestehen, aber auch, um „Dauerlangweiler" im Depot zu verhindern.

Trailing-Stopp

Wie lässt sich hingegen eine Gewinnposition managen? In diesem Fall ziehen Sie den Stopp einfach nach (Trailing-Stopp). Sie arbeiten beispielsweise mit einem Stopp im Sinne der Risikokontrolle. 10% Verlust hatten Sie bei einer mindervolatilen Aktie einkalkuliert. Die Aktie wurde für 40 € gekauft, der Stopp somit bei 36 € festgelegt. Die Aktie steigt nun auf 44 €. 10% entsprechen 4,40 €. Der neue Stopp befindet sich nunmehr bei 39,60 €. Ihre Aktie weist aktuell 10% Kursgewinn auf, Ihr Verlustrisiko pro Aktie hat sich gegenüber 4 € beim Einstand auf 0,50 € pro Aktie bzw. auf 1,25% gesenkt. Noch ist der Gewinn aber nicht abgesichert. Die Aktie steigt weiter auf 50 €. Bei unveränderter Anwendung des 10%-Stopps beläuft sich der Stopp-Kurs nunmehr bei 45 €. Der Buchgewinn beträgt inzwischen 25%. Von diesem Gewinn ist die Hälfte, also 12,5% bzw. 5 € pro Aktie via Trailing-Stopp abgesichert.

Es müsste schon etwas Außergewöhnliches geschehen, wenn Sie mit diesem Engagement noch einen Verlust zu verbuchen hätten. Ganz ausschließen lässt sich dies trotz ausgefeilter Stopp-Techniken nicht. Es kann z. B. der Fall eintreten, dass das Unternehmen nach Börsenschluss eine unerwartet negative Geschäftsentwicklung ankündigt. Ihr Stopp liegt bei 45 €. Die Aktie eröffnet jedoch gleich zu Handelsbeginn bei 42 €, und Sie haben keine Garantie, dass Ihr Stopp zu diesem Kurs zum Zug kommt. Es kann sein, dass Sie eine wesentlich schlechtere Ausführung bekommen. Aber: Solche Ereignisse gehören nicht zur Tagesordnung und sind vor allem bei Aktien anzutreffen, bei denen die Anleger nur einseitig positiv orientiert, also überhaupt nicht auf negative Meldungen vorbereitet sind.

Im Verlauf eines sich fortsetzenden Kursanstiegs wird irgendwann einmal ein Wechsel der Volatilität festzustellen sein. Der Aktienkurs ist zunehmend größeren Schwankungen unterworfen. Sie stellen dies rechtzeitig fest und überprüfen Ihre Methode. Es ist möglich, dass Sie die 10%-Stopp-Festsetzung für nicht mehr praktikabel halten, und Sie müssen dann entweder den nachgezogenen Stopp erhöhen, z. B. auf 15 % oder 20%, oder aber auf eine andere Methode zurückgreifen, z. B. auf den Trend-Stopp auf Basis eines Trendkanals. Die Anwendung der Stopp-Techniken ist sowohl hinsichtlich der Verlustbegrenzung als auch der Gewinnsicherung eine flexible Angelegenheit. Bei der Verlustabsicherung sollten Sie sich jedoch nie zu einer für Sie ungünstigen Strategieänderung verleiten lassen.

Sie setzen beispielsweise bei einer für 40 € gekauften Aktie den Stopp bei 34 € und sind fest entschlossen, an dieser Strategie festzuhalten. Nun gerät die Aktie unter Druck. Bei 36 € werden Sie bereits unruhig. Die Aktie fällt auf 35 €. Sie rufen bei der Bank an und stornieren kurzerhand den Stopp. So hatten Sie sich die Angelegenheit natürlich nicht vorgestellt. Es könnte ja passieren, dass die Aktie auf 34 € fällt und der Stopp ausgelöst wird. Das würde dann einem Verlust von 15 % entsprechen. Den wollen sie auf keinen Fall realisieren. Nun gibt es zwei Möglichkeiten:

1 Die Aktie fällt für kurze Zeit unter Ihren aufgehobenen Stopp. Sie halten die Position unverändert. Anschließend setzt eine Kurserholung ein. Im Laufe der Zeit zieht die Aktie dann weit über Ihren Einstiegskurs hinweg und beschert Ihnen erfreulicherweise einen akzeptablen Kursgewinn. Die Folge: Sie werden künftig mit hoher Wahrscheinlichkeit keine Stopps mehr verwenden. Da bleibt nur eins zu wünschen: Viel Glück, denn davon werden Sie künftig viel brauchen.

2 Die Aktie fällt unter Ihren aufgehobenen Stopp. Sie stehen nun voll unter Druck. Fällt sie weiter oder schafft sie die Trendwende? In dem Moment, als die Aktie unter den zunächst von Ihnen gewählten Stopp-Kurs fiel, hat sich Ihre ursprüngliche Strategie in Luft aufgelöst. Der Stopp-Kurs war ein Bestandteil Ihrer Strategie. Sie haben die von Ihnen festgelegten Spielregeln zu Ihren Ungunsten verändert. Sie hätten auch den Stopp nach unten ziehen können, die Auswirkungen sind nahezu identisch wie im Falle eines Stopps, der komplett aufgehoben wurde. Die Aktie fällt weiter, befindet sich möglicherweise in einem eindeutigen Abwärtstrend. Die Wahrscheinlichkeit, dass das gesamte Engagement nun emotionalen Faktoren unterliegt, ist sehr hoch. Nach dieser negativen Erfahrung sind Sie sicherlich eher bereit, sich künftig kompromisslos an gewählte Verlust-Stopps zu halten.

Mental-Stopp

Im Gegensatz zu Stopp-Loss-Orders, die Sie gleich bei einer Auftragserteilung Ihrer Bank oder Ihrem Broker mitteilen können und die dann im Markt liegen, ist die Umsetzung von *Mental-Stopps* wesentlich schwieriger. Eine Stopp-Loss-Order muss gegebenenfalls ständig aktualisiert werden. Zieht eine Aktie deutlich an, so wird aus dem ursprünglichen Stopp zur Verlustbegrenzung nun ein Stopp zur Gewinnsicherung. Solange die Aktie steigt, ist der Trailing-Stopp Zug um Zug anzupassen. Etliche Anleger finden die dazu erforderlichen Anrufe bei ihrer Bank bzw. ihrem Broker lästig. Am einfachsten lassen sich Stopps im Rahmen des Homebanking via Computer pflegen. Wer diese Möglichkeit nicht hat, kommt um regelmäßige Anrufe bei seiner Bank oder seinem Broker nicht herum. Auch wenn es lästig ist oder sich die Berater genervt fühlen, es geht hier schließlich um einen Bestandteil Ihrer Strategie, die Sie zum Börsenerfolg führen soll. Deshalb sollten Sie sich über leichte Hindernisse einfach hinwegsetzen. Eine Alternative besteht nur in der Anwendung von Mental-Stopps. Diese Stopp-Marken merken sie sich gedanklich. Dazu müssen Sie fortan täglich die Kurse der von Ihnen gehaltenen Aktien beobachten.

Erreicht die Aktie die gedachte Stopp-Marke, müssen Sie sofort eine Verkaufsorder ohne Limit erteilen. Anleger mit großen Handelsvolumina bevorzugen Mental-Stopps, weil sie sich von Market Makern oder Parketthändlern nicht in die Karten schauen lassen wollen. Bei sehr großen Stopp-Loss-Orders besteht sonst die Gefahr, dass der Kurs künstlich in Richtung des Stopps geschoben oder gedrückt wird, um diesen auszulösen. Die Praxis zeigt aber, dass nur ein Bruchteil der Anleger mit Mental-Stopps umgehen kann und sie auch tatsächlich ausführt. Meistens werden die Stopps bei einem Kauf vorgemerkt. Das erscheint einfach und unkompliziert. Der Anleger ist davon überzeugt, dass er den Stopp im negativen Fall ausführt, geht aber zunächst davon aus, dass es zu dieser Maßnahme nicht kommen wird. Würde er mit einer Stopp-Ausführung bereits beim Kauf fest rechnen, so könnte er schließlich warten, vom Engagement ganz absehen oder gleich bei der Stopp-Marke eine Limitorder platzieren.

Wird die Mental-Stopp-Marke erreicht, ist die Hoffnung auf wieder anziehende Kurse fast immer größer als die Bereitschaft, den Stopp nunmehr auch auszuführen. Hier entfällt zudem die Hemmschwelle, seinen Berater oder Broker anzurufen, um den Stopp aufzuheben. Der Umgang mit Mental-Stopps gestaltet sich für Anleger, die längerfristig disponieren, allein deshalb schwierig, weil sie nun täglich die Kurse verfolgen müssen. Wer dies nicht sicherstellen kann, muss allein schon deshalb von dieser Methode absehen. Mental-Stopps zählen unter professionellen Anlegern, die mit sehr großen Volumina handeln, zum Alltagsgeschäft. Da diese Anleger ohnehin den ganzen Tag über mit den Märkten befasst sind, stellt für sie die Marktbeobachtung kein Problem dar. Die offenen Positionen werden oftmals auch über interne Handelssysteme überwacht. Erreicht eine Position eine Stopp-Marke, schlägt der Computer Alarm. Die Position wird dann umgehend auf den Markt geworfen.

Solche Serviceleistungen gehören mittlerweile bei vielen Chart-Programmen zum Standardangebot und können daher auch von Privatanlegern genutzt werden. Bei den meisten dieser Programme muss der Stopp aber fest definiert werden und passt sich nicht automatisch an. Außerdem müssen die Programme täglich aktualisiert werden.

Die Realtime-Übertragung von Kursen im Rahmen des Daytradings und die damit verbundene minütliche Stopp-Berücksichtigung versteht sich von selbst. Auf dem Markt werden künftig sicherlich auch kommerzielle Programme angeboten, die im Rahmen von Depotüberwachungen Money Management-Stopps im Sinne der Vermögenskontrolle anbieten. Mental-Stopps verursachen also durchweg einen nicht unerheblichen Kontrollaufwand. Im Zweifel sollten daher automatische Stopp-Loss-Orders den Mental-Stopps vorgezogen werden.

Anmerkungen

---

1 Vgl. LeBon, Gustave, Die Massenseele, in: Psychologie der Massen (OF: Psychologie des Foules), Erstes Buch, Stuttgart, 1911, S. 17.

2 Im Rahmen der Untersuchungen des Börsen-Crashs vom Oktober 1987 machte man in erster Linie den Programmhandel für die Situation verantwortlich. Die Computer waren ja auch nicht in der Lage, sich zu verteidigen. Im Fall der Krise des britischen Pfund im September 1992 wurde die Ursache des Debakels jedoch personifiziert. Die Kritik konzentrierte sich auf den international bekannten Fondsmanager *George Soros,* der an dem Sturz der britischen Währung über eine Milliarde Dollar verdient haben soll. Dabei konnte selbst von Untersuchungsausschüssen nie nachgewiesen werden, dass Soros tatsächlich für das Debakel verantwortlich war. Er selbst führte dazu aus, dass er mit seinen Transaktionen keine Währungskrise herbeiführen könne, wenn es sich um eine Währung mit innerer Stärke handle. Selbst unter Nutzung seines internationalen Bekanntheitsgrades könne er keinen Trend, gleich in welchem Markt, initiieren.

3 Vgl. Lips, Ferdinand, Die Gold-Verschwörung, Rottenburg, 2003, S. 167 ff.

4 Buskamp, Franz-Josef, Value Investor, Sonderausgabe Gold („Investieren Sie jetzt in den noch nicht beachteten Hausse-Markt der nächsten 2 Jahre"), Bonn, November 2000.

5 Vgl. Maslow, Abraham H., Motivation und Persönlichkeit (OF: Motivation and Personality), Reinbek bei Hamburg, 1981, S. 179 f.

6 Die Erstellung so genannter Investorenprofile hängt ganz von der Bereitschaft ab, ob und in welchem Umfang Fragebögen wahrheitsgemäß beantwortet werden. Wer gibt aber schon gegenüber einem Dritten zu, dass er bei Geldanlagen zu Leichtsinn neigt, was er dann auch noch differenzieren soll („Trifft voll, meistens, wenig, überhaupt nicht zu")? Wer legt seiner Bank freiwillig offen, dass er zu Fehlentscheidungen neigt? Aus solchen Fragen soll dann ein abgestuftes Kontroll- und Risikoverhalten des Anlegers ermittelt werden. Die Fragebögen dienen denn auch mehr der rechtlichen Absicherung der Bank als der Ermittlung des Beratungsbedarfs des Kunden.

7 Vgl. Douglas, Mark, The Disciplined Trader, New York, 1990, S. 43.

[8] Vgl. Schwager, Jack D., The New Market Wizards, New York 1992, S. 138. Die Interviews mit den von R. Dennis ausgebildeten „Turtles“ verliefen wenig zufrieden stellend, da diese nicht einmal ansatzweise bereit waren, über ihre Handelstechnik zu sprechen. Nach mehreren unergiebigen Fehlversuchen hatte Schwager sein „persönliches Stopp-Loss“ erreicht und verzichtete auf weitere Anläufe in dieser Richtung.

[9] Vgl. Buskamp, Franz-Josef, Spekulation im Quadrat, in: Mentaler Börsenerfolg, München, 1992, S. 2.

[10] Vgl. auch Schwager, Jack D., Interview mit James B. Rogers, in: The Market Wizards, New York, 1988 (DF: Magier der Märkte, S. 365 f.).

[11] Vgl. dazu Buskamp, F.-J., a.a.O., S. 265 f.

[12] Vgl. Schwager, Jack D., Interview mit Mark Weinstein, in: The Market Wizards, New York, 1988 (DF: Magier der Märkte, S. 413 und 422/423).

[13] Vgl. Buskamp, F.-J., Trading as Teamwork, Technical Analysis of Stocks & Commodities, Vol. 8, November 1990.

[14] Vgl. Toppel, Edward Allen, Egoitis und ihre Therapie, in: Zen an der Börse (OF: Zen in the Markets) München, 1994, S. 75-80.

[15] Vgl. Paul, Tim, und Moynihan, Brendan, Was Gewinner von Verlierern unterscheidet (OF: What I learned losing a Million Dollars), München, 1996, S. 128-132.

[16] Vgl. Dürckheim, Karlfried Graf. Das Tor zum Geheimen öffnen. Freiburg im Breisgau, 1989, S. 143.

[17] Vgl. Buskamp, F.-J., a.a.O., S. 279.

[18] Vgl. Koppel, R., Interview mit Bill Williams, a.a.O., S. 40/41. Beschrieben wird hier eine ähnliche Methode, die Julia Cameron in ihrem Buch *The Artist Way* (DF: Der Weg des Künstlers, München, 2000) vorstellt und die sich als Alternative anbietet: „Jeden Morgen nach dem Aufstehen sollen drei Seiten beschrieben werden“. Angesichts der individuellen Schriftgrößen wird jedoch die beschriebene Zeitbegrenzung als sinnvoller erachtet. Fraglich ist auch, ob die Niederschriften unbedingt täglich erfolgen müssen. Im Sinne eines geistigen Reinigungsprozesses ist die Praktik in seelischen Belastungsphasen akzeptabel, die Dauer der Anwendung hängt jedoch ganz vom Bedürfnis des Einzelnen ab und lässt sich nicht verallgemeinern.

[19] Vgl. Koppel, Robert, The Intuitive Trader, New York, 1996.

[20] Der Handel auf Basis der Stimmung in den Trading-Pits an den Terminmärkten ist dem sog. *Noise Trading* zuzuordnen. Der Begriff Noise Trading ist auf A. S. Kyle zurückzuführen (Continuous Auctions and Insider Trading, in: Econometrica, Vol. 53, 1985, S. 1335-1355). Noise Trading umfasst sämtliche Handelsmotive, die nicht auf echten Informationen basieren (z. B. Handel aufgrund von Erwartungen, Gerüchten, Chartsignalen, markttechnischen Signalen oder Indikatoren usw.). Demzufolge nimmt Noise Trading einen wesentlich größeren Raum ein als Handelsaktivitäten auf Basis echter Informationen (vgl. auch F. Black, Noise, in: Journal of Finance, Vol. 41, 1986, S. 529-543).

[21] Vgl. Livermore. Jesse, Reminiscences of a Stock Operator (DF: Das Spiel der Spiele), New York, 1923.

[22] Vgl. Buskamp, F.-J., Gewinnmaximierung oder reif für die Pause?, in: Commodity Report, Nr. 137, September 1988, S. 13-17. Im Zuge von Untersuchungen hinsichtlich der Anwendung von Imaginations-Methoden können ähnliche Vorgehensweisen sowohl bei professionellen Athleten als auch bei Termin-Tradern festgestellt werden.

[23] LeBeau, Charles, und Lucas, David, Börsenanalyse mit dem Computer (OF: Technical Trader Guide To Computer Analyses Of The Futures Market), Darmstadt, 1992.

[24] Lederman, Jess, und Klein, Robert A., Börsenhandel mit künstlicher Intelligenz (OF: Virtual Trading), Darmstadt, 1996.

[25] Lederman, J., und Klein, R. A., a.a.O., S 26.

Glossar

Absorberfunktion. Vorübergehende Marktkorrekturen, die sich auf die in einem Depot gelagerten Aktien negativ auswirken, können vom Anleger rein gefühlsmäßig besser absorbiert werden, wenn er einen bestimmten Anteil des Depots in Cash hält (Sockelliquidität). Verzichtet er auf einen grundlegenden Cash-Bestand, kann er sich von Marktrückgängen frühzeitig unter Druck gesetzt fühlen. Mit einem konstanten Cash-Anteil hat er das Gefühl, dass er jederzeit handeln und gegebenenfalls nachkaufen kann.

Advance-Decline-Line – A/D-Linie. Summierte Relation von gestiegenen zu gefallenen Aktien. Unterschiede zwischen dem Verlauf der A/D-Linie und einem Aktienindex (z. B. DAX) sind bei Berücksichtigung anderer Indikatoren (z. B. Umsatzentwicklung) als mittel- bis langfristiges Handelssignal brauchbar.

Aktie. Urkunde, die ihrem Inhaber einen bestimmten Anteil am Gesamtvermögen einer Aktiengesellschaft verbrieft. Der Aktionär ist Miteigentümer am Vermögen der Aktiengesellschaft.

Anleihe. Verzinsliches Wertpapier, das dem Inhaber meist gleichbleibende Zinsen und die Rückzahlung eines festgelegten Betrages garantiert.

Ansteckung, gegenseitige. Ein bestimmtes Handeln von Gruppe A animiert Gruppe B, sich genauso zu verhalten. Gruppe C orientiert sich sodann am Handeln der Gruppe A und B usw. Das Vorgehen von Gruppe A wird auf diese Weise von den Gruppen B und C bestätigt. Dies kann einen Rückkoppelungseffekt auslösen. Da sich Gruppe A bestätigt sieht, zieht sie daraus die Schlussfolgerung, „richtig" gehandelt zu haben. Auf die Börse übertragen bedeutet dies: Gruppe A (längerfristig orientierte Investoren) kauft. Gruppe B (Finanzmedien) greift die Käufe auf und schaltet entsprechende Empfehlungen. Davon lässt sich Gruppe C (unsichere bzw. spekulative Investoren) zu Käufen animieren. Da die Kurse inzwischen gestiegen sind, wird Gruppe A erneut kaufen, da sie sich bestätigt sieht, und treibt so die Kurse noch höher. Weitere Investoren aus Gruppe C werden zu Käufen animiert. Die gegenseitige Ansteckung steht also immer in direktem Zusammenhang mit einer *Kursspirale (Kaufspirale, Verkaufsspirale)*, die im Zuge einer sich beschleunigenden Kauf- bzw. Verkaufswelle entsteht.

Antizipation. Vorwegnahme einer zukünftigen Entwicklung, z. B. der erwarteten Gewinnentwicklung eines Unternehmens einer zyklischen Branche (Automobil, Chemie, Bau etc.). Während dieses noch Verluste ausweist, oder einer erwarteten Rezession durch fallende Aktienkurse in einem Konjunkturboom.

Antizyklisches Handeln. Anlageverhalten, das dem aktuellen Markttrend entgegenläuft. Ein antizyklisch orientierter Anleger versucht, nahe dem Höhepunkt einer Hausse zu verkaufen, wenn die Mehrheit der Marktteilnehmer optimistisch oder euphorisch ist, und nahe dem Tiefpunkt einer Baisse zu kaufen, wenn die Mehrheit pessimistisch ist (siehe auch *contrary opinion).*

Baisse. Eine sich über einen längeren Zeitraum etablierende Abwärtsbewegung der Mehrheit der an einer Börse notierten Aktien.

Baissier. Ist für die weitere Marktentwicklung negativ gestimmt und unterstreicht diese Position gegebenenfalls durch Leerverkäufe bzw. Short-Positionen.

Bearish. Für einen Markt oder eine Aktie negativ gestimmt sein.

Benchmark. Definiert einen Vergleichswert (z. B. Aktienindex), der zur Messung des tatsächlichen Portfolios verwendet wird. Es handelt sich um einen neutralen Bezugspunkt zur Beurteilung des Anlageerfolgs eines Fondsmanagers oder eines Vermögensverwalters. Wird z. B. ein Aktienindex als Orientierungsgröße gewählt, so kann anhand der laufenden Entwicklung des Index (öfter als einmalig auf Jahresbasis) ermittelt werden, ob der Verwalter besser oder schlechter als der repräsentative Index abschneidet.

Bullish. Für einen Markt oder eine Aktie positiv gestimmt sein.

Call(siehe *Optionen).*

Cashflow. Mit dieser Bezeichnung wird die finanzielle Struktur und Ertragskraft eines Unternehmens bezeichnet. Sie ist fester Bestandteil der Bilanzanalyse. Der Cashflow wird ermittelt als Summe aus dem um außerordentliche Erträge und Aufwendungen bereinigten Jahresüberschuss zuzüglich der Abschreibungen auf Anlagevermögen sowie Zuführung zu langfristigen Rückstellungen.

Chart. Grafische Darstellung des Kursverlaufs eines Wertpapiers oder Marktes.

Contrary opinion, gegensätzliche Einstellung. Die Theorie der contrary opinion geht davon aus, dass man an den Finanzmärkten Profite erwirtschaften kann, wenn man das Gegenteil dessen macht, was die Mehrheit der Marktteilnehmer praktiziert. Erwartet die Mehrheit der Anleger steigende Kurse, so kann davon ausgegangen werden, dass die meisten Käufe schon abgewickelt worden sind (siehe auch *Antizyklisches Handeln).* Die vorherrschende Marktmeinung lässt sich über die *Sentimentindikatoren* (Stimmungsindikatoren) erfassen, die Aufschlüsse über die Anzahl der Optimisten bzw. Pessimisten liefert.

Crash. Kursverfall aufgrund panikartiger Verkäufe der Mehrheit der Marktteilnehmer. Ein Crash setzt eine vorhergehende Euphoriephase voraus und ist gleichzusetzen mit einer schlagartigen Ernüchterung derjenigen Anleger, die sich zuvor in einem optimistischen Rausch befunden haben, der keinen Bezug mehr zur Realität hatte. Berühmte Beispiele: Oktober 1929 und Oktober 1987.

Diversifikation. Die angemessene Streuung des eingesetzten Kapitals auf verschiedene Positionen innerhalb eines Marktes oder internationaler Finanzmärkte zur Reduzierung des Risikos. Dadurch wird verhindert, dass das Gesamtkapital bei einer zu großen Gewichtung einzelner Positionen einer hohen Volatilität ausgesetzt wird.

Eindeckung. Abschluss einer Short-Position (Leerverkauf). Die Position wird durch einen Kauf wieder ausgeglichen und somit eingedeckt.

Einschuss (siehe *Margin*).

Emerging Markets (Wachstumsmärkte). Bezeichnung für Aktienmärkte in Schwellenländern, wie z. B. Asien, Lateinamerika und Osteuropa.

Erholung, markttechnische. Tendenzbezeichnung für kurzfristig steigende Kurse an einem Finanzmarkt nach einer Abwärtsbewegung.

Eskomptierung. Alle bekannten Informationen über ein Unternehmen oder einen Markt etc. sind in den aktuellen Kursen enthalten – eine insbesondere unter Marktakteuren allgemein anerkannte Theorie.

Fundamentalanalyse. Die Heranziehung wirtschaftlicher Daten zur Trendprognose an den Aktienmärkten. Es handelt sich außerdem um eine Praktik im Rahmen der Aktienanalyse zur Beurteilung eines Unternehmens unter Investmentaspekten. So werden aus bestimmten Kenndaten, wie z. B. Auftragsbestand und Produktentwicklung, Rückschlüsse auf den künftigen Ertragstrend gezogen.

Geldmengen. Umlaufende Menge an Bargeld und Buchgeld. Die Geldmengenregulierung wird als ein wesentliches Instrument zur Beeinflussung der Geldwertstabilität und des Konjunkturverlaufs betrachtet. Die Abgrenzung in Deutschland erfolgt in den Kategorien M1 bis M3. M1 = Bargeldumlauf und Sichteinlagen; M2 = M1 zuzüglich Termingelder; M3 = M2 zuzüglich Spareinlagen.

Geldpolitik. Maßnahmen der Notenbank, um regulierend auf die Geldmengen und das Kreditvolumen einzuwirken (z. B. durch die Erhöhung bzw. Senkung des Diskont- und Lombardsatzes, Bestimmung der jährlichen Zuwachsrate der Geldmengen etc.), verbunden mit dem Ziel der Währungsstabilität. Die geldpolitischen Beschlüsse einer Notenbank haben erhebliche Auswirkungen auf die Aktientrends an den jeweiligen Landesbörsen. Durch Leitzinssenkungen und Vergrößerungen der Liquidität werden Hausse-Trends entfacht oder unterstützt. Leitzinserhöhungen und Reduzierungen der Geldmengen verknappen hingegen die liquiden Mittel. Dies begünstigt Abwärtstrends an der Aktienbörse.

Gewinnmitnahmen. Pseudo-Bezeichnung für scheinbar grundlose Marktkorrekturen, die nach vorangegangenen festen Handelstagen erfolgen. In den Finanzmedien ist bei der Tagesberichterstattung vorzugsweise von „Gewinnmitnahmen" die Rede, aber niemals von Verlustrealisierungen.

Glattstellung. Eine Verpflichtung durch ein gegenteiliges Geschäft ausgleichen, z. B. im Terminmarkthandel zum Abschluss offener Positionen. Die Bezeichnung wird in erster Linie verwendet, wenn Long-Positionen geschlossen werden bzw. Kaufpositionen wieder aufgelöst werden. Wenn ein Marktteilnehmer darauf hinweist, dass er seine Positionen glattgestellt habe, so kann davon ausgegangen werden, dass es sich dabei um Long-Positionen bzw. Kaufengagements handelte. Im Gegensatz dazu werden Short-Positionen (Leerverkäufe) nicht glattgestellt, sondern *eingedeckt* (siehe *Eindeckung*).

Gleitende Durchschnitte. Kursbewegungen werden graphisch geglättet, um einen bestimmten Markt- oder Aktientrend deutlicher erkennen zu können. Es gibt eine Vielzahl von Gleitenden Durchschnitten, das bekannteste Beispiel ist die *200-Tage-Linie.* Die 200-Tage-Linie besteht aus den letzten 200 Schlusskursen, wobei am jeweils folgenden Handelstag der neue Schlusskurs hinzugefügt, der erste aus dieser Reihe gestrichen wird. Schnittpunkte von Kurs und Gleitendem Durchschnitt (d. h. der Kurs steigt über oder fällt unter seinen Gleitenden Durchschnitt) oder von mehreren Gleitenden Durchschnitten untereinander (z. B. 38-, 50-, 100- und 200-Tage-Linie) lösen jeweils Handelssignale aus. Automatisierte Handelssysteme, die als *Trendfolgesysteme* angeboten werden, basieren u. a. auch auf Gleitenden Durchschnitten.

Handelsblockade. Ein Ereignis kann einen Anleger so überraschen, dass er nicht fähig ist, unmittelbar darauf zu reagieren. Die Gefahr einer Handelsblockade resultiert aus fokussierten oder rigiden Handelsstrategien, die die Möglichkeit eines unerwarteten Szenarios von vornherein ausschließen. Auch eine andauernde Verlustentwicklung kann einen Anleger in seinen Entscheidungen blockieren. Wenn ein Verlust eintritt bzw. ab einer bestimmten Verlusthöhe ist er handelsblockiert, weil er sich den Verlust nicht eingestehen und ihn deshalb nicht realisieren will.

Handelszwang. Es gibt sowohl einen *technischen* als auch einen *mentalen* Handelszwang. Ein *technischer Handelszwang* ist dann gegeben, wenn aus einer bestimmten Investition ein Folgegeschäft zwingend folgt. Handelszwänge sind z. B. an den Terminbörsen an der Tagesordnung. Wer einen Terminkontrakt spekulativ kauft, *muss* ihn wieder verkaufen, da auf eine Lieferung der zugrunde liegenden Handelseinheit verzichtet werden soll. Einem *mentalen Handelszwang* geht die Strategie bzw. die Erwartung eines Anlegers voraus. Ist die Strategie erfüllt, sieht er sich zur Handelsaktivität gezwungen. Dies kann auch an bestimmte Kursentwicklungen gebunden sein, die ihn so unter Druck setzen können, dass er handeln *muss.* So hat er z. B. mit einer aktuellen Aufwärtsbewegung an einer bestimmten Börse noch nicht gerechnet und muss nun zu gegebenenfalls sich ändernden (preislichen) Konditionen einsteigen, da er die Aufwärtsbewegung nicht vollständig verpassen will. Er kann sich auch ein bestimmtes Szenario entworfen und dies mit bestimmten Handelsaktivitäten verbunden haben. Tritt das erwartete Szenario ein, so *muss* er aktiv werden.

Hausse. Eine sich über einen längeren Zeitraum etablierende Aufwärtsbewegung der Mehrheit der an einer Börse notierten Aktien.

Haussier. Ist für die weitere Marktentwicklung positiv gestimmt und hält entsprechende Aktienbeständc bzw. Long-Positionen an den Terminmärkten.

Hedge. Absicherung eines Engagements durch eine andere Position zur Vermeidung von Kursrisiken. Beispiel: Ein Aktiendepot mit deutschen Standardwerten kann durch eine DAX-Verkaufsoption (Put) abgesichert werden. Die Höhe der Absicherung richtet sich nach dem Depotwert. Vorteil: Größere Kursverluste werden durch entsprechende Hedge-Strategien vermieden. Nachteil: Kontinuierliche Absicherungen reduzieren mögliche Gewinne. Wer sein Depot ununterbrochen hundertprozentig absichert, reduziert mögliche Gewinne auf ein Minimum. Je geringer das Risiko, desto geringer ist auch das Gewinnpotenzial.

Hedgefonds. Hier handelt es sich um Fonds, die aggressiv kurzfristig orientiert in den Finanzmärkten sowohl auf der Long- als auch Short-Seite aktiv sind und dabei auch Terminkontrakte und Optionen einsetzen und in den meisten Fällen auch Wertpapierkredite aufnehmen können. Damit wird unterstrichen, dass diese Fonds hochspekulativ sind.

Indikatoren, markttechnische. Markttechnische Indikatoren sollen nicht nur über die Preisbewegung, sondern auch über die Breite und Stärke eines Markttrends Auskunft geben. Herangezogen werden u. a. Statistiken über die Anzahl steigender und fallender Aktienkurse sowie die Umsatzentwicklung. Eine entscheidende Rolle spielen dabei auch die Volumen- und Prämienentwicklungen sämtlicher handelbarer Aktienoptionen. Mittels dieser Indikatoren kann so auch die marktpsychologische Verfassung einer Börse widergespiegelt werden. Die Indikatoren können Überhitzungs- und Unterkühlungsphasen anzeigen. Sie dienen dem Anleger als Handwerkszeug.

Konsolidierung. Stabilisierung der Kursentwicklung nach einer kräftigen Auf- oder Abwärtsbewegung.

Korrektur, markttechnische. Tendenzbezeichnung für kurzfristig fallende Kurse an einem Finanzmarkt nach einer Aufwärtsbewegung.

Kursbildung. Die Wertpapierkurse werden an der Börse von den jeweils zuständigen Maklern aufgrund der hereinkommenden Kauf- und Verkaufsaufträge festgesetzt. Die Kursbildung unterliegt dem Prinzip von Angebot und Nachfrage.

Kurs-Buchwert-Verhältnis (KBV). Aktueller Aktienkurs, dividiert durch den zuletzt aktualisierten Buchwert (Beispiel: 500 € Aktienkurs: 220 € Buchwert pro Aktie = KBV 2.27). Der Buchwert wird aus dem in der Bilanz ausgewiesenen Wert von Vermögensgegenständen ermittelt. Das KBV liefert Hinweise auf eine Über- oder Unterbewertung eines Unternehmens im Verhältnis zum KBV der jeweiligen Branche bzw. eines repräsentativen Aktienindex. Nachteil dieser Methode: Da der Buchwert aus den Bilanzen ermittelt wird, basiert er grundsätzlich auf veralteten und möglicherweise längst überholten Daten.

Kurs-Gewinn-Verhältnis (KGV), Price-Earnings-Ratio (P/E). Aktueller Aktienkurs, dividiert durch den bestehenden bzw. erwarteten Jahresgewinn einer Aktiengesellschaft (Beispiel: 200 € Aktienkurs: 10 € Gewinn pro Aktie = KGV 20). Das KGV basiert sowohl auf dem in der Bilanz ausgewiesenen Gewinn als auch – mit Blick auf die jeweils nächsten beiden Geschäftsjahre – auf Gewinnprognosen. Diese Schätzungen werden kontinuierlich aktualisiert, woraus sich Verzerrungen ergeben können. Für die Marktteilnehmer sind die auf Bilanzdaten basierenden KGVs veraltet, sie konzentrieren sich daher in erster Linie auf die Prognosedaten. Das KGV liefert Hinweise auf eine Über- oder Unterbewertung eines Unternehmens im Verhältnis zum KGV der jeweiligen Branche bzw. eines repräsentativen Aktienindex.

Kursspirale (siehe *Ansteckung, gegenseitige).*

Leading Indicator, Frühindikator. Prognosemodell für die künftige Konjunkturentwicklung. In den USA wird der Leading Indicator regelmäßig monatlich in den Finanzmedien bekannt gegeben. In Deutschland werden unterschiedliche Frühindikatoren in der Wirtschaftspresse jeweils zum Monatsanfang veröffentlicht.

Leerverkauf. Bei einem Leerverkauf (Short-Position) handelt es sich um einen Verkauf von Aktien, die ein Anleger nicht besitzt, aber zu einem späteren Zeitpunkt kaufen muss, um die Position glattzustellen. Ein Leerverkäufer spekuliert also nicht auf steigende, sondern auf sinkende Aktienkurse. Er verkauft z. B. eine Aktie für 200 Euro mit dem Ziel, sie später für 150 € zurückkaufen zu können.

Leitzinsen (siehe *Diskontsatz* und *Lombardsatz).*

Limit-Kursbewegung, Limit up, Limit down. An einigen Auslandsbörsen und Terminmärkten die Angabe der maximalen täglichen Schwankung einer Aktie, eines Aktienindex bzw. eines Terminkontraktes gegenüber dem Schlusskurs des Vortages.

Limit-Order. Kauf- oder Verkaufsauftrag, der an einem festgelegten Kauf- bzw. Verkaufskurs gebunden ist. Das Limit darf beim Kauf nicht überschritten, beim Verkauf nicht unterschritten werden.

Long-Position. Kaufposition im Terminhandel, mit der auf steigende Kurse spekuliert wird. Gängige Bezeichnung im Terminmarkthandel: *long gehen.*

Margin (Einschuss). Mindestbetrag, der bei Eröffnung von Terminkontraktpositionen als Sicherheit in bar oder in Wertpapieren zu hinterlegen ist. Die Höhe des jeweiligen Einschusses wird von der Clearing-Stelle der betreffenden Börse festgesetzt und kann jederzeit geändert werden. Von entsprechenden Maßnahmen sind auch alle offenen Positionen betroffen.

Margin Call, Nachschussforderung. Aufforderung eines Brokerhauses oder eines Kreditinstituts an den Anleger, bei einem kreditfinanzierten Wertpapiergeschäft bzw. bei einem Termingeschäft als Sicherheit einen Nachschuss zu leisten, wenn die erforderliche Deckung aufgezehrt ist. Kommt ein Anleger dieser Aufforderung innerhalb einer bestimmten Frist nicht nach, so können die Wertpapiere bzw. Terminkontrakte zwangsliquidiert werden.

Market-Order. Kauf- oder Verkaufsauftrag ohne Kurslimitierung *(at the market).* Die Orderausführung kann zum aktuellen Marktkurs erfolgen, aber auch über oder unter dem aktuellen Kurs liegen. In engen Märkten sind Market-Orders bzw. Aufträge ohne Limit nicht empfehlenswert, da unangenehme Überraschungen die Folge sein können. Im Falle eines Kaufauftrages kann ein großer Kurssprung erfolgen, sodass z. B. eine Aktie zu einem Kurs gekauft wird, der weit über dem persönlichen Akzeptanzniveau liegt. Ein Verkaufsauftrag kann hingegen eine enttäuschende Ausführung erfahren.

Massenpsychologisches Phänomen. Ein Ereignis, das immer im Zusammenhang mit dem passiven und aktiven Handeln einer Menschenmasse stattfindet. Die Besonderheit besteht darin, dass sich alle Gruppen, die Bestandteil dieser Masse sind, auf ein Ziel fixieren, wobei oppositionelle Kräfte zunehmend an Bedeutung verlieren. Die Marktteilnehmer einer Börse stellen grundsätzlich in ihrer Gesamtheit eine Masse dar, wobei sie sich in unterschiedliche Investorengruppen mit verschiedenen Zielen aufteilen lassen (z. B. Optimisten, Pessimisten). *Massenpsychologische Phänomene* entstehen dann, wenn dem passiven und aktiven Handeln einer Gruppe ein immer stärkeres Gewicht zufällt. Immer mehr Anleger schließen sich in diesem Fall einer bestimmten Auffassung an und konzentrieren ihre Handelsaktivitäten ausschließlich auf ein Ziel. Das emotionale Engagement steigt parallel rapide an. Dieses Ereignis muss immer im Zusammenhang mit der *gegenseitigen Ansteckung* betrachtet werden, da der Ansteckungsgrad in einseitigen Börsenphasen extrem zunimmt, bis oppositionelle Kräfte (z. B. Baissiers in einer Markteuphorie) kaum noch vorhanden sind.

Momentum. Begriff aus dem Bereich der technischen Analyse, der die *Schwungkraft* eines Marktes und den *Impuls* einer Preisbewegung beschreibt.

Open interest. Die Anzahl der noch offenen Positionen im Termin- oder Optionshandel, die noch nicht glattgestellt wurden. Die Entwicklung des open interest bei Terminkontrakten lässt Rückschlüsse auf Trends zu. Im Optionshandel liefert das open interest als Indikator Hinweise auf die Liquidität eines Marktes, woraus sich insbesondere bei Optionsgeschäften Rückschlüsse auf eine faire Preissituation ziehen lassen.

Optionen. Optionen bieten dem Käufer die Möglichkeit, innerhalb einer bestimmten Zeit und zu einem bestimmten Preis ein Anlageinstrument zu kaufen bzw. zu verkaufen. Zu unterscheiden sind *Kaufoptionen (Calls)* und *Verkaufsoptionen (Puts).* Der Käufer einer Kaufoption (Call) zahlt dem Stillhalter eine Prämie für das Recht, z. B. 100 XY-Aktien zu einem bestimmten Basispreis innerhalb einer Frist von neun Monaten zu kaufen. Übt der Erwerber die Option aus, so muss ihm der Stillhalter die 100 Aktien liefern. Der umgekehrte Fall liegt bei einer Verkaufsoption (Put) vor. Der Käufer einer Verkaufsoption zahlt dem Stillhalter eine Prämie für das Recht, ihm z. B. 100 XY-Aktien zu einem bestimmten Basispreis innerhalb einer Frist von neun Monaten zu verkaufen. Übt der Erwerber die Option aus, so muss der Stillhalter die 100 Aktien übernehmen. In der Praxis werden Optionen nur selten mit dem Ziel einer späteren Ausübung erworben. Spekuliert wird vornehmlich auf die Wertentwicklung der Prämie, um die Option teurer weiterverkaufen zu können. Andererseits werden Optionen auch als Sicherungs- bzw. Renditeinstrumente eingesetzt. So kann ein Anleger, der über 500 IBM-Aktien verfügt, diese via Verkaufsoptionen (Puts) absichern, indem er fünf IBM-Puts (à 100 Aktien) zu einem bestimmten Basispreis erwirbt. IBM notieren z. B. zu 50 US$. Nun kauft der Anleger fünf IBM-Puts, Basis 50 US$, mit einer Laufzeit von neun Monaten für 4 US$ pro Stück und zahlt dafür 2000 US$. Dieser Betrag ist sozusagen eine „Versicherungsprämie" gegen Verluste ab einem IBM-Kurs von 46 US$ und darunter. Diese Strategie eignet sich aber nur dann, wenn ein Anleger deutliche Kursrückgänge nicht ausschließen kann, andererseits aber an einer Hausse-Position unbedingt festhalten und mit einem *Stopp-Kurs* nicht arbeiten will. Er kann aber auch auf seine 500 Aktien Calls schreiben und sich damit neben einer Dividende eine zusätzliche Rendite sichern. In diesem Fall tritt er als Stillhalter auf, verkauft z. B. *fünf* Calls (à 100 Aktien), Basis 55 US$, mit einer Laufzeit von sechs Monaten, und kassiert dafür eine Prämie in Höhe von 3,5 US$. Die 1750 US$ werden ihm sofort als Guthaben auf dem Konto verbucht. Um nicht eine baldige Ausübung der Calls zu riskieren, wählt er einen *aus dem Geld* liegenden Basispreis und keine zu lange Laufzeit. Wenn seine Strategie aufgeht, verfällt die Option wertlos. Während der Optionskäufer unbegrenzte Gewinne machen kann, ist der Gewinn des Stillhalters grundsätzlich auf maximal 100% begrenzt.

Optionsschein. Warrant. Optionsscheine werden entweder als eigenständige Papiere oder in Verbindung mit einer Optionsanleihe emittiert. Sie berechtigen zum Bezug von Aktien, Anleihen, Währungen oder Rohstoffen zu einem bestimmten Kurs während eines bestimmten Zeitraums bzw. werden in bar abgerechnet (üblich bei Index-,

Rohstoff- und Währungsoptionsscheinen). Die Laufzeiten von Optionsscheinen betragen in der Regel zwischen neun Monaten und bis zu zehn Jahren. Der Kurs des Optionsscheins orientiert sich am Kurs des zugrunde liegenden Titels. Kursveränderungen des Basiswerts führen aufgrund der Hebelwirkung zu stärkeren Kursausschlägen beim Optionsschein.

OTC-Geschäfte („Over the Counter"). Sämtliche außerbörslichen Handelsaktivitäten (z. B. Telefonverkehr in Deutschland oder Nasdaq-Handel in den Vereinigten Staaten).

Performance. Ertrag einer Kapitalanlage, die für einen bestimmten Zeitraum (z. B. ein Jahr) unter Berücksichtigung der Erträgnisausschüttung berechnet und prozentual ausgedrückt wird. Die Performance kann dann mit der jeweiligen *Benchmark* verglichen werden. So beträgt beispielsweise die Fünf-Jahres-Performance eines Aktienfonds 20% jährlich im Vergleich zu 13% vergleichbarer Fonds und 18% eines bestimmten Aktienindex. In diesem Fall hat der Aktienfonds eine überdurchschnittliche Performance.

Programmhandel. Der Programmhandel wird von professionellen Marktteilnehmern – wie Broker-Firmen und Banken – dann eingesetzt, wenn zur Erzielung eines Gewinns ein extrem hohes Handelstempo erforderlich ist. Dies gilt in erster Linie für Arbitragegeschäfte.

Projektion. Unbewusste Übertragung von Gefühlen wie Ängste, Wünsche etc. auf die anonymisierte Börse, die in diesem Fall als Relaisstation dienen soll.

Put (siehe *Optionen).*

Relative Stärke. Um die relative Stärke ermitteln zu können, wird die Kursentwicklung einer Aktie mit der Entwicklung des jeweiligen Aktienindex verglichen. Mit dieser Methode, die zur Technischen Analyse zählt, lassen sich über- und unterdurchschnittliche Aktien ermitteln.

Research. Systematische Untersuchung wert- und kursbeeinflussender Faktoren.

Sellout. Ausverkauf im Rahmen einer Korrektur oder Schlussphase einer Baisse. Damit werden aber auch scharfe und außergewöhnliche Kursstürze innerhalb eines Handelstages beschrieben.

Sentimentindikator, Stimmungsindikator. Markttechnische Instrumente zur Messung der Stimmung eines Marktes. So wertet beispielsweise der US-Analysedienst „Investors Intelligence" Woche für Woche Börsendienste dahingehend aus, wie sie die Wall Street aktuell einschätzen (positiv, negativ oder neutral). Daraus ergeben sich Quoten, aus denen sich dann Rückschlüsse auf die Marktverfassung ziehen lassen. Sind beispielsweise mehr als 80% der Marktbeobachter positiv gestimmt, ist der Markt im konträren Sinn rückschlagsgefährdet. Umgekehrt gilt dies für Pessimistenquoten oberhalb von 80% (bzw. Optimistenquoten unterhalb von 20%). Sentimentindikatoren lassen sich u. a. auch auf der Basis von Handelsaktivitäten an den Optionsmärkten erstellen. So deuten hohe Umsätze in Puts auf einen hohen Marktpessimismus hin, der eine Gegenbewegung wahrscheinlich macht. Umgekehrt gilt dies für hohe Umsätze in Calls, die auf der Grundlage bestimmter Parameter (z. B. Umsatzanteil von mehr als 70%) auf eine Marktüberhitzung schließen lassen.

Short-Eindeckung. Glattstellung einer Short-Position bzw. eines Leerverkaufs. Um eine Short-Position wieder aufzulösen, bedarf es eines Kaufs der jeweiligen Aktien bzw.

Optionen oder Terminkontrakte. In diesem Fall wird die Position „eingedeckt", die Spekulation ist mit dem Kauf abgeschlossen.

Short-Interest-Ratio. Quote, die die Anzahl der Handelstage benennt, die theoretisch erforderlich sind, um alle leerverkauften Aktien eindecken zu können. So bedeutet eine Short-Interest-Ratio von 4.0, dass theoretisch vier Handelstage zur Deckung aller leerverkauften Aktien erforderlich wären.

Short-Position. Verkaufsposition im Terminhandel mit der auf fallende Kurse spekuliert wird. Gängige Bezeichnung im Terminmarkthandel: *short gehen* (siehe auch *Leerverkäufe).*

Small Cap. Als Small Cap wird in erster Linie eine Aktie eines kleineren bzw. noch jungen Unternehmens bezeichnet.

Stillhalter. (siehe *Optionen).*

Stopp-Kurs, Stopp-Loss-Order. Bei Erteilung eines Stopp-Loss-Auftrages wird ein bestimmter Aktienkurs festgesetzt, zu dem ein Kauf- bzw. Verkaufsauftrag automatisch ausgeführt wird. Stopp-Kurse dienen in erster Linie zur Verlustbegrenzung, z. B. Kauf einer Aktie zu 200 €, Stopp-Kurs bei 190 €. Die Aktie wird verkauft, sobald der Kurs zu 190 € oder darunter notiert. Ein solcher Auftrag wird „bestens" ausgeführt, d. h. zum aktuellen Marktkurs. Ein Stopp-Kurs garantiert also auf keinen Fall einen bestimmten Verkaufskurs.

Technische Analyse. Methode der Markt- oder Wertpapierprognose, die auf der Beobachtung historischer und aktueller Kurs- und Umsatzverläufe etc. basiert und auf alle fundamentalen Analysen verzichtet. Zur Technischen Analyse zählt auch die *charttechnische Analyse* (siehe auch *Sentimentindikatoren* und *Indikatoren, markttechnische).*

Termingeschäfte. Zeitlich befristete Geschäfte. Die Erfüllung des Vertrages (Lieferung und Abnahme der Ware, des Wertpapiers oder der Devisen) erfolgt zu einem späteren Termin zu dem vorher festgesetzten Kurs. Waren (Rohstoffe), Wertpapiere oder Devisen werden als standardisierte Terminkontrakte an den Terminbörsen gehandelt. So umfasst z. B. ein bestimmter an der New Yorker Comex gehandelter Silber-Terminkontrakt 5000 Unzen Silber

Timelag. Zeitverzögerung. Beispiele: Leitzinserhöhungen bzw. -senkungen wirken sich mit einer Verzögerung von bis zu 24 Monaten auf die Konjunkturentwicklung aus. Oder die Trends der langfristigen Anleihen beeinflussen mit einer Verzögerung von sechs bis zu l8 Monaten die Kursentwicklung an der Aktienbörse.

Timing. Exakte Zeitphase, in der innerhalb einer Hausse oder Baisse Verkäufe bzw. Käufe stattfinden sollten, die sich aber im vornherein nicht wirklich exakt definieren, sondern im günstigsten Fall nur grob umreißen lässt.

Top, Top-Bildung. Bezeichnung der technischen Analyse für den Höhepunkt (Top) einer Hausse-Bewegung bzw. der Zeitphase, in der Aktien bzw. Märkte Hochpunkte ausbilden.

Trend. Grundrichtung der Entwicklung einer Aktie bzw. der Mehrheit der an einer Börse notierten Aktien oder eines Marktes.

Turnaround-Aktie. Eine Turnaround-Aktie ist ein Papier eines Unternehmens, das den Konkurs bzw. die Möglichkeit eines Konkurses abwenden konnte bzw. sich nach mehreren Verlustjahren wieder auf dem Weg zu Unternehmensgewinnen befindet *(turn around).*

Überkaufter, überverkaufter Markt. Von einem *überkauften* Markt spricht man immer dann, wenn bei einer Aufwärtsbewegung unter hohen Umsätzen in einem sehr kurzen Zeitraum große Kursgewinne zu verzeichnen sind. Das Gleiche gilt im umgekehrten Sinne für einen *überverkauften* Markt.

Value Investing. Anlagemethode, die sich auf den Wert eines Handelsinstruments konzentriert und auf das antizyklische Vorgehen abgestimmt ist. *Value-Investoren* kaufen z. B. nur unterbewertete Aktien mit dem Ziel, diese in einer späteren Phase der fairen Bewertung bzw. Überbewertung wieder zu verkaufen.

Verbilligungskauf. Im Zuge von Kursrückgängen kann der ursprüngliche Einstandspreis durch den Hinzukauf weiterer Aktien desselben Unternehmens gesenkt werden. Hat man z. B. 100 Stück Aktien zu 100 US$ gekauft (Investmentsumme somit 10 000 US$), und ist die Aktie auf 70 US$ gefallen, so beläuft sich der aktuelle Verlust auf 30 US$ bzw. 30% pro Aktie. Kauft man nunmehr weitere 100 Stück für 70 US$ hinzu, so beläuft sich das Gesamtinvestment auf 17 000 US$. Bei 200 Aktien errechnet sich ein Durchschnittskurs von 85 US$. Verbilligungskäufe widersprechen aber dem Money Management, weil eine Verlustposition durch Zukäufe weiter ausgebaut wird.

Verleiderverkäufe. Verkäufe, die nach Beendigung einer längeren Abwärtsbewegung und anschließender Kurserholung stattfinden. Diese Verkäufe erfolgen immer zu Kursen, zu denen ursprünglich gekauft wurde. Die Anleger müssen bei einem falschen *Timing* oft jahrelang warten, bevor sie ihre Einstiegskurse wiedersehen. Sie wollen auf keinen Fall Verluste realisieren. Wird der ursprüngliche Kaufkurs erreicht, werfen diese Anleger ohne Rücksicht auf fundamentale bzw. technische Aussichten hinsichtlich der weiteren Börsenentwicklung frustriert ihre Bestände auf den Markt.

Volatilität. Schwankungsmaß von Aktien-, Anleihen- und Devisenkursen. Mit Volatilität werden auch die Kursschwankungen einzelner Finanzmärkte bezeichnet. Ferner ist die Volatilität ein relevanter Faktor bei der Bestimmung des Zeitwertes und damit des Optionspreises. Unterschieden wird zwischen *historischer* (basiert auf Vergangenheitsdaten) und *impliziter* Volatilität, die der Erwartung der künftigen Kursausschläge einer Option entspricht. Je höher die Volatilität, desto höher auch die Optionsprämie.

Volumen, Umsatz. Gesamtzahl innerhalb einer bestimmten Zeitspanne umgesetzter Wertpapiere oder Terminkontrakte (z. B. Tagesvolumen, Wochenvolumen etc.).

Widerstandsreaktion, persönliche. Um eine Widerstandsreaktion handelt es sich immer dann, wenn ein Anleger sieh dem Handeln der Anlegermasse bewusst entzieht.

Zero-Bond. Festverzinsliches Wertpapier ohne laufende Zinszahlung (Null-Kupon-Anleihe). Die Zinsen werden abdiskontiert, sodass der Ausgabepreis unter dem Rückzahlungskurs liegt. Beispiel: Ein Papier mit zehnjähriger Laufzeit wird mit 58% emittiert und zu 100% zurückgenommen.

Zyklen. In regelmäßigen Abständen wiederkehrende Schwankungen in konjunkturellen Verläufen oder Trends an den Aktien- und Anleihemärkten. Zyklische Abläufe sind an allen Märkten zu beobachten, die dem Prinzip von Angebot und Nachfrage unterliegen.

Zyklische Aktien. Titel konjunkturabhängiger Gesellschaften, die auf die jeweiligen konjunkturellen Schwankungen besonders sensibel reagieren.

Roland Leuschel und Claus Vogt
Das Greenspan
Dossier
Wie die US-Notenbank das Weltwährungssystem gefährdet.
Oder:
Inflation um jeden Preis
Konkrete Strategien zur Erhaltung Ihres Vermögens in diesem Jahrzehnt
BÖRSE edition
FinanzBuch Verlag

Capital Buch
Marc Faber
Zukunftsmarkt
Asien
Die Wiederentdeckung
der asiatischen Märkte
FinanzBuchVerlag

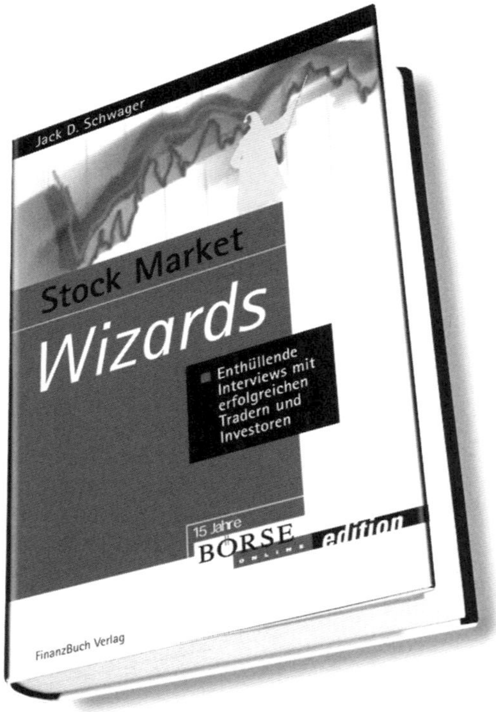
Jack D. Schwager
Stock Market
Wizards
Enthüllende Interviews mit erfolgreichen Tradern und Investoren
15 Jahre
BÖRSE
ONLINE
edition
FinanzBuch Verlag